普通高等教育"十一五"国家级规划教材

21世纪经济学管理学系列教材

发展经济学概论

第二版

AN INTRODUCTION TO
DEVELOPMENT ECONOMICS

■ 主编 谭崇台

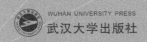

WUHAN UNIVERSITY PRESS

武汉大学出版社

图书在版编目(CIP)数据

发展经济学概论/谭崇台主编.—2版.—武汉：武汉大学出版社,2008.4
(2025.3 重印)
普通高等教育"十一五"国家级规划教材
21世纪经济学管理学系列教材
ISBN 978-7-307-06162-0

Ⅰ.发…　　Ⅱ.谭…　　Ⅲ.发展经济学—高等学校—教材　　Ⅳ.F061.3

中国版本图书馆 CIP 数据核字(2008)第 025318 号

责任编辑:刘爱松　　　　责任校对:程小宜　　　　版式设计:支　笛

出版发行:**武汉大学出版社**　　(430072　武昌　珞珈山)
　　　　　　(电子邮箱:cbs22@ whu.edu.cn　网址:www.wdp.com.cn)
印刷:武汉邮科印务有限公司
开本:720×1000　1/16　　印张:22.75　　字数:451 千字
版次:2001 年 3 月第 1 版　　　2008 年 4 月第 2 版
　　　2025 年 3 月第 2 版第 15 次印刷
ISBN 978-7-307-06162-0/F·1135　　　定价:59.00 元

21世纪经济学管理学系列教材

- 政治经济学概论
- 政治经济学（社会主义部分）
- 技术经济学
- 财政学
- 计量经济学
- 发展经济学概论（第二版）

- 统计学
- 经济预测与决策技术
- 会计学
- 人力资源管理
- 物流管理学
- 管理运筹学
- 经济法
- 消费者行为学
- 管理学
- 生产与运营管理
- 战略管理

序

《发展经济学概论》作为全国普通高等教育"九五"国家级重点教材，由武汉大学出版社于 2001 年 3 月出第一版以来，已重印 9 次。随着时间的推移，发展中国家经济发展情况不断变化，经济发展理论有所更新，新的统计数据陆续推出，为此，"十一五"国家重点教材规划要求将《发展经济学概论》重新审订，进行必要的修改和补充，仍由武汉大学出版社出版。

本书的编写目的是为高等学校财经专业本科生或专科生提供一本通用的教材，它也可以作为理论工作者和干部的参考读物。

本书的特点是：

第一，以马克思主义为指导思想，在肯定发展经济学中某些理论对作为发展中国家的我国有一定程度的借鉴作用的同时，指出西方发展经济学中含有的庸俗性质及其具体表现，使读者明确方向，取其精华，去其糟粕。

第二，对经济发展的基本理论和主要学说作出比较全面、系统的介绍和评论，力求简明扼要，突出重点，深浅适度。

第三，对论证问题的不同思路和学说作出比较分析，使其优劣互见，以供权衡取舍。

第四，对数学分析，只在必要时适当采用，以照顾读者的知识结构。

第五，取材求新，使用了下迄 2007 年发表的统计数据。

本书由集体合作写成，各章分工如下：

第七章：叶初升

第十一章：郭熙保

第十二章：冯金华

第十四章：孙 宁

第十五章：周 军

其余各章：谭崇台

在写作过程中，蔡晓陈、孙永平两位同志，对收集新材料和数据做了大量工作，谨致谢意。

谭崇台

2008 年 2 月

前　　言

　　发展经济学（Development Economics 或 Economics of Development）是第二次世界大战后逐渐形成的一门新兴的综合性学科。这门学科引进我国，不过短短二十多年，但影响很大。其原因是，它的研究对象是发展中国家的经济发展，它所论证的是资本如何积累，人力资源如何开发，工业化与农业现代化如何进行，人口在部门之间如何流动，对外贸易如何开展，国外资源如何利用，财政政策与货币政策如何制定，计划与市场调节的关系如何处理，发展的优先次序如何选择，投资项目的成本与收益如何评价等有关经济发展问题。这些都是一切发展中国家为谋求经济发展所必须通盘考虑的问题，也是我国长期以来在经济建设中作出很大努力去解决而尚未得到妥善解决的问题。由于此，当人们一接触到这些问题的理论分析时，就很自然地联系到我国的情况进行对比和反思，感到发展经济学并不陌生而切合我国的现实。

　　尽管如此，我们还是必须对发展经济学作一分为二的分析。

　　一方面，可以肯定这门学科对我国的贴切性和适用性，看到贯穿在发展经济学讨论中的几种不同思路和可供借鉴的价值。如结构主义思路重视发展中国家社会经济结构的特殊性，以动态观点从互相联系的因果关系中去研究经济发展问题，提出结构改革的主张，指出发展过程具有失衡的特点，不能放任自流；如激进主义思路侧重国际经济关系方面，指出在现实的国际环境中发展中国家处于依附、受控制的不平等地位，并提出建立国际新秩序的思想，这些都是比较正确的。新古典主义思路对经济发展的各个侧面，作出了细致的实证性分析和研究，得出了既具有一定理论价值，又具有一定实际意义的结论。例如，对各层次学校教育的社会收益率的分析，有助于发展中国家在开发人力资源，进行教育投资时作出较为明智的选择；对有效保护率和实际保护率的论证，有助于发展中国家在采取贸易保护措施时如何根据一些有关因素决定关税税率；对投资项目评估的考察，把成本和收益联系起来，利用影子价格的概念，使人们认识到，利用资源时要把眼光从项目本身的经济效益扩大到社会的经济效益；对市场-价格机制不厌其烦地论证，虽有脱离实际之弊，但对深化对商品经济运行规律的认识大有裨益，等等。新古典政治经济学批评新古典经济学把政治、法律、制度等视为经济运行的既定因素或外生变量，而重新强调经济发展决不可能是纯经济现象，相反，它受着政治、法律、制度等非经济因素的深刻的、具有决定意义的影响，这种观点是符合经济发展的实际的。

另一方面，又应当看到发展经济学内涵的庸俗性质。首先，它有殖民经济学的痕迹。例如，在有些经济发展理论中，自然条件恶劣，资源匮乏，其至民族性格怠惰，被说成是阻碍发展的主要因素；又例如，国际经济旧秩序的存在使贸易条件不利于发展中国家，但一些发展经济学家却力图淡化这一事实。其次，是新古典主义的纯抽象模式在发展经济学中的影响。这个模式把市场-价格机制提到至高无上的地位，认为凭借这一机制，在自由竞争的条件下，边际微调不仅可以合理地配置资源，还可以和谐地促进增长，不仅在国内使经济利益惠及各个阶层，还将在国际上使经济利益为各个国家所共享。这个模式显然和发展中国家的现实有很大距离，也不切合国际经济旧秩序的实际情况。就绝大多数发展中国家而言，市场-价格机制并没有把增长的利益扩散到民众，在现有的国际经济格局下，发展中国家即使加入了 WTO，一些发达国家还在以一些借口限制对发展中国家的商品进口，使 WTO 倡导的自由贸易原则不能实现。而且如果持新古典主义的自然均衡的发展观，就势必为既得利益者作辩护，这是不言而喻的。新古典政治经济学的诞生，从某种意义上说，意味着"向古典经济学的复归"（the return to classical economics）。但是，它又是新古典经济学的延续和发展，在分析问题的过程中，它既承袭了新古典经济学的基本范畴，又使用了新古典经济学的分析方法。

因此，系统地研究发展经济学的理论，取其精华，去其糟粕，可以启发、促进并完善我们对经济发展工作的思考，从而有利于改革开放，有利于具有中国特色社会主义的建设。

目　　录

第一章 导 论

现代的经济发展理论，兴起于 20 世纪 40 年代末，以后逐渐形成一门学科，称为发展经济学，它以发展中国家的经济发展问题为研究对象。

第二次世界大战后，世界殖民体系趋于瓦解，亚、非、拉美三洲广大地区的殖民地和附属国纷纷在政治上走向独立，在经济上各自选择不同的道路和方式谋求发展，因而在世界上出现了众多的发展中国家。发展中国家的自然、社会和经济条件是各不相同的，但是，它们原有的社会经济特征基本相似，经济上所显示的殖民地烙印大致相同，所处的国际环境无大差异。因此，它们在经济发展的过程中必然面临着许多共同的问题，得到许多类似的经验和教训。如何从这些问题、经验和教训中找出规律性的东西，使复杂的现象得到理论的解释，使政策措施得到理论的指导，是发展中国家提交给经济学界的任务。

初生的发展中国家还有待于培育自己的发展经济学家，最先引起对发展问题研究兴趣的是发达国家的经济学者，他们或者用新古典主义的分析方法去研究发展问题，或者注意到发展中国家在社会经济结构上同发达国家的差异，而主张有别于新古典主义的结构主义分析。发展中国家中后来出现的发展经济学家，往往偏重于结构主义的分析，但也有一些人持有新古典主义的观点。以激进主义的思路分析问题的发展经济学家，不仅发展中国家有，而且发达国家也有。20 世纪 80 年代的新古典政治经济学的理论分析对发展经济学产生了重大影响。

第一节 发展中国家

什么是发展中国家？诺贝尔经济学奖获得者、著名的发展经济学家刘易斯曾经回答说：就是人均产出低于 1980 年美元价值 2 000 美元的国家。刘易斯的数量限定未免过于笼统。世界银行把发展中国家分为低收入国家和中等收入国家，划分的标准逐年变动。以该行发表的《2007 年世界发展报告》为例，低收入国家是指那些 2005 年人均国民总收入（GNI）在 580 美元左右的国家，中等收入国家是指 2005 年人均国民总收入在 2 646 美元左右的国家。世界银行对发展中国家这一范畴的规定虽然较为细致，但仍然只是一种数量的规定，要认识发展中国家的共同特点，还必须从质的规定性对其作出考察。

从质的方面去界定发展中国家，一般认为它们具有六个共同特征，即低下的生活水平，低下的生产率，高人口增长率和高赡养负担比（即儿童和老人人数与劳动力人数之比），较严重的劳动力不得其用的状况，对农业生产和初级产品的高度依赖，在国际经济体系中处于依附、受支配和脆弱的地位。总起来说，贫困和落后是发展中国家的普遍现象。

这些特征是发展中国家共有的，至少在发展的初始阶段都是如此，概莫能外。50 多年来，发展中国家经济有了巨大发展，从 1950 年至 2005 年，全部发展中国家的国内生产总值的增长速度高于发达国家。1960 年至 2005 年，发展中国家和发达国家的 GDP 增长率分别为 4.35％和 3.49％。按 2000 年美元价格计算，发展中国家的人均国内生产总值由 1960 年的 489 美元增加至 2005 年的 1 435 美元。在此期间，东南亚几个国家和地区经济增长速度最快。从 1990 年起，在世界银行《世界发展报告》中，新加坡和香港地区就不再列入发展中经济体，但 1997 年秋季发生的金融风暴也显露了"东亚奇迹"隐含的弱点，而南亚、拉丁美洲和撒哈拉以南非洲地区的贫困状况却并未减轻，反而在继续恶化。人口的快速增长固然是一个原因，但主要还应归咎于社会经济结构改造缓慢和政策失误：一些最贫困的发展中国家的出口贸易依旧主要依赖少数几种初级产品，附加价值不高，而许多初级产品的价格，特别是热带作物和粮食作物的价格，自 20 世纪 80 年代以来始终徘徊不前，甚至一度下降到第二次世界大战以来的最低水平。

总之，作为一个整体，发展中国家在过去 50 多年中取得了不小的经济进步，但贫困、落后、经济地位脆弱的情况在许多发展中国家中依旧存在，上述特征也是发展中国家的基本经济性质。

第二节　经济增长和经济发展

经济增长（economic growth）和经济发展（economic development）是两个不同的概念，它们虽有联系，却有区别。

经济增长是指社会财富的增长、生产的增长或产出（output）的增长。用统计术语说，经济增长是指国内生产总值（GDP）的增长，或国民生产总值（GNP）的增长，或国民总收入（GNI）的增长。

经济发展是指随着经济的增长而发生的社会经济多方面的变化。这些变化包括：

第一，投入结构的变化，即生产中投入要素比例的变化，是否从手工劳动转向机械化操作，是否从粗放劳动转向使用熟练劳动，是否从土著生产方法转向采用先进技术，或者向相反的方向发生变化。当然，这是就一般经济发展过程而言的。在劳动力十分充裕的国家，在努力推进机械化生产，不断进行技术革新，即在生产中以资本密集型和技术密集型逐步代替劳动密集型的同时，又可以在一些产业中继续保持甚至深化劳动密集型产业。

第二，产出的变化，主要表现为产业结构的变化：是否在产业比重上，农业部门相对地缩小，工业部门比农业部门相对地扩大的同时又逐渐比服务部门相对地缩小，而服务部门则逐渐地扩大，或者这种变化很小；是否重工业与轻工业的比例趋于合理，初级产品与加工工业的比例趋于合理，以及基础产业与非基础产业的比例趋于合理，或者向相反的方向发生变化而越来越不合理。

第三，一般生活水平和分配状况的变化。一般生活水平的上升表现在人均国民生产总值或人均国民收入的提高，人均营养条件（如每人每日摄入的热量）以及人均居住条件（如人均住房面积）的改善，等等。但是，只是人均指标并不能确切反映广大人民生活水平是否确实提高，还必须考察分配状况，如尽管人均国民收入提高很快，但收入分配却日趋不公，少数富者愈富，多数贫者愈贫，则一般生活水平并无实质性的提高。

第四，卫生健康状况的变化，表现在预期寿命的长短，婴儿死亡率的高低，每千人拥有的医生数和病床数的多少，等等。

第五，文化教育状况的变化，表现在适龄青少年，特别是适龄儿童的入学率和成人识字率的高低，等等。

第六，自然环境和生态的变化。环境污染、生态失衡的状况是否逐渐改善或日益恶化。

衡量经济增长的通用尺度是国民生产总值或国内生产总值或国民总收入的增长率；衡量经济发展则比衡量经济增长要复杂得多，困难得多。曾经有人未能区分经济增长和经济发展两个概念的差异，把 GNP 或 GDP 或 GNI 也当做经济发展的衡量指标，显然是不恰当的。GNP 或 GDP 或 GNI 不能反映收入的分配状况，更不能说明经济增长过程中由于环境污染、生态失衡、病态城市化和人口膨胀所付出的社会代价，而且 GNP 或 GDP 或 GNI 通常是以各国货币按照汇率用美元计算的，这又涉及汇率是否定值过高或定值过低的问题。但是，GNP 或 GDP 或 GNI 作为一种指标有一个很大优点：它能够把国民经济的总体活动概括为简单明了的统计数字，从而可以成为表明经济增长的国际通用量度，它的人均数也可以反映经济发展的一个重要方面。关于经济发展的衡量问题，国外已有不少人作过研究，并提出了几种可供选用的指标体系，其中，"实际生活质量指数"（physical quality of life index，PQLI）引起人们很大的兴趣。它是一个衡量一国人民经济福利和生活水平的综合指标，由成人识字率、预期寿命、婴儿死亡率三项构成，并以冰岛水平为基准。例如，2004 年，冰岛、美国、新加坡、中国、印度的人均 GNP 各为 41 900 美元、39 800 美元、25 350 美元、1 490 美元和 640 美元，而这 5 个国家的 PQLI 各为 102、100、100、89 和 67。

　　我国学术界对经济发展的量度也做了有益的探索，取得了可喜的成果。其中，中国社会科学院社会学所提出的"社会指标"体系①借鉴了国外的分析方法，结合了我国的国情，具有较高的统计价值。他们针对不同的问题和分析层次提出了不同的"社会指标"体系。在国际比较层次上，"社会指标"体系由人均GNP、社会结构、人口素质、生活质量四个部分组成，分解为16项具体指标；在国内省市区分析层次上，有由46个指标组成的社会发展水平指标体系和由20个指标组成的社会发展速度指标体系；在地级市以上分析层次上，有由39个指标组成的社会发展速度指标体系。另外，还有一些专题指标体系，如小康指标体系、社会保障指标体系、经济和社会协调度指标体系等。其中，国内省市区分析层次上的社会发展水平的指标体系由社会结构、人口素质、经济效益、生活质量和社会秩序等5个子系统组成。社会结构子系统包括第三产业劳动者占社会劳动者比重、非农业劳动者占社会劳动者比重、脑力劳动者占社会劳动者比重、城镇就业率、出口额占国民生产总值比重等8个指标；人口素质子系统包括平均预期寿命、人口自然增长率、初中以上文化程度人口比重、每万人口在校大学生数、人均教育经费、每万人口拥有的医生数、人均科研经费等8个指标；经济效益子系统包括人均国民生产总值、社会劳动生产率、乡镇企业资金利税率、工商企业资金利税率、固定资产交付使用率、人均地方财政收入、每一农业生产者生产的粮食、每一农村劳动者创造的农村社会总产值等8个指标；生活质量子系统包括居民消费水平、人均收入、人均居住面积、人均生活能源消费量、人均生活用电量、食品支出占消费支出的比重、每百户居民电视机拥有量、每万人拥有的商业、餐饮业、服务业网点数、每万人拥有的电话机、每一职工保险福利费、人均文化事业费、零售价格上涨指数、农村饮用清洁水人口占农村人口比重、工业废气处理率、工业废水处理率、工业固体物综合治理率等16个指标；社会秩序子系统包括大案刑事案件立案率、青少年罪犯占刑事案比重、每万人警察数、每10万人口交通事故死亡率、每10万人口火灾发生率、每万名职工企业因工死亡率等6个指标。

　　1960年，联合国开发计划署提出了人文发展指数（human development index，HDI）以表示发展水平的高低。该指数综合了预期寿命、受教育程度以及物质生活质量中的人均国民生产总值等指标。世界银行的《世界发展报告》每年都有侧重点，1998年的《人文发展报告》突出了消费水平和结构对人文发展指数的影响。人文发展指数内涵比较丰富，统计方法比较细致，有一定的参考价值，但有些发展经济学家认为："像其他有关指数一样，人文发展指数有一些主观随意，且反映了

---

　　①　参见朱庆芳、吴寒光：《社会指标体系》，中国社会科学出版社2001年版。

编制者的政治倾向。"①

由上可见，经济增长和经济发展是既有联系，又有区别的。经济增长内涵较窄，经济发展内涵较广；经济增长是一个数量概念，经济发展既是一个数量概念，又是一个质量概念；经济增长是经济发展的动因和手段，经济发展是经济增长的结果和目的。没有经济增长，就不可能有经济发展。如果出现有经济发展而无经济增长的现象，那一定是个别的、短暂的、反常的现象，而决不是一般的、长期的、正常的现象。值得注意的是，尽管经济增长是经济发展的必要的、先决的条件，但经济增长并不必然带来经济发展。在下述几种情况下，就会如此：

第一，生产增长了，但实际是经济上的虚耗，产值增加，但产品质量低劣，甚至出现大量的废品次品，不为消费者所接受，或者产品虽具有一定质量，但缺少需求，不能实现其价值。

第二，生产在某些方面的增长，从微观、局部、短期看似有一定的，甚至是相当大的经济效益，但从宏观、全局、长期看却带来不好的，甚至是很不好的社会效果，如有害人民健康，污染自然环境，破坏生态平衡，等等。

第三，增长虽快，但分配不公，两极分化，城乡对立以及其他社会问题日益激化。

第四，增长虽快，但产业结构并无改进，甚至更加畸轻畸重。

第五，为了追求高增长速度，不考虑人民的承受能力，无视客观经济规律，不计社会代价，结果不但不能促进经济发展，反而造成经济倒退。

上述情况的出现，称为"有增长而无发展"，或"无发展的增长"。

因此，为了谋求经济发展，必须启动经济增长，并保持经济稳定增长的势头，但是，如果政策失误或机制上存在缺陷，则完全有可能不能实现持续、稳定而又协调发展的理想目标。决不能认为，只要有经济增长，只要有大规模投资，生产结构就会自然而然地趋于合理，生产模式会自然而然地走向现代化且又适合本国国情，广大人民的福利自然而然地逐步得到提高，分配状况自然而然地走向公平，文化教育和卫生健康条件自然而然地日益改进，自然环境会自然而然地得到保护，生态平衡自然而然地得到保持，自然资源自然而然也得到合理使用。

总之，在确定经济增长的速度时，要考虑它在经济发展上究竟会取得什么样的效果，社会目标究竟会不会完美地实现。决不能把经济增长指标等同于经济发展战略，或者把经济发展战略简单化为经济增长指标。在发展某一种产业时，不要只着眼于它本身的经济效益，而要关注它的社会经济效果和影响。对每个投资项目，都要进行科学的项目评估，作出社会成本与社会收益的分析和论证。对一切经济工作

---

① 参见吉里斯，波金斯等：《发展经济学》第4版，中国人民大学出版社1998年版，第78页。

的考察都应当把视角从经济增长扩大到经济发展。单从经济增长的观点看经济工作，看见的往往只是局部的、短期的利益，而忽视的往往是全局的、长期的害处，以致不利于权衡取舍，作出正确的决策。从经济发展的观点看经济工作，可以看清全局的、长期的利害得失，有利于权衡取舍，作出正确的、又快又好的、科学的决策。

第三节　发展经济学的兴起和演变

一、发展经济学兴起以前的经济发展思想

发展经济学虽然兴起于第二次世界大战后发展中国家相继出现之时，但在西方经济学说史中已可发现有相当丰富的经济发展思想，经济发展思想是和资本主义同步出现的。奴隶制度和封建制度之下，生产力水平低下而发展缓慢，在相对凝固的、静止的社会经济中，增长和发展不可能成为人们注意的问题。随着资本主义的出现和发展，西方经济学家开始并越来越重视生产力水平如何提高，社会财富如何增进，国民经济如何发达等问题。这些问题归结到一点，就是生产日益社会化过程中的经济发展问题。经济学家们或者积极论证经济如何发展，或者消极地解释经济如何不发展。

被称为英国古典政治经济学创始人的威廉·配第最先提出关于社会经济发展过程中产业比重变动的看法。他认为，随着社会经济的发展，从事农业的人数比起从事工业的人数相对地减少，从事工业的人数比起从事服务业的人数又将相对地减少。这一命题后来得到当代发展经济学家柯林·克拉克的肯定，在发展经济学中称为"配第-克拉克命题"，它正确地反映了社会经济进步过程中"产业软化"（softening of industries）的实际情况。重农学派把农业看成经济增长的唯一源泉，视野过于偏狭，但他们的经济理论表现了循环周转、生生不息的经济增长观点，是当代经济发展理论的一个重要思想源泉。最早对经济发展问题作出系统分析研究的是亚当·斯密。他较正确地限定了社会财富或产出的含义，较全面地观察了影响经济增长的因素，从他所处的历史条件出发，有针对性地提出了国内外经济政策，还预测了经济增长的前景。李嘉图经济理论的特色是把研究重点从生产转向分配，但他所探究的分配问题却是从历史进程的跨度去观察的，也就是说，他是把分配和经济增长联系起来进行研究的。马尔萨斯以他的人口理论为人们所熟知，但应当指出，他关于人口与经济发展关系的看法有两个层次：首先，他和亚当·斯密一样，认为增长的人口是经济繁荣的一种表现或结果；其次，继续增长的人口是经济发展的约束条件。约翰·斯·穆勒在他的著作中集中分析了经济增长对投入价格的影响，还以乐观态度前瞻了经济增长进入静止状态。从19世纪中叶到第二次世界大战之后

的很长一段时期中，西方经济学家把注意力从动态的经济增长和经济发展转向既定
资源的静态配置，于是，有人把这大约 100 年的时间称为"静态的间隙"。但是，
合理的资源配置是经济增长和经济发展的一个基石，而且有时间跨度的资源配置分
析也是动态分析。不能不承认，在这个 100 年间隙中，有两位西方经济学家在他们
的理论中明确地论证了经济发展问题：一位是马歇尔，他提出了渐进的、连续的、
自然均衡的发展观，对新古典主义经济学有深刻影响。他还分析了影响经济增长的
各个因素，并研究了人力资源开发的重要性。一位是熊彼特，他把经济发展看成是
对现存经济关系格局（即他所谓的静态的循环周期）的一种突破，突破力量来自企
业家的"创新"，"创新"的间歇性出现引起经济的周期波动，也促进经济的增长和
发展。此外，19 世纪上半叶的德国，比起英、法两国，经济上是相对落后的，是
一个当时历史条件下的发展中国家。德国历史学派经济学家对发展问题作出了多方
面的理论探讨，并提出了一整套的政策建议。

　　西方经济学家们在回顾过去的经济发展思想时，往往把马克思作为不属于他们
所谓的主流经济学体系的"持不同意见者"而不提他对经济发展理论的贡献。我们
认为，马克思的经济理论包含着丰富的经济发展思想。马克思关于社会经济形态的
论证，表明了他对人类社会经济发展进程的一般看法。他对资本主义再生产和积累
问题的考察，不仅剖析了资本主义经济的增长规律，也有助于对其他进行社会化大
生产的社会经济形态经济增长过程的理解。例如，马克思分析资本主义的社会再生
产运动从社会总产品开始，而研究社会主义经济增长的规律性也必须以社会总产品
为出发点。又例如，马克思指出社会再生产的正常运行要求社会总产品的正常实
现，即产品不仅要在价值形式上得到补偿，而且在物质形式上也要得到补偿。这一
条件，社会主义的社会再生产如要正常运行，也必须得到满足。我们知道，经济增
长还涉及资源配置问题。马克思在分析级差地租时，曾以资本投入量的追加来观察
超额生产率的变化以求得资本投入的经济界限。这种分析方法，也可以用来说明一
切稀缺资源的配置和利用的经济界限。因此，从对经济增长和经济发展问题分析的
角度去学习、研究马克思主义政治经济学，可以更好地认识它的广度和深度。

　　综上可知，自资本主义萌芽和发展以来，随着社会化大生产日益开展，已有几
个世纪之久，不同派别的经济学家们曾根据他们所处的国内外环境，或比较深刻，
或比较肤浅地观察了经济增长和经济发展问题，并在各自的学说中，或比较系统，
或比较零碎地阐述了经济增长和经济发展思想。尽管把这些思想汇总起来，还不能
形成一门学科，而且其中不少论点或由于科学性不足而站不住脚，或由于历史条件
变迁而已过时。但是，也应当看到，有不少论点并非谬误，至今还切合当代发展中
国家的实际，而且对当代发展经济学家的经济理论形成产生了影响。因此，在了解
发展经济学系统理论之前，回顾一下经济学说史中的经济增长和经济发展思想是不
无裨益的。

二、发展经济学的兴起

第二次世界大战结束后的最初几年中，由于战后经济重建和发展问题引起了人们的关注，有关经济增长和经济发展问题的理论和模式开始出现。如斯塔利（Staley，E）在《世界经济发展》一书中探究了战后许多落后地区急速地、快速地发展对先进工业国可能产生的经济影响；曼德尔鲍姆（Mandelbaum，K.）在《落后地区的工业化》一书中提出了人口过多而又落后的东欧和东南欧地区工业化的数量模式；罗森斯坦-罗丹（Rosenstein-Rodan，P. N.）在《落后地区的工业化》一文中探讨了"过剩农业人口"如何成为发展力量，外在经济如何促进规模效益，基础设施和教育训练何以具有重要性等问题。上述论著是在 1943 年至 1947 年期间先后发表的，虽然它们开始涉及经济发展问题，但论证还很不系统，很不全面，还远远没有形成发展经济学。哈罗德（Harrod，R. F.）和多马（Domar，E. D.）两人于 1948 年同时提出的理论把短期的、静态的凯恩斯经济周期学说长期化、动态化为经济增长模式，被人们认为开当代经济发展理论的先河，是发展经济学的第一个里程碑。但是，哈罗德-多马模式毕竟只是一个增长模式，根本没有进入经济发展问题的领域。根据世界银行经济学家居里（Currie，L.）的回忆，他在 1949 年率领一个考察团去哥伦比亚访问时，还不知道发展经济学这个名词。

1950 年左右是非殖民化运动的高峰，接踵出现的发展中国家面临着的经济发展问题，成为各种经济增长模式和经济发展理论的思想泉源，这些模式和理论逐渐系统化而蔚然成为发展经济学。

三、发展经济学的演变

发展经济学的演变，就其主流而言，明显地分为三个阶段：20 世纪 40 年代末至 60 年代初为第一阶段，60 年代中期以后至 70 年代末为第二阶段，80 年代以后为第三阶段。

（一）第一阶段发展经济学的特点

在第一阶段，关于发展中国家如何发展经济的问题，有三种主要观点：（1）强调物质资本积累的重要性；（2）强调工业化的重要性；（3）强调计划化的重要性。在形成发展中国家的初期，一般突出这三种观点是很自然的。

首先，在影响生产的各个因素即自然资源、劳动力和资本等当中，资本是发展中国家最稀缺从而是束缚经济增长的首要因素，因为劳动力是一般发展中国家比较充裕的投入要素，不会成为经济增长的约束条件；自然资源的条件诚然会给经济增长造成有利的或不利的形势，但并不能对经济增长起决定性的作用，历史经验已证明如此。因此，在初期，一些发展经济学家认为，由于资本的匮乏，发展中国家在总供给和总需求两个方面，都存在着"恶性循性"，以致国民经济长期处于"低水平均衡陷阱"而不能自拔。为此，必须在投资努力上"大推进"，求得"平衡增长"。哈罗德-多马增长模式为突出资本重要性的思想提供了理论基础。这个模式从凯恩斯的收入决定论出发，认为为了维持某一时期的充分就业，必须以投资的扩大来提高有效需求。但是，在一个时期足以维持充分就业的有效需求，将不足以保证下一时期的充分就业。因为，前一时期由于投资扩大而形成的生产能力，将在下一时期提供比前一时期更多的产出。因此，为了维持下一时期的充分就业，必须进一步扩大投资以增加有效需求。这样，由于投资年复一年地扩大，产出将年复一年地增长；反过来，要产出年复一年地增长，投资必须年复一年地扩大。由此，哈罗德-多马模式得出了一个十分明确的结论：资本的不断形成，是经济持续增长的决定性因素。

其次，实现工业化一般是发展中国家的普遍愿望，也体现了经济上摆脱依附，谋求经济独立的民族感情。人们把工业化看成是减少进口，减轻外汇约束，并积极地扩大外汇储备以增加进一步促进工业生产所需的生产资料，进一步提高国内生活水平所需的消费品和劳务的必由之路。工业化也被看成是吸收农业剩余劳动力并由此而提高农业生产率的唯一途径。为发展中国家实现工业化的必要性和可能性提供理论根据的是著名的刘易斯二元结构发展模式。这个模式认为，农业剩余劳动向城市工业部门流动是工业资本的积累和扩大的源泉，不仅促成了工业化，还引起了农业的进步。

最后，必须实行计划化的重要根据是发展中国家市场的不完全性。强调计划化的经济学家认为，发展中国家的市场无论在结构上，还是在功能上，都是不完全的、生产品和生产要素的市场缺少良好的组织，市场信息既不灵敏，也不正确，不能及时而正确地反映产品、劳务和资源的真实成本，更不能估算社会机会成本。如果政府不进行干预，不实行计划化，就会使资源得不到有效的配置，不能符合长期的最大利益。可以想到，强调计划化，强调国家干预，也是强调资本积累和强调工业化逻辑上的必然推论，因为加速资本积累和调节工业布局和进程，不能寄希望于私营部门的自发活动，而需要国家的计划安排和公营部门的调节。

把上述三个侧重点综合起来，这一阶段的发展经济学共有三个特点：

1. 反"单一经济学"的倾向。发展经济学兴起之前，西方经济学虽然发生了所谓的"凯恩斯革命"，但新古典主义的影响远未消失。新古典主义经济学家自认为他们的理论适合于一切国家，只存在"单一经济学"。20 世纪 50 年代的发展经济学家不同意这种看法，而认为发展经济学和新古典主义经济学不同，因为后者是静态分析，研究的是如何通过价格-市场机制以合理确定既定资源的配置，而经济发展是动态的问题。发展经济学主要关心的是如何摆脱贫困，转为富裕，这是新古典主义经济学所不能解决的问题。发展经济学家认为，发展中国家的经济具有结构上的特点，它既不同于西方发达国家的经济，也不同于 18、19 世纪处于发展中阶段的当时西方国家的经济。结构的特殊性使价格—市场机制的边际调节作用不可能完美实现，也使经济增长的利益不易惠及广大的人民群众，以致造成有增长而无发展的情况。总之，这一阶段发展经济学具有强烈的结构主义色彩，它反对新古典主义"单一经济学"，而认为既有新古典主义经济学，又有发展经济学。

2. 具有内向发展战略倾向。这一阶段的发展经济学家一般不支持比较成本理论和自由贸易政策，照他们看来，比较成本理论是静态理论，所关心的是来自贸易的直接的静态利益，却不重视国内工业化所产生的间接的动态利益。他们还认为，第二次世界大战后的世界经济情况已不同于 19 世纪，对发展中国家来说，国际贸易不再具有"增长发动机"的功能，而只有从立足于国内平衡增长的进口替代政策中，才能找到另外一种"增长发动机"。他们的理论中含有"出口悲观主义"的成分，由此而产生的政策建议是内向发展的贸易保护政策。

3. 自认为其理论是"宏大的理论"，可以适用于一切发展中国家。这一时期的贫困恶性循环论、大推进论、平衡增长论等理论的提出者都自认为这些理论对发展中国家具有普遍的适用性。特别是《经济增长阶段论》的作者、名噪一时的罗斯托（Rostow，W. W.），他把自己提出的经济增长阶段划分（即传统社会阶段，为起飞创造前提条件阶段，起飞阶段，成熟阶段，大规模高消费阶段，追求生活质量阶段）的理论说成是从现代史中归纳出的普遍发展过程理论。

（二）第二阶段发展经济学的特点

20 世纪 60 年代初期以后，发展中国家的经济出现与第一阶段经济发展理论所设想的结果不相一致的情况。实行工业化战略和进口替代政策以及计划化和政府多方干预的结果，使经济困难重重。相反，那些经济比较开放，注意发挥市场作用，执行出口鼓励政策的发展中国家，却在经济上取得比较明显的进步。以东南亚地区为例，虽然要素禀赋和出口产品范围在几个国家和地区中颇为相似，但经济较为外向的国家如泰国和马来西亚就比经济较为内向的缅甸和当时的印度尼西亚，取得了相对较大的经济成就。世界贸易额的增长速度也较快，提高了对发展中国家出口产品的需求，这一情况和"出口悲观主义"的预想也不相一致。

面对这些情况，发展经济学不得不对前一阶段的理论和政策建议重新评价，作出如下的修正：

1. 对计划化的得失和市场的作用重新评估。前一阶段的发展经济学家过于强调发展中国家市场的不完全性而贬低价格—市场机制的作用，然而，经济计划化的结果却令人失望。发展经济学家发现单纯的计划化存在着不少缺点。例如，过于重视宏观模式而忽视项目评估、刺激与反馈等微观措施；过于重视数量指标而忽视难以量化但意义重大的因素。另一方面，他们又看出价格—市场机制具有一些优点，如有助于有效地配置资源并刺激经济增长，可以避免过多宏观控制下出现的低效率和腐化，可以提供灵敏的经济信息而代价较低，等等。与此同时，他们着重指出，他们并不主张采取完全自由放任的政策，而是主张政府应当充分利用价格—市场机制，通过价格杠杆执行政策，不应当依赖全面的、细节的管理。

2. 对农业的偏见得到纠正。在第一阶段经济发展理论的影响下，在国民经济中占很大比重的农业成为工业化的牺牲品，工业化被推崇到可以损害农业而进行的地步。结果，农业剩余被榨取了，农民对刺激的反应力被忽视了。第二阶段发展经济学家认为，传统农业的现代化是发展中国家的一个根本问题，谋求经济发展就必须发挥农业的作用，为此，必须给农民提供机会，必须扩大人力资本的积累，必须认识农业开发研究的经济价值。而且，发展中国家的农民具有很大的能力去改变他们利用土地、劳动力和经济机会的方法，虽然发展中国家的大多数农民缺少受教育的机会，但他们既有的成就已经显示出他们的学习能力。总之，照这一阶段发展经济学家看来，发展中国家必须重视农业，在发展战略中，农业进步居于关键性的地位。

3. 外向发展和对外贸易受到强调。第二阶段发展经济学家批评前期的进口替代工业化内向发展战略。他们指出，这种战略必将造成种种价格扭曲，如利息率过高，农产品价格过低，外汇定值过高等，以致既不利于资源的有效配置，又不利于经济的健康发展。他们认为，发展中国家应当重视对外贸易，鼓励输出，依据价格—市场机制调节进出口，在国际竞争环境中谋求经济发展。市场—价格机制不仅能最有效、最有利地调节国内经济，而且也能最有效、最有利地调节国际经济。

综上可见，第一阶段发展经济学和第二阶段发展经济学在基本思路、问题论证和政策建议等方面，都有明显的差异。第一阶段发展经济学比较注意发展中国家的社会经济特点，突破了新古典主义经济学的统一体系，提出了不少特殊理论。第二阶段的发展经济学则在许多问题的分析中，恢复了新古典主义的观点，并扩大了新古典主义的应用。这种情况的出现，有人称之为"新古典主义的复兴"（The Neoclassical Resurgence）。

（三）第三阶段发展经济学的特点

在"新古典主义复兴"时期，一些发展中国家和地区取得了不小的成就，与此同时，发展经济学家们对经济发展问题又进一步深化了认识和理解，推演出新的经济发展理论，从而使发展经济学进入第三阶段。第三阶段发展经济学具有下述特点：

1. 在新制度主义（New Institutionalism）影响之下，发展经济学家们逐渐认识到，新古典经济学把制度看成是经济机制的外生变量，是一种"无制度的"（institutionless）分析。这种分析是脱离实际的，因为在现实经济中制度的存在和变迁深刻地影响着增长和发展。因此，要解决发展中国家的现代化问题，不能只关注资金投入，出口鼓励，技术引进，产业结构优化等纯经济因素，而应该更重视制度对经济发展的促进或障碍作用。为此，拉坦（Ruttan，V.）和速水（Hayami，

S.）曾试图以诱致性技术变迁扩展到诱致性制度变迁的理论，说明为什么这种变迁和相伴而生的经济发展出现在某些国家和地区而不出现在另一些国家和地区。宾斯旺格（Binswanger，H.）等人突出土地制度对农业经济绩效的重大影响，重新构建了农业经济发展模式。奥尔森（Olson，M.）认为，对兴盛的市场经济最为重要的是那些能保障个人权利的制度，在市场经济中，人们必须有签订各种公平的、可实施的契约的权利，它是发达国家经济发展的前提，对发展中国家经济转型更是至关重要的。纽金特（Nugent，J.）指出，对制度变迁原因和某些制度形成的合理性进行研究，是发展经济学的"新线索"。当然，由科斯（Coase，R.）提出的交易成本理论和由诺斯（North，D.）建立的新历史经济学对新制度主义的形成并扩大它们在发展经济学领域的影响起了重大作用。

2. 一些发展经济学家观察到，某些经济政策在一国有效，而在另一国却无效，究其原因，他们认为，这是由于经济政策措施需要通过政治程序来进行，因此，对经济政策措施的研究不能不超出经济分析的范畴，应该对政策措施的变动从政治经济学的角度作出研究，而且还要看到政治市场中的信息不完全现象比经济市场更为突出，其信息成本和交易成本更高。尽管将政治行为内生化相当困难，也必须从多方面努力使其内生化，如更多地考察政治市场的特性，政治偏好与经济决策的关系，寻租行为和其他非生产性活动对经济绩效的影响，等等。

3. 应当看到，发展经济学从第二阶段向第三阶段的转变也深受 20 世纪 70 年代末（即纪念《国富论》问世 200 周年纪念活动时期）以来形成的"亚当·斯密复兴"（the renaissance of Adam Smith）研究热潮的影响："亚当·斯密复兴"或"向亚当·斯密复归"（back to Adam Smith），也就是新古典经济学向古典经济学的回归，它不是意味着重新强调自由市场经济中"看不见的手"对配置资源、促进发展的巨大作用，而是意味着经济发展问题的研究者摆脱了新古典经济学纯经济分析思路的束缚，重新恢复了对政治、法律、历史等非经济因素的巨大兴趣，而在经济问题分析中重视政治、法律、历史等因素正是以亚当·斯密为代表的古典学派经济学家的特点，他由此而自称其经济学为"政治经济学"。

4. 第三阶段发展经济学家重申并推进了 20 世纪 70 年代就已有人提出的"寻租"理论。西方经济学界论证寻租问题是以发达国家为背景的，他们从进口垄断分析开始，进而论证由一般经济管制所引起的问题，认为凡是政府对市场经济行为进行限制的，都会导致寻租现象的产生。这种现象使少数人获得巨额利益，而社会却蒙受资源的大量浪费，还会助长贪污腐化之风，使社会付出更多的代价。这种理论在客观上揭露了西方国家在民主形式下某些集团为了追求垄断利益，不惜以种种手段，如雇用律师钻法律条文的空子，或利用院外游说手段使议会通过有利于它们的法律，或直接买通官员以得到特殊照顾等的实际情况。就发展中国家而言，由于市场机制还有待于培育，有序而公平的市场竞争还未形成，法制还不健全，且旧体制残余影响未衰，比起发达国家来说，一些人更容易凭借权力去攫取经济利益，甚至索取贿赂。不能否认，这在发展中国家是十分严重而又相当普遍的现象。寻租行为可喻为"看不见的脚"（invisible foot），在它的践踏下，"看不见的手"是难以正常地发挥作用的，权力进入市场所引起的问题，其咎不在于市场本身。显然，寻租理论已不是一种纯经济分析，而是联系制度、体制、政治因素来考察经济问题的，它属于政治经济学的范畴。

5. 由于发展中国家普遍存在着信息的不完全和高成本、市场不完善和交易成本等现象，使市场失灵超出了此前的关注范围，形成了"新市场失灵"。迈耶（Meier，G. M.）认为，"新市场失灵"的存在为更广泛的政府干预提供了理论基础，也使风险和信息的不完全与经济发展的分析密切相关。斯蒂格利茨（Stiglitz，J. E.）则进一步从信息经济学的角度，探讨了发展中国家的微观经济组织演变和政府在经济发展中的作用，并在此基础上提出了一些颇具影响的理论假说，特别是对被世界银行和国际货币基金组织（IMF）奉为"灵丹妙药"的"华盛顿共识"（Washington Consensus）的批评。斯蒂格利茨认为，以新古典主义经济学为指导的"华盛顿共识"，在排除了信息不完全、协调失灵、制度和历史文化差异（社会资本）的同时，也就排除了发展经济学的核心问题，因此注定是要失败的。"休克疗法"（shock therapy）在俄罗斯的声名狼藉，1994 年墨西哥金融危机，1997 年东南亚金融危机和 2001 年阿根廷金融危机就是绝好的例证。

在对"华盛顿共识"批评的基础上，以斯蒂格利茨为代表的经济学家阐述了"后华盛顿共识"（Post Washington Consensus）。它以信息不完全为前提，强调发展中的制度因素，承认政府在促进发展中的积极作用，认为发展不仅是经济增长，而且是社会的全面改造。因此，"后华盛顿共识"更多地关注的是贫困、收入分配、环境可持续性等问题。[1] 这正如巴丹（Pranab Bardhan）所言："随着经济理论转向更偏重研究以信息为基础的市场失灵、协调失灵、价格的多重作用和潜在复杂的市场互动的一般思想，它将不可避免地转向发展经济学长期以来一直研究的问题。"[2]

6. 新的发展观得到普遍的承认和广泛的应用。20 世纪 50 年代一般把发展等同于经济增长；60 年代则认为发展包含增长和结构变化；而进入 80 年代以来，发展

[1] Stiglitz, J. E. "More Instruments and Broader Goals: Moving toward the Post-Washington Consensus," the 1998 WIDER Annual Lecture, Helsinki, January 1998, reprinted Chapter 1 in The Rebel Within, Ha-Joon Chang (ed.), London: Wimbledon Publishing Company, 2001, pp. 17-56.

[2] 参见杰拉尔德·迈耶，约瑟夫·斯蒂格利茨：《发展经济学前沿：未来展望》，中国财政经济出版社 2003 年版，第 16 页。

观所包含的内容大大拓宽了，它不仅包括经济增长、收入分配和环境的改善，还包括政治、文化和社会等非经济因素的改进，这就充分体现了第三阶段发展经济学的特点——新古典政治经济学。其中，影响最为广泛的就是阿马蒂亚·森（Sen, Amartya）阐述的新发展观：以自由看待发展。森认为，实际收入和产出的增长充其量只是一种辅助手段，发展实质上是自由的扩展。森这里所讲的自由即实质自由（substantive freedom），它首先是指人们具有享受起码生活水平，免于各种困苦的能力，例如，避免饥饿、营养不良、可避免的疾病、过早的死亡，等等，同时又享有包括诸如有机会接受教育、发表言论、参与社会和政治活动等的自由。在森看来，发展意味着经济主体各种权利和能力的扩大，意味着他们能够在某种政治、法律、文化制度框架下享有更大的自由，拥有更多的机会，做出更多的选择，实现更大的效用，是涉及经济、政治、社会、价值观念等众多方面的一个综合过程。

总之，第三阶段发展经济学包含不少不完全一致的发展理论，但共同的特点是，尽管强调非经济因素对经济机制的作用，但在分析方法上，新古典主义的思维范畴、概念和工具，如均衡方法、经济计算与实证检验方法等都在第三阶段发展经济学中得到相当广泛的应用，诸如竞争性均衡的经济增长模式，新贸易理论，市场经济下经济发展绩效比较研究等都是第三阶段发展经济学的重要贡献。

综上所述，可以认为，第三阶段发展经济学是新古典政治经济学在经济发展理论中的应用。

思　考　题

1. 发展中国家具有哪些经济特点？试从中华人民共和国成立初期和现阶段的状况说明我国是一个发展中国家。
2. 对经济增长和经济发展两个概念的区分有什么体会？试从我国经济建设的成就、存在问题和今后努力方向，论证这种区分的必要性和重要性。
3. 了解了发展经济学的产生和演变过程后，你对这门学科有何基本认识？
4. 如何对待西方发展经济学？

第二章　经济增长理论和论证经济发展问题的基本思路

经济增长和经济发展是两个不同的概念。发展中国家须在经济持续而稳定增长的基础上谋求经济全面而协调地发展。发达国家已越过不发展阶段，所关心的问题是保持经济的继续增长。因此，对经济发展问题的论证一般是以发展中国家为对象的，对经济增长问题分析的背景一般是发达国家。但是，经济增长是经济发展的基础，有关经济增长问题的理论自然成为发展经济学的一个组成部分。

第一节　经济增长理论

一、经济增长模式

（一）哈罗德-多马（Harrod-Domar）模式

20 世纪 30 年代中期，凯恩斯从发达的资本主义国家的经济情况出发，提出了以增加投资弥补需求缺口的理论，其目的是消除短期的、周期性的经济不稳定。由于发展中国家经济的主要问题不是需求不足而是生产不足，凯恩斯理论一般被认为是不适用于发展中国家的。但在 20 世纪 40 年代末期，英国的哈罗德和美国的多马，差不多在同时，根据凯恩斯的收入决定论的思想，把凯恩斯理论动态化和长期化，推演出一种增长理论，人们称之为哈罗德-多马模式。这一模式的内容如下：

任何一种经济必须把国民收入储蓄的一部分用来抵补前一阶段生产中建筑、装备以及材料等资本品的损耗，但是，如果要谋求生产的增长，则必须注入体现为资本品增加的新投资。总资本存量的多少和 GNP 的大小之间存在着由技术水平决定的某种直接经济关系，这一关系称为资本-产出比例（capital-output ratio），它表示 1 个货币单位的产出需要多少货币单位资本的投入（这是平均数的概念），或每增加 1 个货币单位的产出需要增加多少货币单位资本的投入（这是增量的概念），也就是说，资本-产出比例可以是平均资本-产出比例，也可以是边际资本-产出比例。新增的资本来自国民收入的储蓄部分，因此，要谋求产出的增长，必须得到一定国民收入水平和一定储蓄率的保证。可见，增长的快慢和收入水平、储蓄率和资本-产出比例密切相关。用动态观点说，一个时期储蓄转化为资本即新资本形成是下一时期产出增长的源泉，而产出增长又成为进一步扩大资本形成的基础。哈罗德和多马把这一思路用代数形式表现出来成为增长模式。它的数学推理步骤如下：

（1）设国民收入为 Y，储蓄率为 s，储蓄为 S，则

$$S = s \cdot Y$$

（2）资本存量的变化即是投资。设资本存量为 K，投资为 I，ΔK 为资本存量的变化，则

$$I = \Delta K$$

如前所述，资本存量和产出（即国民收入）有一定关系，即资本-产出比例，由 k 表示，则

$$\frac{K}{Y} = k$$

或　$$\frac{\Delta K}{\Delta Y} = k$$

即　$$\Delta K = k \Delta Y$$

（3）一国的总投资必与总储蓄相等，即

$$S = I$$

由（1）已知 $S = sY$，由（2）已知 $I = \Delta K = k \Delta Y$，则

$$S = sY = k \Delta Y = \Delta K = I$$

简化得

$$sY = k \Delta Y$$

在等式两边先除以 Y，再除以 k，得

$$\frac{\Delta Y}{Y} = \frac{s}{k}$$

$\frac{\Delta Y}{Y}$ 表示国民收入即产出的变化率或增长率，如用 G 表示，则

$$G = \frac{s}{k}$$

即　增长率 $= \dfrac{\text{储蓄率}}{\text{资本-产出比例}}$

这就是哈罗德-多马增长模式。它简单地说明一个道理：GNP 的增长率是由国民储蓄率和国民资本-产出比例共同决定的。GNP 的增长率与储蓄率成正比，即是说，一定水平的 GNP 中储蓄率越高，GNP 的增长率就越大。GNP 的增长率与资本-产出比例成反比，即是说，资本-产出比例越高，GNP 的增长率就越低。为了经济增长，必须从 GNP 中拨出一部分作为储蓄并转化为投资，因此，储蓄越多，投资就越多，增长也就越快。但是，每一水平上的储蓄和投资所能带来的实际增长速度取决于投资的生产能力，即取决于一份投资能增加多少产出的经济效果，这可用

资本-产出比例的倒数即产出-资本比例来衡量。

举例来说，某一国家的资本-产出比例为 3，储蓄率为 6%，根据哈罗德-多马模式，可知这个国家的产出可以每年 2% 的速度增长，即

$$G = \frac{s}{k} = \frac{6\%}{3} = 2\%$$

如果储蓄率从 6% 增加到 15%，则增长率可以从 2% 增加到 5%，即

$$G = \frac{s}{k} = \frac{15\%}{3} = 5\%$$

在非常强调资本对经济发展推动作用的 20 世纪 50 年代和 60 年代初期，哈罗德-多马增长模式受到发展经济学家的普遍赞扬。不少人认为，这个模式与其说适合于发达的资本主义国家，不如说更适合于发展中国家，因为这个模式不仅消极地显示发展中国家经济的要害——资本的匮乏阻碍了经济的增长，还积极地证明：只要有稳定的资本形成，就有持续的经济增长。但是，20 世纪 60 年代初期以后，发展经济学家对哈罗德-多马模式在发展中国家究竟有多大的适用性，资本形成对保证发展中国家经济持续增长究竟有多大作用，越来越感到怀疑，并提出了不少批评。他们的疑点和批评可分述如下：

第一，如果经济是开放的，储蓄的增加不一定会扩大资本形成，因而储蓄起来的国民收入可能有一部分要流向国外，不在国内形成资本，无益于国内经济的进展。

第二，资本形成的扩大不一定提高生产能力。可以设想，如果投资集中在含有高资本-产出比例的产业，而资本折旧大量发生在含有低资本-产出比例的产业，则资本存量并不会增加多少，因而生产能力提高不多。

第三，即使生产能力提高了，也并不一定会增加产出，因为在发展中国家中，生产能力的闲置是相当普遍的现象。

第四，模式的侧重点是需要多高的一定 GNP 水平下的储蓄率以维持增长率，而发展中国家需要解决的首要问题是采取什么有效措施以提高增长率。

第五，模式集中注意力于资本-产出比例，以致过分强调投资的作用，而发展中国家的现实情况是，一方面存在着未被使用的生产能力，另一方面存在着改进生产方法以提高产量的能力，因此，即使投资增加不多，产出也可能有较大的增加。

第六，生产过程中除资本外还需要其他投入要素的配合，当资本增加时，也要求其他投入要素的增加。在发达国家，这种配合比较容易得到满足。因为熟练劳动力和管理人才是比较丰裕的，适合投资的社会结构因素是比较优越的，而发展中国家却缺少这些条件，当资本增加时，得不到相应的熟练劳动力和管理人才的配合，社会结构的因素还可能阻碍扩大投资的顺利进行，因此，即使投资扩大了，资本存量增加了，产出并不能有相应的增长。

　　第七，由于上述的要素易于配合和社会结构富于弹性，发达国家的资本-产出比例在相当长的时期中是稳定不变的，而发展中国家则会出现当资本增加时资本-产出比例变大的情况。哈罗德-多马增长模式是以比较稳定的资本-产出比例为计算基础的，如果资本-产出比例难以稳定，这个模式的实际意义将大大减小。

　　第八，哈罗德-多马增长模式假设技术是"中性"的，对资本-产出比例不发生影响，因而技术进步可以不予考虑，但事实证明，在现代，技术进步对经济增长起着很大的作用。不考虑技术因素是这个模式的缺陷。

　　第九，哈罗德-多马增长模式以资本-产出不变，技术中性为前提，因而增长率决定于储蓄率。当满意的储蓄率既定时，有保证的增长率只有一个唯一值，这就使得稳定的经济增长难以实现，因此，这个模式所设计的增长途径是处于"刃锋"状态的。

　　（二）新古典经济增长模式

　　如前所述，从凯恩斯理论发展起来的哈罗德-多马增长模式的主要缺点是把资本看成是促进增长的唯一因素，没有考虑到投入要素价格的相对变动会引起投入要素互相替代的可能性，例如利息率下降而工资率上升，则生产者就会在生产过程多用资本而少用劳动，反之亦反是。新古典经济学家对哈罗德-多马增长模式的批评就集中在这一点上。他们说，只要投入要素的价格和比例是固定不变的，经济增长就有内在的不稳定性；相反，投入要素的价格和比例是变动的，经济增长就消除了内在的不稳定性。如果劳动的供给超过资本的供给，工资率比起利息率将相对地下降，如果资本的供给超过劳动的供给，工资率比起利息率将相对地上升，两种情况中任何一种出现，生产过程中都将会引起资本与劳动互相替代，这种替代作用将减少经济增长的不稳定性。

　　新古典经济学家从上述认识出发建立起自己的经济增长模式，他们首先研究了柯布-道格拉斯生产函数。这个函数表现了资本和劳动可以不成比例地变动并互相替代。

$$Y = rL^\alpha K^\beta$$

　　式中：Y 表示产出量，K 表示资本投入量，L 表示劳动投入量，r、α 和 β 为常数。α 与 β 之和为 1。α 和 β 表示各个投入要素在产出增长中所起的不同份额的作用，也可叫做各个投入要素的产出量弹性，它是由各个投入要素的边际生产力决定的。

　　例如，假设 r 为 1.01，α 为 3/4，β 为 1/4，则

$$Y = 1.01 L^{\frac{3}{4}} K^{\frac{1}{4}} = 1.01 \sqrt[4]{L^3} \cdot \sqrt[4]{K}$$

　　这表明，当资本固定不变时，如劳动增加 1%，产出量将增加 1% 的 3/4，即 0.75%；当劳动固定不变时，如资本增加 1%，产出量将增加 1% 的 1/4，即 0.25%。生产者可以根据工资率与利润率的相对变化来调节劳动与资本的使用，以

达到产出增长的目的。但是，柯布-道格拉斯生产函数不含有技术进步影响产出的因素，这是显而易见的。

为此，新古典经济学家把这个生产函数发展成为

$$Y = F(K、\ L、\ R、\ t)$$

式中：K、L 和 R 各自表示资本、劳动及自然资源，t 为时间（表现为技术不断改进趋势的因素），F 表示函数关系。

如果 R 固定不变，L 和 K 增加，时间在前进（意味着技术在不断改进），于是

$$\Delta Y = V \cdot \Delta K + W \cdot \Delta L + \Delta Y'$$

式中 V 为资本的边际生产力，W 为劳动的边际生产力，$\Delta Y'$ 为由技术进步而引起的产出增长量。

产出的增长率，可根据各投入要素的增加率由下式表示

$$\frac{\Delta Y}{Y} = \frac{V \cdot K}{Y} \cdot \frac{\Delta K}{K} + \frac{W \cdot L}{Y} \cdot \frac{\Delta L}{L} + \frac{Y'}{Y}$$

式中：$\dfrac{\Delta Y}{Y}$，$\dfrac{\Delta K}{K}$，$\dfrac{\Delta L}{L}$ 分别表示产出增长率、资本增加率和劳动的增加率，$\dfrac{\Delta Y'}{Y}$ 则表示由技术进步而获得的产出增长率，并由此可知 $\dfrac{V \cdot K}{Y}$ 为资本的产出量弹性（即资本在产出量中的相对贡献），$\dfrac{W \cdot L}{Y}$ 为劳动的产出量弹性（即劳动在产出量中的相对贡献）。

总之，新古典增长模式表明：经济增长率等于资本的产出量弹性乘以资本增加率、劳动的产出量弹性乘以劳动增加率，以及由技术进步引起的产出增加率之和。

由上述可以看出，新古典经济增长模式具有以下几个特点：

第一，一反经济增长理论中"资本积累是决定因素"的传统看法，提出技术进步对经济增长具有重大贡献的观点。这说明现代科学技术进步对经济的巨大推动作用已为经济学家们所认识。

第二，模式假定投入要素价格是可变的，因而投入要素之间具有替代性。由此可以通过资本-劳动比例的调节来改变资本-产出比例，以增加经济增长率的可调节性和稳定性，克服哈罗德-多马模式的"刃锋"问题。

第三，模式突出了市场调节的作用。投入要素之间如果可以因价格变动而彼此替代，那就要假定市场中竞争能力是很强的，生产者对市场信息是灵通的。可以推论，模式认为资本-产出比例的调整主要不是通过国家干预做到的，而是通过价格-市场机制的调节实现的。从这一点可以看到模式的新古典主义色彩。

（三）新剑桥经济增长模式

新剑桥经济增长模式的提出者认为，尽管哈罗德-多马模式似乎存在着新古典经济学家所说的"刃锋"状态的缺陷，但是，新古典模式企图用投入要素的相互替

代性和资本-产出比例的可改变性来弥补这一缺陷，并不能解决问题，因为资本一旦形成，并采取机器设备等物质形式就难以改变，体现并凝固在物质资本之中的生产技术和投入要素比例也不易随时改变。即使投入要素市场价格变化，资本-产出比例也无法随之调整。新古典增长模式把技术进步视为独立因素的观点是不正确的，因为投资的增加和技术的进步并不是分离的，没有投资的增加就不会有技术的进步。

新古典增长模式和哈罗德-多马增长模式基本上是同一思路的，它也假定资本-产出比例是既定的，要实现生产的稳定增长，只有而且必须得到一定储蓄的保证。但是，新剑桥增长模式进而采用了"两阶级"分析法，认为储蓄率并非是国民收入的一个简单百分比，而是由资本利润和劳动工资在国民收入中的分配比例决定的。经济增长与收入分配息息相关，收入分配是经济增长受到决定性影响的因素。

以 P 代表资本利润，W 代表劳动工资，Y 代表国民收入，则

$$Y = P + W$$

或　$W = Y - P$

又设 s_P 代表资本家的储蓄率，s_W 代表工人的储蓄率，s 代表总储蓄率，于是

$$
\begin{aligned}
s &= \frac{P}{Y} \cdot s_P + \frac{W}{Y} \cdot s_W \\
&= \frac{P}{Y} \cdot s_P + \left(\frac{Y - P}{Y}\right) \cdot s_W \\
&= \frac{P}{Y} \cdot s_P + \left(1 - \frac{P}{Y}\right) \cdot s_W \\
&= \frac{P}{Y} \cdot s_P + s_W - \frac{P}{Y} \cdot s_W \\
&= \frac{P}{Y}(s_P - s_W) + s_W
\end{aligned}
\tag{1}
$$

又知　$k = \dfrac{K}{Y}$ (2)

将（1），（2）两式代入哈罗德-多马模式 $G = \dfrac{s}{k}$ 中，得

$$
\begin{aligned}
G &= \left[\frac{P}{Y}(s_P - s_W) + s_W\right] \cdot \frac{1}{k} \\
&= \frac{P}{K}(s_P - s_W) + \frac{s_W}{k}
\end{aligned}
$$

$\dfrac{P}{K}$ 即是利润率，以 π 代替之，则

$$G = \pi(s_P - s_W) + \frac{s_W}{k}$$

上式即是新剑桥经济增长模式。模式的含义是，在既定的技术水平下，经济增

长率决定于利润率的高低以及资本家和工人两个阶级的储蓄倾向。

新剑桥增长模式的提出者还进一步研究了长期中经济增长与收入分配的关系以及经济增长过程中收入变化的趋势。设 P 为利润，I 为投资，C_P 为资本家的消费倾向，s_P 为资本家的储蓄率，可以得到一公式

$$P = \frac{1}{s_P} \cdot I$$

$$= \frac{1}{1 - C_P} \cdot I$$

公式的含义是，利润的大小取决于投资和资本家的消费倾向或储蓄率。利润与 s_P 反方向变动，而与 I 和 C_P 同方向变动。由于 C_P 比较稳定，利润在国民收入中所占比重的大小决定于 I 的大小，更确切地说决定于投资率（即国民收入中用于投资部分所占的比例）的大小，而投资率的大小又与经济增长有密切联系。较高的经济增长率引致较高的投资率，较高的投资率又将引致利润在国民收入中份额的增长。因此，设利润率为 π，资本家储蓄率为 s_P，G 为经济增长率，可得公式

$$\pi = \frac{G}{s_P}$$

公式的含义是，资本家储蓄率越低，利润率越高；经济增长率越高，利润率越高；利润率越高，又将导致利润在国民收入中所占份额越大，因而工资在国民收入中所占的份额越小。

综上可见，新剑桥增长模式具有下述一些特点：

第一，模式是哈罗德-多马模式的延伸，与后者一样，前者的基本观点是增长率决定于储蓄率或投资率，而资本-产出比例是固定不变的。

第二，模式把经济增长与收入分配结合起来，说明经济增长过程中收入分配的变化趋势，以及收入分配关系对经济增长的影响。

第三，模式认为，在社会分化为两阶级——资本家和工人——的条件下，经济增长加剧了收入分配比例失调，收入分配比例失调反过来又影响经济增长。要解决这一问题，重要的不是简单地谋求经济快速增长，而是消除分配比例失调的状况。

第四，模式否定了新古典模式的思路：持续稳定增长决定于投入要素比例的变化和技术进步，而认为要实现持续稳定增长必须靠国家政策对分配比例失调进行干预。

（四）新增长理论

新增长理论出现在 20 世纪 80 年代，它是对新古典增长理论的挑战。新古典增长模式的优点是简单明了，但其假设条件是，人均投资收益率和人均产出增长率是人均资本存量的递减函数，由此得出结论：随着时间的推移，各国的工资率和资本-产出比将会趋同，初始条件或当前干扰对于产出和消费水平都没有长期影响，在没有外生技术变化的条件下，人均产出将收敛到一个稳定水平。

从 20 世纪 80 年代初开始,麦迪逊(Maddison,A.)、赫斯顿(Heston,A.)、萨默斯(Summers,R.)等经济学家根据许多国家相当长时期中有关经济增长情况的统计资料进行实证分析,发现新古典增长理论与实际情况不相符合:第一,生产率或人均国民生产总值的长期趋势是递增的而非递减的。第二,各国人均收入水平的差异在扩大而非缩小。第三,储蓄率变化与增长率变化的相关性较大而非较小。第四,资本并非从富国流向穷国,有时还出现反向流动的情况。因此,在批评新古典增长理论的基础上,经济学家提出了新增长理论。

新增长理论的重要贡献是把技术内生化。新古典增长理论是二要素论,即决定经济增长的只是劳动和资本两个要素,新增长理论则认为还有第三个要素——知识和技术,而且这一要素是内生变量,它可以提高投资的收益,使边际生产率递增。投资刺激知识的积累,知识积累反过来又促进投资,形成良性循环,从而说明了发达国家何以保持强劲的增长势头,以及穷国与富国之间增长率趋异而并非趋同的情况。新增长理论主张对外开放和积极参与国际贸易,因为这将产生"外溢效应"(spill-over effect),认为国际贸易应当从"比较成本优势"或"资源优势"旧原则向"技术、知识或人力资本优势"新原则转变。新增长理论强调劳动分工和专业化在促进经济增长中的重大作用,从而重视制度安排和制度变迁,因此,可以说,新增长理论和新制度主义是共生的。

新增长理论的重要贡献是打破了新古典增长模式中"余值"的不解之谜,阐释了现代经济增长的特点,但也不难看到,新增长理论大量运用了数学工具。在近年文献中,数学运用越来越多,方程组越来越复杂,以致新增长理论的创始人罗默(Roemer,P.)也认为,"如果我们少花点时间来解方程组,多花点时间来精确地界定我们用词的真正含义,那么,在这些领域中的学术研究和政策讨论会更加富有成果的。"[1]

二、经济增长的历史统计分析

对这种分析作出大量工作的是诺贝尔经济学奖获得者库兹涅茨(Kuznets,S.)。他于 20 世纪 50 年代,在早年从事国民收入核算体系研究的基础上,使用统计方法对一些发达资本主义国家过去相当长时期中的经济增长和国民收入变动过程进行了历史的分析比较,考察了这些国家的 GNP、生产率、经济结构、分配状况等在经济增长中的变化趋势、特点及其相互关系。

(一)经济增长的特征

库兹涅茨根据英、法、美等 14 个国家近百年的经济增长统计分析,总结出现

---

[1]　罗默:《经济发展的两种战略:使用观念和生产观念》,载 1992 年世界银行发展经济学年会会议记录。

代经济增长的六大特征。

（1）人均 GNP 和人口表现出加速增长的趋势，但人均 GNP 的增长率要高于人口增长率。

（2）由于技术进步，生产率不断提高。

（3）经济增长过程中经济结构的转变率很高。经济增长不断改变着产业结构、产品结构、消费结构、收入分配结构和就业结构等等。经济增长使农业过剩人口转向城市和工业，小业主转向大企业，结果促成了农业向非农业、工业向服务业的转变，经济结构的转变反过来又推动经济增长的加快。

（4）经济增长伴随而来的是社会结构和意识形态的迅速改变。经济增长使僵化的社会结构变得较为灵活，使传统的思想观念转变为增长、工业化、城市化、国际化等新意识。

（5）经济增长不是一国的独特现象，而是在世界范围内迅速扩大，成为各国追求的目标。

（6）经济增长在世界范围内是不平衡的，因而世界经济增长受到限制。

（二）经济增长与其他经济变量的相关性及其源泉

库兹涅茨根据 14 个国家和地区统计资料的分析研究，发现经济增长与其他几个重要经济变量的相关性表现在三个方面：

（1）近 50 年来，在 14 个国家和地区中，GNP 的年平均增长率为 3%，人口年平均增长率为 1%，人均 GNP 年平均增长率为 1.98%。

（2）按人口平均计算的劳动力数随着经济增长而上升，但人均工时投入量却以年平均 0.3% 的速度下降。

（3）总资本存量年均增长率为 2.54%，人均资本存量的年平均增长率为 1.52%。

库兹涅茨从研究分析中还得出一个重要结论：人均 GNP 的增长，25% 归因于投入要素数量的增长，75% 归因于投入要素的效率，即生产率的提高，而投入要素生产率的提高主要是由技术进步所引起的。因此，科学技术进步为现代经济增长开发了新的源泉。

（三）经济增长与收入分配

库兹涅茨从 14 个发达国家和地区的统计资料中还发现了收入分配在现代经济增长中的变化趋势。它的表现是：（1）财产收入在国民收入分配中的比重在经过长期的稳定和略有上升的变化之后，从第二次世界大战开始出现下降趋势。（2）劳动收入在国民收入分配中的比重上升，这是因为教育发展提高了劳动力的素质和生产率，并由此而促使劳动价格的相对提高。（3）个人和家户的收入分配差距日益缩小而渐趋平等。与此同时，库兹涅茨根据统计资料分析得出一个收入分配变化的规律性：在经济增长的早期，收入分配趋于恶化；在经济增长的后期，收入分配趋于改善。这一情况被称为"库兹涅茨效应"（Kuznets Effect），如用图 2-1 表示，被称为"库兹涅茨倒 U 形曲线"（Kuznets Inverted-U Curve）。

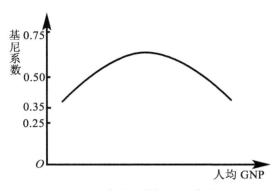

图 2-1　库兹涅茨倒 U 形曲线

为什么在经济增长过程中收入分配状况会出现先恶化而后改善的现象呢？答案不止一种，但一般看法是：结构变化的性质造成了这种结果。经济增长首先在现代化的工业部门发生，在这个部门中，就业量小而生产率和工资高，与之相比，在传统农业部门中，就业量多而生产率和工资低。在传统农业得到改造之前，两个部门的收入差距将迅速扩大，而且扩大中的现代化工业部门中的收入不均现象又可能比停滞的传统农业部门更严重。随着经济的持续增长，工农业产业结构逐渐转变，人口的流动和就业量的变化使部门间的生产率差距趋于缩小，从而使收入差距也趋于缩小。

库兹涅茨关于经济增长与收入分配的分析以及"倒 U 形曲线"效应的提出，是从发达资本主义国家的统计数据推论而出的。之后，一些发展经济学家继续就这个问题进行探索。1973 年，阿德尔曼（Adelman, I）和莫里斯（Morris, C. T.）利用了库兹涅茨的分析方法，对一批发展中国家的发展进程和分配状况作了考察。他们把选定的发展中国家的人口分为三个阶层，即 5％的高收入阶层、20％的中等收入阶层和 60％的低收入阶层，在作出时间序列的分析之后发现：在发展的初始阶段，由于二元经济结构的存在，当狭小的工业部门开始扩张时，农业人口的收入分配明显地出现不均，特别是当外资企业被引入后，分配不均情况更趋恶化，以致低收入阶层和中等收入阶层的收入在国内生产总值（GDP）中的比重都显著下降，只有高收入阶层的收入在 GDP 中的比重显著上升；经济发展进入较高阶段后，高收入的分配状况基本上无变化，中等收入阶层的收入比重开始上升；低收入阶层的收入比重在经济发展初期绝对地下降，以后，由于政府在政策上对他们的协助，收入比重渐有增加，最终到二元结构趋于消失时，他们的收入比重才较大幅度地上升。阿德尔曼和莫里斯的分析研究结果，肯定了库兹涅茨倒 U 形曲线在当代发展中国家的发展过程中一样表现出来。

1974 年后，阿鲁瓦利亚和钱纳里等人又以 20 世纪 60 年代和 70 年代初 66 个发展中国家和地区的统计资料考察了它们的经济增长和收入分配的变化过程，也得到了倒 U 形曲线的同样结论。他们还发现：大约有 3/10 的低收入国家、3/5 的中等收入国家和 3/20 的高收入国家存在着严重的收入不均情况，并可以看到，收入不均的国别分布顺序是低收入国家，中等收入国家，高收入国家。这就说明：经济发展水平越低，收入分配越不平等；经济发展水平越高，收入分配越趋于平等。

三、经济增长阶段理论

从世界经济进程的跨度研究经济的历史及其阶段划分的理论是曾经名噪一时的、由罗斯托提出的经济增长阶段理论。罗斯托把经济增长的一般过程分为六个阶段，即传统社会阶段、为起飞创造前提阶段、起飞阶段、成熟阶段、大规模高消费阶段和追求生活质量阶段。其中，起飞阶段和追求生活质量阶段是经济增长的两次"突变"，也是具有特殊意义的阶段。

（一）传统社会经济增长的局限和起飞的意义

起飞以前的历史是传统社会岁月漫长的历史。明确地说，传统社会是指牛顿科学产生以前的所有社会以及至今没有发生牛顿科学革命的国家和地区。旧中国的各个王朝，中世纪的欧洲和非洲的传统部落等等都属于传统社会。这种社会的特征是：没有现代科学技术，农业是国民经济的主体，社会结构僵化而缺少弹性，人们的思想观念是消极而无为的。它的最重要的经济特征是没有持续的经济增长。虽然在一个特定时期也可能出现经济的扩展和繁荣，但紧接而来的却是社会危机和经济衰落。这种情况在中国历代封建王朝的历史中表现得比较突出。汉代的武帝时期，唐代的开元时期，北宋初期，明代中叶等，中国经济都有过相当繁荣的局面，其生产力水平在当时都居于世界前列，但这种良好的经济形势没有一次得以持续下去。罗斯托说，尽管传统社会也能经历一个人口和收入增长时期，人均收入也无疑可能有所增长，但是，它们的扩张最终要停滞下来，普遍让位于自我加剧的衰退。

为什么传统社会不能产生持续的经济增长呢？原因有几个方面：

第一，从传统社会中人们的经济行为看，传统社会不能有效地利用一切可能的资源来促进经济增长。在经济扩张时期，社会财富除了满足人们的基本需要以外有足够剩余，但这种剩余很少用来扩大生产，统治者往往把它用来修建华丽的宫殿供自己享乐，修建纪念性建筑以图名垂千古，或者建造精美的墓地作为自己来世的天堂。除统治者之外，地主和商人也拥有一部分剩余，但他们除了用于奢侈生活和窖藏之外，不会把剩余财富用于生产性的经济活动方面。在传统社会里，人们也储蓄，但储蓄的动机和结果都是消极的。他们为储蓄而储蓄，结果还是储蓄，因为没有现代企业家把这些储蓄转为生产投资。传统社会中人们的经济行为决定了经济扩张有一个最高极限，这个极限就是社会出现剩余。

第二，传统社会的政治过程也决定了经济增长不能超越上述极限而持续下去。传统社会的主要经济部门是农业。在一个王朝初期，统治者们能够吸取前代统治者灭亡的教训，重视经济的恢复和发展。他们组织人力重新修建水利设施，以抵抗自然灾害，实行休养生息，轻徭薄赋，以促进农业的发展，并尽可能做到政治上的廉洁，以维护社会的稳定。但是，随着经济繁荣局面的到来，政治又逐渐趋于腐败，天灾人祸交织，引起了社会动荡。在社会动荡中，旧王朝为新王朝代替，又再次出现同样的循环，使经济的持续增长不可能发生。

第三，缺乏现代的科学技术是传统社会不能产生经济持续增长的另一原因。罗斯托指出，传统社会与现代社会的重要区别，在于现代社会中技术进步能有规律性地不断涌现，而传统社会却不能做到这一点。技术的落后及其进步缓慢，使经济增长经常遇到资源"瓶颈"和投入要素边际生产率递减的约束，从而导致增长的中断或停滞。

第四，传统社会的消极思想观念使社会经济缺乏活力，阻碍了经济的持续增长。生活在传统的文化背景中的人们，认为世界的本质就是神的本质，人们只能信仰它而不能认识它。在神面前，人们只能逆来顺受，不相信世界是可以认识并可以改造的。有知识的人只去做一些无意义的研究，像中世纪的经院哲学那样，不把时间和精力用来解决生产过程中的技术问题，不去探索新的、较为有效的生产方法。因此，罗斯托说，传统社会最重要的失败是观念上的失败。

可见，传统社会不能实现持续的经济增长是由传统社会固有的性质所决定的。如要克服经济增长不能持续的局限性，传统社会必须有一次重大变化，这就是"起飞"（take off）。按照罗斯托的说法，起飞这一概念具有双重含义：它既指经济的起飞，即经济增长的加速，又指社会的起飞。社会起飞是经济起飞的前提。起飞标志着现代社会的开始和"自我持续增长"时代的开始，也可以说，判断经济是否起飞的主要标志是技术的创新和应用程度。一国进入起飞阶段意味着工业化的开始。

（二）经济起飞的先决条件

经济起飞是一国经济从停滞落后向增长发达过渡的重要转折点。要实现起飞，必须有几个先决条件：

1. 科学思想条件

罗斯托认为，伟大的科学家牛顿完成的一场自然科学革命的意义，远远不限于自然科学本身，还从根本上动摇了传统社会的基础。自然科学的进步，打破资源"瓶颈"对经济增长的束缚，克服了要素边际生产力递减规律对经济增长的限制，从而开辟了持续增长的可能性。更重要的是，自然科学改造了人们的传统思想，调动了人们的主动性和创造性，进一步推动了科学技术的发展并扩大了持续增长的可能性。正是在这种意义上，罗斯托把牛顿科学思想看做历史的分水岭，它划分了传统社会与现代社会的时间界限。

2. 社会条件

起飞有赖于一大批富于创新、冒险和进取精神的企业和全社会的创业精神。起飞前夕的社会应该开始具有有利于创业精神产生和企业家出现的社会条件。首先是社会的信念体系，例如，近代西方资本主义精神的产生和企业家群体的涌现，在很大程度上同中世纪晚期宗教改革所产生的新教伦理观念有密切关系。此外，如罗斯托所说，有利于企业家涌现的社会必须具有两方面的特点：其一，"新的中坚人物必须感到自己受到他们所属的进取心不大的传统社会的阻碍，以致无法沿着通常的道路获得名誉地位。"其二，"传统社会必须有相当高的伸缩性，使它的成员在循规蹈矩之外有一条得到物质上的发展的向上爬的道路。"前一个特点促使具有创新精神的人奋力进取，敢于冒险，后一个特点给予这些人以成功的可能性。

3. 政治条件

罗斯托认为，起飞要有政治先决条件：第一，是统一国家的形成，以有利于举国上下一致为共同的目标而努力，在四分五裂的状态下，起飞是不可能的。第二，有一个集中到谋求经济和社会现代化的政治目标。罗斯托说，"反应性的民族主义"往往成为某种行动的动力。所谓反应性民族主义，是指为抵御外国入侵，免受他国的侮辱或为过去所受的民族耻辱雪恨而产生的民族感情。在统一国家形成后，这种民族主义将有利于实现社会经济的现代化。第三，有强有力的政府发挥领导作用。在罗斯托看来，起飞前夕，组织统一的市场，建立财税制度使资源用于现代用途，筹集社会分摊资本，发展农业生产等都离不开政府的领导和管理。

4. 经济条件

起飞的经济条件有三：

第一，经济的主体是工业，但工业的迅速增长必须有农业作基础，同时，需要有较完善的基础设施可供使用，因此，社会分摊资本的投入是必要的。

第二，要有较高的资本积累率。经济起飞需要大量的资本投入，因此必须大量增加储蓄，提高资本积累率和生产性投资率，使其在国民收入中的比重占到10%以上。

第三，要建立能带动整个经济增长的主导部门。罗斯托认为，在经济增长过程中，各个部门所处的地位和所起的作用是不一样的，其中有一种部门的增长决定着其他部门的增长，在所有部门中处于支配地位，它通过前向、后向和横向的联系带动其他部门。主导部门的建立是由经济增长的内在必然性促成的，因为经济增长始于技术上的进步，而技术进步又只能率先出现在某一部门，然后扩散到其他部门。以英国为例，虽然在17世纪已完成了政治革命，人们的思想也在16世纪宗教改革和17世纪牛顿科学革命时期得到深刻的改造，然而，直到18世纪中叶，英国的国民经济仍相当陈旧，工业仍然采用传统的生产方法。只是到了 18 世纪中晚期，蒸汽机问世，接着在纺织工业出现了一系列的技术突破，纺织工业从此大大加快了增长速度，成为主导部门，带动了其他部门的增长，促成了英国经济的起飞。

从上面的介绍来看，罗斯托的经济增长理论不是一种单纯的经济学分析，而是把历史学、政治学、社会学和经济学结合在一起的综合分析。罗斯托鼓吹多元历史观的方法论，认为人类的经济活动是由社会、政治、文化甚至心理因素来决定的。从这种观点来划分经济增长的阶段，其目的是企图否定马克思关于人类社会经济发展进程表现为五种社会经济形态的论点。在他的《经济增长阶段论》一书中，他竟毫不掩饰地以《反共产党宣言》为副标题，由此可见他的用心。但是，他对经济增长的历史过程，根据大量史料作了实证性分析，其中不无可取之处，特别是对经济起飞的意义和重要性以及主导部门带动经济增长的作用的细致论证，对发展中国家是有一定借鉴意义的。

四、经济增长限度理论

20 世纪 60 年代是西方国家高速经济增长的年代，但高速增长所造成的恶果如环境污染、生态失衡、资源耗竭等已逐渐显露。于是，一些经济学家对经济继续增长是否可取和是否可行产生了疑问并试图作出理论分析，其中具有代表性的是罗马俱乐部的两份报告。

1968 年，由 30 多位西方学者组成的罗马俱乐部专门开会讨论了人类目前处境和发展前景问题，并委托梅多斯（Meadows，D. L.）等 4 人写出一份题为《论人类困境》的科研报告，它后来以《增长的极限》为书名于 1972 年出版。这份报告以系统动态学为基础，通过电子计算机的计算，得出了所谓的《世界模式》。从《世界模式》中，他们得到三点结论。第一个结论是：如果现有的人口、工业化、环境污染、粮食生产和资源耗竭的发展趋势不变，世界将在未来 100 年内的某个时间达到增长极限，其结果很可能是人口和工业能力不可控制地突然下降，在公元 2100 年来到之前，整个经济已停止增长。这一结论的得出，源自两个观点：其一，经济增长因素的特点是"倍数增长"或"复利式增长"，这种增长最好用"倍增时间"来表现。倍增时间是一个数量在一定的增长率下增加 1 倍所需的时间，它大约等于 70 除以增长率。其二，经济变量的指数增长可以利用系统动态学的一个重要概念"反馈环路"来说明。反馈环路联结一个活动和这个活动对周围状况所产生的效果，而这些效果又反过来作为信息影响下一步的活动。第二个结论是：改变上述趋势并建立持续的经济稳定和生态平衡的情况是可能做到的。第三个结论是：要避免第一个结论所说情况的出现，争取达到第二个结论提出的目标，就应该及早采取几方面的措施：1975 年人口不再增长；1980 年工业资本不再增长，工业产品的单位物质消耗降为 1970 年的 1/4；从以物质产品生产为重点逐步转向服务设施的扩大；环境污染程度降到 1970 年数值的 1/4；扩大对粮食生产的投资，而且优先使用在增加土地肥力和水土保持方面。为了抵消工业投资的相对减少，应改进设计并减少损耗和报废以延长工业资本的平均寿命。梅多斯等人说，只有采取这些对策，才能建立起均衡世界模式，否则就会按照"末日"世界模式发展下去，并最终在经济上趋于崩溃。

继《增长的极限》之后向罗马俱乐部提出同一思路的报告的是另外两位经济学家。他们于 1974 年以《人类在转折关头》为题递交了报告。这份报告和《增长的极限》一样，以复杂的计算机模式为基础，但它不是把整个世界作为统一体，而是按地理、文化、政治制度和发展水平的差异，把世界分为互相依存的 10 个区域，每一个区域在数学意义上是一个分离的系统，因而每一个区域各自有它自己的极限，区域性的崩溃可能比整个世界系统来临要早一些。但是，这份报告又指出，由于对外贸易在许多国家的 GNP 中所占的份额越来越大，世界的互相依存关系越来越紧密。如果国与国之间能密切合作，经济崩溃是可以避免的。

《增长的极限》出版之后，许多人为之信服，感到世界末日即将来临，但也有许多人提出异议，怀疑世界模式所根据的 5 种经济因素变动情况未必正确，并认为世界模式选择的基本经济关系和估计的参数都未必正确。一些有识之士更一针见血地指出世界模式是新马尔萨斯主义的体现，梅多斯等人不过是"带着计算机的马尔萨斯"而已。《人类在转折关头》的调子似乎比《增长的极限》乐观一些，但是，两者的基调是一致的。尽管如此，增长极限论的提出者强调：如果片面追求高速经济增长而不考虑其社会代价，其后患是无穷的。这一点是值得发展中国家注意和警惕的。

20 世纪 80 年代以后兴起的可持续发展研究，可以说是增长极限理论的演化和发展。

第二节　论证经济发展问题的基本思路

在本书第一章第三节中，我们已就发展经济学自兴起以来半个世纪的演变作了概述，并指出由于新古典经济学的影响扩大和加深而形成了第二阶段发展经济学的特点。但是，在 50 年的演变过程中，发展经济学自始至终体现着几种不同的基本思路。它们各抒己见，在不同时期，各有消长，在不同范围，各有影响。我们认为，论证经济发展问题，有结构主义、新古典主义、新古典政治经济学和激进主义四种基本思路。

一、论证经济发展问题的结构主义思路

结构主义是对第一阶段发展经济学有很大影响的一种思路。按照一般意见，持

这种思路的发展经济学家主要是罗森斯坦-罗丹、纳克斯、普雷维什、辛格和缪尔达尔。他们是 20 世纪 50～60 年代有很大影响的发展经济学家，号称"发展经济学的先驱"。

结构主义经济发展思想含有下述的观点：

（一）对待发展经济学兴起时西方流行的两种主要经济思潮的看法

发展经济学兴起之时，西方流行的两种主要经济思潮是新古典主义和凯恩斯主义。持结构主义观点的发展经济学家认为，新古典主义经济学对发展中国家是不适用的，因为它的理论不切合发展中国家的实际。新古典主义经济学的核心是通过价格-市场机制的运行调节国民经济，而在发展中国家，商品经济不发达，价格体系还处于萌芽状态，市场分散而不完整。在不完全的市场中，人们不可能如新古典主义经济学家所说的那样，能在经济行为中作出理性的选择。新古典主义经济学家把经济变动看成是边际的、增量的调节，而发展中国家需要的是大规模的经济变化和重大的经济结构改造，或者说，所需要的是通过结构改造而实现的"经济放宽"（widening of the economy），而不是如新古典主义经济学家所说的那样，通过资源配置而实现的"经济收紧"（tightening-up of the economy）。另一方面，结构主义发展经济学家虽然欣赏凯恩斯突破了新古典主义在西方经济学界一统天下的局面，而且凯恩斯对就业问题的关心也使发展经济学家更为密切注意劳动力不得其用的问题。但是，他们认为，凯恩斯经济学从根本上说并不切合发展中国家的实际。因为，照他们看来，凯恩斯从发达资本主义国家的条件出发，把萧条时期的失业和资本闲置归因于储蓄过多，而发展中国家的贫困和失业却是储蓄不足。凯恩斯观察到的发达资本主义国家的失业是周期性的失业，发展中国家的劳动力过剩的状况不仅表现为持久性的失业，还表现为广泛的就业不足，伪装的失业和低生产率的就业。因此，凯恩斯提出的增加有效需求以解决失业问题的对策是不可能在发展中国家奏效的。此外，凯恩斯的分析是一种短期分析，他所考察的经济过程是基于一系列静态的假设条件的。显然，凯恩斯的这种短期的、静态的分析和长期的、动态的发展过程是不相适应的。

（二）强调经济发展过程中的非均衡状态

持结构主义思路的发展经济学家特别关注发展中国家的社会经济结构的刚性。在缺乏弹性的条件下，价格的相对变动对资源重新配置的推动作用很小，供给与需求向均衡交叉点的运动不能自动进行，因而市场不能结清，供求缺口无法填平。发展中国家经济中普遍存在的不是自我均衡体系，而是持续的不均衡状态。他们还强调部门间的结构差异，认为尽管各个部门都会谋求利润的最大化和效用的最大化，但是对刺激反应的快慢和机制，各个部门是不相同的。因此，持结构主义思路的发展经济学家一般倾向于把经济分解为几个构成部分，去剖析经济发展的进程。

缪尔达尔对上述观点作了进一步分析。他指出，由于结构刚性，增长的国民收入不可能自然地、自动地、均等地普及到各个地区和各个阶层，以缩小地区间和阶层间的贫富差距。相反，经济的不均衡必然伴随着分配不均、贫富悬殊。经济增长的结果既然不一定能带来普遍富裕，则经济增长过程就不会是利益和谐的过程，而是利益冲突的过程。总之，不是均衡而是冲突，不是平滑而是曲折，不是"扩散效应"(spreading effect)或"滴流效应"(trickling-down effect)，而是"回荡效应"(backwash effect)，这才是经济增长固有的特点。这种情况不仅表现在国内经济变动过程之中，还反映在国际经济运行机制之内。在现有的国际经济格局下，市场力量自由活动的结果，必将产生不均衡的效应，使发展中国家蒙受损失。

普雷维什和辛格重视从结构差异考察出口初级产品在发展中国家与出口制造品的发达国家之间的贸易条件问题。他们指出，发展中国家贸易条件的恶化是一种历史趋势，而且这一趋势将来还会继续下去。普雷维什把发展中国家贸易条件的恶化归因于初级产品和制造品因生产率提高而得到的利益在穷国与富国的分配上是不平等的。制造业的技术进步一般快于初级产品产业的技术进步，因而制造品价格的下降速度快于初级产品价格下降速度。按理说，制造品与初级产品的相对价格应该朝着有利于发展中国家的方向转化，而实际情况恰恰相反，发达国家的制造品因生产率提高而得到的利益不表现为价格的下降，却表现为发达国家的利润和工资的提高，发展中国家的初级产品的生产率提高虽然比较缓慢，但任何提高的结果是产品价格的下降。其所以如此，是由于社会经济结构的差异。发达国家的垄断企业和工会组织吸收了由生产率提高而得来的利益，增加了利润和工资；发展中国家的企业垄断性较低而工人又缺少组织，企业之间的竞争和工人之间的竞争使生产率提高的效果化为产品价格的下降。辛格的解释略有不同，他认为，由于发达国家与发展中国家的国力大小不等，外国投资的利益必然向发达国家倾斜。投入发展中国家初级产品出口生产部门的外国资本，事实上是在替投资国家建立经济"飞地"或"前哨"，与发展中国家其他经济部门很少联系。而且，外国在发展中国家投资所得的利润和利息，一般不转化为当地投资，而是回流到输出资本的国家。发展中国家因出口增长而导致的投资所需的机器设备，又往往因无法在国内生产而只好从发达国家进口。总之，无论在金融力量、加工、销售和分配等环节的控制力量，还是在贸易中的讨价还价力量等任何方面，发展中国家都是弱者，以至于外国投资的利益不归于发展中国家而归于输出资本的发达国家，在国际贸易中，贸易条件总是不利于发展中国家而有利于发达国家的。辛格说，发达国家作为买主和卖主得到的是"两个世界最好的东西"，而发展中国家得到的是"两个世界最坏的东西"。普雷维什还根据他的分析提出世界"经济星座"(economic constellation)中存在着"中心"(center)和"外围"(periphery)的格局。"中心"指发达国家，"外围"指发展中国家，由于贸易条件和外国投资都不利于发展中国家而有利于发达国家，现有的国际经济秩序事实上起着把收入从外围吸引到中心的作用。

（三）提出了结构主义观点的政策建议

就国内政策来说，持结构主义思路的发展经济学家认为应该从发展中国家居民收入结构的特点出发制定重新分配的政策。在他们看来，传统理论把收入分解为工资收入和非工资收入的方法是不符合发展中国家的情况的。在不少的发展中国家，现代部门的工资收入者已属于中等收入阶层，而最贫困的阶层则是小农、无地农民和城市的个体劳动者，他们的收入并不采取工资的形式，而决定于能得到多少土地和资本以及一些非经济因素。结构主义者要求制定重新分配的政策，但不主张对现有财产重新分配。就对外政策说，结构主义者认为，由于结构刚性的存在，发展中国家的对外经济政策要受到国内资源利用的限制，钱纳里等提出的"两缺口"模式中，外汇缺口必须与储蓄缺口平衡即体现了这种思想，进口替代工业化发展战略也显然是这种思想的逻辑结论。20世纪60年代以后，一些发展中国家从进口替代转为出口鼓励，表明了国内生产结构的转变和大量出口制造工业基地的建立，因而使政策措施的转变成为可能，这也符合结构主义思路。

二、论证经济发展问题的新古典主义思路

在本书第一章第三节中已经提到，西方经济发展思想史从19世纪中叶前后起出现了差不多100年的"静态的间隙"。它的含义是，由古典主义经济学家把经济进步视为由累积力量形成的动态模式的看法，转变为新古典主义经济学家对既定资源的静态配置特别关心，从重视产出的增长转而重视产出与就业量的波动和收入的分配。但是，持新古典主义思路的发展经济学家并不认为这种情况的出现意味着经济发展思潮的静止或停顿，而认为它表现出发展经济理论的纵深发展，因为在经济发展的过程中，人们要求不断深化对发展目标的认识，而发展目标至少包括三重内容，即产出量、就业量和国民收入的分配。他们还指出，受结构主义的影响，在20世纪50～60年代，不少发展中国家尽管有快速的增长，但贫困和结构失衡的情况并未减轻，这就从反面证明了新古典主义是比较正确的。因此，在他们看来，新古典主义经济学促进了经济发展思潮而不是使其静止不前。

持新古典主义思路的发展经济学家有鲍尔（Bauer，P.）、瓦伊纳（Viner，J.）、哈伯勒（Haberler，G.）、舒尔茨（Schultz，T.）、明特（Myint，H.）和巴拉沙（Balassa，B.）等人。

新古典主义经济发展理论含有下述的主要内容。

（一）对经济发展过程的基本看法

首先，经济发展过程是一个渐进的、连续的过程。新古典主义经济学的创始人马歇尔吸取了达尔文的进化论思想，把经济看成具有进化的、有机性质的体系。同时，他又接受了数学中的微分观念，认为经济因素的变化是微量或增量的变化，他由此而认为经济发展过程是渐进的而不是突变的，连续的而不是跳动的过程。马歇尔说，"自然不飞跃"这句格言对经济发展特别适合。创造发明和新技术的采用也是渐进的和连续的，因为技术的进步来自知识的逐渐进步和传播，那些看起来似乎是急剧变化的生产技术，事实上是众多以往发明家集体努力的结果，是连续发明过程所达到的最高点，一种新技术不过是连接另一套"发明锁链"的一个环节。

其次，经济发展过程是一个自然走向均衡的过程，经济发展的结果是所有阶层都自然而然地均沾利益。在新古典主义者看来，经济体系有一种走向充分就业的有力趋势。由于新技术的引进、货币因素的影响等等原因，短期的非均衡失业是可能的，但长期的均衡失业是不可能的。新古典主义者不同意古典经济学家如李嘉图的观点：在经济增长过程中将出现阶级之间的利益冲突。他们说，经济发展会提高劳动力作为一个整体的实际工资，尽管节约劳动的机器的引进可能暂时在某一行业引起劳动需求的减少，但是该行业产品的价格将降低，从而刺激需求的增长并进而刺激对从事该行业的劳动力的需求增长。另外，技术进步又会使整个社会生产力水平提高，从而使总收入也随之提高。总之，经济增长和技术进步将使劳动阶层和非劳动阶层的收入都会不断提高，在经济发展过程中，各阶层的利益基本上是无冲突的。

最后，经济发展的前景是值得乐观的，经济的持续不断发展是可能的，经济发展产生的利益会通过纵向的"滴流效应"和横向的"扩散效应"自动地、逐步地分配到社会全体，经济自然而然地形成帕累托最优状态（Pareto optimality），在这种状态下，经济的变动中如果有人有所得，便会有人有所失，得失总是相当的。

（二）对经济发展运行机制的基本看法

从渐进的、连续的发展观出发，持新古典主义思路的发展经济学家自然认为，经济的进展是以边际调节来实现的，价格机制是经济调节的基本机制，因而也是经济发展的基本机制，因此，用静态的局部均衡（即供求价格均衡）分析方法就足以分析经济发展问题。市场-价格机制起着良好地配置资源的均衡作用。在市场-价格机制中，"高"的价格吸引更多供给而抑制需求，"低"的价格鼓励更多需求而抑制供给。只有均衡价格才能使供给和需求达到均衡，使需求价格与供给价格一致。在这样的认识之下，竞争自然受到赞许和肯定，而垄断和控制则受到批评和怀疑。他们把经济发展分解为基本经济活动，而这些基本经济活动是有价格导向和竞争性的，其中，公私垄断都应减少到最低限度。他们相信，不受干涉的市场体系必将对社会作出有益的自动调节。

持新古典主义思路的发展经济学家密切注意个人作为决策者所表现的刺激-反应机制，即个人如何为利益所驱使，又如何在受成本所控制的条件下，在替代品之间作出选择以获得最大的收益。经济环境中如果存在着现实的替代选择，那就意味着至少在边际上存在着产品与劳务之间、各种投入要素之间替代的可能性，而替代的存在又意味着高度弹性的存在。弹性既然较高，市场价格变动的信号必然会较快地引起产品的供给数量和需求数量以及投入要素配合比例的相应变化。他们认为，这种刺激-反应机制是无处不存在的，任何一种经济，任何一个经济部门都在这种机制中运行而无任何自然的差异。解释发达国家的经济行为的原理原则，同样可以用来解释发展中国家的经济行为；解释发展中国家农业的经济行为的原理原则，也同样可以用来解释发展中国家采矿业、建筑业以及家庭服务业的经济行为。总之，在他们看来，新古典主义经济学是适合于任何经济的一般原理，不存在所谓的发展经济学，而只有"单一经济学"。

（三）对国际贸易问题的看法

持新古典主义思路的发展经济学家以静态分析方法研究国际贸易理论。他们以资源禀赋理论为基础，认为各国根据各自不同的资源禀赋条件，出口的是使用低廉投入要素比例大的产品，进口的是使用昂贵投入要素比例大的产品。这样的国际专业化分工可以使整个世界的经济资源得到最佳配置，从而在世界范围内增加某些产品的产出而并不减少其他产品的产出。因此，发展中国家必须重视国际贸易，国际贸易的利益是增加实际国民收入，国民收入的增长将促进储蓄的增长并提高国内资本形成率。但是，他们并未毫无保留地认为自由贸易是一切国家的最好政策，而在几个问题上表现出比较慎重的态度，如注意到"幼稚工业"的特殊地位，考虑到利用租税以改进贸易条件，认识到技术变化可能恶化贸易条件而降低一国的实际收入，以及自由贸易或许会降低某一特定投入要素的收入等等。尽管如此，他们还是赞许自由贸易政策，认为资本在国际间流动并不造成严重的支付差困难以及由此产生的其他经济困难，因为支付差机制中也存在着自我均衡、自我调节的力量。

持新古典主义思路的发展经济学家相信：如果对外贸易自由化，穷国和富国都会得益；富国向穷国投资，借方和贷方同样有利；富国向穷国传播技术和管理方法，双方都会有好处。因此，他们认为不是南北冲突，而是自由化的国际经济秩序的维持，才能使双方都分享利益。

三、论证经济发展问题的新古典政治经济学思路

在新古典主义复兴思潮的推动之下，不少发展中国家和地区在发展战略上改弦更张，实行了以充分利用市场-价格机制为中心的对外开放政策，其中一部分国家和地区由此而取得了显著的绩效。但是，随着时间的推移，从20世纪80年代起，发展经济学家根据客观现实中出现的问题，针对新古典主义经济发展思路的不足之处，提出新古典政治经济学的经济发展思路。这一新思路具有下述特点：

首先，不同意新古典主义把制度看成外生的和既定的观点，而认为制度是内生的，经济发展（特别是在初始阶段）最需要的是努力推动制度变迁，例如，一个国家怎样才能有一个愿意并能够推动经济增长的政府？在商品经济不发达的国家能否迅速地建立起市场机制或者由国家来代替？经济增长是否需要以相当发达的金融体系为前提？如此等等，都涉及制度问题。持新古典政治经济学思路的发展经济学家认为，制度在发展中始终处于中心地位，正如他们所说，"制度实在重要"（Institutions do matter）。

其次，不同意新古典主义的一个基本假定，即存在着私有制和零交易成本，由此，人们运用拥有的资源的权利是排他性的，可转让的，资源可以无任何交易成本地达到最优配置。新古典政治经济学认为，现实世界是正交易成本世界，在其中，政治、法律等制度体系对于资源配置和经济增长有重大影响。提高经济活动的绩效，决不能单纯依靠市场-价格机制，而必须在不同制度结构中，根据交易成本、产权、契约等的规定，实现最大的经济绩效。

再次，不同意新古典主义把经济体系看成是一个稳定的、完全竞争的均衡体系，在此体系中，人们拥有完全信息和完全竞争的能力的看法，而认为，如果由于制度变迁而得到的边际收益和维持制度不变而得到的边际收益不相等，则这个完全竞争体系是一个不稳定的体系。

最后，指出新古典主义分析是抽象的纯经济分析，在现实的市场中，如果权力进入，就会产生寻租或寻利行为，出现贪污腐败现象，以致市场-价格机制不能正常运转。

四、论证经济发展问题的激进主义思路

激进主义思路含有如下一些特点：

第一，对新古典经济学的批评，比结构主义更为尖锐，更为彻底。激进主义者认为，新古典经济学脱离历史，脱离实际，运用纯粹逻辑，从概念到概念，因而其理论体系不过是空中楼阁而已。例如，新古典主义经济学所说的资源最优配置的基础是完全竞争的市场-价格机制，而事实上这样一种机制并不存在，所谓的资源最优配置不过是一厢情愿。新古典主义的理论无视历史的变化，把工业资本主义看成是永恒不变的现象，而且对国际间讨价还价能力的差异、收入分配的不平等和不公正等客观存在的问题却避而不谈。

第二，超越了结构主义者单纯从不平等力量去观察发达国家与发展中国家的关系（如缪尔达尔所说的累积的、体现着回荡效应的国际不平等关系，普雷维什所说的中心-外围关系）的分析方法，进而推导出发达国家与发展中国家的"支配-依附"（dominance-dependence）关系。这种理论被称为"依附论"（dependency theory）。

第三，持激进主义思路的发展经济学家一般地接受了马克思主义的思想和理论的影响，他们自称，也被称为"新马克思主义者"。但是，他们受马克思主义影响，程度上有所不同。有的比较明显地采用了马克思主义的观点和方法，从发展中国家国内的阶级关系和国际环境中帝国主义、新殖民主义的势力，去分析支配-依附关系；有的特别重视社会的、政治的、文化的因素，对支配-依附关系既作规范的分

析，又作实证的分析；有的侧重对传统的比较成本学说的批判，提出不平等交换理论以解释支配-依附关系。

第四，尽管各个激进主义发展经济学家论证问题时各有侧重，但他们对不发展的性质和不发展的根源，却有比较一致的观点。他们都认为，不能从表象去把不发展单纯看成是一种落后状态或一种自然现象，而应认识到，它是世界资本主义发展体系中的一个组成部分，是世界资本主义积累过程的一个方面，也可以说是资本主义发展的一种特殊形式。不发展现象之所以形成，是因为在世界资本主义体系中存在着控制的中心和受控制的外围关系和不平等交换关系。处于外围的、受控制地位的发展中国家，在世界资本主义体系中始终是处于中心的、控制地位的发达国家的从属，而不能自我地、独立地决定本身的经济发展战略和决策。在不平等的交换关系中，中心国家从外围国家取得了大量的剩余，从而得到不断的发展，而外围国家由于剩余的源源流出，因而不能跳出持久贫困的陷阱并走上发展的道路。因此，发展与不发展不过是世界资本主义体系的两个互相影响、互为因果的侧面。

从上面的介绍，可以认识到，论证经济发展问题的四种基本思路各有其特点，概括地说就是：新古典主义思路强调市场-价格机制的作用，主张自由竞争，反对国家干预，确认发展过程中社会阶层之间、穷国与富国之间利益的一致性；结构主义思路强调发展中国家的社会经济结构的特殊性，主张国家的干预和管理，否认经济发展过程中存在着平稳、和谐的状态；新古典政治经济学思路强调影响经济发展的非经济因素，特别是制度的作用，认为制度变迁将使经济体系成为不稳定的体系，而且权力进入市场会导致市场-价格不可能正常运转，主张重视产权和公共政策；激进主义思路强调穷国与富国之间不平等地位和利害冲突，主张打破支配-依附的旧格局，倡导发展中国家的自主发展和南南合作。

从各种思路的立论和相互批评中，可以看到每种思路不足之处和值得重视之点，概括地说就是：新古典主义思路脱离发展中国家的实际，过分突出市场-价格机制的作用，无视经济发展过程中的利害冲突，并淡化发展中国家与发达国家之间的矛盾关系。但是，新古典主义凭借它的成套的分析工具，细致的实证性分析，以及对经济运行机制缜密的观察，使它对经济发展理论始终保持着较大的影响。结构主义思路由于其论证出发点比较切合发展中国家和现有国际关系的实际，在第一阶段的发展经济学中处于比较显著的地位，但它的内向发展观点和对开放的悲观看法给发展中国家的经济进步造成了一些不好的后果。新古典政治经济学思路的贡献是关注经济发展中非经济因素，特别是制度因素的作用，但是，其理论基础毕竟是在西方国家的社会经济制度背景下形成的，与发展中国家的现实还有一定的距离。激进主义思路一直和新古典主义思路尖锐对立，对后者的脱离实际和为国际经济旧秩序辩解作出了中肯的批评，但激进主义思路有立论过于简单化的缺点（如主张发展中国家与发达国家“脱钩”），尚未形成完整的理论体系。

　　了解四种不同的基本思路对研究经济发展问题是必要的，而且是有益的。在下面各章对各个经济发展问题的论证中，可以由此看出不同模式和理论的思绪和倾向性，从而有助于对它们的扬弃和利用。还应当看到，结构失衡在发展中国家是一个长期存在的问题，因此，结构改革始终是它们面临的挑战而必须坚持进行下去，从而结构主义思路将继续保持其影响。

思 考 题

1. 简评四种经济增长模式。
2. 对罗斯托的经济增长阶段理论有何看法？
3. 经济增长极限理论的要害是什么？其中有无可以借鉴之处？
4. 比较四种论证经济发展问题的基本思路并略加评论。
5. 如何从本章的论述看到树立科学发展观的重大意义？

第三章　资　本　形　成

西方发展经济学家认为，从事生产，需要自然条件、劳动和资本。这里所谓的资本，是指以机器、设备为主的物质资本（physical capital）。

自然条件中的气候因素无疑对植物栽培、生产者的工作环境和健康卫生有所影响，但就工农业两个部门而言，受气候制约的主要是农业。自然资源的丰歉，会给经济发展造成有利的或不利的条件，但并不能对经济发展起到决定性的作用，历史经验已证明如此。劳动是一般发展中国家的比较充裕的投入要素，当然不会成为经济发展的约束条件。

因此，物质资本存量的多寡，新资本形成的快慢，在许多发展经济学家的心目中，往往是促进或阻碍经济发展的基本因素。这种看法，在20世纪60年代以前最为流行。

第一节　资本匮乏对经济发展的障碍

发展经济学在初始兴起的20世纪50年代，特别关心发展中国家何以贫困以及如何摆脱贫困的问题。当时的一般结论是：贫困的原因在于经济增长停滞和人均收入低下，而经济增长停滞和人均收入低下的根源又在于资本匮乏和投资不足，因此，要实现经济增长，提高人均收入从而脱贫致富，就必须大量积累资本，大幅度提高投资率。

资本匮乏何以阻碍经济发展，有几种理论。

一、"贫困恶性循环"理论

"贫困恶性循环"（vicious circle of poverty）理论是纳克斯（Nurkse，R.）于1953年提出的。他认为，发展中国家之所以长期贫困，并不是因为国内资源不足，而是因为经济中存在着若干互相联系，互相作用的"恶性循环系列"，其中主要是"贫困恶性循环"。贫困恶性循环有二：一是反映供给方面的循环，一是反映需求方面的循环。从供给方面看，资本形成有一个恶性循环：发展中国家经济不发达，人均收入水平低下，低收入的人们不能不将绝大部分收入用于生活消费，而很少用于储蓄，从而导致储蓄水平低，储蓄能力小；低储蓄水平引起资本稀缺，从而使资本形成不足；资本形成不足使生产规模难以扩大，生产率难以提高；低生产率又引起低产出，低产出又造成低收入。这样，周而复始，形成了一个"低收入—低储蓄能力—低资本形成—低生产率—低产出—低收入"的恶性循环。从需求方面看，资本形成也有一个恶性循环：发展中国家经济落后，人均收入水平低下，低收入意味着低消费和低购买力；低购买力造成投资引诱不足；投资引诱不足导致资本形成不足；资本形成不足又使生产规模难以扩大，生产率难以提高；低生产率又带来低产出和低收入水平。这样，周而复始，形成了一个"低收入—低购买力—低投资引诱—低资本形成—低生产率—低产出—低收入"的恶性循环。

贫困恶性循环论有两方面的含义：其一，资本的匮乏造成了低水平的供给，又造成了低水平的需求，从而充分突出了资本在消除经济停滞，促进经济增长中的特殊地位。其二，第一个循环（供给循环）侧重资本存量、收入和储蓄三个主要环节之间的关系，第二个循环（需求循环）侧重市场容量、收入和投资三个主要环节之间的关系。把两个循环联系起来，可以看出，一方面，即使有了投资引诱，也缺少储蓄可以用来投资；另一方面，即使有了储蓄，也缺少投资引诱足以消化储蓄。这两个循环很难打破，很难由向下的循环转变为向上的循环，因而发展中国家的长期贫困、长期经济停滞是难免的，而且是不易改变的。贫困恶性循环论者自然对穷国的发展前景抱十分悲观的态度。这一态度由纳克斯的一句话集中表现出来，他说："一国穷是因为它穷"（A country is poor because it is poor）。

贫困恶性循环论提出以后，受到了不少经济学者的非难。他们认为，贫困恶性循环论存在不少缺点：第一，它把两种不同的概念混淆起来，一是含有绝对意义的储蓄水平，另一是含有相对意义的储蓄比率。经济增长的启动力量来自储蓄比率，而不来自储蓄水平。即使储蓄比率已开始上升，发展中国家的人均储蓄水平在相当长的时间内也不会有多大提高。但是，如果其他条件不变，储蓄比率的上升将刺激经济的增长。第二，认为穷国缺乏储蓄能力的观点不符合事实。实际上，一些低收入的发展中国家储蓄能力并不低，它们具有相当大的储蓄能力，并且具有在非常时期迅速集中大量资金的潜力。第三，发展中国家储蓄率之所以不高，不能只归咎于收入水平不高，还应当考虑到社会、政治以及其他制度方面的因素妨碍了对储蓄的刺激。如果社会结构缺乏弹性，人们不易得到改善生活条件的机会，储蓄的愿望就会很淡薄，更不会把储蓄转向生产投资。第四，所谓市场容量不足的说法也有其片面性。在一个低收入的发展中国家要出现经济增长，并不要求市场容量庞大到能够把全部工业产品吸收罄尽。只要市场需求足以消化相当部分的工业产品，从而使生产技术的改进有利可图，则经济增长将启动并逐渐加速。第五，贫困恶性循环论无视利用国外储蓄的可能性，在直接投资、贷款和援助等形式下，国外储蓄可以成为国内投资的来源，用以促进经济增长。

二、"低水平均衡陷阱"理论

和贫困恶性循环论异曲而同工的是"低水平均衡陷阱"（low-level equilibrium trap）理论，它是纳尔逊（Nelson，R.）于 1956 年提出的。纳尔逊认为，人口增长率对于人均国民收入水平是很敏感的。生活贫困，死亡率必然较高，从而抑制了人口的增长。一旦人均收入的增长率快于人口的增长率，人民生活将有所改善，生活改善将降低死亡率并提高出生率，从而使人口增长速度加快。快速上升的人口增长率，又将使人均收入回到原来的水平，这样，就出现了一个低水平均衡陷阱。要从这个陷阱跳出来，必须作出最低限度的努力，或所谓"临界的最低努力"，即通过大规模的投资以切断贫困恶性循环，使提高人均收入的力量超过降低人均收入的力量，使国民收入的增长速度快于人口的增长速度。但是，由于边际收益递减规律，在技术、自然资源不变的条件下，资本和劳动的边际生产率将逐渐下降，以致国民收入将逐渐下降，直至国民收入增长率与人口增长率两两相等为止。此时，出现了新的均

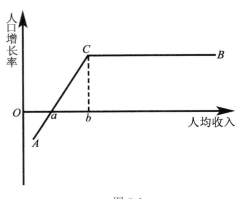

图 3-1

衡，但不是低水平的均衡，而是高水平的均衡，如果其他条件不变，它是稳定的均衡。上述理论可以图 3-1 和图 3-2 说明。

在图 3-1 中，横轴代表人均收入，纵轴代表人口增长率，AB 为代表人口增长率与人均收入关系的曲线。当人均收入等于 Oa 时，人口增长率为零，即人口出生率恰等于人口死亡率。当人均收入小于 Oa 时，人口增长率为负数，表明由于生活极端贫困以致人口死亡率超过人口出生率。当人均收入大于 Oa 时，人口增长率为正数，并随人均收入增加到 Ob 时，人口增长率达到最高点，这意味着人口死亡率已下降到最低限

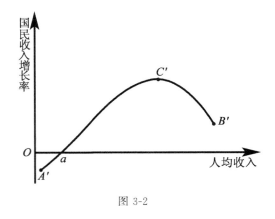

图 3-2

度，此后，人均收入的增加不会引起人口增长率的进一步上升。因此，AB 曲线在

A、C 两点之间是向右上方倾斜的，而在 C 点之后则是水平的。

在图 3-2 中，横轴代表人均收入，纵轴代表国民收入增长率，$A'B'$ 为代表国民收入增长率与人均收入的关系曲线。当人均收入等于 Oa 时，人口处于静止状态，国民收入增长率为零。当人均收入超过 Oa 之后，人口和资本都在增加，国民收入随之增长，但国民收入增长率在 C' 点达到最高限度，因此 $A'B'$ 曲线的形状是先向右上方上升，然后向右下方下降。

图 3-1 和图 3-2 合并成为图 3-3，描述了低水平均衡状态。Oa 为最低人均收入，此时，国民收入增长率和人口增长率均为零。当人均收入逐渐增加，人口增长率和国民收入增长率也随之有所变化。但是，只要人均收入还是处在低水平上（即不超过 Oa'），国民收入的增长会被人口增长所抵消，结果，人均收入又退回到 Oa 水平上，这就是低水平均衡陷阱。在人均收入突破 Oa 水平而继续提高之后，国民收入的增长将超过人口的增长，直至

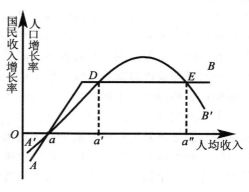

图 3-3

国民收入增长率又逐步下降而与人口增长率相等（即由 AB 曲线与 $A'B'$ 曲线相交的 E 点所决定的值 Ea''），实现了高水平的均衡，它是稳定的均衡。

三、"循环积累因果关系"理论

"循环积累因果关系"理论是诺贝尔奖金获得者缪尔达尔于 1957 年提出的。在本书第二章第二节中已经提到，缪尔达尔是持结构主义思想的发展经济学家，他摒弃新古典主义的静态均衡分析方法，而采用制度的、整体的、动态的方法来研究经济发展问题。他认为，事物的发展首先产生"初始变化"，而后产生"次级强化"运动，最后产生"上升或下降"的结果，反过来又影响初始变化。社会经济的变动并不像新古典主义者所说那样是由单一的或少数的因素决定的，而是由技术进步、社会、经济、政治、文化和传统等多种因素决定的。经济发展决不只是单纯的产出增长，而是包括整个社会、经济、政治、文化以及制度等各个方面的变化，其中主要有产出与收入、生产条件、生活水平、态度、制度和政策等因素。

缪尔达尔指出，在动态的社会经济发展过程中，各种因素是互相联系，互相影响，互为因果的，并呈现出一种"循环积累"的变化态势，即一个因素发生变化，会引起另一个因素发生相应变化，产生次级变化，强化先前的因素，使经济发展过程沿着原先因素的发展方向发展。这种经济变动不是均衡的、守恒的，而是一种

"累积性的循环"。在发展中国家，人均收入水平很低，以致生活水平低下，营养不良，卫生健康状况恶化，教育文化落后，因而人口质量下降，劳动力素质不高，就业发生困难。劳动力素质不高又使劳动生产率低下，劳动生产率低下又引起产出增长停滞甚至下降，最后，低产出又造成低收入，低收入又进一步使经济贫困恶化，于是，发展中国家总是陷入低收入和贫困的累积性循环困境之中而不能自拔。

综合上述分析，缪尔达尔认为收入水平过低是造成发展中国家贫困状况的一个重要原因。他进一步指出，产生低收入的原因来自社会、经济、政治和制度等等许多方面，其中，起着重大作用的因素是资本形成不足和收入分配的不平等。为此，应当通过权利关系、土地关系以及教育体制等方面的改革，使收入趋于平等，以增加广大穷困群众的消费，从而提高投资引诱并增加储蓄以促进资本形成，使生产率和产出水平提高以带动人均收入水平的提高。这样，发展中国家将从低收入和贫穷的累积性循环困境之中解脱出来，而进入一个正常的、良性的循环积累因果运动。

上面介绍的三种理论有一个共同点，即十分突出资本对经济增长的重要作用，认为资本匮乏是发展中国家陷于持久贫困的根本原因。它们反映了20世纪50年代流行的一种经济发展思潮，即所谓的"唯资本理论"（capital fundamentalism）。这种思潮并非完全错误，因为资本匮乏与普遍贫困的确是发展中国家的共生现象，而且资本形成不足也是发展中国家普遍贫困的重要原因。但是，这种思潮过分强调资本形成在经济增长中的作用，把资本形成说成是经济增长的唯一决定性因素，难免有些失之偏颇。如前所述，根据发达国家和发展中国家的统计资料，促进经济增长的主要因素是技术进步，而资本积累则是一个次要因素。"唯资本理论"和"唯工业化理论"（industrialization fundamentalism）是同时出现的，互相联系的，过分强调资本的作用和工业化，必然忽视农业的发展，使发展中国家的传统农业得不到及时的改造而成为经济发展的赘疣。此外，片面强调物质资本的形成，势必会忽视对人力资源的开发而不关心教育文化和卫生健康的发展，这些都是"唯资本理论"的缺点。

第二节　促进资本形成的理论

按照上节的理论分析，资本形成是发展中国家经济增长的重要制约因素，由于资本形成不足，发展中国家出现了贫困恶性循环和低水平均衡陷阱。如何摆脱这种不利的状况呢？采取什么方式促进资本形成呢？初期的发展经济学家提出了下述的看法。

一、"大推进"理论

发展中国家要迅速改变自己的经济面貌，必须全面地、大规模地进行投资，特别要重视基础设施的投资。持这种看法的是发展经济学的先驱人物之一罗森斯坦-罗丹（Rosenstein-Rodan，P. N.）。他早在 20 世纪 40 年代就提出了有名的"大推进"（big push）理论系统地阐述了这种思想。

照罗森斯坦-罗丹看来，发展中国家的特征是人口相对或绝对过多，农业劳动力过剩，收入低下，以及投资规模过小。要摆脱这种落后状态，必须大力发展工业，实现工业化，正如他所说：工业化是以快于富裕地区的速度提高经济落后地区的收入，从而使世界各个地区收入分配较为均等的唯一方法。他还把工业化定义为：在农业生产和非农业生产中日益相对地少使用劳动而多用资本。显然，罗森斯坦-罗丹理论的基本思想既是"唯工业化论"，又是"唯资本论"。

罗森斯坦-罗丹认为，实现工业化的唯一途径是增加资本投资，促进资本形成，而在具有上述经济特征的发展中国家的条件下，小量投资是不可能实现工业化从而使发展中国家走出困境的，犹如一部陷入大雪坑的汽车，微弱的力量是无法将其拉出来的，必须从汽车的几个方面同时用强大力量才能使汽车回到路面继续向前行驶。发展中国家要实现工业化，必须全面地、大规模地在各个工业部门，特别是基础设施方面投入资本，通过投资的"大推进"来摆脱经济贫困落后和停滞的困境，促成整个工业部门的全面、迅速地发展，以实现工业化，达到经济增长，农村剩余劳动力就业和收入水平提高等等目标。为什么发展中国家为了实现工业化必须在各个工业部门全面地、大规模地进行投资呢？据罗森斯坦-罗丹说，这是因为发展中国家的经济存在着几种"不可分性"（indivisibilities），因而投资必须是"大规模跳跃"（sizable jumps）式的。

第一种不可分性表现在资本供给，特别是基础设施即社会分摊资本的供给的不可分性上。基础设施是指交通运输、通讯、水坝、电站、学校、医院等等发展国民经济所必需的基本设施。对这些设施的投资，由于项目规模庞大，又互相依存，互为条件，必须同时建成才能发挥应有的作用，因此从一开始就需要有最低限度的、一定规模的全面投资。电站必须修成才能发电，道路不能半途而废，没有屋顶的学校，没有医护人员的医院，都是不能发挥其作用的。基础设施必须有一个最小规模才有生产能力，不一气呵成使投资项目达到这个最小规模，则资本事实上不能发挥作用，经济增长不可能得到促进。

第二种不可分性表现在储蓄上。储蓄不是随着收入的连续增长而不断地增长的，相反，它的增长是有阶段性的、跳跃性的。当收入增长到某一个限度之前，为了保证一定的生活标准，相对地压低消费以相对地提高储蓄的幅度是很有限的。只有当收入的增长超过那个限度之后，储蓄才能急剧地、大幅度地上升，才会使更大规模的投资成为可能。因此，每一阶段的经济建设规模，必须大到足以保证收入的增长能够超过一定的限度，否则储蓄将不够充分，为发展经济而进行的投资将受到"储蓄缺口"（saving gap）的阻碍。

第三种不可分性表现在需求上。如果投资只集中在某一部门或某一产业，那么，除非有充分的国内市场或有保证的国外市场，否则这一部门或这一产业的产出就不会有相应的需求。如果产品不能出口，这一部门或这一产业以外的人又处于失业或就业不足的状况，则这一部门或这一产业的产品除一小部分为该部门或产出的投资而创造的收入所吸收外，大部分将无人购买，因而这部分投资将以失败而告终。因此，为了形成广大的市场，从而使多样化的产品各自都有有效的需求，就必须广泛地、大规模地在各个部门和各个产业同时进行必要的投资。全面投资以形成充分的市场需求的情况，可由图 3-4 说明。

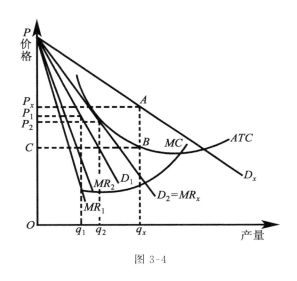

图 3-4

图 3-4 中，假设一个发展中国家在工业化以前，制成品均由手工作坊生产，现在开始工业化。如果只投资建成生产某一产品的单个企业，则这个企业的平均成本曲线和边际成本各为 ATC 和 MC。又假定由手工作坊产品满足的原来的需求曲线（即平均收益曲线）为 D_1，其相应的边际收益曲线为 MR_1。按照边际收益与边际成本相等的最佳产量决定原则，这个企业将生产 Oq_1 数量的产品而制定 OP_1 价格。但是，由于平均收益小于平均成本，这个企业将蒙受损失（尽管是最低限度的损失）。加上本企业职工对本企业产品的消费，需求曲线将向右旋转变为 D_2，新的边际收益曲线变为 MR_2，但影响还不是很大。由图 3-4 可见，按照最佳产量决定原则，企业将产量增加为 Oq_2 而价格降为 OP_2。此时，企业仍蒙受损失。只有全面地、大规模地投资，同时建立各种企业，才能形成庞大的需求。这时，平均收益曲线变动为 D_x，边际收益曲线相应地变动为 MR_x（为了避免图上的线太多，用 D_2 表示 MR_x）。于是，产量将大幅度地增加为 Oq_x，价格上升为 OP_x。这个企业将获

得利润，由 P_xCBA 所围的面积表示。可以类推，其他企业也可以得到同样结果。

除上述理由外，大推进论者认为自己的主张还有两种好处：其一，大推进可以促成外在经济（external economy），即由许多企业、产业形成的互相联系可以直接地或间接地降低各个企业、产业的成本。例如，共同的生产活动将促成一些集中提供货栈、运输、清洁、安全保卫等服务的专业化企业的建立，这将给各个企业、产业的生产带来种种便利，从而降低其成本。其二，如果不采用大推进的办法，则孤立地、零碎地、小规模地投资只能得到缓慢的经济增长，以致不能迅速地改变发展中国家贫困落后的状况，无助于缩小发展中国家和发达国家之间的差距。

大推进理论受到了不少发展经济学家的批评。他们的意见是：第一，基础设施或社会分摊资本并非都是不可分的。例如，电力就可以先发展低水位小电站，然后再修大规模的水电工程。第二，由于农、矿产品的出口，旅游事业的发展和侨汇的增加，那些需要工业品的人们的收入也就随之而增长，这就为逐步建立工厂准备了投资和市场的条件。第三，迅速地提高投资率，只靠民间的力量是不足的，往往需要政府采取行动，而政府的过激措施可能造成经济失调。第四，发展中国家经济发展的现实证明了"大推进"理论并不切合实际，几乎没有一个国家是从大推进式的全面投资开始发展的，相反，是在各部门投资率不平衡情况下开始发展的。

尽管有上述的种种批评，罗森斯坦-罗丹在他提出"大推进"理论三十多年之后，仍然坚持他的理论是对传统的静态均衡理论的一种突破，因为他的理论是建立在对生产函数的某种不可分性的较为符合现实的假定基础之上的，这种假定使收益递增和外在经济的概念得以成立，而且他特别注意到，除了投资具有很大风险现象和不完全性外，发展中国家的市场比发达国家的市场远不安全，因此，不能指望这类不完全市场能够提供指导经济发展的正确价格信号。他认为，自己的理论是一种"非均衡经济增长分析"，体现着"自然在飞跃"的基本思想。

二、"临界最小努力"理论

"临界最小努力"理论（the theory of critical minimum effect）是美国经济学家利本斯坦（Leibenstein, H.）于 1957 年提出的。这一理论的出发点是承认"贫困恶性循环"或"低水平均衡陷阱"状况的存在。

利本斯坦认为，要打破"恶性循环"，跳出"陷阱"，发展中国家必须首先使投资率大到足以使国民收入的增长超过人口的增长，从而使人均收入水平得到明显的提高，即以"临界最小努力"使国民经济摆脱极度贫穷的困境。发展中国家之所以难以改变贫困落后状况，且改变这种状况必须作出"临界最小努力"，照利本斯坦看来，在发展中国家经济增长过程中，存在着两种对立的力量，即提高收入的力量（income-raising forces）和压低收入的力量（income-depressing forces）。提高收入的力量决定于上一期的收入水平和投资水平，压低收入的力量决定于上一期的投资规模和人口增长速度。当压低收入的力量大于提高收入的力量时，人均收入的增长被人口过快增长的负力所抵消，并退回到原来的"低水平均衡陷阱"中去。只有当提高收入的力量大于压低收入的力量时，人均收入才会大幅度提高，从而打破低收入稳定均衡。利本斯坦指出，要实现"临界最小努力"，必须具备一定的条件，如激发群众的经济增长动机，改变人们的传统观念以鼓励敢于承担风险、善于追求利润的精神，创造适宜的投资环境，培育有创新能力的企业家群体，大力开发和应用新技术等。

　　"临界最小努力"理论，从投资不足方面探讨了发展中国家贫困落后，经济长期停滞的原因，使人们注意到投资规模对促进经济发展的积极作用和人口压力在发展中国家经济中造成的现实的和潜在的威胁，这对发展中国家制定经济发展战略是有一定启发意义的。但是，与"贫困恶性循环"理论和"低水平均衡陷阱"理论一样，"临界最小努力"理论过分夸大了资本形成对促进经济增长的重要性，忽视了其他因素对经济增长的作用。事实上，除资本形成以外，科学技术的进步、教育的普及、管理水平的提高等等因素对经济增长和经济发展都有极大的作用。而且，历史传统、社会制度、政治体制、思想文化、行为方式等等非经济因素也对经济增长和经济发展产生一定的影响。有些发展经济学家还指出，贫穷的国家要突破恶性循环而谋求经济增长，并不一定需要一个"临界最小努力"，较小量的资本投入也可以达到这一目的，借用纳尔逊的"低水平均衡陷阱"的图示就足以说明这一道理（见图 3-5）。

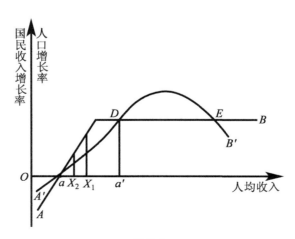

图 3-5

在图 3-5 中，假定经济发展初期有一个较小量的投资使人均收入由维持生存水平的 Oa 提高到 OX_1 水平。此时，按照纳尔逊、利本斯坦等人的观点，由于人口增长快于国民收入的增长，人均收入将由 OX_1 退回到 Oa 水平。但是，事实上时间因素将起作用，当人均收入由 Oa 提高到 OX_1 时，资本存量的质量，劳动力的素质以及工作技能等都在提高，因此，OX_1 的人均收入量虽然有可能被人口增长抵消一部分，但不至于完全退回到 Oa 的水平，而很可能保持 OX_1 与 Oa 之间如 OX_2 的水平。于是，在 OX_2 的基础上，再逐步扩大投资，使人均收入渐进地达到 Oa' 水平，从而走出"低水平均衡陷阱"而实现经济发展，并不一定需要什么"临界最小努力"。

第三节　资本形成的来源

一、形成资本来源的一般公式

为了谋求经济发展，发展中国家从何处得到发展的资金？如何为资本形成开辟财源，这就牵涉到国内储蓄和国外资金流入两个方面的问题，国民收入核算的基本公式可以对此作出解释，即

$$Y = C + I + (X - M)$$

式中：Y 代表国民生产总值或总支出，C 代表消费，I 代表投资，X 代表产品与劳务的出口加上来自国外的收入，M 代表产品与劳务的进口加上在国外支付的收入。政府和民间的消费与投资均包括在 $C + I$ 之内。

从总收入方面看

$$Y = C + S$$

式中：S 代表储蓄。政府和民间的消费与储蓄均包括在 $C + S$ 之内。由于总支出等于总收入，可得下式

$$C + I + (X - M) = C + S$$

简化上式，可得

$$I = S + (M - X)$$

上式表明，一国的投资能力（即资本形成的能力）决定于国内储蓄水平加上国外的净资本流入量（进口大于出口是一国取得国外资本的唯一方式，故 $M - X$ 等于国外的净资本流入量）。

国内储蓄包括：（1）民间的自愿储蓄，它可以通过银行或其他金融中介贷给企业或政府；（2）政府储蓄，即岁入超过岁出的部分，有时还包括由通货膨胀而取得的"强迫储蓄"，即由政府通过中央银行发行超过商品流通中实际需要的货币量而取得的资源。

国外流入资金包括：（1）国际机构（如世界银行）的长期贷款；（2）外国政府的官方发展援助，简称"外援"；（3）外国私人投资，如果外资直接控制企业的利益，称为直接投资，如果外资购买企业的证券，称为证券投资；（4）外国商业银行的中期或短期贷款；（5）国际货币基金组织的中期或短期贷款。

政府储蓄、国外资金流入将分别在第十章、第十一章说明，以下只介绍国内民间储蓄。

二、国内民间储蓄

一国国内民间储蓄水平与可支付收入水平密切相关，因此，无论是就储蓄总量而言，还是就收入的储蓄比率而言，穷国的储蓄一般比富国甚至比中等收入国都要少。世界银行的《世界发展指标》数据显示，在 2003 年共有 36 个国家和地区储蓄率（国内储蓄总额与 GDP 之比）低于 10％，其中绝大部分为低收入国家或下中等收入国家。对一些亚洲国家的经济计量研究结果表明：它们的人均储蓄量的变动中83％是由人均收入水平变化引起的。表 3-1 为不同国家（地区）组 1990 年和 2003 年的储蓄率比较。从表中可以看出，对于低收入国家和下中等收入国家而言，储蓄率随着收入水平或人均 GDP 的提高而提高，因此，经济增长有助于减轻它们的储蓄稀缺程度。所以，如果单单立足于收入水平，这些发展中国家在经济起步时处于不利地位，国家越穷，困难越大。但是，如果总体来考虑所有的国家和地区，储蓄率与收入水平间并不存在很强的相关关系，这表明储蓄率除了受收入水平影响外，还受到很多其他因素的影响。

表 3-1　　　　　　　　　　不同国家（地区）组储蓄率（％）比较

国家（地区）组	1990 年储蓄率	2003 年储蓄率
低收入国家（地区）	18	20
低收入和中等收入国家（地区）	25	27
中等收入国家（地区）	27	28
下中等收入国家（地区）	28	30
上中等收入国家（地区）	24	24
高收入国家（地区）	23	20

数据来源：世界银行 WDI 数据库。

（一）家庭储蓄

1. 收入分配的平均程度

有人认为，较富的阶层的储蓄率较高，逻辑的推论自然是收入分配越不均等，储蓄率就越高，从而越有利于资本形成。然而，它可能也有相反的力量发挥作用。例如，较富裕阶层抵御风险的能力较强，因而会降低其储蓄率；而较贫困阶层抵御风险的能力较弱，反而会提高其储蓄率。统计数字表明，收入分配不均的程度与储蓄率高低二者之间并无显著的相关性。表 3-2 为 2003 年储蓄率高于 35％的国家的储蓄率与基尼系数。表中数据表明，高储蓄率国家既有可能收入分配极不平等，也有可能较为平等。

表 3-2　　　　　　**2003 年高储蓄率国家（地区）的储蓄率与基尼系数**

国家或地区	储蓄率（％）	基尼系数
阿尔及利亚	45	0.35
哈萨克斯坦	33	0.30
博茨瓦纳	38	0.63
中国	47	0.45
韩国	32	0.32
伊朗	43	0.43
爱尔兰	41	0.31
马来西亚	42	0.49
新加坡	47	0.43
尼日利亚	32	0.41
俄罗斯	31	0.32
泰国	32	0.40
土库曼斯坦	32	0.41

数据来源：储蓄率来自世界银行 WDI 数据库；基尼系数来自世界银行《2006 年世界发展报告》。

说　明：储蓄率为 2003 年数据，基尼系数为 1997～2003 年间在各国不同年份调查数据，且有一些是按消费分配法度量的基尼系数，另一些是按照收入分配法度量的基尼系数。

2. 家庭规模

一些发展中国家存在着几代人生活在一起的大家庭制。这种家庭规模对储蓄是有影响的。从某种意义上讲，大家庭起着社会保险制的作用，为了老有所养，幼有所教，就不能不从收入中撙节储蓄。有时，为了推出有才能的家庭成员操办个体企业，也必须筹措基金。但是，大家庭又是吃大锅饭的，一个成员由于事业成功而得到较高的收入，家庭其他成员就要求分享，前者会产生一种想法：与其努力储蓄，不如尽力花费。

3. 风俗习惯

社会风俗习惯是崇尚俭朴或偏好奢侈浪费对国内储蓄率的高低有不小的影响。在阶层严格划分的社会（印度是典型例子），低层人民贫困而缺少储蓄能力，高层人士则习惯于穿戴华丽服饰，收藏珠宝珍品，举办大排场的纪念活动，追求穷奢极欲的生活享受，而无意储蓄以形成资本。即使在一个阶层划分不明显的社会，如果奢侈成风，人际关系之间以浪费为荣，在生活用品、赠送礼物的档次上互相攀比，这也会对储蓄产生消极影响。家庭储蓄行为也与文化传统有关，例如，儒家文化较为提倡节约，因而受儒家文化影响较深的国家或地区大多储蓄率较高，2003年，中国、中国香港、韩国、日本、新加坡和泰国的储蓄率分别为47%、32%、32%、26%、47%、32%。

4. 宗教信仰

一些宗教的教义认为取得利息是不道德的，崇信伊斯兰教的发展中国家就往往流行着这种看法，如苏丹在1984年、巴基斯坦在1985年相继取消银行利息，其他穆斯林国家也相继效仿。虽然伊斯兰教义也容许对风险作出适当的补偿，而且沙特阿拉伯规定国家银行可以与借款者和贷款者"分享利润"，从而可以支付一定的"利息"，但实际上储蓄者所得的报酬是很低的，这种情况的存在影响了储蓄和资本的形成。在一些宗教影响不大的发展中国家，由于有反高利贷法的规定和鄙薄食利行为的观念的流行，储蓄和资本的形成也受到同样的影响。

5. 通货膨胀

通货膨胀往往是发展中国家的一个严重问题。由于通货膨胀，人们为了避免货币继续贬值就会去抢购并储蓄商品，或者买进不动产以及其他任何可以保值的东西，这自然不利于民间储蓄。另外，政府通过通货膨胀的方式攫取资源，进行"强迫储蓄"。

应当指出，尽管发展中国家可能存在着上述种种不利于增加储蓄、形成资本的因素，但如果政府采取适当的政策，就能够消除或抑制这些因素的消极作用，从而扩大储蓄，加速资本的形成。政府具有遏制通货膨胀、恢复储蓄刺激并展开鼓励储蓄活动的权力。通过建立信用合作社，开办邮政储蓄，设置养老基金，制定保险与储蓄的协同计划等等方式，政府就可以多方面刺激储蓄。发展中国家的银行往往在业务上向城市倾斜，政府应加以纠正，责成各银行在城市之外的地区设立分支机构。

（二）企业储蓄

在中等收入发展中国家，采取保留利润形式的企业利润在国内储蓄中占有重要位置。在低收入发展中国家，企业储蓄的水平较低。由于资本市场的不完善是经济不发达的一个重要表征，企业一般把内部的利润保留作为储蓄与再投资的主要源泉，因为从外部取得资金代价是很高的。通过发行股票以筹集投资于新企业的资本是不易做到的，因为股票市场不存在，即使存在，成交额也很小。据统计，1984年，土耳其的 496 种上市股票中只有 36 种售出，肯尼亚股票市场的销售量仅 100万美元，印度尼西亚只有 24 家公司的股票上市。

即使股票可以买卖，不少发展中国家和地区的企业股票往往为一个家族或几个家族所占有，而这些家族一般不愿扩散其所有权。新加坡和我国香港地区就有这种情况，尽管股票市场很活跃，但由于一个公司的股票只有一小部分上市，价格起伏不定，多数股票持有者据有高级管理职位而享受高额薪水或攫取利润，少数股票持有者却受愚弄，这种情况也妨碍了股票市场的正常发展而不利于资金筹集。

1986 年，世界银行所属的一个机构——国际金融公司（International Finance Corporation）为帮助发展中国家推进股票市场设置了初生市场增长基金（emerging markets growth fund，EMGF）。基金在 9 个发展中国家的股票市场中投资 5 000 万美元，同时在发达国家的股票市场出售基金的股票。这样既培育了发展中国家的股票市场，又促进发达国家的资本通过基金的营运流入发展中国家。发达国家股票市场的投资量约为 30 000 亿美元，如果其中有 1% 的数额购买发展中国家的股票，其影响也是很大的。

当然，发展中国家的企业可以通过向商业银行借款的方式去出售自己的股票，但问题是利率太高。发展中国家的利率高是由可贷资金的供求状况决定的。从供给方面看，政府一般不是向信用市场提供资金，而是从信用市场借入资金。银行和保险公司常常应政府的要求，把资金满足后者的需要而不投放市场。企业要被派购政府债券，剩下的利润收入在付出红利之后还要保留下来用作本身扩大生产或业务的再投资，因而无多大余力把资金投放市场。家庭储蓄能力要受种种限制，已如前述。从需求方面看，发展中国家百废待举，资金需求是很迫切的，可贷资金的低供给和高需求造成的结果是高利率，而发展中国家的特殊人际关系又往往使一些人在利率上得到优惠，另一些人要付出高得多的利息。于是，非单一利率的存在又是发展中国家资金市场的另一特点。

从上述分析看，资本求过于供因而资本相对稀缺的发展中国家的利率应当是较高的，但奇怪的是，在发展中国家中那些有组织的、比较发达的部门的企业却常常易于得到短期和长期的资金融通，而所付利率并不高于，有时甚至还低于资本丰裕的发达国家的利率。从 25 个发展中国家的情况看，在 1971 年至 1980 年阶段，有 5 个国家的利率低于 6%，有 3 个国家的利率还不到 4%。这还是名义利率，如果用实际利率计算，负利率的国家竟有 22 个之多，其余 3 个不足 1.5%（见表3-3）。

25 个发展中国家的名义利率和实际利率

表 3-3

（1971～1980 年）

国　别	名义利率（%）	实际利率（%）
哥伦比亚	20.98	1.23
马来西亚	7.61	1.20
泰　国	9.66	0.16
巴基斯坦	8.39	−0.47
印　度	6.79	−2.24
摩洛哥	6.00	−2.55
韩　国	15.46	−2.67
赞比亚	4.76	−2.95
菲律宾	9.45	−3.27
墨西哥	15.40	−3.65
突尼斯	4.00	−4.11
肯尼亚	5.37	−4.97
孟加拉	8.14	−5.38
坦桑尼亚	3.79	−7.31
印度尼西亚	11.06	−7.86
尼日利亚	5.54	−10.80
南斯拉夫	9.91	−11.73
象牙海岸	3.97	−12.90
巴　西	31.07	−13.25
秘　鲁	22.96	−15.14
乌拉圭	44.10	−18.58
玻利维亚	13.66	−21.01
加　纳	5.29	−41.70
阿根廷	58.95	−71.34
智　利	60.31	−118.42

　　为什么资本稀缺的发展中国家的利率反而比资本丰裕的发达国家的利率低呢？这是因为发展中国家的政府往往在储蓄和投资两个方面进行控制和干涉。例如，采取所谓的"选择性信用控制"方式把资金纳入特定的资本形式并配置在特定的企业中，还规定不得把资金用于某些类型的投资，加上大宗贷款的交易成本较低，银行也乐意以低于市场利率的利率对政府选定的大型企业贷放大宗资金，结果，受益者自然是那些政府选定的大型企业。因此，带头反对按照资本供求状况，根据竞争原则把利率提高的就是这些靠低利率借入大量资金以进行生产经营的企业。发展中国

家的利率控制造成的后果是，资本边际收益低下，建成的项目往往是资本高度密集的，生产能力过剩的，未建成的项目则工期过长，成为"胡子工程"。

本章的上述论证，说明了资本匮乏的发展中国家要谋求发展就必须重视资金的积累和资本的形成，这是符合发展中国家实际的。但是，这一些理论明显地反映了20世纪50～60年代过分突出物质资本作用的观点，这种观点显然有其片面性。之后，发展经济学家根据发展中国家的经验，越来越认识到：资本形成固然是很重要的，但为了持续、稳定的经济发展，必须全面考虑，从结构改造、剩余劳动力的转移、外贸发展战略等等方面制定出综合措施。而且，作为发展中国家稀缺投入要素的资本，不只是物质资本，还有人力资本，或者更确切地说，除了资金积累以形成资本之外，还有一个人力资源的开发问题。

思　考　题

1. 从"贫困恶性循环论"、"低水平均衡陷阱"等理论得到什么启发？如何认识这些理论的不足之处？

2. 发展中国家如何提高国内储蓄水平？从本章第三节介绍的一些论点反思我国国内储蓄的状况。

3. 发展中国家应该采取什么样的利率政策？

第四章　人力资源

如前所述，前期的发展经济学把物质资本对经济发展的作用放在十分突出的地位。20 世纪 60 年代中期以后，许多发展经济学家转而强调人力资源（亦称人力资本）对推进经济发展的战略意义。英国经济学家哈比森（Harbison，F. H.）有一段话集中地表达了这种新看法。他说：

"人力资源……是国民财富的最终基础。资本和自然资源是被动的生产因素；人是积累资本，开发自然资源，建立社会、经济和政治组织并推动国家向前发展的主动力量。显而易见，一个国家如果不能发展人民的技能和知识，就不能发展任何别的东西。"[1]

世界银行 1985 年的经济考察报告《中国：长期发展问题和可选方案》在结论中指出："中国的经济前景要取决于能否成功地调动和有效地使用一切资源，特别是人力资源。"

20 世纪 90 年代以来，"知识经济"概念的提出和研究，进一步深化了人们对人力资源重要性的认识。

要调动和有效地使用人力资源，要提高人民的知识和技能，就必须对人民进行教育和训练，但是，发展中国家一般存在着人口增长速度过快和人口数量过多的问题，也存在着失业和就业不足的问题。这两个问题直接影响着人力资源的数量和质量以及经济状况。因此，发展经济学在论证人力资源开发时，要联系人口和就业作理论分析。

第一节　控制人口的重要性

西方的传统经济理论曾经认为，人口增长是刺激经济增长与经济发展必不可少的因素，众多的人口一方面在生产上为建立规模经济，降低成本提供了充足的廉价劳动力，另一方面在消费上为较高的产出水平提供了充分的必要需求，但是，这种理论不切合今天绝大多数发展中国家的现实。这些国家的现实是：人口过多已成为国民经济的沉重负担和经济发展的巨大障碍，而居高不下的人口增长率更是今后许

---

[1]　哈比森：《作为国民财富的人力资源》，1973 年英文版，第 3 页。

多年人民生活水平无法提高的重要原因，尽管这不是唯一的原因。诚然，企图把经济弊病和社会罪恶统统归咎于过度的人口增长是一种错误的观点，但是，对绝大多数发展中国家来说，人口的过度增长确实是一个问题，人口数量的稳定或下降仍然是社会最迫切需要解决的任务。

一、人口增长的过去、现状与前景

从公元初年到 1750 年，世界人口年平均增长率还不到 0.05％，1750 年到 1850 年，人口增长率为 0.5％，甚至在 1900～1950 年间，世界人口增长率平均也只有 0.8％。而从 1950 年以来的几十年间，人口年均增长率猛增到接近 2％。其结果是，世界人口增长异常迅速。公元初年，世界人口约为 2.5 亿，到 1750 年增长到 7.28 亿，直到 20 世纪初的 1900 年，世界人口也只有 16 亿。1950 年上升为 25 亿，到 1980 年，人口迅速增长到 44 亿，而 1987 年又突破 50 亿大关，37 年时间人口增长 1 倍。到 1997 年，世界人口进一步增加到 58 亿。1999 年 10 月，世界人口就达到了 60 亿。12 年内，世界人口又增加了 10 亿。

根据世界银行的统计，全世界各类国家从 1980 年至 2005 年的人口变化情况可列表如下（见表 4-1）。

表 4-1　　　　　　　　　　　世界人口及其变化情况

时　　间	总人口（百万）		人口增长率（％）			劳动力增长率（％）	
	1980 年	2005 年	1980～1990 年	1990～2000 年	2000～2005 年	1980～1990 年	2000～2005 年
低收入国家	1384	2353	2.4	2.03	1.86	2.3	2.2
中低收入国家	1794	2475	2.1	0.66	0.97	2.1	1.6
中高收入国家	423	599	1.9	1.32	0.56	2.5	1.0
中、低收入国家	3600	5426	2	1.48	1.31	2.2	1.7
中国	981	1305	1.5	1.04	0.65	2.2	1.2
除中国外的其他中、低收入国家	2619	4122	2.18	1.64	1.52	2.2	2.0
高收入国家	825	1011	0.7	0.99	0.70	1.2	1.8
全世界	4427	6438	1.7	1.47	1.21	2.0	1.6

数据来源：根据世界银行 WDI 数据库资料整理所得

世界人口的急剧增长是发展中国家人口爆炸性增长的结果。在世界总人口中，85％生活在发展中国家。发展中国家的人口增长率远远高于世界人口增长率。在

1960～1979 年，世界年平均人口增长率约为 1.9％，而发展中国家人口增长率平均每年为 2.3％，与之相比，发达国家只有 0.9％。按地区划分，拉丁美洲人口增长最快，在这一时期，年人口增长率为 2.6％；其次是非洲和亚洲，分别为 2.3％和1.9％。20 世纪 80 年代以来，世界人口增长速度趋于减缓。从表 4-1 中看到，1980～1990 年，世界人口平均年增 1.7％，1990～1997 年又进一步下降到 1.5％。但是，低收入国家人口增长率仍然很高，1980～1990 年，人口增长率平均高达2.4％，1990～1997 年也仍然为 2.1％，而高收入国家保持 0.7％的低速增长。中国为世界和发展中国家人口增长率的下降作出了突出的贡献。中国人口增长率从1980～1990 年的 1.5％下降到 1990～1997 年的 1.1％。除了中国，发展中国家（中、低收入国家）的人口增长率都要高得多，每年的增长率始终保持在 2％左右。

迅速的人口增长具有强大的惯性。即使发展中国家政府普遍采取严格措施控制人口增长，人口增长的势头也会持续几十年之久。这是因为：第一、社会、经济和道德的力量长期地支配着人们的生育观念，在短期内这种观念是不可能发生根本性改变的。第二，由于人口迅速增长，少年儿童占总人口的比重相当大，即使人们的生育观有所转变，未来的父母亲只生两个孩子，以维持人口简单再生产规模，人口增长也要持续到两代人之后才能减慢下来。

由此，世界人口的增长趋势将会持续很长一段时间。到 2000 年，世界人口已超过 60 亿，到 2005 年，世界人口已超过 64 亿，到 2025 年将增加到 80 亿，到2040 年，继续增加到 100 亿。这些新增加的人口，有 90％生活在发展中国家，其中一半以上集中在亚洲。

总之，在过去半个世纪中，发展中国家的人口以空前的、具有爆炸性的速度增长着，人口的过快增长对人力资源数量的利用和质量的提高都产生了巨大的压力。

二、人口经济学中的一些理论

要从理论上认识发展中国家控制人口的重要性，不能不注意到人口经济学中的一些观点。

（一）人口过渡理论

人口过渡理论（the theory of demographic transition）试图解释 19 世纪以来发达国家的人口变动情况，也可以用来说明发展中国家的人口变动情况，特别是可以用来说明发展中国家何以在现阶段人口过度膨胀。

人口过渡理论认为，发达国家都经历过现代人口历史中同样的三个发展阶段：在第一阶段，出生率高，死亡率也高，结果人口稳定或相当缓慢地增长。进入近代后，公共卫生条件改善，食物结构改进，收入水平提高，结果引起死亡率的明显下降，预期寿命从 40 岁增加到 60 岁，而生育率却随生活状况的好转而有所提高，于是，人口快速增长成为第二阶段的特点。发达国家现代化后，死亡率继续降低，而人们的生育观转变，不再愿多生子女，于是，出生率和死亡率同时降低，最终使人口增长很少甚至不增长，进入人口变化的第三阶段。

图4-1以西欧发达国家的人口变动情况说明上述理论。

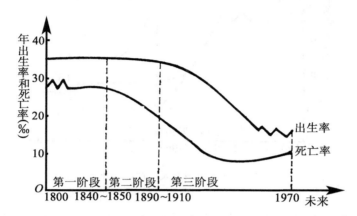

图 4-1　西欧发达国家的人口变动

图 4-1 说明了西欧人口转变三个历史阶段的情况。在 19 世纪开始以前，出生率约为 35‰，死亡率在 30‰上下波动，于是人口增长率大致保持在 5‰左右，这是第一阶段。进入 19 世纪 20 年代中期以后，由于生活条件和卫生状况的改善，死亡率逐渐下降，但生育率并不降低，于是人口增长率上升，这是第二阶段。到 19 世纪晚期、特别是进入 20 世纪 50 年代后，死亡率继续下降，而由于生育观的转变，出生率大大降低，以致人口增长率很少超过 10‰，这是第三阶段。到 20 世纪后半期，西欧人口变量的过渡期行将结束。

至于发展中国家的人口转变，可用图 4-2 说明。

20 世纪初到中叶为发展中国家人口转变的第一阶段。在这一阶段，发展中国家的出生率和死亡率均高于西欧人口转变的第一阶段，人口增长率较低。1950 年后的二三十年为发展中国家人口转变的第二阶段，此时，出生率仍然居高不下（42.5‰），而由于卫生条件的改善，死亡率逐步下降，其速度要快于 19 世纪的西欧，于是高达 20‰～25‰的人口增长率成为这一阶段的一个特征。至于发展中国家人口转变的第三阶段，则两类国家的情况各有不同。A 类国家如韩国、斯里兰卡、古巴等在 20 世纪 60 年代开始时死亡率已迅速下降到 10‰，60 年代中期起生育率也迅速下降到 20‰～30‰，于是人口增长率也相应迅速下降，进入了人口过渡阶段。20 世纪 70 年代末，另外几个国家如印度尼西亚、泰国、马来西亚、菲律宾等也出现了同一情况。大多数发展中国家可划归 B 类，在这些国家中，由于长期贫困，除了 20 世纪 50 年代中期死亡率迅速地下降外，不再进一步降低，而低生活

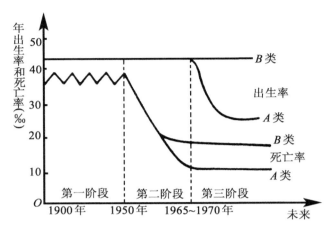

图 4-2　发展中国家人口过渡的开始

水平的维持又使高出生率继续存在，以致人口增长率停留在较高水平之上。B 类发展中国家至今还未完成人口过渡。

（二）"人口陷阱"理论和生育的微观经济理论

为什么许多发展中国家的出生率难以降低，人口增长难以控制以致迟迟不能完成人口过渡呢？有两种理论试图作出解释：一是"人口陷阱"理论，另一是生育的微观经济理论。

1. "人口陷阱"理论

20 世纪 50 年代中，西方经济学界有人提出所谓的"人口陷阱"理论（the theory of population trap）。这一理论试图把人口增长和经济发展联系起来，用以解释发展中国家人均收入何以停滞不前的问题。按照这个理论，当人均收入提高时，由于生活条件改善，人口增长率也必随之上升，结果，人均收入又会退回到原来的水平。即是说，在一个最低人均收入水平上升到与人口增长率相等的人均收入水平之间，存在着一个"人口陷阱"。在这个"人口陷阱"中，任何超过最低水平的人均收入的增长都会由人口增长所抵消，最后又回到原来的水平。发展中国家如果想从这个"人口陷阱"中跳出来，必须有大规模的投资（如第三章提到过的"大推进"那样）使总收入迅猛地提到一个高水平。当总收入到达并超过这一高水平以后，人均收入水平的上升速度将超过人口增长率的上升速度（因为人口增长率的上升是有其自然限度的）。

上述论证可由图 4-3 说明。

在图 4-3 中，纵轴表示总收入的增长率和人口的增长率，横轴表示人均收入，Y 为总收入增长率曲线，P 为人口增长率曲线。人口增长曲线之所以呈图上显示的形状,是因为在平均收入为最小值 Y_0 时人们过着维持生存最低水平的生活,出生率与死亡率相等,人口增长率为零。当人均收入超过 Y_0 并继续增加后,下跌的死亡率促成了人口的激增,故曲线 P 迅速上升到 B 点,此时平均收入值为 Y_2,人口增长率达到最高值(约为3.3%),以后随着人均收入的继续增加,人口增长率将保持3.3%的水平(因为生育率的增长一般有其极限),直至人均收入进一步增长到 Y_5 水平,人口变动完成过渡,出生率将开始下降,于是,人口增长曲线向下倾斜并逐渐接近横轴。图4-3还表明:收入增长率与人均收入水平之间开始呈正相关的关系。这是因为储蓄会随着人均收入水平提高而提高,并由此带来更多的投资,而投资的增加将引致较快的收入增长速度,但由于收益递减法则的作用,收入增长曲线将停止继续上升而逐渐下降。

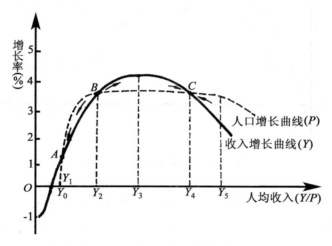

图4-3 "人口陷阱"曲线

由图4-3可见,曲线 P 与曲线 Y 有三处相交之点即 A、B 和 C。与 A 点相对应的人均收入值为 Y_1,与 B 点相对应的人均收入值为 Y_2。A 点是一个均衡点,在 A 点左右任何小小的摆动都会使人均收入均衡值重新回到 Y_1。例如,当 Y_1 走向 Y_2 时,人口增长率将会超过收入增长率,于是人均收入将要下降,也就是说,人均收入一定会从 Y_1 与 Y_2 之间的任何值回到 Y_1,同理,当 Y_1 走向 Y_0 时,收入增长率将会超过人口增长率,于是人均收入将要上升,也就是说,人均收入一定会从 Y_1 与 Y_0 之间的任何值回到 Y_1。这种情况就是所谓的"人口陷阱",而 Y_1 代表人均收入水平就叫做"陷阱"水平。如果有一个大规模的投资(如第三章提到过的"大推进"),使人均收入跳过 Y_2 水平,则收入增长率将超过人口增长率,一直到两条曲线相交之点 C,与 C 点相对应的人均收入值为 Y_4,C 点是一个均衡点。

　　"人口陷阱"理论的基本思想，属于新马尔萨斯主义范畴，和马尔萨斯的人口理论本质上是一回事。新老马尔萨斯主义把人口和经济增长绝对地对立起来，对生活水平的提高采取极其悲观的态度。它们的共同错误是，低估了技术进步将大大促进粮食生产以及一般生产的可能性和计划生育将适当抑制人口膨胀的可能性。迅速而持续的技术进步可以使收入增长率高于人口增长率，从而收入增长曲线在纵坐标上一直高于人口增长曲线，如图 4-4 所示。

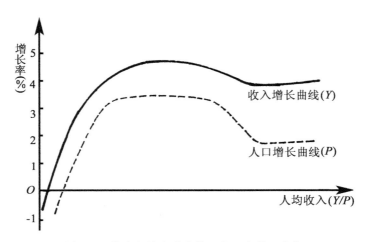

图 4-4　技术和社会进步使"人口陷阱"消失

　　其次，"人口陷阱"理论是基于一个不合乎事实的假设之上的。它假设人口增长与人均收入水平之间有密切的宏观联系，而这是经不起事实验证的。由于医疗卫生条件的改善，许多发展中国家的死亡率迅速下降而不决定于人均收入水平的高低。例如，2004 年发展中国家平均死亡率（Death rate）为 8.93‰，其中低收入国家和中等收入国家分别为 10.74‰、7.56‰，下中等收入国家和上中等收入国家分别为 6.89‰、10.33‰，而发达国家的平均死亡率为 8.23‰。但是出生率（Birth rate）差异很大，2004 年，发展中国家平均出生率为 21.99‰，其中低收入国家和中等收入国家分别为 29.28‰、16.45‰，下中等收入国家和上中等收入国家分别为 16.57‰、15.98‰，而发达国家平均出生率仅为 11.96‰。同时，从一些发展中国家和地区的统计资料看，出生率与人均收入水平呈负相关的状况。例如，印度、菲律宾和墨西哥的人均收入水平相差很大，但有相似的较高出生率，而斯里兰卡、韩国有相似的较低出生率，但人均收入水平却相差很大。

　　最后，"人口陷阱"理论的倡导者未能认识到：决定人口增长的并不单纯是人均收入水平，相反，影响人口增长的因素有多种，诸如社会制度、风俗习惯、分配状况等等。因此，当代的人口学家对人口增长问题的分析从简单的宏观模式转而注意对微观经济行为的考察。

2. 生育的微观经济理论

从前述的人口过渡理论中已知，现在发达国家的人口死亡率很低，发展中国家的人口死亡率也不很高，例如，1988 年低收入国家平均死亡率为 10‰，中等和上中等收入国家平均死亡率为 8‰，而发达国家平均死亡率也在 8‰和 9‰之间。但出生率的差异则很大，1988 年，低收入国家平均出生率为 31‰，中等收入国家平均出生率为 20‰，上中等收入国家为 26‰，而发达国家平均出生率仅为 13‰。由此可见，造成发达国家与发展中国家人口增长率差异的基本因素是出生率的差异，因而西方人口学家们把注意力集中在生育率的研究上，他们试图运用微观经济学关于消费行为的分析去解释家庭的生育决策。

分析的思路是这样的：把子女视为一种"商品"，这种"商品"与其他商品一样会带来满足。如果把其他商品视为一个总体商品而名之为商品 A，把子女这个特殊"商品"名之为商品 B，则如何根据收入水平在商品 A（即一般生活享受的商品）和商品 B（即子女）之间作出恰当的选择以求得最大的满足，可以利用无差异曲线显示一般生活享受商品数量和子女数目之间的主观选择。预算线显示一定收入水平按照一般生活享受商品的价格所能购买这些商品和按照子女的"价格"所能"购买"（即生育）子女的实际能力，无差异曲线和预算线将决定一定收入水平的条件下选择若干一般生活享受商品和生育多少子女的最佳配合。子女的"价格"如何决定呢？它决定于生育子女的净成本或净价格，即父母生育子女所花费的直接成本和机会成本之和减去子女为父母带来的预期收入的余数。直接成本指养育子女花费的一切开支，包括生活和教育等费用。机会成本指父母在养育、照料子女时不得不放弃的挣钱机会所可能带来的收入。预期收入包括子女在成年之前为家庭劳动带来的收入和父母年老后子女所负担的赡养费用。

图 4-5 中，横轴表示需要子女（简称商品 B）的数目，纵轴表示需要一般生活享受商品（简称商品 A）的数量。I_1、I_2、I_3 和 I_4 为四条无差异曲线，每条线上表示购买商品 A 和"购买"商品 B 任何一种数量配合带来的满足是无差异的，离原点越远的无差异曲线表示的满足程度越大。在一定收入水平和两种商品价格比一定的条件下，预算线为 ab，ab 的斜率表示商品 A 和商品 B 的数量比或价格比。当收入水平提高而价格比保持不变时，预算线平行地向右上方移动成为 $a'b'$，表示能够购买两种商品的数量增加了。当收入水平不变而价格比变动时，预算线向内或向外旋转，如商品 B 的价格比商品 A 相对地上升，ab 线将向内旋转成为 ab'' 线。

由图 4-5 可以看到，在 ab 线的约束下，ab 与无差异曲线 I_2 相切于 f 点，此时选择 OG_2 数量的商品 A 和 OC_3 数量的商品 B 为最优的消费行为。就生育决策而言，有 OC_3 个子女为最优的生育行为。

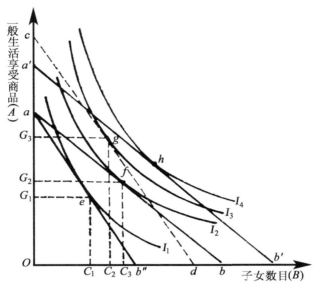

图 4-5　生育子女微观经济分析

　　如果家庭收入水平上升，结果将如何呢？按照"人口陷阱"理论，生育率将上升，图 4-5 中的预算线由 ab 平行地移到 $a'b'$ 的位置，与较高的无差异曲线 I_4 相切于 h 点，于是，可以消费更高的商品并养育更多的子女而求得更大的满足，从而得到收入水平提高使生育率提高的结论。可以看出，推导出这种结论是以两个假设为前提条件的：第一，子女的"价格"不变（预算线斜率不变）；第二，父母的生育观不变（无差异曲线形状不变）。这两个假设都不符合实际的情况。

　　实际上，收入水平的提高会使养育子女的直接成本和机会成本都提高，以致子女的"价格"随之提高。子女"价格"的提高也会引起父母生育观的改变，人们注意子女的质量而不追求子女的数量。因此，收入水平的提高将增加对子女的需求是一个不符合实际的假设。在图 4-5 中，由于子女"价格"的上升，预算线 ab 以 a 点为轴心向左下旋转到 ab'' 的位置，与一条较低的无差异曲线 I_1 相切于 e 点，于是，最优的消费行为为购买 OG_1 数量的一般生活享受商品，最佳的生育行为是养育 OC_1 数量的子女。比起子女"价格"未上升前养育的子女数目 OC_3 显然要少。如果妇女就业机会增加，家庭收入和子女"价格"会同时上升，预算线 ab 就会向左下方旋转又同时向右上方移动到虚线 cd 的位置。cd 与无差异曲线 I_3 相切于 g 点，此时，最优的消费行为为购买 OG_3 数量的一般生活享受商品，最佳的生育行为为养育 OC_2 数量的子女。因此，当妇女就业机会增加而使家庭收入增加的情况下，人们对一般生活享受商品的需求将增加（因 $OG_3 > OG_2$），对子女的需求将减少（因 $OC_2 < OC_3$）。

上述的生育决策微观分析颇符合发达国家与发展中国家的生育状况。发达国家生育率之所以很低是因为养育子女的成本很高。在这类国家中，高度竞争的环境使人们不能不为子女的前途而进行智力投资，从而增加了养育子女的直接成本；另外，妇女受教育水平较高因而就业机会较多，这就增加了养育子女的机会成本。其次，发达国家儿童营养丰富，医疗卫生条件优越，儿童死亡率低，这就减少了养育子女的风险，因而不追求子女的数量。发达国家普遍推行的社会保险制度使老年生活得到保证，不必"养儿防老"。同时，发达国家的封建传统观念比较淡薄，"不孝有三，无后为大"的思想已不存在，相反，人们追求自己的生活享受，认为不如"及时享乐"，这也大大减弱了对多子女的偏好。

与此相反，发展中国家生育率则居高不下。这是因为：首先，教育落后，对子女的智力投资少，从而减少了养育子女的直接成本；妇女就业机会少，而子女很小就可以做工帮助家庭增加收入，从而减少了养育子女的机会成本。其次，社会保险制度不普及，人们为了老年生活得到保证，不能不"养儿防老"。一些发展中国家在传统观念影响之下，还存在着"不孝有三，无后为大"的封建意识和"多子多福"的心愿。此外，发展中国家城市生育率和农村生育率有不小的差异，这种情况也可用微观经济分析说明其原因。城市地区养育子女的成本较高，对多子女的偏好较小，故不愿生育太多的子女；农村地区养育子女成本较小，对多子女的偏好较大，故愿多生子女。

三、发展中国家的人口忧患

前面已经指出，"人口陷阱"理论的主要缺点是忽视了技术进步对经济增长的促进作用，故认为发展中国家将陷入"人口陷阱"之中而难以自拔。只要技术不断进步，经济增长的速度是可以超过人口增长速度的，因而"人口陷阱"是不会出现的，即使出现也是会被填平的。但是，应当看到，贫困落后的发展中国家往往由于资金匮乏和智力稀缺而难以开发和应用技术，以致经济增长速度落后于人口增长速度，使"人口陷阱"的出现成为可能。

人口增长过快究竟是否妨碍经济发展？大多数发展经济学家对这一问题的答复是：人口增长过快不是发展中国家贫困落后的主要原因，但是，它是发展中国家经济发展的重大障碍。

从表4-1可以看出，2005年，世界人口总计已超过64亿，其中超过54亿人口居住在低收入和中等收入发展中国家和地区，发达国家人口近10亿。人口增长率差异很大。1990年至2005年，发达国家仅为0.9%，而低收入和中等收入发展中国家和地区为1.4%，其中，低收入国家和地区高达2%。到2000年，世界人口总计已超过60亿，其中，发达国家不足8亿，而低收入和中等收入发展中国家和地区将近 50 亿。

可见，富足的发达国家的人口已基本上趋于稳定，而低收入和中等收入的发展中国家，特别是最贫困地区的发展中国家的人口却一直在迅速膨胀，而且势头不见减弱，"人口爆炸"的确是发展中国家的重大威胁。

过快的人口增长必将有害于经济发展，这是因为：

第一，在资源有限，资金短缺，技术落后的国家，人口增长过快，必将降低人民的消费水平，降低生活质量，使普遍贫困的现象更将恶化，经济进步的愿望将成为泡影。拉丁美洲地区现在有数以百万计的人生活水平低于 20 世纪 70 年代初期，撒哈拉以南非洲地区人民生活已降到 60 年代的水平。称为"被遗弃的十年"的 20 世纪 80 年代中，大多数发展中国家经济进步缓慢，其原因是多方面的，但人口的过快增长是一个重要因素，这一点是无可怀疑的。正如世界银行 1990 年世界发展报告中所说："贫困、人口和环境问题往往是互相交织的；早期的发展模式和人口迅速增长的压力，意味着有许许多多穷人生活在环境严重恶化的地区。"

第二，赡养负担加重，不利于经济发展。人口快速增长，将引起人口年龄结构的恶化。当人口缓慢增长时，没有一个特定年龄组会占有突出的优势，而且在人口总数中有劳动能力的人（15 岁至 65 岁）比儿童和老人要多得多。当人口快速增长时，首先是儿童数目的迅速增加，以致许多发展中国家小于 15 岁、大于 65 岁的人在人口中占 40% 以上，而发达国家小于 15 岁、大于 60 岁的人在人口中只占 32% 左右。没有劳动能力的儿童和失去劳动能力的老人，是社会中的被赡养者，他们对经济未作贡献，在衣食住行和教育上却成为社会负担，这种负担称为"赡养负担"（burden of dependency），赡养负担的轻重由 14 岁以下年龄组和 65 岁以上年龄组的人口在总人口所占的百分比来测定。表 4-2 说明了发达国家与发展中国家赡养负担的差异。

表 4-2　　　　　　　发达国家与发展中国家的赡养负担（2003 年）　　　　单位：%

加拿大	31	埃　及	37.8
法　国	34.7	印　度	37.5
意大利	33	肯尼亚	44.8
日　本	32.8	墨西哥	37.5
英　国	34.3	尼日利亚	46.7
美　国	33.4	巴基斯坦	43.4
德　国	32.2	叙利亚	41.3
		坦桑尼亚	47.1
		所有低收入发展中国家	41
所有发达国家	32.6	所有中等收入发展中国家	33.2

资料来源：根据世界银行 WDI 数据库整理所得

衡量赡养负担轻重还有一种指标，称为赡养率（dependency ratio），以人口中受赡养者占赡养者人数的百分比来计算。表4-3对比了发展中国家和发达国家在1950年、1960年和1970年和2003年的赡养率。

表4-3		赡养率对比		单位：%
	1950 年	1960 年	1970 年	2003 年
发展中国家——总计	78.7	81.4	80.0	57.73
0～14 岁年龄组	72.4	75.5	74.8	58.58
65 岁以上年龄组	6.4	5.8	6.0	9.15
发达国家——总计	55.0	59.0	57.4	48.59
0～14 岁年龄组	43.3	45.6	42.3	27.04
65 岁以上年龄组	11.7	13.4	15.1	21.55

资料来源：根据世界银行 WDI 数据库整理所得

从表4-3可以看出，发展中国家的赡养率远比发达国家的赡养率为高，在20世纪50年代迅猛上升，60年代继续保持50年代的水平。特别值得注意的是，发展中国家14岁以下的儿童所占的比重，比发达国家要大得多。可以设想，当两国经济条件完全一样，而一个国家的赡养负担较重，则这个国家就不能不把一部分资源用于被赡养者的生活费用和教育费用，使发展经济的潜力减弱。

第三，在既定的资本存量条件下，由快速人口增长而引起的大量新增的劳动力所能得到的资本（具体化为机器设备）配置量将有所减少，也就是说，每单位劳动力占有的资本量将有所减少，出现一种所谓"资本宽化"（capital widening）的状况。资本宽化使劳动生产率降低，进而使工资收入降低，对经济发展带来有害影响。相反，如果人口增长受到节制，每单位劳动力在既定资本存量条件下可以得到较多的资本配置，就形成所谓的"资本深化"（capital deepening）的状况。资本深化将提高劳动生产率，进而提高工资收入，对经济发展带来有利影响。而且，如果人口不断增长，由储蓄而形成的新资本，也不能使资本深化，而继续保持资本宽化的状态。资本长期处于宽化状态的重大后果之一是，作为国民经济命脉的基础设施难以配套建成。

第四，在人口总量大，农业比重高的发展中国家，由于大量农业剩余劳动力转移到现代工业部门的可能性有其限度，人口的迅速增长，将使这种转移更加困难。结果，更多的剩余劳动力继续留在生产率很低的农业之中，并使农业劳动生产率无法提高，许多家庭的收入长期停留在很低的水平。

第五，人口迅速变动使社会经济结构相应调整的难度加大，如一些发展中国家的高人口增长率是城市迅速扩大的主要因素，不少城市正在扩大到前所未有的规模，已成为畸形发展，如墨西哥城的人口 1960 年为 480 万，1970 年为 800 万，原来估计 1980 年为 1 200～1 500 万，2000 年为 2 000 万，事实上，1990 年已达 1 800 万，2005 年更高达 2 200 万，以这样的速度增加下去，21 世纪初将是 3 860 万。由于人口的过快增长（墨西哥 1965 年至 1988 年人口年平均增长率为 2.3%）造成了畸形城市化，使城市化的速度超过了工业化的速度，只有一部分的农村流出人口能为工业部门所吸收，其余的或者只能进入业已过分臃肿的服务部门，或者加入了城市失业队伍，给城市造成了贫困、疾病、犯罪等严重的社会问题，给经济发展带来重大障碍。

第六，背上沉重人口负担的发展中国家往往无力发展应有的教育文化事业以提高人民的知识技能和价值判断能力，以致在人口数量不断增长的同时，人口素质却在不断下降。过度的人口增长还会造成自然资源耗竭、环境污染和生态失衡。因此，人口失控不仅直接影响现代化建设，影响人民生活水平和民族素质的提高，还会给子孙后代留下严重的后患。

总之，人口增长过多、过快，付出的代价是高昂的，给社会带来了许多难以解决的困难，在一个人口基数庞大的贫困落后的社会尤其是如此。因此，发展中国家应当对人口问题有足够的忧患意识，采取必要的控制人口增长的措施。

第二节　人力资源的闲置

由于人口增长快速而经济发展缓慢，发展中国家公开失业与不公开失业即人力资源闲置状况日趋严重，成了发展经济学家关注的一个重大问题。

一、发展中国家失业的严重性

人口的快速增长所引起的一个直接后果是劳动力数量的快速增长。发展中国家的劳动力年平均增长率在 20 世纪 50 年代为 1.6%，60 年代为 1.8%，70 年代为 2.2%，80 年代保持同上一年代一样的增长速度，90 年代略有降低，为 2.1%，2005 年降至 1.7%。而发达国家的劳动力年平均增长率在 20 世纪 60 年代为 1.2%，70 年代、80 年代保持同 60 年代一样的增长速度，1990 年至 2005 年降至 0.9%。两相对比，差异不小，而且在 90 年代以后，差距更大。

经济比较落后的发展中国家劳动力快速增加，使就业机会的供给远远落后于求职的需求，结果出现了大量失业和就业不足的状况。所谓就业不足（underemployment）是指一个劳动者实际工作的时间少于他愿意并能够工作的时间。这类劳动者往往被看成就业者，是因为他们形式上在工作，但实际上他们的劳动力并未得到充分使用，他们并未完全工作，因此，应当把这部分劳动者从就业项下减除而划归失业范围之内。

关于发展中国家的就业、失业和就业不足的状况，见表4-和表4-5。

表4-4 　　发展中国家（不包括中国）就业与失业状况（1960～1990年）

指标＼年份	1960	1970	1973	1980	1990
就　业（千人）	507 416	617 244	658 000	773 110	991 600
失　业（千人）	36 466	48 798	54 130	65 620	88 693
失业率（％）	6.7	7.4	7.6	7.8	8.2
失业与就业不足率合计（％）	25	27	29	—	—
非　洲	31	39	38	—	—
亚　洲	24	26	28	—	—
拉丁美洲	18	20	25	—	—

表4-5 　　　　　　　部分发展中国家失业率　　　　　　单位：％

国家	1995 年	2000 年
阿尔及利亚	27.9	29.77
阿根廷	6.7	15
孟加拉	2.5a	3.3
博茨瓦纳	21.5	15.7
巴西	6	9.6c
智利	4.7	8.3
哥伦比亚	8.7	20.5
哥斯达黎加	5.1	5.2
古巴	8.1	5.4
厄瓜多尔	6.9	9
埃及	11.3	9
印度	2.19	4.3
印度尼西亚	8.50	6.1
马来西亚	3.1	3

续表 4-5

国家	1995 年	2000 年
墨西哥	5.8	2.2
摩洛哥	22.9	13.6
纳米比亚	19.4b	33.8
巴基斯坦	5	7.2
菲律宾	8.4	10.1
南非	16.9	25.8
斯里兰卡	12.4	7.4
委内瑞拉	11.8	13.2
高收入国家	7.18	5.93

注　　释：a 为 1996 年数据，b 为 1994 年数据，c 为 1999 年数据。

数据来源：世界银行 WDI 数据库。

从表 4-4 和表 4-5 可以看出：（1）发展中国家的失业率呈不断上升趋势。（2）发展中国家的就业和失业都在增加，但失业增加速度快于就业增加速度。从 1960 年到 1973 年，就业增加了 30%，年平均增长率为 2.14%，同期失业增加了 48%，年平均增长率为 3.43%。（3）就业不足现象突出。1973 年，就业不足的人数约为 1.5 亿人，和失业人数加在一起，占总就业人数的 29%。

一些发展经济学家对 20 世纪 80 年代后发展中国家的就业问题更为尖锐的情况作了分析，认为不能把它简单归结为工作机会的短缺和劳动者长时间工作而生产率低下。20 世纪 80 年代和 90 年代的失业危机比 60 年代和 70 年代问题要严重得多，其根源和解决途径也大不相同。在前两个十年中，失业的主要原因是在工业化迅速发展的同时并未同步地创造就业机会。进入 20 世纪 80 年代后，发展中国家的宏观环境发生了巨大变化。由于支付差的恶化，债务的加重，国际货币基金组织引致的经济紧缩等外部因素造成的需求约束，使工业增长显著放慢、实际工资下降和城市就业减少，最终导致失业人数的迅速膨胀。发展中国家就业问题不能用传统的经济分析作出解释，因为它具有历史的独特性：

第一，失业和就业不足定期并长期地影响着发展中国家的劳动者，其影响的程度和所占的比例，远高于发达国家，甚至比后者处于大萧条时期还要高。

第二，发展中国家的就业问题远比发达国家复杂，因此，需要多样的政策措施去加以解决，扩大总需求的简单凯恩斯模式是不能奏效的。

第三，发展中国家失业范围如此之广，失业比率如此之高而原因如此之复杂，是与广大人民处于赤贫甚至不能维持基本生存的状况分不开的。这种状况，是今日的发达国家从来没有经历过的。发达国家应当与发展中国家采取共同行动，后者需要调整国内政策，把创造就业机会作为社会经济发展的一个主要目标，前者需要检讨和调整它们对第三世界的传统经济政策，特别是有关贸易和技术转让方面的政策。

二、发展中国家失业的范围

发达国家中，失业一般指公开的失业，即劳动者的劳动力完全处于闲置状态。在发展中国家中，除了公开失业外，还存在着大量的非公开失业，如前所述的就业不足，即是一种非公开失业。

发展经济学家认为，发展中国家失业问题的严重性不仅表现为公开失业率很高，而且还表现为非公开失业规模很大。公开失业和非公开失业总称为劳动力不得其用（under utilization）。

发展经济学家爱德华兹（Edwards，E. O.）认为，发展中国家劳动力不得其用有五种形式：（1）公开失业，包括自愿失业和非自愿失业。（2）就业不足，劳动者实际工作的时间比他愿意而且能够工作的时间要少。（3）形式上在劳动，但实际上未得其用。这些劳动者既不属于公开失业，又不属于就业不足，他们似乎应该划在就业范畴之内，但他们的劳动又未能作出应有的贡献。这种情况又可分为：①伪装的就业不足（disguised under employment）：劳动者做的是全日制工作，但他们所做的工作只需要较少的时间就可完成。这种情况的出现，或由于特殊的照顾，或由于外界的压力。②隐蔽的失业（hidden unemployment）：劳动者因无工可做而选择非就业活动。如有些人本已从某一级学校毕业，但由于无就业机会而继续留校学习，或者由于无机会参加工作而只好留在家庭中做家务劳动，于是，学校和家庭就成为"最后一着的雇主"。这种情况当然应当属于失业，但不易察觉，不列入统计之内。③过早的退休：为了给年轻人提供就业机会而让一些尚有工作能力和专业技能的劳动者过早退休。在发展中国家中，随着人寿命的延长，这种劳动力不得其用的情况日益突出。（4）健康受损者：本来可以作全日制工作的劳动者，但因营养不良或缺乏预防性保健措施而无力做全日制工作。（5）非生产性的劳动者：能够进行生产性劳动的人，由于缺少其他投入要素的配合，所提供的劳动中相当大部分几乎不创造果实，劳动者因此工资收入微薄。

上述（2）、（3）、（4）、（5）四种劳动力不得其用，可以总称为不公开失业。据估计，发展中国家的不公开失业率一般为公开失业率的3倍至4倍。

三、凯恩斯就业模式不适合发展中国家

针对发达资本主义国家20世纪30年代大危机、大萧条所引起的大规模失业而

提出的凯恩斯就业模式，在发达国家曾奏效一时。这个模式的思路是这样的：市场经济中并不自然而然地保证国民收入的实际水平恰恰等于充分就业条件下的国民收入水平，如果前一收入水平低于后一收入水平，就出现失业。要消除失业现象，使国民收入达到充分就业的水平，必须扩大总需求（由投资需求和消费需求构成）以弥补实际国民收入水平与充分就业条件下国民收入水平的差距，要做到这一点唯一有效的途径是政府扩大其总支出，为此，政府的赤字支出也成为必要。也就是说，凯恩斯模式认为，减少和消灭失业有一个简单易行的对策，那就是，通过直接增加政府开支或通过政府政策（如降低利率、免税、投资补贴等）间接鼓励私人投资以增加总需求。

从发展中国家社会经济的特点可以看出凯恩斯就业模式的局限性：第一，凯恩斯就业模式从发达资本主义国家的情况出发提出一个假设：当总需求增加时，企业可以迅速地作出反应，有效地扩大生产，从而扩大就业，因为发达资本主义国家主要的问题是生产过剩，供给有余，需求不足，而经济机制对刺激又能灵敏地作出反馈。发展中国家的主要问题是生产不足，供给不足，而经济机制又缺少弹性，不能对刺激生产的动因作出适时的反应。发展中国家缺少资本、原材料和中间产品，缺乏技术和管理人才，商品和证券市场还很不完善，组织效能低下，运输和通讯条件落后，外汇储备不足，以及高收入对进口商品消费偏好。所有这些，加上其他结构和制度上的因素，使扩大需求以促进生产、增加就业的政策措施在发展中国家很难产生预期的效果。相反，在供给方面存在着严格限制的条件下，在总供给对价格刺激缺少弹性的条件下，通过政府赤字财政以增加总需求，不仅不能促进生产，扩大就业，反而会使价格上扬，出现通货膨胀，结果不利于生产和就业，这就是 20 世纪 50 年代、60 年代和 80 年代许多拉丁美洲国家的经验教训。第二，发展中国家的城乡收入水平和生活水平差异很大，用增加总需求以刺激生产的措施首先起一定影响的是城市工业，而城市工业新增的就业空位，很可能吸引更多的农村劳动力流入城市。由于城市工资一般比农村平均收入高很多，在城市创造的每一个工作机会将吸引 3 个或 4 个农村劳动力进入城市寻找自以为唾手可得的工作，而事实上他们的向往多半成为泡影而在城市流落街头。其结果是，以刺激需求为手段，以减少失业为目的的凯恩斯模式并不能创造多少新的城市就业机会，相反，却可能使城市的失业有增无减。而且，由于流入城市的农业人口一般是有生产能力并有一定收入的农民或农场工人，他们进入城市后沦为失业者，这样就进一步降低了总产出和总就业的水平。

四、产出增长与就业增长并非一致

不少发展中国家的经验证明：单纯追求经济增长，并不能解决严重的失业问题。20 世纪 50 年代和 60 年代中，发展中国家曾经指望通过产出增长来缓和失业现象，但是，尽管在那 20 年中发展中国家确实有过相当快速的产出增长，特别是工业产出的增长，而失业问题却远远未能解决。20 世纪 50～60 年代之所以抱着那样一种期望，显然是受着凯恩斯理论和这一理论的延伸——哈罗德-多马模式的影响。人们熟知，凯恩斯在建立他的"一般理论"体系的思路中，一直把产出量与就业量的变动视作正比例增减关系。而使凯恩斯理论动态化的哈罗德-多马模式则认为，决定经济增长的因素有二：一是储蓄率（并由此而引致的资本形成率或投资率），二是资本/产出比率（即新投资的物质生产率）。在既定资本/产出比率下，通过储蓄率和投资率的最大化，就可实现产出量和就业量的最大化。逻辑的推论必然是，积累更多的国内储蓄并把它们投入迅速增长中的工业部门，于是，迅速工业化就是发展和增长的关键。但是，工业产量的迅速增长并没有伴随着就业相应地迅速增长。为什么作为凯恩斯学说延伸的哈罗德-多马模式的理论分析与现实相背离呢？这是因为这个模式假定资本与产出之间存在着固定不变的关系，即资本/产出比率为常数，或有一个固定不变的资本系数。从这一假定又可推论出劳动与产出之间存在着固定不变的关系，即产出/劳动比率为常数，或有一个固定不变的劳动系数，也就是说，哈罗德-多马模式是从劳动生产率不变出发的，总产出增长 10%，总就业量也就增加 10%，因此，产出的增长就意味着就业的同步增长。然而，生产的实践说明，当投资扩大时，劳动生产率会提高，劳动生产率的提高，会造成产出增长率与就业增长率之间出现缺口，就业增长率将小于产出增长率，其差额为劳动生产率的增长率。设产出量为 Q，就业量为 N，则产出增长率为 $\frac{\Delta Q}{Q}$，就业增长率为 $\frac{\Delta N}{N}$，劳动生产率为 $\frac{Q}{N}$，劳动生产率的增长率为 $\frac{\Delta (Q/N)}{Q/N}$。产出增长率减去劳动生产率的增长率约等于就业增长率，即

$$\frac{\Delta Q}{Q} - \frac{\Delta(Q/N)}{Q/N} = \frac{\Delta N}{N}$$

可见，$\frac{\Delta N}{N} < \frac{\Delta Q}{Q}$。因此，当产出量增长 10% 时，就业量可能只增加 7%，产出增长与就业增长并非一致。

一个相关的问题应当引起重视：一般来说，劳动生产率的提高是一件好事，但是，就发展中国家的经济情况而言，要对这一问题作具体分析。如果由于改进教育，提高训练和管理水平以增进劳动者的素质，则劳动生产率的提高是完全合乎理想的。如果是在生产中简单地以资本代替劳动特别是进口昂贵、高级、复杂的节约劳动的机器设备投入生产，那么，尽管劳动生产率可以提高，却会带来不好的经济后果。首先，耗费了大量的资金和外汇去进口不适合国情的先进机器设备。其次，劳动生产率虽然有所提高，但平均总生产成本也上升了；先进的机器设备既然是节约劳动的，则对它们的大量投资自然无助于就业的扩大。

可见，经济发展过程中，不能单纯以产出增长为唯一的、压倒一切的目标，而应当把创造就业机会，扩大就业机会视为同等重要的目标。为此，发展中国家应当采取促进劳动密集产业如小规模农业和制造业的政策。

综上可见，发展中国家的失业现象是相当严重的，大范围和高比例的失业是人力资源的极大浪费，必须以经济发展的观点认真对待。而发展中国家的失业问题原因复杂，对社会又有多方面的影响，必须采取综合性的对策，如控制人口，重视农业和乡村的发展，在工业中注意采取适宜技术等等。在创造就业机会时，不要单纯追求数量的增长，而要同时注意质量的提高，例如，创造了大批低生产率、无发展前途的就业机会，从数量上看，就业是扩大了，但是这种就业扩大，既不能缓解广大劳动者的贫困，缩小收入不均的差距，又不能使这些就业者较易得到教育和训练的机会，从而无助于人力资源的开发。

第三节　开发人力资源的重要性

人力资源开发，也称为人力资本形成。开发人力资源包括两个方面：一是体力投资，指改善营养和卫生条件使人民体质增强；一是智力投资，指普及教育和加强训练以提高人民的知识和技能并改善他们的劳动态度。但一般地说，智力投资，即教育和训练是开发人力资源的主要方式，因此，本节主要论述教育问题。

一、教育的重要作用

教育对人力资源开发的重要性已越来越为人们所认识，在发展中国家尤其如此。

第一，教育有双重效应。一方面，人们受教育后，获得了知识，提高了技能，从而增加了对新的工作机会的适应性和在工作中发挥专门才能的可能性，这称为"知识效应"（cognitive effects）；另一方面，人们受教育后，可以改变不正确的价值判断，提高纪律性，加强对工作和社会的责任感，从而促进受教育者参加经济活动并做好工作的积极性，这叫做"非知识效应"（non-cognitive effects）。

第二，受教育水平的提高带来收入水平的提高。尽管一些发展中国家存在着受教育程度高的人收入还不如受教育程度低的人收入那样高的现象，但这毕竟是反常的、非大量出现的情况。一般来说，收入水平和受教育水平是正相关的，图 4-6 以印度为例说明这一点。

图 4-6 中，横轴表示年龄，纵轴表示收入。可以看到：（1）受教育程度越高的人，收入水平越高，表现为年龄-收入曲线的位置越高，反之，越低。没有受过教育的文盲的收入是最低的，大学毕业生的收入是最高的。（2）每条年龄-收入曲线都是先上而后下降的，这说明在不同年龄阶段有不同的收入水平，在最成熟的 50

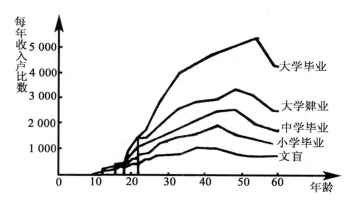

图 4-6　1961 年印度不同教育水平的年龄-收入曲线

岁左右，收入达到最高点。（3）文盲在很小时候就挣得收入，但以后一直增加缓慢。随着受教育程度的提高，获得最初收入的年龄就逐渐变大，但起点收入也在增加，以后收入增加速度也快一些。受教育水平提高使个人收入水平提高，宏观的结果自然是国民收入水平的提高，因此，大力发展教育是公私两利的。

第三，妇女受教育后可以增加就业机会并有利于人口控制。教育不仅培养妇女参加社会和经济活动的能力和机会，还可以增加她们的劳动报酬，其结果是妇女在家里照料孩子的机会成本增加，使她们不愿多生子女，会降低生育率，因此，有利于人口控制。

基于这些认识和经验，许多发展中国家对教育事业作了大量的投资，从 1960 年到 1980 年，它们的国民收入和国家预算中用于教育支出的比例都上升得很快，仅 20 世纪 60 年代，亚洲的公共教育支出就增加了两倍，非洲和拉丁美洲增加了一倍多，增长的速度比对其他任何一个部门公共支出的增长都要快。到 20 世纪 70 年代末，一些发展中国家教育支出占政府经常性支出甚至达到了 20％～35％。20 世纪 80 年代，一些发展中国家还在增加教育投资，如菲律宾的教育投资从 1986 年的90 亿比索增加到 1988 年的 184 亿比索，仅仅两年时间就增加了 1 倍。90 年代以来，大部分发展中国家教育投资继续增加，从 1991 年到 2002 年，发展中给公共教育支出占 GDP 的比重，由 3.8％增加到 4.1％。

二、教育投资的经济效益分析

教育投资按照投资主体的不同可分为两种：一种是家庭投入的，称为个人教育投资；一种是政府或社会投入的，称为社会教育投资。

就个人教育投资来说，如果随着教育级别的上升，教育收益逐渐增加，而教育成本的增加不如教育收益增加之快，则这个家庭让子女受更高的教育是有利的。相反，如果随着教育级别的上升，教育收益不增加或增加很少，而教育成本的增加很快，甚至超过教育收益，则这个家庭就不愿意把子女送入级别更高的学校。但教育收益在投资时不是现实的，而是预期的，因此，在估算教育收益时要对某级教育在未来年份的收益进行贴现。未来某一年的预期教育收益可用下列公式计算

$$V_0 = E_t (1+r)^t$$

式中，V_0 表示 t 年教育收益的贴现值，E_t 表示 t 年的教育收益，r 表示利率。

如果要计算某级教育 n 年的全部预期收益贴现值，可以把 n 年的所有预期收益贴现值总和计算如下式

$$V = \sum_{t=1}^{n} \frac{E_t}{(1+r)^t}$$

式中，V 表示 n 年中所有预期教育收益贴现值的总和。

个人教育投资的成本分两个部分：一是显性成本（explicit costs），也就是直接成本，指父母对子女完成某级教育的全部实际货币支出，如学费、伙食费、书籍费、交通费、住宿费等；一是隐性成本（implicit costs），指子女在就学期间所不得不放弃的收入，也就是受教育的机会成本。可以设想，随着年龄的增长而受的教育越多，放弃的收入就越大，隐性成本就越大，包括显性成本和隐性成本两部分在内的个人教育投资成本也是预期的，也需要贴现化为现值。n 年中所有预期教育投资成本贴现值总和计算如下式

$$C = \sum_{t=1}^{n} \frac{C_{et} + C_{it}}{(1+r)^t} = \sum_{t=1}^{n} \frac{C_t}{(1+r)^t}$$

式中，C 表示 n 年全部教育投资成本贴现值，C_{et} 表示 t 年的教育显性成本，C_{it} 表示 t 年的教育隐性成本，C_t 表示 t 年的全部教育成本。

如果 $V > C$，则教育投资是有利的；如果 $V < C$，则教育投资是不利的。

确定教育投资是否处于最优状态，要计算内在收益率（internal rate of return），它是贴现成本之和与贴现收益相等时的贴现率，可观察下式

$$\sum_{t=1}^{n} \frac{E_t}{(1+i)^t} = \sum_{t=1}^{n} \frac{C_t}{(1+i)^t}$$

或

$$\sum_{t=1}^{n} \frac{E_t - C_t}{(1+i)^t} = 0$$

式中，i 表示内在收益率。通过计算内在收益率，还可以把教育投资的收益率与其他投资收益率进行比较，从而可以看出教育投资是不是最合算的。

上述的个人教育投资的成本-收益计算方法，也可以用于社会教育投资的评估。

世界银行的统计学家们曾经以"社会收益率"（social rates of return）作为衡量社会教育投资经济效益的指标，其计算方法如下：

$$教育投资社会收益率 = \frac{税前收入}{因上学而牺牲的收入 + 对教育的公私支出}$$

在 1957 年至 1978 年间，30 个发展中国家的初等、中等和高等三级教育的社会收益率各为 24.2%、15.4% 和 12.3%，其中 11 个低收入、成人识字率在 50% 以下的国家的三级教育的社会收益率各为 27.3%、17.2% 和 12.1%，19 个中等收入、成人识字率在 50% 以上的国家的三级教育收益率各为 22.2%、14.3% 和 12.4%。对比之下，14 个发达国家的中等教育和高等教育的社会收益率仅为 10.0% 和 9.1%。从这些统计数字可以看出：第一，发展中国家教育投资的社会经济效益，比发达国家要高一些。第二，在发展中国家中，发展水平较低的国家教育投资的社会经济效益又要高些。这样，似乎可以得到一个简单的结论：越不发达的国家，其教育投资的社会收益率越大。但是，从理论的分析和事实的验证，发展中国家如何正确而合理地发展教育事业，还是一个比较复杂的问题。

首先，如何解释教育（特别是中等教育和高等教育）的收益还有争议。有人认为，教育资格不过是一种甄别手段，对雇用者来说，它似乎显示了一个人的生产能力，但事实上，生产能力并未提高多少。在一些发展中国家，大学毕业生甚至中学毕业生的雇用者，主要是公共部门，付予的工资在价值上往往超过他们的生产率。因此，不同的教育水平所得的工资级差可能夸大了教育对提高生产率的效果。另外一些人则认为，教育的甄别作用是有益的，它至少比显示特权的制度（如种性制度）和亲属关系优越得多，而且即使在发展中国家，劳动力市场也并非是完全垄断的，相对的工资是大致能反映相对的生产率的。比起亚洲国家来，非洲国家受过教育的人员所得的工资相对地高一些，因为亚洲国家受过教育的人员比较众多，而非洲国家受过教育的人员比较稀缺。这种情况，在一定程度上说明了发展中国家劳动力市场的作用。

其次，有些发展经济学家指出，发展中国家各级学生的教育成本相差悬殊，即每一个中学生的教育成本相对于每一个小学生的教育成本的倍数很大，而每一个大学生的教育成本相对于每一个小学生的教育成本倍数更大。根据 7 个发展中国家（马来西亚、加纳、肯尼亚、乌干达、尼日利亚、印度和韩国）的统计，前一个倍数为 11.9，后一个倍数为 87.9。3 个发达国家（美国、英国和新西兰）的前一个倍数仅为 6.6，后一个倍数仅为 17.6。另一方面，从收益看，7 个发展中国家每一个中学生的收入相对于每一个小学生的收入倍数为 2.4，每一个大学生的收入相对于每一个小学生的收入倍数为 6.4。3 个发达国家的两个倍数各为 1.4 和 2.4。上列统计还说明：随着教育级别的提高，学生的收入成倍地提高，但收入提高的倍数，小于教育成本提高的倍数。发达国家教育级别提高，无论学生收入或教育成本的增加倍数，都远远低于发展中国家，其中，成本的增加倍数更低得多。如果平均的相对收入反映了平均的相对生产率，那么，发展中国家较高级别教育的相对成本和相对收入的巨大差距，表明高等教育投资的经济效益大大低于初等教育投资的经济效益。这一点还可从发展中国家教育投资的社会收益率随着教育级别的提高而迅速下降的情况得到证明。据统计，小学、中学和大学三级教育的社会收益率，在非洲地区为 26％、17％ 和 13％，亚洲地区为 27％、15％ 和 13％，在拉丁美洲地区为 26％、18％ 和 16％。

最后，越来越多的发展经济学家有一种共识：发展中国家不能只重视正规教育，而应当以同等的甚至更大的注意力去发展非正规教育。非正规教育的范围很广，包括在职训练、职前训练、农业推广、成人识字、电视教育以及其他形式的基本技能短期训练等等。这些教育和训练方式，投资少而效益高，对低收入和以种种原因失去正规教育机会的人群最为有利。根据非洲国家的经验，在农业技术推广和手工业技能训练中结合扫盲和补习基本数学知识，其经济效益更高，能以低于办正规小学的成本去增进农村人民的福利。重视非正规教育的思想日益深入人心，联合国教科文组织提出的"终身教育是一种普遍权利"的论点，是有一定道理的。

关于不同收入组国家教育收益率在 20 世纪 80 年代的平均数有人作出估计①，见表 4-5。

表 4-5　　　对不同收入组国家教育收益率的平均估计（20 世纪 80 年代）

	社会收益率（％）			私人收益率（％）		
	初等教育	中等教育	高等教育	初等教育	中等教育	高等教育
低收入国家	23.4	15.2	10.6	35.2	19.3	3.5
中低收入国家	18.2	13.4	11.4	29.9	18.7	18.9
中高收入国家	14.3	10.6	9.5	21.3	12.7	14.8
高收入国家	—	10.3	8.2	—	12.8	7.7
世界平均	20.0	13.5	10.7	30.7	17.7	19.0

在过去几十年中，发展中国家的教育发展大大地快于人口和经济的发展。从教育投资来说，发展中国家作为一个整体，教育支出占 GNP 的比重，1960 年为 2.2％，1980 年上升到 3.9％，1995 年又进一步上升到 4.5％。其中，低收入国家从 1980 年的 3.4％ 上升到 1995 年的 5.5％，增加了 2.1 个百分点；中等收入国家同期从 4.1％ 上升到 4.5％，只增加 0.4 个百分点。与此同时，发达国家的教育支

---

① 参见吉利斯、波金斯等：《发展经济学》，中国人民大学出版社 1998 年版，第 253 页。

出在 GNP 中的比重却下降了，从 1980 年的 5.6％降到 1995 年的 5.5％。可以看出，发展中国家对教育的投资就增长幅度而言，要比发达国家高得多，而且低收入国家的教育经费增加幅度最大。但是，尽管教育支出总额增加得较快，由于基数较低，加上人口增长较快，发展中国家对公共教育的支出人均数额仍然比较低，到 20 世纪 90 年代仍然只有 30 美元左右，而发达国家人均数是 468 美元，为发展中国家的 16 倍，这表明发展中国家虽然对教育发展作出了很大的努力，但没有从根本上改变教育落后这一基本状况。

同时，从学校入学情况看，发展中国家的入学人数和入学率都大幅度增加了。从表 4-6 中看到，发展中国家在 1950～1990 年间，在校学生人数增加很快。在校学生人数 40 年增加了 6.5 倍，平均每 10 年增加 65％，其中中等教育和高等教育在校学生人数增长更快，40 年间分别增加了 26.7 倍和 32 倍；而与此相比，初等教育在校学生人数只增加 4.5 倍。这样，高、中等教育在校学生人数相对增加得很快，占全部在校学生总数从 1950 年的 9％上升到 1990 年的 33％。但是，尽管高、中等教育在校学生人数增长很快，在校学生人数在比例上仍然比较低，到 1990 年还只占全部在校学生人数的 1/3，这说明发展中国家的教育仍然处在初级水平上。实际上，到 20 世纪 90 年代中期，发展中国家初等教育已经基本上普及了，中等教育普及率平均为 50％，而高等学校入学率还不到 10％。

表 4-6　　　　　**1950～1990 年发展中国家在校学生总人数（百万）**

	1950 年	1960 年	1970 年	1980 年	1990 年
初等教育	93	208	308	443	511
中等教育	8	18	81	156	222
高等教育	1	2	7	18	32
总计	102	228	385	617	764

第四节　发展中国家教育存在的问题

如前所述，教育是开发人力资源的最重要的途径，通过教育，所有的发展中国家都在不同程度上取得了发展经济的效果。但是，由于社会经济条件的限制，传统思想观念的影响和约束，发展中国家又存在着不少问题，主要有下述几个方面：

一、辍学率高，教育与实际严重脱节

发展中国家的辍学率非常高。在拉丁美洲，100 个学生中在完成小学教育之前就有 60 个中途退学，而有的国家小学辍学率高达 75％。在非洲和亚洲，小学中途辍学率分别为 54％和 20％。中学的中途辍学情况也比较严重，在 1971 年，非洲的中学辍学率为 38.7％，拉丁美洲和亚洲为 18％，而与此同时，欧洲只有 11.4％。

　　发展中国家教育的另一问题是教育与实际严重脱节。发展中国家的实际情况是，70％的儿童生活在农村并在那儿上学，而且由于中小学辍学率高和高等教育的不发达，大概有 80％以上的入学者将会在农村度过一生。根据这一特点，发展中国家的中、小学教育应该与农村发展密切结合起来。但是，中小学教育很少向学生传授农村发展所需的知识、技能和思想，它们的目的和任务是要为学生升学作准备，学习的主要内容是为升学打基础的。在发达国家中，中小学辍学率低，而且大部分人将升入更高级的学校继续读书，因而它们的中小学特别是小学把重点放在为升学打基础这一点上是恰当的。但是，把这种教育体制全盘搬到社会经济状况迥然不同的发展中国家则是不恰当的。

　　发展中国家除极少数国家（如印度）以外，一般高等教育的比重很小，进入大学的学生比例还不到学生总数的 5％，但是，大学教育也像中小学教育一样与经济发展实际需要严重脱节。许多发展中国家的大学是按照发达国家的模式建立起来的，学科专业设置、教学内容、课程安排，都是从西方发达国家引进的，而很少考虑到这种教育体制是否符合不发达国家自身的特点。大学教育的成就是按照国际学术标准而不是按照对国家发展的贡献来衡量的。关于这一点，下面还要作进一步讨论。

　　教育与实际脱节还表现为学校里所学的课本知识不能适应职业市场的需求。很多国家城市的职业介绍所每天挤满了学数学、物理等专业的毕业生，而雇主所需的是工程技术专业毕业生。在这样的环境下，大学毕业生们最后不得不接受的工作与他们所受的教育简直是风马牛不相及，学物理的当秘书，学数学的开出租车之类事情在发展中国家比比皆是。

二、社会不平等加剧

　　根据世界银行人员的研究，不少发展中国家的教育体制与其说是缩小不如说是扩大了收入的不平等。

　　首先，就初等教育而言，贫穷家庭的子女就不如富裕家庭的子女那样能完成这一阶段的正规教育。因为，一方面，贫穷学生接受初等教育的个人成本比富裕学生高；另一方面，贫穷学生接受初等教育的预期收益又比富裕学生低。尽管在最初几年对贫穷家庭的子女免费，但是，子女上学并不是没有花费，因为初等教育适龄儿童如果上学就不能留在家里干活，这些活只好出钱雇工去完成，付给雇工的工钱就是子女上学的"花费"或机会成本。在入学期间，由于营养不良而生病以致上课率不高，或由于无人辅导而成绩不好以致留级，都使教育成本提高。与富裕学生相比，贫穷学生在收益方面也同样处于劣势地位。即使他们能够完成初等教育，但由于关系面的狭窄和接触面的限制，在农村，特别是在城市的就业竞争中，总会遇到较大困难而落后于富裕学生。

其次，发展中国家的中等教育也使贫穷学生处于不平等地位。中等学校求学的费用是比较昂贵的。在许多发展中国家，中等教育一年学费大体相当于人均国民收入，以致许多低收入家庭对中等教育不敢问津，这实际上是一种严格按照家庭收入水平而不是依据择优录取的原则选拔学生的制度。在中学毕业后的求职竞争中，穷学生也处于劣势。

最后，发展中国家教育体制的不平等性在大学中表现得更为突出。政府对大学生不仅支付所有的教育费用和学费，还以助学金形式向学生提供补助。由于前面所述的原因，贫穷家庭的子女经过初等和中等两级教育的筛选（学习上的、经济上的以及社会上的因素）能进入大学之门的人数，不如富裕家庭子女人数多。这种情况表明，用公共基金建立起来的高补贴的大学教育，实际上是穷人对富人进行补贴或作出转移支付。在发展中国家，高等学校毕业生在求职竞争中，穷家子弟更是处于不利的地位。

总之，在收入已很不平等的发展中国家中，以高学费的中等教育和高补贴的高等教育为特征的教育体制，很可能加剧不平等并使贫困永久化。准确地说，这不是教育体制本身的结果，而是教育体制所依托并由此发挥作用的社会体制和社会结构所造成的。由于社会体制和社会结构的影响，发展中国家可能出现种种人为扭曲的现象，如不顾失业水平上升而不断扩大不同教育程度的人的工资差距，把文凭几乎看成是获得工作的唯一依据而不考虑受教育年限的长短与工作实绩是否一致，把家庭收入当做攀登教育阶梯以取得高薪职位的准则等等。在这种情况下，由政府资助的教育体制不过是再生产不平等的社会经济结构的工具而已。

三、教育深化和知识失业

关于教育的成本和收益问题，本章的第三节已作过分析。发展经济学家进一步地认识到发展中国家教育的另一个重要特征是：教育的社会成本（在有限资金本可以更有效益地用于其他部门的情况下，却花费在更高层次的教育发展而可计算的社会机会成本）随着学生在教育阶梯上继续攀登而急剧上升，而教育的个人成本（由学生家庭承担的费用）却增加得较为缓慢，甚至下降。教育的社会成本与个人成本之间不断扩大的差距，造成对高等教育比对中小学教育更强的需求刺激，因而夸大了对高等教育的需求。要使受教育的机会满足这种扭曲的教育的需求，就不能不以更高的社会成本为代价。于是，越来越多的资金不合理地配置在教育扩展之中，而用于创造就业机会的财力日渐短绌。受教育的个人成本和收益与社会成本和收益的不一致可由图4-7（a）和图4-7（b）作出说明。两图也说明当个人利益超过社会利益时资源配置不合理的状况。

图4-7（a）和图4-7（b）的横轴都表示完成学业的年限，图4-7（a）的纵轴

表示个人成本和个人预期收益，图 4-7（b）的纵轴表示社会成本和社会收益。图 4-7（a）显示，一个学生接受学校教育的年限越多，他的个人预期收益比个人成本增长越快，因此，在他看来，最优的决策是尽可能受更多的教育。图 4-7（b）则显示，社会收益开始上升很快，但随着教育级别的提高，上升逐渐放慢，甚至逐渐下降；社会成本则开始上升很慢，但随着教育级别的提高，上升迅速加快。因此，从社会的角度看，最优的决策是让所有的学生至少受 OB 年的基础教育（此时边际社会成本等于边际社会收益），因为超过 OB 年限的更高层次的教育，其边际社会成本将高于边际社会收益。但是，实际上，许多发展中国家并不根据这种理论分析作出合理的最优决策，而是被动地适应公众对教育的需求，把有限的财力用于发展高层次教育，对中学尤其是大学给予大量的补贴。有的发展中国家甚至脱离自己国家的实际，从形式上去模仿发达国家的高等学校，在校舍、设备等方面追求西方标准，以致耗资巨大而效益不高。与此同时，对就业机会的创造又未作出应有的努力，以致学生的供给超出了需求，学生从学校毕业后找不到适当的工作，并由此而引致两种现象的出现：

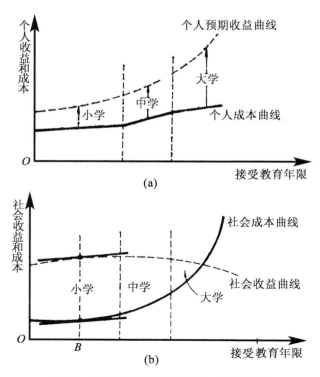

图 4-7　教育投资的个人和社会收益及成本

一是教育深化（educational deepening）。发展中国家并存着两种不同的经济结构，即传统部门和现代部门。知识劳动者嫌传统部门的报酬太低而不愿俯就，而拥入现代部门求职。但是，现代部门的就业空位又是有限的，不可能按照知识劳动者的供给数量，根据不同的受教育水平充分吸收各级学校的毕业生。于是，随着教育的迅速发展，学校培养出来的知识劳动者的数目就越来越多于现代部门所能提供的就业空位的数目，加上技术的不断更新，现代部门对求职者的文化和专业素质要求越来越高。现代部门面对众多的从各级学校毕业的求职者，自然首先聘用受过高等教育的学生，然后考虑招用中学毕业生，最后才会雇用小学毕业生，也就是说，由于求职者供过于求，首先被拒于现代部门之外的是小学毕业生，其次是中学毕业生。在这种情况下，现代部门就倾向于雇用受教育程度较高的人去做原来由受教育程度较低的人所做的工作。这样，本来小学毕业生胜任的职务，现在由中学毕业生代替了，本来中学毕业生胜任的职务，现在由大学毕业生代替了，这种情况称为教育深化，或教育过度（over-education）。

二是知识失业（educated unemployment）。它是与教育深化伴生的现象，或者说，它是教育深化问题的一个侧面。由于受教育者的供过于求而现代部门又跳级雇用各受教育层次的毕业生，以致在求职竞争中，中小学毕业生往往被拒之雇用单位的大门之外，甚至大学毕业生也不免遭受同样的命运。尽管在发展中国家中受教育者在人口中所占的比率较低，受过程度较高教育的人在人口中所占的比率更低，而知识、技能和专长又是相对稀缺的，受教育者还是不免沦为失业者，形成知识失业的状况。

教育深化和知识失业的一个结果是发展中国家教育事业不切合实际需要的扩张。在教育发展初期，失业者主要是文盲，为了免遭失业的危险，人们把子女送去上小学，于是，小学教育扩大。随着小学教育的发展，小学毕业生的失业率上升。为了防止失业，小学毕业生不得不进入中学，于是中学教育扩大。与此同时，小学教育也要继续扩大，一方面使找不到工作的文盲接受初等教育，一方面为进入中学准备升学的阶梯。到了中学毕业生也难以找到工作时，他们要求升入大学，于是大学教育扩大。与此同时，中学也自然要继续扩大。总之，在教育深化和知识失业的影响下，一些发展中国家不得不扩大大学教育，也不得不扩大中、小学教育。就业状况的每一次恶化，都要求把各级教育作一次扩大。因此，一些发展中国家出现了一种似乎难以置信的情况：某一级教育作为一个终点变得对该级毕业生就业越不利的时候，上一级和这一级教育就需要越快速地发展，对政府扩大教育投资的压力就越大。

四、智力外流

智力外流（brain drain）是指发展中国家在国内完成学业后的高级专门人才如

工程师、科学家、医生、教授等迁移到其他国家特别是发达国家的一种国际移民活动，有人也把发展中国家派往发达国家受高级专门教育的留学人员滞留不归划入智力外流的范畴。

智力流入的发达国家主要是美国，此外，还有西欧、加拿大、澳大利亚和新西兰。美国于 1968 年 7 月取消移民限额，极大地推动了智力流入，1975 年通过的移民法案的基本精神是鼓励高级专门人才移居美国，就在法案通过的第一年，智力流入的人数就超过 1966 年的两倍，以后不断上升。据统计，1962～1980 年间，共有 50 万科技人员迁移到美国，他们大多数来自发展中国家和地区，特别是亚洲，如韩国、印度、菲律宾和中国台湾省等地。每年移居美国的医生大约 3 000 人，其中 60％来自发展中国家。据说，在美国行医的海地医生比在海地本国行医的人还要多。巴基斯坦新培养的医生中约有 70％的人离开本国，苏丹的工程师、科学家和医生中 44％的人移居国外，他们主要是去美国。

发达国家有少数经济学家认为包括智力外流的国际移民从经济上说是有益的，理由是：第一，发展中国家的专业技术人才流入发达国家，他们的劳动生产率和收入远比在国内高，全世界的 GNP 将由此而最大化，全世界的福利将由此而增加。第二，在竞争的经济中，一个人获得的收入与边际产品是相等的，他移居外国后，固然减少了迁出国的国民产出，但同时也放弃了等值的国民收入，两相抵消，迁出国并无损失。第三，专业技术人才流出国外后，一般要给国内亲属汇款或向某机构赠款，使迁出国得到外汇收入。第四，这些移民自然与国内保持一定的联系，可以促进国际间的交流和合作，对国内经济发展是有利的。

大多数发展经济学家认为上述说法是似是而非的。首先，收入最大化的论证没有考虑到形成专业技术能力需要付出教育成本，而如前所述，教育成本中很大一部分是由国家支付的，受教育程度越高，国家的支付就越多。当智力外流时，国家付出的教育成本就成为虚耗，而所形成的人力资本也就从此流失，不能为国内作生产性的服务。其次，所谓人力市场竞争状况，在许多发展中国家中并不存在。雇用专业技术人才的主要是政府部门，近于买方垄断。在这种情况下，这些专业人才所创造的边际产品要大于收入，当他们流出国外后，政府虽然节约了付给他们的收入，但却损失了他们创造的产出。最后，专业人才凭借他们的特殊知识和技能，可以提高其他投入要素的生产率，如果流失国外，必将降低其他投入要素的生产率，从而不利于国民经济的发展。总之，智力外流是发展中国家的重大损失。

财力不足的发展中国家花大力气培养出来的专业技术人才是一种稀缺资源，这些稀缺资源一旦流入发达国家就为它们创造巨大的经济利益，成为一种"反向外援"（reverse foreign aid）。世界银行估算了这种"反向外援"给发达国家带来的好处。1972 年美国由于得到外国专业人才的移民，节省了 8.83 亿美元的教育经费，而发展中国家由于专业人才的流出，虚耗了 3.20 亿美元的教育经费。从 1961 年到

1972年，美国、英国和加拿大三国因外国专业人才的移居而得到的收入比发展中国家因专业人才的流失而减少的收入要多440亿美元。事实上，一些发达国家得到的"反向外援"多于它们给发展中国家的援助。

发展经济学家托达罗（Todaro，M. P.）还进一步指出，智力外流不仅减少了发展中国家的高知识密集的人力资源，还对国内的专业人才在心理上造成不好的影响，使他们产生眼光向外的倾向。他们不去思考和研究国内迫切需要解决的问题，而是把注意力只盯在国际最尖端的科学技术和学术成就上。他们虽身在国内，但心早已在国外。身心都在国外的专业人才，可称为"外在的智力外流"（external brain drain），身在国内而心已飞向国外的专业人才，可称为"内在的智力外流"（internal brain drain）。内在的智力外流在发展中国家比外在智力外流可能影响更广泛，造成的后果更严重。例如，医生只潜心研究尖端的罕见病，而忽视地方的常见病；建筑师只热心于造价高的现代建筑，而对低成本住房和学校的设计却漠不关心；工程师把主要精力放在最现代化的机器设备研究上，而对简易的机械工具、人力和畜力操作的农业机械、基本卫生设施、劳动密集型机械加工则不感兴趣；大学中一些经济学家讲授和研究一些与现实无关的、复杂的数量经济模式，而认为贫困、失业、乡村开发、教育改进等发展中国家最迫切需要研究的问题没有多少理论上的意义。于是，学术成就标准不是按照对本国的实际贡献来衡量，而是以国际社会的赞誉为依据。例如，发展中国家学者在国外刊物上发表了论文，或是收到了参加国际学术会议的邀请，常常被认为比找到一种解决国内工业、农业、医学或经济中存在的实际问题的办法更为重要，更有荣誉。因此，托达罗说，内在的智力外流倾向已在发展中国家整个教育界蔓延。外在的智力外流和内在的智力外流对发展中国家不发达状况的延续产生了重大影响。

为了减少智力外流，一些发展中国家和地区采取一些措施，在信息、服务和财力等方面给予国内和出国进修的专门人才以经济和非经济的支持和鼓励。如印度把国内的就业机会情况每一个星期都通知国外的大学。韩国在美国的帮助下在本国境内建立吸引优秀科学家的研究所。土耳其从1977年起在联合国发展项目的援助之下设立了"托克顿"（TOKTEN）计划，为移居国外的专家提供种种方便，如迅速办好回国作短期访问的安排，鼓励他们与国内同行保持经常的联系，对回国的专家经常关心和照顾。采取类似托克顿计划措施的国家还有希腊、巴基斯坦和斯里兰卡。有的发展中国家还规定留学生必须回国为政府服务若干年限，如突尼斯和哥伦比亚规定3～5年，埃及则规定在国内参加教学、研究或管理工作7年。措施更为严厉的国家是新加坡和坦桑尼亚，它们要求出国留学生必须交出保证书，如果不回国就要课以罚金并偿还过去得到的奖学金，在保证书上共同签名的亲属也要承担财政上的义务。

可能一半出于发展中国家的强烈反应，一半出于自身利益的考虑，一些发达国家如英国、丹麦、法国、德国和荷兰制定了限制外国学生流入的措施，并在各个学科领域中规定了限额。1976年，英国大大提高了外国学生的学费。美国使用了某种签证的方式规定外国学生在完成学业后必须离开美国，但这种方式为了所谓政治上的原因又可取消。

发展经济学家巴格瓦蒂（Bhagwati，J.）提出了一种设想：由发达国家对流入的发展中国家的专门人才以及滞留不归发展中国家的留学人员征收额外的所得税，然后把这些税款收入通过联合国渠道交付有关的发展中国家以供开发之用。据估计，如果这一设想能够实现，单是美国一国在1979年一年就可征收这种税款达6亿美元。许多发展中国家对巴格瓦蒂设想的实现曾抱着很大的希望，1978年，77国集团曾通过决议表示支持并提议有关国家立法付诸实施。但是，可以设想，由于利害矛盾和发展中国家处于弱势地位，巴格瓦蒂建议不过是不切实际的幻想而已。

思　考　题

1. 利用人口经济学的一些基本理论分析我国的人口问题，并认识作为一项国策的计划生育的重要性和必要性。

2. 发展中国家人力资源不得其用的原因何在？

3. 如何进一步开发我国的人力资源？

第五章　人　口　流　动

　　20 世纪 50 年代和 60 年代中，发展经济学家一般都肯定由农村到城市的人口流动对发展中国家经济发展的积极作用。他们认为，丰富的人力资源由边际生产率低的地区向边际生产率高的地区转移，可以促成资本积累，可以刺激技术进步，可以促进工业化，从而对社会经济是非常有益的。因此，正确的政策应当是，不要控制这种人口流动，而要加速这种人口流动，为提高农业生产率，加速城市工业化提供丰富的劳动力。

　　20 世纪 70 年代后，发展经济学家逐渐认识到，上述人口流动社会经济效益的论证，具有相当的片面性。在发展中国家中，如果人口流动不受节制，则城市流入人口增长率将超过并继续超过城市就业机会增长率，流入劳动力将超过并继续超过城市工业和服务部门对劳动力的吸收能力。在许多发展中国家中，城市劳动力过剩已是一种普遍现象，而不受节制的人口流动即是其重要根源之一。

　　为了了解人口流动的原因、决定因素及其后果，我们下面就三种乡—城人口流动（rural-urban migration）模式作出述评。

第一节　刘易斯模式

　　第一个人口流动模式的提出者是诺贝尔经济学奖获得者、发展经济学先驱人物之一的刘易斯（Lewis，W. A.）。刘易斯认为，发展中国家一般存在着二元经济结构，即国民经济含有两种性质不同的结构或部门：一个是仅能满足糊口的、只能维持最低生活水平的、以土著方法进行生产的部门，这一部门以传统的农业为代表；一个是以现代化方法进行生产、劳动生产率和工资远比前一部门为高的城市工业部门。因此，刘易斯模式一般称为二元部门模式（dual-sector model）。农业部门的劳动力向城市工业部门流动，为城市工业部门扩大生产所需要的劳动力供给和资本积累提供了丰富的源泉。刘易斯模式还界定城市工业是资本主义部门，以传统农业为代表的部门是非资本主义部门。

一、无限劳动供给

　　刘易斯在 1954 年发表的一篇论文中提出了他的模式，论文的标题是《无限劳动供给下的经济发展》。可见，他的经济发展模式有一个前提条件，即无限剩余劳动供给。无限剩余劳动供给是指城市现代工业部门在现行的一个工资水平上能够得到所需的任何数量的劳动供给，也就是说，在现行的工资水平上，现代工业部门的劳动供给是无限的，是具有完全弹性的。

发展中国家一般具有资本非常稀缺、土地相对有限以及人口增长快速等特点，这些特点必然影响着传统农业。由于资本投入不足而劳动力十分丰富，在有限的土地上进行农耕，农业劳动生产率必然很低，甚至持续下降，以致农业劳动力的边际生产率降低到零，甚至成为负数，这些劳动事实上是剩余劳动，也就是说，一部分农业劳动力对生产毫无贡献，甚至他们的参加反而妨碍别人的劳动。于是，农业劳动力的收入水平非常低下，一般只能维持劳动者本人和家庭最低限度的生活水平，因为农业劳动的边际生产率为零甚至为负数，相当一部分农业劳动者所得到的最低限度的收入，不是来自"分配"（distribute），而是来自"分享"（share）。

刘易斯进一步指出，发展中国家农业维持最低限度生活水平的收入对现代工业部门的工资水平产生了影响，它决定了后者的限界。工业部门工资水平不可能低于农业劳动者的收入水平，因为现代工业部门不可能出现劳动边际生产率低到等于零甚至负数的情况，但工业部门的工资水平也不会比农业劳动者的收入水平高很多，否则流入城市的农业劳动力会大大超过工业部门所能提供的就业机会，结果，工资水平自然下降。据刘易斯估计，城市工业部门工资水平约比农业部门收入水平高出30％。他认为这样大小的差距是必要的，因为，第一，城市生活费用较高，如公用事业的费用在农村一般是不支付的。第二，农村劳动力进入城市后，生活方式有很大的改变，昔日自由散漫的田园生活和工作环境已成过去，而城市生活是高节奏的，工业劳动是受纪律约束的，对新的环境心理上难以适应，需要一些收入来弥补这种心理成本。第三，为了吸引农村劳动力流入城市，需要有一部分额外净收入作为刺激因素。第四，城市工业部门一般有工会组织，工会力量一般促使工资水平提高。

由于城市工业部门的工资水平高于农业劳动者的收入水平，农业劳动者如果不受干涉自然会有向城市流动的倾向，因而工业部门得到来自农村的劳动力的源源供给。由于农业人口在发展中国家人口中占最大比重，边际劳动生产率极为低下，接近于零甚至成为负数的状况将在一定时期内不会消失，因而农业中的大量剩余劳动力将继续存在。现代工业部门如果要扩大生产规模，它就可以按现行工业部门工资水平不断地雇到所需的劳动力，也就是说，它的劳动供给是无限的。刘易斯还认为，无限供给的劳动还应包括城市非现代工业部门的劳动者所提供的劳动。城市非现代工业部门的劳动者是指临时工、小商贩等等。此外，发展中国家的妇女中有相当大一部分处于无业状态，她们也构成无限劳动供给的后备人员。但是，农业部门以外的劳动供给数量较小，工业部门的无限劳动供给的主要源泉是农业部门。

二、剩余劳动的流动

剩余劳动由农业部门向现代工业部门流动或转移过程，可由图 5-1 说明。

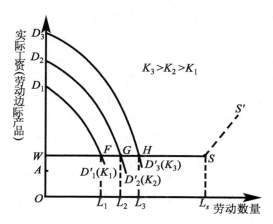

图 5-1 农业剩余劳动转移与工业增长

图 5-1 中，横轴表示劳动数量，纵轴表示实际工资或劳动边际产品，OA 表示农业部门维持最低生活水平的实际收入水平，OW 表示工业部门的实际工资水平。在 OW 工资水平下，来自农村的劳动供给是无限的、完全有弹性的，可以用 WS 线表示劳动供给曲线。假定工业部门在未扩大的初始阶段资本固定为 K_1，当资本固定为 K_1 而逐渐增加劳动的投入时，按照报酬渐减规律，劳动边际生产率将逐步降低，劳动边际生产率曲线 $D_1D'_1$ 为左上方向右下方倾斜的曲线。它也是对劳动的需求曲线。根据利润最大化的决策原则，工业部门将雇用工人直到劳动边际产品与工业实际工资相等时为止，也就是劳动供给曲线 WS 与劳动需求曲线 $D_1D'_1$ 相交之点 F 将是均衡点，此时，雇用的劳动数量为 OL_1。工业部门的总产量为 OD_1FL_1 围出的面积，付出的工资总量为矩形 $OWFL_1$，剩余产出即利润量为 D_1FW。利润可以再投资而形成资本，资本量将由 K_1 增加为 K_2。

资本量投入增加后，劳动边际生产率将提高，于是，劳动边际产品曲线即劳动需求曲线 $D_1D'_1$ 向右上方位移为 $D_2D'_2$，劳动供给曲线 WS 与新的劳动需求曲线相交之点 G 将是新的均衡点。此时，雇用的劳动数量为 OL_2。工业部门的总产量扩大为 OD_2GL_2，付出的工资总量为 $OWGL_2$，剩余产出即利润量为 D_2GW。利润又可以再投资而形成资本，资本量将由 K_2 增大为 K_3。投入资本量再度增大后，劳动边际生产率又进一步提高，工业部门再扩大劳动雇用量至 OL_3。

如此循环往复：资本量增大，劳动生产率提高，劳动力流向工业部门的规模扩大，工业利润增加；资本量进一步增大，劳动生产率进一步提高，劳动力流向工业部门的规模进一步扩大，工业利润进一步增加……这一过程一直可以进行到农业部门的剩余劳动全部流动到工业部门为止。刘易斯认为，当剩余劳动消失后，农业的劳动边际生产率将要提高，农业劳动者的收入也随之提高。此时，工业部门要想得到更多的农业劳动力，就不得不提高工资水平，以与农业部门相竞争，再不能得到无限剩余劳动的供给。如图 5-1 所示，剩余劳动量为 OL_s，超过 OL_s，劳动供给将不再是一条与横轴平行的直线，而将向右上方上升，成为 SS' 虚线。

刘易斯把发展中国家的经济发展分为两个阶段：第一个阶段为无限的劳动供给阶段，如图 5-1 中的劳动供给曲线的水平部分所示。在这个阶段中，资本是稀缺的，劳动是丰富的，资本积累所产生的剩余全部归资本家所有。当资本赶上了劳动供给时，经济就进入了第二个发展阶段（如图 5-1 中上升的劳动供给曲线所示），古典经济学就不再适用了，经济进入了新古典经济学的世界，此时，所有的生产要素都是稀缺的，也就是说，它们的供给是弹性小或无弹性的。当资本积累进行时，工资不再不变，技术变革的利益不会完全归于利润，利润额不一定总是增加。刘易斯认为，当今发展中国家还处在第一阶段。

刘易斯所说的古典经济学主要是指以斯密和李嘉图为代表的古典政治经济学。这一学说的特点是，劳动供给被认为是无限的，工资水平是固定的且以维持工人生存为限，经济增长的利益全部归于资本家。他所说的新古典经济学是指以马歇尔为代表的现代微观经济学。这一学说的特点是，包括劳动在内的所有要素都是稀缺的，工资水平是可变的，经济增长的利益在资本家和工人之间分配。可以看出，属于结构主义理论的刘易斯模式含有古典经济学传统。

刘易斯无限剩余劳动供给的人口流动模式的要点及其含义可归纳如下：

第一，发展中国家一般存在着二元经济结构：一元是只能维持最低生活水平的，以土著方法进行生产的，含有大量剩余劳动力的农业部门；另一元是以现代化方法进行生产的城市工业部门，它的劳动生产率和工资水平都比农业部门的劳动生产率和收入水平高。

第二，工业工资水平高于农业劳动者收入水平是促使农业剩余劳动流向工业部门的动因。

第三，只要农业存在着剩余劳动，工业就可以得到无限劳动供给，并在工资不变的条件下，扩大生产，积累利润，再扩大生产。

第四，农业剩余劳动被工业吸收罄尽之后，劳动生产率将逐步提高，收入水平也将逐步提高，对工业来说，劳动供给将变得有弹性。

第五，模式把经济增长过程和劳动力转移过程有机地结合在一起，这是建立在发达国家历史经验的基础之上的，对当今发展中国家制定经济发展战略有一定的借鉴意义。

第六，模式中所说的农业部门也就是乡村部门（rural sector），所说的工业部门也就是城市部门（urban sector）。可见，模式是把工业化和城市化密切地结合在一起的，也就是把劳动力的职业转换和人口的地域迁移看成统一的或同步进行的过程。

第七，模式把工业化和资本积累有机地结合在一起考察，集中地反映了第一阶段发展经济学基本思路的特点，即强调工业化，强调资本积累的特点，或"唯工业论"、"唯资本论"的特点。

三、对刘易斯模式的评议

刘易斯模式对经济发展理论有很大的影响，刘易斯在建立这一模式后的初期，受到了很多发展经济学家的赞扬：第一，模式所说的二元结构，大体上符合许多发展中国家的经济特点，与哈罗德-多马模式之类的总量发展分析相比，更接近发展中国家的现实。第二，刘易斯模式把经济增长和人口流动联系起来观察落后国家的经济发展，其过程与发达国家曾经走过的道路有一致之处，因

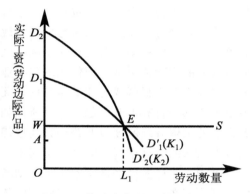

图 5-2　资本密集的生产扩大

而模式具有一定的历史经验基础。第三，刘易斯模式的重点在工业的扩大，但也提到剩余劳动力的消失将逐渐促进农业的进步。这一点，体现了刘易斯并不只偏重工业化而忽视农业进步的思想。在提出此模式之后 30 年的一篇回顾性论文中，他说，在工业支持者和农业支持者争论不休的 20 世纪 50 年代，他对两者都支持。

但是，刘易斯模式在建立之后也受到了种种批评，主要的意见如下。

第一，刘易斯模式暗含地假定，现代工业部门的劳动转移率和就业创造率与这个部门的资本积累率成正比例的关系而增加：资本积累率越高，生产规模越扩大，新工作创造率就越高，从而使劳动转移率就随之上升。但是，这种情况的出现必须有一个前提条件，即生产技术不变，投入要素比例不变，按照原来的生产技术、原来的投入要素比例，扩大投资，扩大生产规模，而事实上这个前提条件是不一定有的。现代工业部门在资本投入量增加、生产规模扩大时，会越来越倾向于资本密集型技术的采用，结果现代工业部门虽然扩展了，但创造的就业机会并不同步增长，这种情况可由图5-2说明。

由图 5-2 可见，由于扩大的资本（K_1 增加为 K_2）投放在技术先进而节约劳动的生产（即资本密集的生产）部门，新的劳动需求曲线 D_2D_2' 不是位于旧的劳动需求曲线 D_1D_1' 的右上方，而是与它相交于 E 点，这是因为节约劳动的先进技

术提高了劳动生产率，从而使 $D_2D'_2$ 的斜率比 $D_1D'_1$ 的斜率大。从图 5-2 也可以看出，尽管总产出大大增加（OD_2EL_1 的面积比 OD_1EL_1 的面积要大许多），但工资总额（$OWEL_1$）和就业量（OL_1）却并无改变。

第二，刘易斯模式又暗含地假定，农村有剩余劳动，城市不存在失业。这一假定也不一定符合发展中国家的实际情况。在不少发展中国家中，农村虽然有季节性失业和地区性失业现象，但剩余劳动的存在并不普遍。至于城市，则失业问题一般是很严重的，失业者有的在非正规部门做一点临时性工作，有的则完全无工作可做。这种情况后来也得到了刘易斯的承认。他说，城市不可能为农村的人口自然增长提供就业机会，而且妇女也在离开家庭寻找有报酬的工作，更促使失业者增加。

第三，刘易斯模式又暗含地假定，现代工业部门存在一个竞争的劳动市场，在竞争条件下，农村剩余劳动被完全吸收之前，城市工业实际工资将保持不变。但发展中国家的实际情况是，即使在现代工业部门的公开失业水平不断上升，农村中的劳动边际生产率很低或为零的时期内，无论就绝对量或相对于农村平均收入而言，城市工资都一直有上升的趋向。其所以如此，是因为工会组织的讨价还价能力，公务人员的工资升级制度以及跨国公司雇用人员的惯例等这些制度上的因素很容易使发展中国家的劳动市场上竞争力量起不了什么作用。

第四，一些发展经济学家指出，刘易斯模式中所说的无限剩余劳动供给在现实中不可能存在。他们说，发展中国家的传统农业部门虽然生产率低，但资源配置是有效率的，不可能存在零值边际生产率的剩余劳动，因此也就不可能存在对现代工业部门的无限劳动供给。当农业部门一部分劳动流向现代工业部门后，农业产出将减少。对这种批评，刘易斯后来作了辩解，他说，他所谓的劳动边际生产率为零不是指"一个人时"（a man hour）的边际生产率，而是指"一个人"（a man）的边际生产率。当农业部门流出一部分劳动力后，余下的劳动力会通过增加劳动时间来保持总产出不变，而且他的模式的建立并不依赖于零值劳动边际生产率，模式要求的只是在现行工资水平上，工业部门的劳动供给大于劳动需求。在发展中国家中，由于资本主义工资大大高于非资本主义收入，由于人口迅速增长，劳动供给大于需求的状况是存在的，因而他的模式并不是背离实际的。

第五，刘易斯模式的重点是现代工业部门的扩张，在经济发展过程中，居于主动、积极方面的是现代工业部门。尽管刘易斯也看到，在剩余劳动消失之后，农业的劳动生产率将提高，农业劳动者的收入将上升，因而农业将走向进步，但是，在剩余劳动消失之前，在刘易斯看来，农业不过是一个向现代工业部门输送劳动力的被动而消极的部门，也就是说，只要存在着现行农业劳动者收入低于工业工资水平，现代工业部门的扩张就可以持续进行下去，而不管农业是否发展。一些发展经济学家批评说，这种推理是不符合实际的。在农业中，必定有一部分劳动力的边际生产率大于零而小于他们所获得的平均收入，照刘易斯的观点看来，这一部分劳动力属于无限劳动供给之列，因为他们的收入低于工业工资。但是，当这部分劳动力转移到工业部门后，在农业生产率不变的情况下，农业总产出必然减少，因而给工业部门提供的粮食也随之减少，这就会引起粮价上涨，工业工资水平也要相应提高，以致利润下降，工业扩张减速直至停止。对于这一批评，刘易斯后来表示接受，承认农业停滞阻碍了工业的发展，转而强调农业发展在工业化过程中的重要地位。

第二节　拉尼斯-费模式

拉尼斯（Ranis，G.）和费景汉（Fei，J.）两人在刘易斯模式的基础上，提出了他们的人口流动模式。他们认为，刘易斯模式有两个缺点：第一，没有足够重视农业在促进工业增长中的重要性；第二，没有注意到农业由于生产率提高而出现剩余产品应该是农业中的劳动力向工业流动的先决条件。他们对这两个问题作了分析，从而发展了刘易斯模式。

由于这两个模式有一脉相承的关系，现在，人们把它们合称为刘易斯-费-拉尼斯模式（Lewis-Fei-Ranis Model）。

一、拉尼斯-费模式的基本内容

（一）农业部门劳动流入工业部门

刘易斯模式只描述了现代工业部门的扩展过程，而对农业的进步问题只是一带而过，没有作出分析。拉尼斯-费模式则把两个部门的发展联系起来加以说明，如图 5-3（a）、图 5-3（b）和图 5-3（c）所示。

图 5-3（a）表示现代工业部门的扩展情况。横轴 OW 表示工业劳动量，纵轴 OP 表示劳动边际生产率和实际工资。在初始阶段的劳动边际生产率曲线即劳动需求曲线 df 与劳动供给曲线相交于 P。劳动供给曲线由两部分构成，水平部分的 SP 和上升部分的 PS'，P 为转折点，P 点之前显示劳动供给无限，P 点之后显示劳动供给出现弹性。当劳动需求曲线为 df 时，劳动雇用量为 OG'。由于产出剩余转化为利润并形成资本，加上工业创新和劳动偏好增强，劳动边际生产率将逐渐提高，劳动需求曲线将位移到 $d'f'$、$d''f''$ 等的新位置，劳动雇用量也逐渐增加为 OD'、Of' 等。可以看出，拉尼斯-费模式关于现代工业部门扩张的分析与刘易斯模式是基本一致的。

图 5-3（b）和图 5-3（c）表示农业部门的变化。在图 5-3（b）中，原点在右上角，横轴 OA 由右向左表示农业劳动量，纵轴 OB 由上向下表示农业总产出。$ORCX$ 为农业部门总产出曲线。可以看出，这条曲线由两个形状不同的部分组成：ORC 是凹面向上的，表示随农业劳动的增加，边际生产率渐减；CX 是水平的，

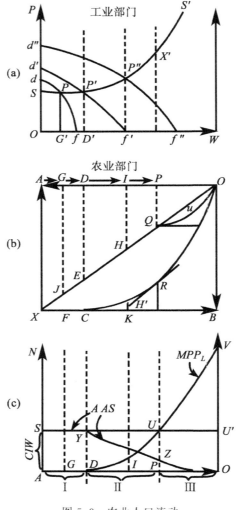

图 5-3　农业人口流动

表示劳动增加，但边际生产率等于零。因此，AD 量的农业劳动不生产任何农产品，把这部分劳动从农业中抽出，对农业产出量丝毫无损。拉尼斯和费景汉把体现这部分劳动的农业劳动者称为"多余劳动力"（redundant labor force）。他们又假设农业的总劳动量为 OA，而农业总产出量为 AX，于是农业劳动的平均产出（收入）为 AX/OA。只要农业部门存在着剩余劳动，其边际生产率就低于平均产出（收入）。农业劳动获得平均产出（收入）是合理的，因为低于这个水平农业劳动者就无法维持最低水平的生活。拉尼斯和费景汉称这个收入水平为不变制度工资

(constant institutional wage)，因为它是由习惯、道德等制度上的因素决定的，而不是由市场机制的竞争力量所决定的。在图 5-3（b）中，不变制度工资由 OX 线的斜率（即 AX/OA）表示。在 $ORCX$ 线上，可以找到一点 R，其切线与 OX 平行，R 点表示的边际劳动产品与平均收入相等，此时投入的农业劳动量为 OP，拉尼斯和费景汉把体现 P 点以后的 PA 劳动量的农业劳动力称为"伪装失业者"（the disguised unemployed），因为他们的劳动边际产品将低于不变制度工资。伪装失业者包括两个部分：一部分为体现 DA 这部分劳动的农业劳动力，也就是前述的多余劳动力，DA 部分劳动的边际生产率为零；一部分为体现 PD 这部分劳动的农业劳动力，PD 部分劳动的边际产品大于零但小于不变制度工资。在拉尼斯和费景汉看来，多余的劳动力是一个技术现象，它决定于生产函数，而伪装失业者是一个经济概念，它决定于工资水平。

　　在图 5-3（c）中，伪装失业者、多余劳动力以及不变制度工资等概念得到进一步说明。需要注意，图 5-3（c）的原点设在右下方，横轴 OA 自右至左表示农业劳动量，纵轴 OV 由下至上表示农业劳动边际产品和平均产品，$VUDA$ 曲线为劳动边际产品曲线，它由两部分构成，负斜率部分 VUD 和水平部分 DA。$VUDA$ 所反映的情况与图 5-3（b）中 $ORCX$（总产出曲线）所反映的情况是一致的，即当农业劳动量逐渐增加时，边际生产率递减，总产出以递减的速率增加，但当农业劳动量增加到 D 点以后，边际生产率为零，总产出不再增加。在图 5-3（c）中，SU' 为不变制度工资曲线。可以理解，这条线与横轴的距离（即不变制度工资的高度）等于图 5-3（b）中 OX 线的斜率，即农业劳动平均产品。拉尼斯和费景汉把农业劳动的流动过程分为三个阶段：第一阶段是边际生产率等于零的那部分劳动（由 DA 线段表示）的流出，这部分劳动是多余的；第二阶段是边际生产率大于零但小于不变制度工资的那部分劳动（由 PD 线段表示）的流出，流出的两个部分之和（PD 加 DA）为 PA，它是农业中伪装失业者的劳动；第三阶段是前两部分劳动流出后余留下来的劳动的动向，这部分劳动的边际产品在价值上大于不变制度工资，于是要吸引余留下来的劳动的任何部分离开农业，必须按照其边际产品的价值，即高于不变制度工资水平而给予报酬，而且要吸引更多的劳动继续离开农业，付出的报酬必须继续提高，此时，农业劳动力已变成竞争市场的商品，如拉尼斯和费景汉所说，农业部门已商品化了。总之，农业劳动的流出经过第一、二两阶段后，一旦进入第三阶段，工资水平就由市场力量决定，而不再由制度因素决定，SU' 线从 U 点开始向右上方上升成为 SUV 曲线，它就是农业劳动对工业部门的供给价格曲线。这条曲线显示对第一工资水平从农业部门可以释放出来的劳动数量，例如，在 AS（$=OU'$）水平上，可以释放出 PA 数量劳动转移到非农业部门中去。

　　（二）农业剩余对人口流动的作用

　　拉尼斯和费景汉认为，如果没有农业剩余，农业劳动流向工业部门是不可能的。拉尼斯和费景汉把农业总产出减去农民消费的余数称为农业总剩余（total agricultural surplus），它是提供给工业部门消费的。从图 5-3（b）可以看出，如果 GA 劳动量流入工业部门，农业总产出 GF 减去农业部门自身消费 GJ，其差额 FJ 即是农业总剩余。在农业生产率不变的条件下，农业总剩余与流出的农业劳动量有密切关系。图 5-3（b）显示，农业总剩余等于 OX 线与 ORCX 线之间的垂直距离，如农业流出劳动量为 GA 时，农业总剩余为 FJ，农业流出劳动量为 DA 时，农业总剩余为 CE，其余可以类推。但是，这是第一、二两阶段的情况。当农业劳动流动进入第三阶段，即 PA 量的劳动全部流出以后，由于按边际劳动生产率决定的工资高于不变制度工资，农业总剩余将小于 OX 直线与 ORCX 曲线的垂直距离，即是设定的 OuQ 曲线与 ORCX 曲线之间的垂直距离。

以流出的农业劳动除农业总剩余得出农业平均剩余（average agricultural surplus），例如，从农业部门流入工业部门的劳动量为 GA，农业总剩余为 FJ，则农业平均剩余等于 FJ/GA。由此，可以在图 5-3（c）中，得出 SYO 曲线，表示农业平均剩余。例如，当流出劳动量为 DA 时，农业平均剩余为 YD。从图 5-3（c）可以看出农业平均剩余在三个阶段的变化情况。在第一阶段，劳动边际生产率为零，任何劳动量的流失，不会使农业总产出减少，因此农业平均剩余与不变制度工资相等，在图中表现为在 SY 线段农业平均剩余曲线与不变制度工资线相重合。进入第二阶段后，由于劳动边际生产率为正数，当劳动流出时，农业总产出就会减少，而农民的消费不变，于是农业平均剩余就低于不变制度工资，在图中表现为农业平均剩余曲线的 YO 部分在不变制度工资线的 YU 部分的下方。进入第三阶段后，农业劳动边际产出的价值越来越高于不变制度工资，农业消费也提高了，结果，农业平均剩余将更快地下降，在图 5-3（c）中表现为农业平均剩余曲线 ZO 部分与不变制度工资线 UU′ 部分相距更远。

拉尼斯和费景汉认为，农业剩余对工业部门的扩张和农业劳动的流动具有决定性意义，因为农业剩余影响工业部门的工资水平，并进而影响工业部门的扩张速度和农业劳动流出速度。在第一阶段，农业平均剩余等于不变制度工资，因而农业多余劳动流入工业部门不会产生粮食短缺问题，由此并不会影响工业部门的现行工资水平。如图 5-3（a）显示，劳动供给曲线在第一阶段是水平的，它与横轴的距离 OS 即工业部门工资水平，与农业部门的不变制度工资 AS 相等。在第二阶段，农业平均剩余低于不变制度工资，结果，提供给工业部门消费的粮食不足以按不变制度工资满足工人的需要，于是，粮食价格上涨，工业工资不能不随之提高。因此，劳动供给曲线在第二阶段转为上升，如 P′X′ 所示。拉尼斯和费景汉把第一阶段和第二阶段的交界处（图 5-3（c）中的 D 点）称为短缺点（shortage point）。它表明，当农业劳动流出量超过这一点时，农业平均剩余将降到不变制度工资以下，将出现粮食短缺。在伪装失业者的劳动全部流入工业部门以后，就进入第三阶段，也就是商业化阶段。拉尼斯和费景汉把第二阶段和第三阶段的交界处（图5-3（c）中的 P 点）称为商业化点（commercialization point）。过此点后，工业部门要吸引更多的农业劳动，就必须把工资提高到至少等于农业劳动边际产品的价值，劳动供给曲线迅速向右上方升起，如图5-3（a）中 $X'S'$ 所示。

拉尼斯和费景汉从上述分析得到结论：发展中国家经济发展的关键就在于如何把农业部门的伪装失业者全部流动到工业部门去。在第一阶段中，由于农业总产出不会因农业劳动的减少而减少，粮食短缺现象不会出现，因而农业劳动流出不会受到阻碍。进入第二阶段后，农业总产出因农业劳动的减少而减少，因而粮食短缺将引起粮食价格和工业部门工资的上涨。农业劳动流出越多，粮食价格越高，工业部门工资越上涨，工业部门劳动供给曲线弹性越小。结果，在伪装失业者全部流入工业部门之前，也就是在农业商业化阶段到来之前，农业劳动的流出已遭受阻碍，工业部门的扩张会停止下来。因此，困难在于第三阶段中出现的矛盾，即扩张的工业部门与停滞的农业部门的平行存在。如果在农业劳动流出的过程中，农业生产率的提高足以使农业平均剩余不致降低，从而一方面使农业劳动的流出和工业部门的扩张不受阻碍，另一方面使农业可以早日改变停滞状况，出现农业发展与工业发展平衡进行的局面。如拉尼斯和费景汉所说，短缺点向后移，商业化点向前移，最终两点重合成为所谓的"转折点"（turning point）。

（三）农业生产率的增加与两部门平衡增长

农业生产率的增加可以用图5-4来说明。在图5-4（b）中，初始的总生产率曲线是 OCX（图5-3（b）中的 $ORCX$）。当农业生产率提高时，总产品曲线向外移到 OC_1X_1、OC_2X_2 等位置。在图5-4（c）中，劳动边际生产率曲线相应地从最初的 $AS_1t'_1$ 向上移到 $AS_1t'_2$，$AS_1t'_3$ 等位置，其中水平部分 AS_1 为所有劳动边际生产率共同的部分，表明农业的多余劳动在生产率提高时仍然不减少。

拉尼斯-费模式提出了制度工资不变的假定，因此，图5-4（c）中的 AS 仍然等于图5-4（b）中 OX 线的斜率。这样，农业劳动供给价格曲线就从初始的 $AS_1t'_1$（图5-3（c）中的 SUV）向左移到 $AS_2t'_2$，$AS_3t'_3$ 等位置，其中每一条曲线包含一个水平部分，表明存在剩余劳动时，制度工资是不变的。与此同时，商业化点也从初始的 R_1（图5-3（c）中的 P）向左移到 R_2、R_3 等位置。另外，由于农业总生产率增加了，而假定制度工资不变，于是，农业剩余更多，从而使平均农业剩余曲线随农业生产率提高而从原始的 Sf_1O（图5-3（c）中的 SYO）向上移到 Hf_2O、Gf_2O 等位置，与此相适应，短缺点也从最初的 S_1（图5-3（c）中的 D）向右移到 S_2、S_3 等位置。

可见，当农业生产率持续增加时，商业化点逐渐向左移动，而短缺点逐渐向右移动，它们的距离越来越近，最后，短缺点与商业化点重合起来，第二个阶段消失，如图5-4（c）中的 $S_3 = R_3$ 所示。拉尼斯和费景汉称这个重合点为转折点

（turning point）。他们认为，只要农业生产率增加，总会存在一个生产率水平（如图 5-4（b）中的 OC_2X_2），使得转折点能够达到。

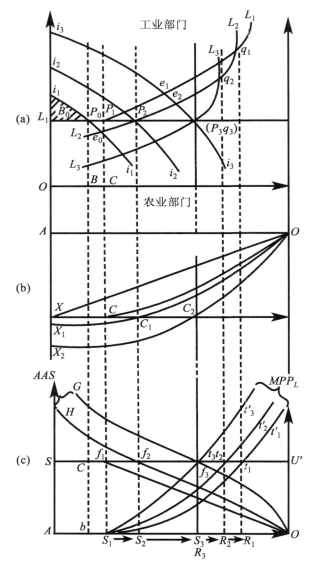

图 5-4　农业生产率增加与两部门平衡增长

农业生产率的增加使农业剩余和边际生产率都增加，从而使工业部门的劳动供给曲线相应地发生变动。一方面，在商业化点之前，平均农业剩余曲线向上移动，使得工业劳动供给曲线向下移动，这是因为农业剩余的增加降低了粮食价格，以致降低了按工业产品计算的工业工资。另一方面，在商业化点之后，农业边际生产率曲线的向上移动使得工业劳动供给曲线上升。这是因为，在商业化点之后，农业劳动者的收入随边际生产率上升而上升，工业部门要想吸引更多农民参加工业生产，就必须支付比原来更高的工资。

关于农业生产率变化与工业劳动供给曲线变化之间的关系可以从图 5-4（a）说明。最初的劳动供给曲线为 L_1L_1（图 5-3（a）中的 SS），当农业总生产率曲线从 OCX 移到 OC_1X_1（图 5-4（b）所示），平均农业剩余曲线从 Sf_1O 向上移到 Hf_2O（图 5-4（c）所示），农业劳动边际生产率曲线从 $AS_1t'_1$ 向上移到 $AS_1t'_2$（图 5-4（c）所示）的时候，工业劳动供给曲线 L_1L_1 移到 L_2L_2（图 5-4（a）所示）。L_2L_2 在商业化点 R_1 左边位于 L_1L_1 的下方，在商业化点 R_1 右边位于 L_1L_1 的上方。在 R_1 上，两条供给曲线相交于 q_1，表明贸易条件效应（由于平均农业剩余上升）被实际工资效应（由于农业边际生产率上升）所抵消。

拉尼斯和费景汉认为，农业生产率的增长是保证工业部门扩张和劳动力顺利转移的必要条件。在一个停滞的农业中，农业的剩余劳动是不可能完全转移到工业部门中去的。但是，仅有农业生产率增长是不够的，要使劳动力转移不至于受到阻碍，还必须使农业生产率增长与工业生产率增长保持同步性，也就是说，两个部门必须平衡增长。

现在，结合图 5-4 来说明平衡增长问题。在图 5-4（a）中，把劳动供给曲线 L_1L_1 中的水平部分 L_1P_1 延长到转折点 P_3，便得到水平线 L_1P_3。拉尼斯和费景汉把它叫做平衡增长路径（balanced growth path），其意义是，在转折点之前，工业部门的劳动供给与需求必须沿着这条路径均衡地增长，才能保证劳动力转移顺利地进行到转折点。如上所述，农业生产率的增长使工业部门的劳动供给曲线向右下方移动（这里只论述转折点之前的情况），并且它们都必须在各自的短缺点上通过平衡增长路径。例如，L_2L_2 在 P_2 点与 L_1P_3 相交，交点 P_2 与短缺点 S_2（图 5-4（c）所示）相对应。工业生产率的增长使工业部门的劳动需求曲线向右上方移动。例如，在图 5-4（a）中，随着工业生产率的提高，劳动需求曲线从 i_1i_1 移到 i_2i_2、i_3i_3，等等。

现在的问题是，如何保证这两组向右移动的曲线在平衡增长路径上相交。换句话说，需要什么条件才能使工业部门的劳动供给与需求保持同步增长，拉尼斯和费景汉提出了一个平衡增长原则，这就是：两个部门生产率的相对变化必须使得两个部门长期地保持增长刺激，即每个部门的贸易条件都不能恶化，这就需要农业部门提供的农业剩余刚好能满足工业部门对农产品的需求。若前者大于后者，农业贸易条件就会恶化，因为粮食供给相对过剩，这就伤害了农业部门。若前者小于后者，工业贸易条件就会恶化，因为粮食供给变得相对短缺，这就损害了工业部门。

拉尼斯和费景汉指出，如果这个平衡增长原则得到了满足，那么，两个部门生产率的增长就会使工业部门劳动需求曲线和供给曲线同步地沿着平衡增长路径向右移动，直到转折点为止。例如，在图 5-4（a）中，新的劳动需求曲线 i_2i_2 和新的劳动供给曲线 L_2L_2 在平衡增长路径上的 P_2 处相交。在 P_2 上，工业部门吸收 P_0P_2 个额外的劳动力，它刚好等于农业部门释放出来的劳动力数目（图 5-4（c）中的 Cf_2 与图 5-4（a）中的 P_0P_2 相等）。

当平衡增长原则持续得到满足时，劳动力转移过程就会沿着平衡增长路径 L_1P_3 成功地进行到转折点 P_3，这时，农业的剩余劳动消失了，农业部门进入了商业化阶段，二元经济的发展就告结束。但是，拉尼斯和费景汉指出，发展中国家经济的实际增长过程很少严格地遵循上述的平衡增长路径，而常常是偏离它的。但是，这种偏离可以通过市场机制和政府政策回到平衡增长路径上来。结果，实际平衡增长路径可能会围绕着上述理想的平衡增长路径上下摆动。

二、对拉尼斯-费模式的评议

和刘易斯模式一样，拉尼斯-费模式以二元经济结构的存在为分析的出发点，后者对第二阶段的论证与前者的论证并无二致，但是，在第二、三阶段的分析中，拉尼斯和费景汉考察了刘易斯没有涉及的一些重要问题，因此，拉尼斯-费模式应当被看成是刘易斯模式的重大发展，概括起来，有下述三点：

首先，刘易斯模式虽然也提到农业剩余劳动流出以后，农业劳动边际生产率将要提高并由此而对农业产生影响，但是，刘易斯模式基本上对农业发展略而不论。在刘易斯看来，发展中国家的农业对经济发展的贡献只在于为工业部门的扩张提供所需的廉价劳动力，至于农业本身是否发展，在劳动流出的过程是无关紧要的。拉尼斯和费景汉认为，这种看法是不恰当的。他们认为，农业对经济发展不仅为工业部门的扩张输送所需的廉价劳动力，而且还为工业部门的扩张提供所需的农业剩余。如果没有农业剩余，工业扩张所必需的粮食就没有来源，农业劳动的流出就要受到阻碍。对农业剩余的详细分析，被很多发展经济学家认为是拉尼斯-费模式最重要的贡献，因为它在这方面正好弥补了刘易斯模式的弱点。

其次，刘易斯模式把资本积累看做是工业部门扩张的唯一源泉，而忽视了技术进步对经济发展的重大作用。刘易斯继承了某些传统理论的看法，把技术进步包含在资本积累之中，认为只有通过资本积累，技术进步才能得到体现，事实上，有些技术进步只需要增加劳动而不需要增加资本，或只需要少量资本，这种偏重于劳动密集型的技术进步在农业中是常见的。拉尼斯-费模式则把技术进步和资本积累都看成是工业扩张和经济发展的源泉，在模式中，拉尼斯和费景汉论证了创新对提高生产率的作用。

最后，关于刘易斯模式忽视技术进步这一点，从另一个角度看，刘易斯暗含地假定资本积累与劳动吸收是同步进行的，或者说，要素比例是固定不变的，技术进步是中性的。而事实上，工业在扩张过程中，要素比例会起变化，会革新技术而采用相对资本密集型的生产方法，以致就业岗位不能与资本积累同步增加，此点在评议刘易斯模式时已经指出。拉尼斯-费模式既然注意到技术进步对经济发展的作用，就自然把要素比例看成是变化的，因而在资本积累过程中有出现不利于劳动转移和就业增长的可能性。在这一点上，拉尼斯-费模式既纠正了刘易斯模式的缺点，又提醒了发展中国家的决策者在开发技术、引进技术时要防止偏重于资本密集型的倾向。

但是，拉尼斯-费模式也有其缺陷，其中一些是与刘易斯模式共有的。

首先，和刘易斯模式一样，拉尼斯-费模式也假定农业部门存在着剩余劳动，而城市则充分就业，这是不符合发展中国家的实际情况的。

其次，和刘易斯模式一样，拉尼斯-费模式也假定在剩余农业劳动被吸收罄尽之前，工业部门工资水平一直保持不动。但许多发展中国家的实际情况是，即使公开失业在增加，工业部门工资无论就绝对水平而言，或相对于农业劳动者收入水平而言，都在上升。

最后，拉尼斯-费模式假定，随着农业生产率的提高，第一、二两阶段的农业劳动者的收入水平不变，这也不符合许多发展中国家的实际情况。

第三节　托达罗模式

20 世纪 60 年代和 70 年代之交，美国发展经济学家托达罗（Todaro，M.）发表了一系列论文，阐述他的人口流动模式。他的模式的出发点是发展中国家存在着普遍失业，而人口是在普遍失业这一条件下流动的。由此，可以看出托达罗模式的特点。

一、托达罗模式的基本内容

托达罗认为，从西欧和美国的经验看来，劳动力从农村流向城市，即是经济发展的一个重要标志。劳动力从传统农业中释放出来，重新配置到城市生产部门，使城乡生产有明显的分工，促进了工业化，也促进了城市化。在这些国家，城市化和工业化成为同义语。刘易斯、费景汉和拉尼斯以这种历史经验为蓝图，建立了他们的人口流动模式，自认为可以说明发展中国家的劳动力转移过程和经济发展情况。但是，20 世纪 60 年代的大量事实证明，许多发展中国家中，尽管城市中的失业和就业不足的现象在不断地加剧，仍有大量的农村劳动力源源流入城市。这种情况表明，以发达国家的旧经验为基础的刘易斯-费-拉尼斯模式，对发展中国家的实用性是不大的。托达罗说，要建立一种符合发展中国家现实的人口流动模式，必须对农村人口流入城市和城市失业同步增长的矛盾现象，作出合理的解释。从这点出发，托达罗提出了他的模式。

按照托达罗模式，人口流动基本上是一种经济现象，是一种合乎理性的经济行为。尽管城市中存在失业，流入城市的人们还是可以作出合理决策的，他们所关心的，与其说是城乡现实的收入差异，不如说是城乡预期的收入差异。无论是已经开始流动的人口，还是准备流动的人口，都在把农村的现实收入与如果移入城市后能找到工作机会的预期收入作出比较，以决定其择业。总之，影响他们预期的是两个因素：城乡实际工资的差异估计有多大，在城市求得工作机会的可能性估计有多大。

托达罗在分析人口流动的动机时，特别强调预期因素，因为发展中国家的城市中并未实现充分就业，农村劳动者如果只从现实的城乡收入差异出发，贸然决定向城市迁移，进入城市劳动力市场，结果可能是，他们或者根本找不到工作而沦为失业者，或者只能在城市中传统的、非正式的部门谋求临时的或非全日的工作。因此，他们在比较城乡现实工资的同时，还须考虑进入城市后有多大风险会在相当长期内处于失业或就业不足的状态。假设某一个农村劳动者，做农业劳动的实际收入为 50 货币单位，凭借他的文化水平和劳动熟练程度，进入城市后找到收入为 100 货币单位的工作，则城乡的现实收入差异为 50 货币单位。但是，如果进入城市后一年找到工作机会的概率只有 20%，则这个农村劳动者预期一年内的城市收入只有 20（$100 \times 20\%$）货币单位，而不是 100 货币单位。因此，从一年的估算看来，他流入城市不是合理行为，因为预期的城市收入小于现实的农村收入（20<50）。如果进入城市后一年之内找到工作机会的概率超过 50%，例如是 60%，则一年之内预期的城市收入是 60（$100 \times 60\%$）货币单位，比他在农村的现实收入多 10 货币单位。在这种情况下，尽管城市的失业和就业不足现象已相当严重，这个农村劳动者仍然会试试运气，作出进入城市的决策。

托达罗说，发展中国家从农村进入城市的人口，大部分是 15 岁到 24 岁的青少年，他们对城市工作机会的估计，时间自然要放长远一些。因此，这些年轻的移民们，尽管看到进城初期找到工作机会希望不大，但考虑到城市中住长一点，社会接触面渐渐扩大起来，就业的可能性会渐渐增加，他们就会认为由农村进入城市是合理的行为。总之，只要未来的预期城市收入的现值看起来要大于未来的预期农村收入的现值，人们就会由农村向城市流动。

归结起来，托达罗人口流动模式的基本思想有下述几点：

第一，促使人口流动的基本力量，是比较收益与成本的理性的经济考虑，这种考虑还包含心理因素。

第二，使人们作出流入城市决策的，是预期的而不是现实的城乡收入差异。所谓预期的收入差异，包含两个因素：一是收入水平，二是就业概率。如果城市收入为农村收入的 1 倍，只要城市失业率不超过 50％，农村劳动力就会不断向城市流动。

第三，农村劳动力获得城市工作机会的概率，与城市失业率成反比。

第四，人口流动率超过城市工作机会的增长率，不仅是可能的，而且是合理的，在城乡预期收入差异很大的条件下，情况必然是如此。在许多发展中国家，城市高失业率是城乡经济发展不平衡和经济机会不均等的必然结果。

二、托达罗人口流动行为模式

托达罗假定农业劳动者迁入城市的动机主要决定于城乡预期收入差异，差异越大，流入城市的人口越多。这种关系可以表示如下

$$M = f(d) \quad f' > 0$$

在这个公式中，M 表示人口从农村迁入城市的数目，d 表示城乡预期收入差异，$f' > 0$ 表示人口流动是预期收入差异的增函数。

按照托达罗的观点，农业部门预期收入即等于未来某年的实际收入，但现代工业部门的预期收入则等于未来某年的预期实际收入与就业概率的乘积。这样，城乡预期收入差异可以表示如下

$$d = w \cdot \pi - r$$

在这里，w 表示城市实际工资率，r 表示农村平均实际收入，π 表示就业概率。假若城市不存在失业，迁移者一迁入城市就可以找到工作，就业概率 π 就等于 1。这时，劳动者迁移的动机就决定于城乡实际收入差异，这就与刘易斯、拉尼斯-费模式的假定一致了。

托达罗认为，在任一时期，迁移者在城市现代部门找到工作的概率取决于两个因素，即现代部门新创造的就业机会和城市失业人数。就业概率与前一个因素成正比，与后一个因素成反比，用公式表示为

$$\pi = \frac{\gamma N}{S - N}$$

在这个公式中，γ 表示现代部门工作岗位创造率，N 表示现代部门总就业人数，S 表示城市地区总劳动力规模。于是，γ 和 N 的乘积表示现代部门在某一时期创造的工作岗位，S 与 N 之差表示城市失业人数。

托达罗进一步指出，现代部门工作岗位创造率等于工业产出增长率减去现代部门的劳动生产率增长率，即

$$\gamma = \lambda - \rho$$

在这里，λ 表示工业产出增长率，ρ 表示劳动生产率增长率。

以上建立的人口流动行为模式是指一个阶段（譬如一年）而言的。由于绝大多数迁移者是 15～24 岁的青少年，因此，事实上，迁移者往往要等好几年时间才能

在现代部门找到工作。这样，为了更加接近现实，人口流动行为模式应该建立在较长的时间范围基础上。设 $V(0)$ 代表迁移者计划期内预期城乡收入差异的净贴现值，$Y_u(t)$、$Y_r(t)$ 分别代表 t 期城市和乡村的实际工资率，n 表示计划范围内的时期数，r 表示贴现率，托达罗把它解释为反映迁移者的时间偏好程度。于是，一个迁移者在现代部门找到工作以前的 n 期净收入贴现值公式可以表示如下

$$V(0) = \int_{t=0}^{n} [p(t)Y_u(t) - Y_r(t)]e^{-rt}dt - C(0)$$

在这个贴现值公式中，$C(0)$ 表示迁移成本（如搬迁费等），$p(t)$ 表示一个迁移者在 t 期中在现代部门获得工作的概率。这里必须注意，$p(t)$ 与以上所说的 π 是不同的，但有联系。以上所说的 π 是指一个迁移者作为现有失业大军中的一员在某一个特定时期被现代部门作为随机挑选而雇用的概率，而 $p(t)$ 表示 t 期一个迁移者累加的就业概率。它们之间的关系可以描述如下。

一个迁移者第一个时期获得工作的概率等于这个时期被现代部门选雇的概率，即

$$p(1) = \pi(1)$$

第二个时期获得工作的概率等于第一个时期被现代部门雇用的概率加上第二个时期被雇用的概率与第一个时期未被选雇的概率之乘积，用公式表示为

$$p(2) = \pi(1) + [1 - \pi(1)]\pi(2)$$

依此类推，这个迁移者在 t 期的就业概率为

$$p(t) = p(t-1) + [1 - p(t-1)]\pi(t)$$

把等式右边都用一个时期被选聘的概率来表示，则有

$$p(t) = \pi(1) + \sum_{i=2}^{t} \pi(i) \sum_{j=1}^{i-1} (1 - \pi(j))$$

在这里

$$\prod_{i=1}^{n} a_i = a_1 \cdot a_2 \cdot a_3 \cdot a_4 \cdots a_{n-1} \cdot a_n$$

从以上就业概率公式中可知，假设实际收入 $Y_u(t)$ 和 $Y_r(t)$ 不变，那么，一个迁移者在城里呆的时间越长，他获得工作的机会就越大，因而他的预期收入也越高。这就说明了这样一个事实：农村一些青少年虽然知道进城后不会很快在现代部门找到工作，但仍然愿意流入城市甘当失业大军中的一员，因为他们预计在城里呆长一点时间会找到工作，因此，从长期观点来看，城市预期收入还是比农村预期收入高。

按照托达罗的观点，乡—城人口流动规模是城乡收入贴现净值的函数，即

$$M = f[V(0)] \quad f' > 0$$

若 $V(0) > 0$，则迁移者愿意流入城市，城市净流入人口就增加；若 $V(0) < 0$，

则迁移者不愿意流入城市甚或从城市倒流到乡村，于是，城市净流入人口就不会增加，甚至减少。托达罗认为，当前发展中国家城市移民人数猛增，这主要是城乡预期收入差异扩大的结果。

三、托达罗模式的政策含义

托达罗模式认为，他的模式不仅有理论上的意义，而且有政策上的含义。发展中国家关于人口流动的政策，牵涉到工资、收入、工业化和农村发展各个方面的政策和战略，并包括下述的内容：

第一，应当尽量减轻城乡经济机会不均等现象。如果听任城市工资的增长率一直快于农村平均收入的增长率，则尽管城市失业情况不断加剧，但由农村流入城市的劳动力仍将源源不断。过量的农村劳动力流入城市，不仅会引起城市的许多社会经济问题，还会造成农村劳动力的不足，在农忙时节尤其如此。

第二，如果按照传统的解决城市失业问题的办法，在创造城市就业机会的同时，不努力提高农村收入和增进农村就业机会，那就会出现一种离奇的现象：更多的城市就业带来更高水平的城乡失业和就业不足。

第三，不宜不恰当地、过分地扩大对教育事业，特别是对中、高等教育事业的投资。大量的农村劳动力流入城市，城市中的雇用者必然以所受教育水平的高低去遴选人员，本来小学或中学水平就可做的工作，却录用具有中等或高等教育水平的人。于是，农村中受教育程度越高的人，他们所预期的城乡收入差异越大，就越向往城市的高收入而更想进入城市，而结果并不一定能如愿找到工作，却在城市中加入了知识失业的行列，政府对中等和高等教育事业的过分投资，结果变成了对闲置人力资源的投资。

第四，要适当控制工资补贴和政府雇用人员的数量。如果政府只考虑增加就业机会，而随意给雇用单位以工资补贴或增加自己的录用人员，其结果将扩大预期的城乡收入差距，助长了农村人口流入城市的盲目性。

第五，要从城市就业的需求和供给两个方面作出考虑而订出综合性的政策，关键在于摆脱只重城市的偏见，转而注意农村发展。

总之，托达罗认为，在人口流动问题上，发展中国家应当采取一揽子政策，不要人为地加剧城乡经济机会不平衡，使农村人口流入城市这个不可避免的历史趋势得到顺利的发展。

四、对托达罗模式的评议

托达罗模式的一个显著优点，是能够对乡—城人口流动和城市失业并存的矛盾现象作出解释，而这是刘易斯模式和拉尼斯-费模式所未能做到的。因此，它受到许多发展经济学家的赞扬。有人认为，托达罗的论证已经导致了不少经济学家观点的重大转变，开始认识到原来只相信发展中国家乡—城人口流动的合理性，单纯支持促进城市就业机会增长政策是具有片面性的。

托达罗模式有几个鲜明的特点：

首先，它假定发展中国家农业部门不一定存在剩余劳动而城市却有大量的失业，这一观点与刘易斯模式和拉尼斯－费模式的假定刚好相反。后两个模式都假定发展中国家中农村存在着剩余劳动而城市实现了充分就业。托达罗模式由于有不同于其他人口流动模式的观点，就不强调劳动力流动对经济发展的积极意义，而是着重研究如何放慢人口流动速度，减轻城市的失业压力。

其次，无论刘易斯或拉尼斯和费景汉，都假定城市工业部门的工资水平是固定不变的，而在农业部门由于存在着剩余劳动，农业劳动收入水平维持在维持生存的水平上，而称为不变制度工资。因此，在他们的模式中，不存在城乡收入差异扩大的问题，不存在城市失业的扩大化问题，农村人口流入城市的增长率与城市工业部门就业岗位的增加率是同步的。托达罗在他的模式中则假定，城市工业部门的工资水平不是固定不变的，而要受到社会和政治因素（如政府和工会）的影响，因而往往是上升的。不断上升的城市工业工资水平使城乡收入水平差距不断扩大，势必引起乡—城人口流动的增加率大于城市工业部门就业岗位的增加率，从而恶化城市的失业问题。

再次，托达罗模式的分析重点既然是城市失业问题，也就假定就业概率是乡—城人口流动的一个重要因素。刘易斯模式和拉尼斯－费模式既然以城市充分就业为前提，就业概率就不是乡—城人口流动的一个重要因素。

最后，刘易斯模式只强调工业部门的扩张，而忽视农业部门的发展。拉尼斯－费模式虽然没有忽视农业部门的发展，但是，它是在强调工业部门扩张的基础上来强调农业部门的发展的。分析的思路是，由于农业部门的落后，农业剩余就出现短缺，以致工业部门的扩张受到了阻碍。托达罗模式则特别强调农业部门和农村发展的重要性，它没有把农业部门消极地看成工业化的一种工具，而把农业部门本身作为一个积极发展的目标。改变发展中国家非现代化的经济结构的关键，不是依靠农村人口不断流入城市，而是如何提高农业生产率，改善农村生活条件，使工农差别和城乡差别逐渐缩小。

托达罗模式虽有上述的几个特点，但也受到了一些批评，主要有两点：

其一，托达罗模式假定农业部门不存在剩余劳动，这是不符合大多数发展中国家实际情况的。就许多发展中国家而言，由于人口快速增长，特别是农村人口增长又快于城市人口增长，在有限的土地上必然存在着相当多生产率很低的剩余劳动。

其二，托达罗模式假定流入城市的农村劳动者如果找不到工作，就宁愿留在城市的非正式部门中做临时工或完全闲置，这也不完全符合实际情况。流入城市的农村劳动者，如果感到城市就业的机会渺茫，他们当中一部分可能返回农村。还有一部分人在做了一段时期临时工并赚得一些钱后，感到城市生活不稳定，又回到农村，再参加农业劳动，并把储蓄作为农业投入以提高农业生产率。

综上所述，可以看出，三种乡—城人口流动模式各有其特点。就基本思路而言，刘易斯模式肯定了发展中国家经济结构的特殊性，以二元经济结构的存在为模式建立的基点，这不能不说模式具有结构主义的色彩。但是，如何改造这种二元经济结构，模式采用了微调的边际分析方法，在剩余劳动概念的界定、工资水平的决定、雇用劳动量的确定等问题上，所用的都是边际分析。因此，刘易斯模式体现了新古典主义经济学的思想，而其模式在对现代工业部门逐步扩张的论证中，十分突出资本积累对经济增长的决定性作用，这显然继承了古典主义经济学的传统。因此，刘易斯模式可以说是几种经济思想的混合体，不同的发展经济学家各自强调结构主义、古典主义或新古典主义对刘易斯模式的影响。拉尼斯-费模式是刘易斯模式的发展，基本思路并无不同，但显然新古典主义分析的比重加大了。托达罗模式不明确划分发展中国家的工业部门和农业部门的差异，关心的是城市失业现象和农村人口流出现象的平行发展，强调的是人们的心理预期，因此，其模式属于新古典主义思路是比较明显的。就时代特色而言，突出经济结构特点、资本积累作用和工业化途径的刘易斯模式反映了20世纪50年代中第一阶段经济发展理论的特点。拉尼斯-费模式在继承刘易斯模式的同时，转而着重分析农业发展的地位和作用，这表明了第一阶段发展经济学向第二阶段发展经济学的转变。但是，在拉尼斯-费模式中，农业发展仍然被看成工业扩张的工具，托达罗模式则不同，它把农业部门本身的进步作为一个发展目标。在托达罗看来，不仅经济增长（更不仅是工业部门的增长），而且增加就业，减轻贫困，缩小分配差距，解决城市社会问题等都是经济发展的目标。托达罗的这些观点与发展经济学在20世纪60年代中期以后的转变是一致的。

虽然三种模式都各有不足之处而受到批评，但是，它们都对经济发展理论作出了不同程度的贡献。二元经济结构的论证受到了新古典主义发展经济学家的种种非难，但从大多数发展中国家的情况来看，比重很大的、落后的农业部门与比重很小的现代工业部门并存，确实是发展初期的客观存在。无论对"剩余劳动"下什么定义，发展中国家农村中劳动力的闲置不能不说是无可否认的现实。拉尼斯-费模式对人口流动过程中农业剩余的作用作出了细微的、实证性的分析。托达罗模式对人口流动过程中城市失业日益加剧的现象进行了深入的、有说服力的研究。这些分析和研究的价值是不应当简单地被否定的。

从三个模式得到的启发，现在大多数发展经济学家的意见是，要合理解决发展中国家的人口流动问题使之有利于经济发展，必须制定全面的就业战略。

第一，要逐步建立城乡的经济平衡。为此，应当综合开发农村，在农村中普遍建立小型工业，把经济活动和社会投资向农村引导。

第二，发展小型的、劳动密集型的工业，初级产品的加工工业即是此类工业的一种。发展小型的、劳动密集型的工业，可采用两种办法：一是直接由政府投资或由政府给予激励；二是间接通过收入分配，使比较贫苦的人民的收入有所增加。他们的消费需求结构和富裕阶层的消费需求结构不同，有较高的劳动密集程度和较低的进口品密集程度。

第三，消除投入要素价格比的畸形状况。许多发展中国家不恰当地用补贴之类的办法，人为地降低了资本的价格，不恰当地提高城市工资，以致投入要素的价格比例失调，稀缺的资本不能得到效益较高的用途，劳动力的就业机会受到了限制，应当采取措施，改变这种不合理现象的存在。

第四，应当采用适宜的、劳动密集型的生产技术。发展中国家不能完全依靠从发达国家进口机器设备，因为那些机器设备一般是节省劳动的，过多地依靠它们，就不易扩大就业机会。发展中国家要努力发展本国的技术开发，提高改造进口技术的能力，努力发展小型的、劳动密集型的城乡企业。开发农村的基础设施，也应当注意多建设成本低而劳动密集型的工程。

第五，应当调节教育和就业的关系。过分地发展中等和高等教育事业的结果，造成了一些发展中国家知识失业的出现，正规教育变成了一切求职者必须经过的渠道，而现代化部门所增加的就业机会在数量上少于从这些教育渠道输送出来的人数。要改变这种状况，必须根据发展中国家的自身特点，把经济发展和教育发展协调起来。简单地把西方教育制度移植过来，片面地发展西方模式的现代化生产，既不利于人力资源的开发，也不利于人口的合理流动，因而有害于国民经济的发展。

思 考 题

1. 从我国的社会经济特点，论证二元结构分析理论的优缺点。
2. 根据我国的实际情况，如何制定农村人口流动政策？
3. 乡镇企业在我国工业化和农业进步中的地位和作用如何？
4. 联系我国"民工潮"的情况，分析托达罗模式的基本观点。

第六章　工业化和农业进步

发展中国家起步之初都是工业落后的国家，对比起来，发达国家都是高度工业化的国家。争取早日实现工业化，摆脱对发达国家的经济依附，是发展中国家谋求经济发展的客观需要，也体现了发展中国家强烈的民族感情。

通过理论的和经验的分析，发展经济学家基本上形成了共识：没有工业化，发展中国家就不可能成为现代化国家；也逐渐深化了一种看法：工业化的过程中，必须重视农业进步。

第一节　工业化与经济发展

一、工业化的重要意义

如何界定工业化这一概念的含义，在不同的经济发展理论著作中，有不同方式的表述，在表述中各自有所侧重。概括起来，工业化具有两点含义：（1）工业化意味着一个过程，在这个过程中，一国借助物质资本和人力资源，逐步提高加工原料以制成消费品与资本品和提供劳务的能力。（2）工业化意味着一个过程，在这个过程中，经济结构发生重大变化，表现为制造业和服务业在国民收入和就业人口中的比重逐渐上升，农业在国民收入和就业人口中的比重逐渐下降。

发展经济学中论证工业化的必要性和重要性的理论主要有：

（一）恩格尔法则

按照恩格尔法则，当人均收入处于低水平时，总支出中用于食物和其他必需品的比例很高，而用于舒适品和奢侈品的比例很低；随着人均收入逐步提高，总支出中用于食物和其他必需品的比例逐渐下降，而用于舒适品和奢侈品的比例逐渐上升。为了适应随着人均收入提高而必然出现的消费需求结构的变化，生产食物和其他必需品的农业或与农业直接联系的产业的扩张速度不能不相对放慢，而生产舒适品和奢侈品的制造业和服务业的扩张速度不能不相对加快。简单地说，在经济增长过程中，农业部门将趋于相对萎缩，而制造业和服务业将趋于相对扩大。工业化是经济增长的必然结果。可以设想，工业化又将大力促进经济增长。

（二）刘易斯人口流动模式

在本书第五章中，已对刘易斯人口流动模式作了详细说明。这一模式认为，在发展中国家，农业部门由于大量剩余劳动的存在，其劳动生产率大大低于工业部门的劳动生产率。把农业剩余劳动转移到工业部门中去，有助于农业劳动生产率的提高，更有利于工业资本的积累，使整个社会生产力上升，实现工业化。简单地说，工业化是二元经济结构改造的必由之路。

（三）贸易条件恶化论

发展经济学家普雷维什和辛格提出，由于中心-外围这种国际格局的存在，在国际商品交换中，发展中国家处于不利的地位。发展中国家用以出口的商品主要是初级产品，而发达国家出口的商品主要是制成品，而初级产品对制成品的价格比，有不断下降的趋势，即初级产品对制成品的贸易条件有不断恶化的趋势。为了扭转这一趋势，改变自己在国际贸易中的不利地位，发展中国家必须努力发展自己的工业，以代替进口的工业品。

（四）联系效应论

发展经济学家赫尔希曼（Hirschman，A. O.）认为，发展中国家的资本是稀缺的，要把有限的资本作最有利于经济发展的合理配置，就应当将资本投入最能或较能带动其他产业的产业，即是说，应当把资本投入联系效应最强或较强的产业。农业部门的联系效应较弱，而工业部门特别是资本品工业部门的联系效应较强。因此，为了取得合乎愿望的经济发展效果，实现现代化的目标，发展中国家必须努力发展工业，进行工业化。

此外，利用统计方法，分析各国部门结构的变化以证明工业化必然性的经济学家是库兹涅茨（Kuznets，S.）。他按人均收入的高低把国家分成若干组，从各个部门的劳动就业人数的比重和在国民收入中所占的份额与人均收入水平作了相关性分析，得出了明确的结论：人均收入水平越低的国家，农业部门在劳动就业人数和国民收入中所占比重越大，而工业和服务业部门在劳动就业人数和国民收入中所占的比重越小；相反，人均收入水平越高的国家，农业部门在劳动就业人数和国民收入中所占的比重越小，而工业和服务业部门在劳动就业人数和国民收入中所占的比重越大。由此可以证明，工业和服务业部门的落后，是发展中国家的特征，而实现工业化是发展中国家为了摆脱落后状况，谋求经济发展的必由之路。

二、发展中国家工业化的一般过程

发展中国家的收入水平不高，而且国与国间的差异在经济起步之初也不很大，这一共同点决定了它们在需求什么产品和发展什么工业这两个方面有其相似之处，因而其工业结构也有相近的演变过程。

在发展的初级阶段，粮食加工工业和纺织服装工业，一般是首先建立起来的工业，因为低水平的国民收入约束了居民的购买力，消费对象还只限于满足衣食等基本欲望的必需品。同时，这些规模经济的效果还不那么显著，小企业的平均生产成本并不比大企业的平均生产成本高出多少，因而在投资能力不大的情况下，可以发展这类工业。

随着国民收入水平的逐渐提高，对纺织服装以外的轻工业品的需求逐渐增加，一批新的轻工业开始出现，尽管这些工业的规模经济效果还是不很显著。这些轻工业可能先采取装配进口元件的方式，生产收音机、自行车和缝纫机之类的产品，以后从元件到制成品都在国内生产。生产这些产品的工业，比粮食加工工业和纺织服装工业是较为资本密集和技术密集型的。与此同时，在这一阶段也可能发展利用本地资源生产木制家庭用具、皮革制品之类的工业。

在国民收入水平进一步提高之后，居民的需求刺激了耐用消费品的生产，于是，一批制造电视机、电冰箱和汽车的企业建立起来，工业结构进一步发生变化。

最后，当国民收入出现了巨大增长，国内市场的绝对容量大大地扩展之后，生产钢铁之类中间产品，利用先进技术并有显著的规模经济效果的如炼油之类的工业，以及生产精密机械的工业逐渐发展起来。

上述情况是许多发展中国家工业化过程的一般格局。这一格局之所以形成，是因为影响发展中国家经济增长的有三个类似的因素，即消费者需求的模式、规模经济的效果和生产技术的水平。但是，并不是说，一切发展中国家都一定要按照这个模式决定其工业化进程，在理论上和实践上，都不会如此。理由如下：

第一，拥有丰富矿藏和石油贮藏的国家，可以在低发展阶段，建立大规模的金属冶炼工业和石油精炼工业，但由于缺少熟练劳动、管理人才和建设资金，往往要借助外国资本和技术援助。

第二，某些生产耐用消费品如家具的工业是劳动密集型的，而且可以利用当地原材料，又没有显著的规模经济效果，这类工业也可以在发展早期开始建立。

第三，如果一国采取以输出为主的发展战略，可以在国内市场容量还比较狭小的时期，以加工当地原材料的方式或组装进口配件的方式，发展各种工业。

第四，如果一国采取进口替代的发展战略，可以利用关税保护和其他激励办法，把具有较大规模经济效果的工业在发展早期建立起来。

发展中国家在工业化过程中，常常遇到一些具有共同性的问题。

问题最多的是发展初期，在收入水平不高而又缺少熟练劳动和管理能力的情况下，要在许许多多要建立的企业中，按照部门、规模的优先次序，作出恰当的选择，使它们能够互相协调。在发展第一批工业时，不能不考虑对基础设施投入必要的资金。对受到进口商品竞争的工业，采取保护性措施必须恰当。过分的保护，尽管排除了外国的竞争，但有害于对国内生产率提高的刺激，庇护了落后企业和既得利益者，但保护不足，又会让外国货长驱直入，打击了新兴的工业。具有规模经济效果的企业，一般是经济效益较高的，应当早日建立这类企业，但什么时候建立，规模要多大，又是值得认真推敲的问题。如规模过小，则成本降低不大，如规模过大，则资金占用太多，而产品又不易为尚待扩大的市场所吸收。建立大型企业和复杂的生产系统，在投资和管理两个方面都超出了私营部门的能力，从而不能不考虑由政府经营和借用跨国公司的力量，这就要求制定正确的政策。在发展初期，最重要的共同性问题是，在采取任何有利于促进工业化的政策措施时，决不能对国民经济另一重要部门——农业的发展造成损害。

发展中国家在越过发展初期后所遇到的问题一般是，要注意大力培养当地的管理人员和富有企业家精神的人才，他们懂得如何在国际竞争环境下生产、输出和推销工业产品，这就需要比较灵活的工业政策。同时，要努力建立并不断扩大技术专家的队伍，以采用并创新适合于本国的自然资源、资本和劳动力条件的工业技术。国内工业的纵深和交错发展，又要求投资，特别是生产中间产品和资本品的投资，作好彼此协调的计划安排。

三、发展中国家的政府在工业化中的作用

在处于低发展阶段的国家中，政府对早期工业化的发动和扶植，起着关键的作用。

首先，要实行工业化，必须有一定的基础设施，如公路、铁路和港口等的修建。这些将降低运输成本和加强市场联系，从而为工业生产规模扩大准备必要的条件，而基础设施的建立需要庞大的资本，单个企业对此是无力负担的，这就不得不依靠政府的力量。政府还须凭借它的特殊地位，建立发电、供水、排水以及电信方面的国营企业，为工业化和随之而来的城市发展提供必要的服务。这类企业有显著的规模经济效果，一般属于大型企业，建设所需的资金也超过了私营部门的能力，而且这类企业一般实行基本服务的补贴制度，这更不是私人企业所能做到的。政府对基础设施和公用事业的大量投资，必将大大提高对装备、建设材料和劳务的需求，从而为各地区的工业发展提供良好的机会。

除了提供基础设施以外，政府要为工业化作出综合考虑。基础设施和众多工业企业的建立，不仅需要大量投资，也需要必不可少的外汇，而各种企业之间又有相互依存关系，这就要求政府制定比较全面的中期工业发展规划。制定这种规划时，要从财政政策、货币政策、外贸政策、外汇政策等方面作出综合的研究。规划的制定，还有助于对工程项目作出比较正确的选择和鉴定，并预见可能出现的"瓶颈"现象而及早采取对策。一些发展中国家还进一步把工业发展规划扩大到整个经济运行的中央计划化，但根据一些低发展水平国家的经验，过分的中央计划化往往有不好的结果，如企业之间和部门之间并不协调，工程项目因缺少互相补充的投入而迟迟不能建成，生产成本过高，死板的计划不能适应情况的变化等等。这些情况的出现，使有关国家认识到有必要采取较为分散而灵活的计划程序，如"滚动计划"

(rolling plans) 和 "多年预算" (multi-year budgets)。这种计划程序的好处是，可以把短期经济政策的应变能力和投资决策所依据的中期计划的较长远要求结合起来。发展中国家在建成比较先进的工业结构之后，将日益认识到规模经济效果的重要性和各种工业生产的相互依存性，可以利用现代分析技术，以降低生产成本为目标，去研究对诸如化肥、石油化学产品、机械等工业进行投资的时机、规模、区位和发展阶段，并作出恰当的计划安排。

发展中国家的政府，在工业化过程中，还要在财源的引导和技术的培养两个方面发挥必不可少的作用。政府可以采取直接贷款或参股的方式给工业企业筹措资金，还可以创办工业发展银行以积聚和疏导国内外的储蓄。这种银行可以为工业企业提供中期和长期的资金融通，还可以提供技术服务和传播鉴定投资效益的专门技术。在一些发展中国家如印度、墨西哥等，这种银行已对工业化作出了贡献，被认为是工业部门发展不可缺少的金融机构。发展中国家的政府还应积极地监督跨国公司的活动，对资本流动、劳动训练以及技术转让各个方面作出必要的规定。国家可以创办一些专门机构，培养本国的工业管理人员和技术人员。一些技术人员特别稀缺的发展中国家，采用了雇用外国人员的过渡办法。这样做，虽然在一定程度上解决了技术力量不足的难题，但也带来了一些棘手的问题，如本国人员和外国人员的工资悬殊及情绪上的对立，对外国人员难以管理等等。

发展中国家为了促进工业发展，一般要努力建立公营企业，其原因是多方面的。一些大型的资本密集型的工业，如钢铁、石油化学产品、化肥等，如果听任私人经营，他们将攫取垄断利润。在国内民族工业和外国跨国公司之间，需要公营企业发挥平衡作用。公营企业能以比较长远的眼光有计划地培养技术人才和管理人才。在一些低收入国家（特别是非洲国家）中，能经营私人工业的企业家极为稀缺，及早建立公营企业以带动工业化是必要的。此外，在许多发展中国家中，把一批私营企业收归国有曾经是一种趋势，把一些只能获得边际利润率，甚至濒于停业或破产的私营企业转为公营也曾是屡见不鲜的。

公营企业的建立，对推动发展中国家的工业化确曾取得过很大成效，印度、土耳其几国的情况证明如此。但是，从那些国家的情况看来，它们的公营企业也存在不少问题。尽管国家以关税、限额等保护措施使公营企业免受国际竞争的冲击，又在租税的豁免和资源、信贷以及外汇的优先配置等方面，使公营企业得到许多特殊利益，但结果公营企业却往往亏损，很少有盈利的。原因可能是，公营企业的建立并非只从经济利益出发，还有其社会目的，如落后地区的开发、失业现象的消除等，也可能是在一些不易经营的部门建立公营企业，还需要一个较长期的学习和认识过程。但是，还应当从国家的政策措施和公营企业内部的刺激因素找出问题。公营企业的经理对产品定价、工资、雇用条件和投资决策，一般是无权决定的。工资和薪金等级由法令或条例规定得很死，产品价格受到有关部门的控制，投资决策要由政府作细节的、旷日持久的研究，政府对企业的日常生产和管理还多方干预。人浮于事也是公营企业常有的现象，人员招聘往往出于对特权的照顾，而人员调动和解职则受到种种拖延和阻碍。公营企业的亏损环境不能激励职工去改进劳动、工作态度和经营管理，使他们对企业现状无所作为。公营工业企业存在的问题，不仅影响它们自身的发展，而且造成国库的沉重负担，虚耗了国家建设资金，使应发展的工业得不到发展，同时，企业损失源源转嫁到国库和国家银行，引起通货膨胀和宏观经济的失衡。

如何减少公营工业企业上述的弊病，根据一些发展中国家的经验，可以采取如下措施：第一，对大型公营工业企业投资，必须事前作特别认真的研究，因为这类企业一旦上马，错误就很难纠正，局面就很难扭转。第二，公营工业企业的非经济的、非商业性的经营目标，必须受到限制，而且要有具体规定。第三，公营企业要有一个竞争性的环境，要感受到竞争的压力。一些发展中国家的经验表明，在企业数目受到规模经济效果和国内市场容量限制的工业部门，让公营企业和私营企业之间保持竞争的关系，是提高企业效率的好办法。对公营企业近乎处于垄断地位的工业部门，应当有比较开放的进口政策，使那些企业受到竞争的压力。开展适当竞争还有一种有效措施，就是给予公营企业经理在产品定价、资金管理、人员雇用和投资决策几个方面一定的自主权。还有的发展中国家，采取公营企业和私营企业或外国厂商合资经营的方式，以增进公营企业的活力，或者某些公营企业在完成了它们在有关行业或部门的先锋作用后，就出售予私人，这样，就可以把有限的人力和资金腾出来，去建立新的、有开创性的企业。

四、发展中国家工业化中的技术发展

发展中国家要推动工业化，必须努力提高工业生产率。为了提高工业生产率，必须不断改进生产技术并发展使新技术适应自己情况的能力。

根据发展中国家自身的工业生产经验，逐步改进厂房布局、机器设计、生产组织和管理能力，是一条重要的提高技术水平的途径，一些发展中国家在这方面取得了不小的成就。例如，巴西就用这个办法，在不断增加新投资的情况下，七年中把一个钢铁厂的生产能力翻了一番。但是，从外国引进先进技术，一般说来，确实是快速提高本国工业生产率的一条捷径。

现在，发达国家用于发展研究的支出，仍然占全世界在这方面支出总额的95％以上，发达国家仍然是新技术发明创造的主要基地。新技术从发达国家转让到发展中国家可以通过多种渠道：从发达国家进口资本品、跨国公司直接投资、工程咨询、教育训练、工程项目监督、专利权协议、管理合同签订以及各种非正式的事务关系。处于工业化初期的发展中国家一般多依靠外国私人直接投资，把技术、资本、熟练劳动力、销售和管理方法等一揽子转移过来。工业化程度较高的发展中国家则往往只限定在某些范围内，提出技术转让的要求。随着作为技术买方的发展中国家对世界技术情况日益熟悉，加之技术不断扩散又促成了卖方之间的竞争，项目特定而非一揽子的技术转让已成为一种趋势。但在石油化学产品、汽车、精密机械和电子计算机等工业中，技术转让非一揽子化的趋势尚不显著，因为一般发展中国家还缺少这些工业的专门知识，而能转让这些工业技术的国家还为数不多。就总的情况而言，当前国际工业技术市场仍然是一个不完全竞争市场，在这个市场中，来自发展中国家特别是低发展水平国家的购买者，处于相对的劣势，结果，技术转让价格常常受到跨国公司的操纵而抬高，转让合同常常附有规定买方必须购买卖方原材料的条款，其他有损于发展中国家权益的情况也往往出现。

发展中国家购买工业技术时，应当注意发达国家创新技术的特点。发达国家的资本丰裕而劳动相对稀缺，所开发的技术一般是节约劳动而资本密集的。发展中国家如果不加区别地引进这类技术，必然会加剧失业与就业不足的状况。为此，发展中国家应当从既增加产量又增加就业的原则出发，有选择地多购进中间技术（intermediate technologies）或适用技术（appropriate technologies），一些发展中国家如印度等为此建立了专门机构，研究有关这方面的情况，传播这方面的信息。

值得注意的是，一些发展中国家如印度、阿根廷、巴西等已开始出口技术。这些技术具有价格较低、适合于发展中国家情况、非一揽子出售等特点，因此，受到其他发展中国家的重视。

五、工业化和城市化

伴随着工业化而出现的是城市化。库兹涅茨曾经说过，伴随着经济增长，一国经济结构会发生重大变化，变化的主要表现是：产品的来源和资源的去处从农业活动转向非农业生产活动，即工业化过程；城市和乡村之间的人口分布发生变化，即城市化过程。

城市化之所以伴随工业化而出现，是因为工业扩大可以产生规模经济效果。为了使长期平均成本降低，生产工业品的企业必须将生产达到一定的规模，如化学品、基本金属、资本品以及耐用消费品等工业都需要较大生产规模才能获得长期平均成本降低的效果。因此，工业生产一般有扩大生产规模的趋势。在扩大生产规模的过程中，需要更多的工人、工程师和管理人员，并由此吸引他们和他们的家属居住在工厂附近，逐渐形成社区和城市。

工业化带来城市化的另一重要原因是，城市化会给广大的工业企业产生集聚经济效益。首先，基础设施如铁道、公路、水运、电力、热力、仓库等等都是工业企业所需要的，而只有众多的工业企业集聚在一个地方，共同使用这些基础设施，才会节约大量资金。其次，社会服务事业的发展，在集聚的情况下，可以产生更好的经济效果和社会效果，如教育、文化、卫生、娱乐等事业，都是工人、工程师和管理人员以及他们的家属所需要的，而只有面向集聚的众多工业企业，这些事业才能更好地发挥作用。再次，集聚可以形成市场，产生市场经济效应。城市市场的建立和扩大为集聚的众多工业企业提供了就近的产品销路和原材料以及中间产品的供给，市场还是新技术引进和经济信息交流的重要场所。此外，工业的集聚将引致熟练劳动力和技术、管理人才的集聚，从而产生集聚的技术效益，表现在：有利于技术协作和分工，有利于技术的推广和应用，有利于技术的改革和发明。这是因为集聚会引起竞争，促使工业企业积极交流技术信息，努力进行技术革新。

上述的关于工业化带来城市化的分析，是西方经济学的一般理论，这种理论也大致符合发达国家的历史经验。但是，在发展中国家，由于社会经济条件不同于往昔的发达国家，虽然在工业化过程中也自然而然地出现城市化，而城市化又对工业化起了一定程度的推动作用，但是发展中国家的城市化却造成了一些相当严重的社会经济问题。

主要表现为，城市人口过度膨胀。1950 年，居住在发展中国家城市的人口仅为 2.7 亿，约占全世界城市人口 7.24 亿的 38%。据联合国统计机构估计，1990 年发展中国家城市人口增加到 14.5 亿，约占全世界城市人口 24 亿的 60%。到 2000 年，全世界城市人口增加到 31.8 亿，而其中 66% 即 21 亿为发展中国家的城市人口。可见，发展中国家城市人口的增加速度远远超过发达国家城市人口的增加速度。就个别城市而言，纽约和伦敦目前的人口增长率每年在 1% 以下，而非洲的许多城市如内罗毕、拉各斯和阿克拉等人口增长率每年都超过 7%，亚洲和拉丁美洲的许多城市也超过了 5%。

城市人口的过度膨胀意味着农村劳动力盲目地持续不断地拥入城市，使城市求职者的供给迅猛增加，而发展中国家城市工业对劳动力的需求又有限，加上城市失业早已存在，于是，城市中的盲流人口或者只能加入失业大军，或者只能在非正式部门中得到仅能糊口的工作。其结果，发展中国家在城市化迅速发展的同时，贫民区的数目在不断增加，贫民区居民的人数也在不断增加，一些发展中国家的大城市如里约热内卢、利马、加尔各答和达卡，贫民区的数目每隔 5 至 10 年就增加 1 倍。以整个发展中国家而言，贫民区的居民已占城市人口的 1/3 以上，其中一些发展中国家的城市中，贫民区的居民甚至已占城市人口的 60% 以上。大多数贫民区既没有清洁的生活用水，也没有下水道和生活用电设施。

一些发展经济学家鉴于上述过快的城市化造成的不良后果，主张发展中国家的政府应当制定能抑制城市膨胀的发展政策。他们还指出，20 世纪 50 年代和 60 年代流行的经济发展思路——强调工业现代化、技术尖端化和城市扩大化，是带有片面性的，是造成发展中国家城市畸形发展的根源。

六、城市非正式部门

城市非正式部门（informal sector）的产生和迅速发展是发展中国家城市化过程中一种伴生的特殊现象。在本书第五章人口流动问题的论证中，介绍了二元经济结构概念，即一方面城市中有以现代化方法生产的工业部门，另一方面农村中有以土著方法生产的传统农业部门。以现代化方法生产的工业部门是城市中的正式部门（formal sector），相对城市正式部门而言，那些以非现代化方法生产的工业部门就是城市非正式部门。

非正式部门的特点是，这个部门包括数目众多的、由个人或家庭所有、以劳动密集和简单方法进行生产或提供服务的小型经济活动单位，它们是无组织的、非正规的。在这个部门中的劳动者也是个体所有者，他们一般受教育不多，没有熟练技术，拥有的只是少量资金，因此，比起正式部门的劳动者，他们的生产率较低，因而收入也较低。非正式部门的劳动者也不能像正式部门的工人那样享受保证职位的措施，良好的工作条件和老年退休金。进入非正式部门的劳动者大多数来自农村，他们进入城市后无法在正式部门找到工作。进入非正式部门的动机不是为了赚取利润，而是依靠自己固有的能力和资力去得到一点维持生存的收入。参加劳动的人不只是男子，还有家庭中的妇女和儿童，他们每天都工作很长的时间。非正式部门的劳动者往往是贫民区的主要成员，还有一些人根本无家可归而流浪在街头檐下，做一点零工杂活。

非正式部门不是一个孤立部门，而是与其他部门有一定关系的。离开贫困农村的剩余劳动力可以在城市非正式部门得到栖身之地，谋求一点微薄的收入。非正式部门与城市正式部门也有密切的关系，后者依靠前者取得廉价的投入和工资品，前者依靠后者的扩展，从而有机会提高收入。正式部门有强大的经济力量和政府给予的合法地位，足以迫使非正式部门不得不以低价出售原材料和正式部门工人所需的基本生活品，从这个意义上说，正式部门受到非正式部门的补贴。

一些发展经济学家认为，发展中国家城市的非正式部门并不是可有可无、自生自灭的经济体，而是有其客观存在价值的：

第一，非正式部门显示了为城市劳动力创造就业机会和增加收入的能力。据估计，它吸收了50％的城市劳动力，赚得了1/3的城市收入。

第二，由于政策法规的限制，非正式部门一般得不到信贷和外汇，也得不到减免租税的优惠。尽管经济环境如此严峻，非正式部门还是能顽强地进行经济活动，能创造收入并产生剩余，成为城市经济增长的一股动力。

第三，非正式部门经济活动的资本密集程度较低，所创造的剩余易于存留下来，转化为社会资本，因此，对资本稀缺的发展中国家是一种贡献。

第四，在非正式部门中，训练和培养劳动力的费用较低，因此，有利于人力资本的形成。

第五，正式部门一般只雇用熟练工人，无论从相对量来说，还是从绝对量来说都在持续增加的半熟练和非熟练劳动者，往往是被拒之门外的。半熟练和非熟练劳动者的吸收要靠非正式部门。

第六，非正式部门采用适宜技术以利用当地资源，因而有利于资源的有效配置。

第七，非正式部门在回收废品、利用废物方面发挥重要作用。它回收的废品经过处理后可以为工业部门使用或成为低收入阶层的基本生活品。

第八，鼓励非正式部门的发展可以使经济增长的利益多分配到低收入阶层。

但是，发展经济学家也指出，非正式部门的扩展产生了一些不好的后果。首先，非正式部门体现了乡—城人口流动与劳动力吸收之间的困难关系，由农村流入城市的农村劳动者难以就业，即使能进入非正式部门，也往往要等待一个时期。因此，片面鼓励非正式部门的扩张，会吸引越来越多的农村人口流入城市，他们在正式部门不能找到工作，在非正式部门不能立刻找到工作，从而使城市失业队伍越来越扩大。其次，非正式部门不受限制地扩张，会加剧环境污染和交通阻塞，如个体劳动者在生产和销售中不顾清洁卫生，小商小贩随便占用人行道。此外，由于非正式部门的膨胀，贫民区的密度不断增加，而社会服务设施又落后，给发展中国家的城市造成了许多难以解决的问题。

发展中国家对城市非正式部门究竟应当采取什么样的政策呢？国际劳工组织提出了几点建议：第一，发展中国家的政府应当改变对城市非正式部门的态度，从怀有敌意转向采取积极而富有同情的姿态。第二，发展中国家的政府应当对非正式部门作出调查研究，进行统计注册，以便心中有数，对非正式部门作必要的调整和安排。第三，政府应当关心非正式部门成员的教育和训练，使他们提高生产和服务的技能，从而可以对社会经济作有益的贡献，还可以提高他们的价值判断能力，从而可以分辨合法行为与非法行为。

此外，一些发展经济学家还认为，非正式部门的一个主要约束条件是资本的缺少，应当为这个部门提供必要的信贷以促使其适当地扩张，由此可以产生较多的利润，创造较高的收入和较多的就业机会。非正式部门的技术落后也是它的弱点，帮助非正式部门改进技术，提高技术，将取得很好的经济效果。为非正式部门提供基础设施，指定活动地区（如为小商小贩划定摊点），将大大改善非正式部门扩张造成的环境恶化后果。如果可能，把非正式部门向城市外沿发展，向小城镇疏散，则更是改进非正式部门工作条件和生活条件的重大措施。

第二节　工业化过程中的农业

本章第一节中指出，工业化意味着工业部门和服务业部门在国民收入和就业人口中所占的份额逐渐加大，而农业部门在国民收入和就业人口中所占的份额逐渐减小。但是，这并不是说，随着国家的经济发展，农业部门在国民经济中的作用越来越小，在国民经济中的地位越来越无足轻重。正好相反，在国民经济中农业部门所发挥的作用和所作的贡献，随着经济发展将日益显露出来。工业化必须伴随有农业进步，没有农业进步，不可能有成功的工业化，对发展中大国而言尤其如此。

一、发展中国家农业进步的缓慢

到 1970 年为止的前两个 10 年中，发展中国家作为一个总体，其农业进步是缓慢的，无论人均粮食生产，还是人均农业生产的年增长率都不到 1%，而 20 世纪 60 年代的增长率还低于 50 年代。事实上，许多发展中国家的农业在 60 年代已完全处于停滞状态。进入 70 年代后，由于不少发展中国家转向重视提高农业生产率，情况才略有好转。结果，从 1970 年到 1980 年，人均粮食生产年增长率为 0.5%，差不多与 50 年代持平。不幸的是，在 20 世纪 80 年代早期，人均粮食生产增长再度放慢，只有包括印度、印度尼西亚、巴基斯坦、泰国和菲律宾等国在内的远东地区例外。但是，即使在这些国家当中，有的由于旱灾，1987 年的粮食生产也在大幅度降低。对比起来，发达国家的人均粮食生产在同期中则以快得多的速度增长。

从表 6-1 可以看到，在四个不发达地区中，远东的情况最好，而非洲的情况最差。20 世纪 60 年代以后，非洲的人均粮食生产和人均农业生产均出现负增长。尽管在过去几个 10 年中发展中国家的人均 GNP 增长率还不太低，但农业部门的增长

发展中国家和发达国家人均粮食和人均农业生产
表 6-1　　　　　　　的增长和停滞（1950~1985 年）

地　　区	人均粮食生产增长（%）				人均农业生产增长（%）			
	1948/1952~1960 年	1960~1970 年	1970~1980 年	1980~1985 年	1948/1952~1960 年	1960~1970 年	1970~1980 年	1980~1985 年
拉丁美洲	0.4	0.6	0.9	0.3	0.2	0.0	0.7	0.4
远东（不含日本）	0.8	0.3	0.7	1.2	0.7	0.3	0.6	1.1
近东（不含以色列）	0.7	0.0	0.7	0.2	0.8	0.0	0.4	0.1
非洲（不含南非）	0.0	−0.7	−1.2	−0.4	0.3	−0.5	−1.4	−0.3
所有发展中国家	0.6	0.1	0.5	0.3	0.6	0.1	0.8	0.5
发达资本主义国家	1.1	0.9	1.3	1.5	1.0	0.6	1.2	1.3

率却是微乎其微的。发展中国家农业生产发展相对落后的主要原因，是由于 20 世纪 50 年代和 60 年代中受"唯工业化"思想的影响。当时有一种片面的认识，把工业化等同于现代化，而农业进步似乎无足轻重，刘易斯人口流动模式就是理论上重工轻农的一个典型例子。如前所述，刘易斯模式的重点是工业部门的扩张、工业化的实现，而认为农业的作用只不过是消极地为扩张的工业输送无限供给的廉价劳动力而已。此外，赫尔希曼的联系效应论和普雷维什的贸易条件恶化论，也明显含有重工轻农的思想。许多发展中国家的决策者，在这些流行理论的影响下，把投资大幅度地对城市工业部门倾斜，而对农业部门的投资比重很小。例如，在整个 20 世纪 60 年代中，有 18 个发展中国家的农业投资仅占总投资的 12％，而在这些国家，农业部门的产值在 GNP 中占 30％，就业人数占总就业人数的 60％。

由于农业的长期停滞，发展中国家的经济发展遇到了严重障碍，人民生活水平提高很慢，一些最贫困的地区的居民人均每日卡路里供应量已下降到最低营养标准以下。

20 世纪 60 年代中期以后，发展经济学家和发展中国家的决策者的认识开始有很大转变，"唯工业化论"思想的影响大大减弱，农业在发展中国家的重要性受到了多方面的强调：

第一，无论从在国内生产总值所占的比重看，还是从就业总人数所占的份额看，农业在发展中国家中都居于举足轻重的地位。农业收成的丰歉对国民经济的发展有极其重大的影响。

第二，发展中国家非农业部门的增长紧密依靠粮食供给的稳步上升，如果粮食短缺，必将引起通货膨胀和工资成本上涨，从而不利于非农业部门的生产。此外，许多工业生产还依靠农业提供原料。

第三，农业部门为非农业部门的扩张提供所需的劳动力，农业劳动力向非农业部门的转移也减轻了人口对土地的压力。

第四，农业部门的进步可以大大提高资本积累率，因为粮食增产使非农业部门能得到充分的粮食供给，粮价可以保持稳定甚至下降，从而减缓工资成本的上涨速度，使利润幅度加大以增加积累。另一方面，农业进步使农业生产者收入增加，国家可以通过农业税促进资本形成。

第五，农业进步一方面可以增加农产品的出口，另一方面可以减少对农产品的进口，从而有利于国际支付差的改善。

第六，进步的农业加上比较公平的农业收入分配，可以提高社会总需求，使工业产品得以顺利销售，有助于工业化的进展。

二、农业对经济发展的贡献

1961 年，库兹涅茨在一篇著名的论文中，根据当时对农业重要性的认识，分析了农业对经济发展的贡献。以后，经过其他一些发展经济学家的补充，农业的贡献可以概括为下述四个方面：产品贡献、市场贡献、要素贡献和外汇贡献。

（一）产品贡献

农业部门的产品不外两种：一是原料，二是粮食。对非农业部门而言，农业提供的原料和粮食都是不可缺少的。满足非农业部门的原料需求和粮食需求，就是农业部门作出的产品贡献（product contribution）。

一些工业部门必须以某些农产品作为原料，如制糖工业需要甘蔗和甜菜，棉纺织工业需要棉花。只有在甘蔗、甜菜和棉花持续增产的条件下，制糖工业和棉纺织工业才能够持续扩展，除非进口甘蔗、甜菜和棉花。因此，一般地说，一国工业化的速度是以该国农产品增长速度为条件的，只有当农产品以一个必要的比率增加时，使用农产品作为原料的工业增长率才能提高，不然，就不得不依赖外国农业原料的进口，花费发展中国家常感不足的外汇。

如果说，农业原料只是一部分工业所需要的，那么，粮食则是所有工业不可缺少的。粮食短缺是工业扩张的重要约束条件，这一点是西方经济学家长期以来密切关心并反复讨论的问题。发展经济学家从发展中国家的特殊情况出发，进一步对这个问题作出分析。他们认为：发展中国家在工业化过程中对粮食的需求是巨大的，而且在相当长一段时间里还有递增的趋势，因此，粮食生产是发展中国家工业化的重大约束条件，这就要求农业部门生产的持续增长，使粮食供给的增长与日益扩大的粮食需求相对平衡。

发展中国家对粮食有巨大的需求，其原因是：首先，与发达国家相比，发展中国家的粮食边际消费倾向和平均消费倾向都高得很多。根据恩格尔法则，在低收入水平上，对食物的消费占家庭预算中一个很大部分。除非收入水平上升到一个相当高的水平，这一情况将不改变。结果，当一个发展中国家尚未摆脱贫困状况时，随着人均收入的增加，对食物的需求在一定时期内将迅速增加，也就是说，发展中国家在发展过程相当长的一段时期中，粮食的收入需求弹性都较高。据估计，发展中国家粮食需求的收入弹性比发达国家高6倍以上。其次，发展中国家的人口增长很快，即使不考虑其他因素，仅就人口增长而言，发展中国家对粮食需求也在继续增加。此外，工业化带来城市化，稠密的城市人口大部分由农村流入，那些由农村流入而现在成为城市正式部门和非正式部门的劳动者的粮食需求要由农业部门来满足，而且他们的粮食消费水平可能比在农村时高，这就进一步加大了对粮食的需求。

总之，发展中国家在经济发展的过程中，对农业部门的产品需求不是减弱，而是加强的，因此，农业部门在产品贡献这方面所发挥的作用是很大的。

（二）市场贡献

如果一个发展中国家完全不对外开放，则人口众多的广大农村一方面要出售粮食和其他农产品给非农业部门的生产者和消费者，另一方面农村又必然是国内工业品的主要市场，农民需要从工业部门购买服装、家具、日用品及建筑材料等消费品和化肥、农药、农机及其他生产资料。可见，为了非农业部门的发展和农业部门自身的发展，农业部门将通过商品交换关系或市场关系与非农业部门发生必要的经济联系，农业在这种联系中所起的作用称为农业对经济发展的市场贡献（market contribution）。农业市场贡献的大小决定于农业生产率提高的快慢和原因。如果是由于生物技术的进步，则化肥、农药、地膜等农用工业品的需求将增加，如果是由于机械技术的进步，则农业机械设备、燃油等工业品的需求将增加。农业生产率如果提高很快，则农民收入提高的幅度较大，从而增加对工业消费品的需求。与此同时，农业生产率的提高使农民有更多的剩余产品向市场提供。总之，随着农业的进步，农业对经济发展的市场贡献会越来越大。

事实上，任何一个发展中国家也不可能完全闭关自守，它总是在一定程度上对外开放的。在对外开放的条件下，农业对经济发展的市场贡献依然很大。从理论上说，在国际自由竞争条件下，按照比较成本原则，在制造业方面占优势的国家可以通过出口制成品来进口农产品，在农业方面占优势的国家可以通过出口农产品来进口制成品，因此，国内的制造业和农业的交换和联系可能减弱。但是，实际上，国际贸易并不具有完全竞争的性质，由于社会体制、文化传统等非经济因素的影响，国内工农业间的贸易纽带总是存在的，而农业的市场贡献仍将是不小的，从一个发展中大国的情况来看，更是如此。

（三）要素贡献

工业化需要资本和劳动两种要素不断扩大对工业部门的投入，在发展中国家，农业部门是工业部门扩张所需的两种投入要素的源泉。在工业化过程中，农业部门能作出要素贡献（factor contribution）。

在工业化初期，工业部门在国民经济中所占比重较小，靠本部门自身的资本积累是远远不够的，在国民经济中占较大比重的农业部门必然是资本积累的重要源泉。农业部门为工业部门提供资本，必须有一个前提条件，即农业部门要有剩余。农民的消费必须少于他们的收入，即他们必须是净储蓄者，而且农民的储蓄必须大于他们对农业的投资，只有这样，才能形成农业剩余，转化为工业资本。把农业剩余从农业部门转移到工业部门可以采取两种方式：一种方式是通过市场交换，使农业剩余依靠市场机制自动转移到工业部门。如果采用这种方式，必须给农民以适当的经济刺激，使他们乐意储蓄，乐意把储蓄转化为非农业投资。另一种方式是用政权力量强迫农民把农业剩余向工业部门转移。采用这种方式，可以用间接强制的办法，如限制价格、征收间接税和调整汇率等，使工农业产品的贸易条件不利于农业，工业部门在不等价交换中把农业剩余转移过来，也可以用直接强制的办法，如对农民征收直接税，或对农产品以低价强制收购。从一些发展中国家的经验看来，为了工业的扩张而强制性地转移农业剩余，其经济后果是很不好的，它严重挫伤了农民的生产积极性，导致农业效率低下和生产停滞，以致农业剩余减少，最终使工业资本积累的源泉逐渐枯竭，不利于整个国民经济的发展。

在工业化过程中，农业部门为工业部门提供劳动要素的过程，已在本书第五章人口流动模式中作了详细分析。应当再强调的是，农业劳动力向工业部门流动时，农业生产率的提高必须保证这部分劳动力的粮食供给。

（四）外汇贡献

一般发展中国家在工业化初期，急需机器设备、中间产品甚至原材料的进口，进口需要支付外汇，而此时具有创汇能力的是以农产品为主的初级产品。农业部门一方面凭借增产可以出口的产品换回外汇，一方面通过增产可以替代原来必须进口的产品以节省外汇，这样，就对经济发展作出了外汇贡献（foreign exchange contribution）。

以换汇能力而言，发展中国家扩大农产品出口有其相对优势。首先，出口的经济作物如咖啡、可可、棉花、橡胶等，可以用扩大种植面积和增加劳动的方式提高产量，而无需大量的资本投入，这对资本稀缺而劳动力丰裕的一般发展中国家是很适合的，对于耕地比较多的发展中国家尤其适合。其次，农产品的质量差异在国与国间比较小，国际市场中，发达国家并不比发展中国家有显著优势，工业品则不然，品种多，质量差异大，发展中国家难以和发达国家竞争。此外，出口型的农业生产不受国内需求限制，易于形成生产专业化，进一步扩大出口和创汇能力。

以节省外汇而言，在粮食短缺的国家发展农业生产，增加本国粮食产量以替代粮食进口，具有很大的经济意义和战略意义。粮食是一次性消费品，不像资本品那样可以形成长期的生产能力，牺牲机器设备的进口，以有限的外汇储备进口粮食，其机会成本是很昂贵的。相反，为了保证把有限的外汇用于国内急需而又不能制造的资本品进口，大力发展农业生产，实行农产品进口替代战略，对发展中国家来说，则是较为明智的。发展经济学家一般认为，实行农产品进口替代有两个优点：一是农业技术比工业技术较易掌握，因此农业进口替代比工业进口替代可能较易成功；二是农产品进口替代成本比工业品进口替代成本较小，因为发展中国家资本稀缺而劳动力充裕，为实现农产品进口替代而增加农业生产可以利用无限丰富的劳动资源，既解决了劳动力就业问题，又节省了大量资本。

发展经济学家在强调农业部门所作的外汇贡献的同时，又指出，随着经济的发展，农业部门在国民经济中的相对地位逐渐下降，以致农业部门的创汇能力趋于相对减弱。同时，农产品的收入弹性较低，工业代用品又不断出现，如果长期专门从事单一的或少数几种农作物的出口必将导致农业贸易条件的恶化。经验证明，专门从事一二种农作物贸易的发展中国家在国际贸易中常处于不利的地位。因此，发展中国家的决策者应当对农业发展战略和农业出口战略作长期的、通盘的考虑。

第三节　农业的进步

从农业部门的重要性和对经济发展所作贡献的分析，发展经济学家自 20 世纪 70 年代开始，逐渐形成了一种共识：农业进步和发展不仅为工业化提供剩余，而且为低收入阶层创造就业机会和收入，也就是说，农业的进步和发展，不仅具有工具价值（instrumental value），还具有本身的内在价值（intrinsic value）。

一、传统农业的技术停滞

发展中国家中未经改造的农业是传统农业，传统农业是落后的、生产力极为低下的农业，它的最基本特征是技术停滞。以研究传统农业而闻名并由此获得诺贝尔经济学奖的舒尔茨（Schultz，T.）认为，传统农业的技术停滞是指在一个贫穷的农业社会里，农民世世代代都同样地耕作和生活，他们年复一年地耕种同样类型的土地，播种同样的作物，使用同样的生产要素和技术。技术停滞是传统农业落后和贫困的主要原因，不在传统农业中引进现代技术就不能把传统农业变为现代农业。

传统农业为什么长期不变地使用原始的、简单的、落后的生产技术呢？据一些发展经济学家的看法，其原因是：

第一，缺乏适宜的替代技术。传统农业的特点是劳动力充裕，资本稀缺，生产规模狭小，农民文化水平和技术水平低下。如果把西方现代农业技术直接引进到这种传统农业中去，往往是不适用的。

第二，尽管也有适宜的替代技术可以应用，但传统农业中的农民对这些技术缺乏了解。现代农业的技术创新并不都是节约劳动而资本密集的，也并不都是在应用时需要大量资本和熟练程度高的操作的，例如，以高产良种代换传统品种，或引进新作物栽培等技术就是如此。农民对新技术缺乏了解，文化水平低是一个重要原因，而技术信息传播不足也是一个重要原因。传统农业人口居住在远离城市的地区，交通运输不便，邮电通讯不畅，传播媒介难以进入。由于贫困，农民无力上学或到外地学习新技术，也无钱购买收音机、电视机和报刊书籍等传播技术信息和知识的载体。尽管政府可以直接派出专家、技术人员到农村推广新技术，但也有两重困难：一是合格的专家和技术人员需要接受良好的教育，而受过良好教育的人又往往不愿意去农村过艰苦的生活；二是传统农业是由数量众多而又高度分散的小农组成的，向他们传授技术要付出较高的费用。

第三，即使知道了一些新技术，且这些新技术又是适宜的，但由于采用新技术要承担很大的风险，传统农业中的农民仍然不愿意引进新技术。世代相传的传统农业技术的生产率不高，但保险系数较大。农民对传统技术是熟悉的，对新技术则是陌生的，使用起来总缺乏安全感。例如，引进一作物新品种，如果管理得法，其产量将高于旧品种，但如果缺少经验而管理失误，反而降低产量。又例如，引进一作物新品种，得到了高产量，但市场需求忽然减少，则价格下跌，使农民蒙受损失。诚然，承担风险是企业经营应当做到的事，但是，发展中国家的农民不是企业经营者，他们绝大多数都处在仅足鹏口的极低生活水平线上，他们的目标不是去冒风险以追求利润最大化，而是保险守成以得到生存机会的最大化。

第四，农民由于贫困无力采用新技术。新技术中也有风险较小的，也有已经过多次试用而证明是确能促进农业生产的，但是，因资金缺乏，农民还是无力购买良种、化肥以及其他配套的新技术要素。虽然他们可以向金融机构和贷款者借钱，但由于收不回贷款的风险大，而农民又很少有财产可以担保，金融机构和贷款者往往不愿意对农民放款，或者愿意放款而利率很高，这样，农民在金融市场上很难如愿获得信贷资金来采用新技术。

第五，发展中国家的经济条件往往限制了新技术所需物资的供给，使新技术难以为农民所采用。即使前述四点障碍能够排除（存在着适宜的替代技术，农民了解这些新技术，他们愿意采用这些技术，又可以融通资金引进这些技术），但由于一些物质投入如种子、化肥、农药、灌溉设备等供给"瓶颈"的限制，农民仍然难以采用新技术。这些物质投入供给"瓶颈"的出现，可能是由于国内生产能力不足，也可能由于进口约束，或由于运输条件落后而不能把这些物资及时送到农民手中。

第六，发展中国家僵化的不平等社会政治体制是传统农业技术难以进步的又一重大障碍。不少发展中国家的土地分配极不平等，大多数农民靠耕种小块自有地和租佃地主土地维持最低限度的生存，地主通过土地所有权和高利贷对农民进行双重剥削。市场又不完善，农民很少能进入市场，在买卖中要受中间商的重利盘剥。这一切都削弱了农民采用新技术的刺激。

种种因素使传统农业不易革新技术，技术停滞使农业生产率十分低下又难以提高。用传统技术种植传统作物品种，单位面积产出量远远低于用现代技术种植改良作物品种的单位面积产出量，而发展中国家的农村又存在着大量剩余劳动，在技术停滞的条件下，农业劳动生产率更低，传统农民只有从有限的农业产量中平均分享一点小的份额过着贫困落后的生活。

要改造传统农业，首要的是变革技术停滞的状况，把新技术引入农业生产之中。

二、农业的技术进步

历史地看，农业的技术进步基本上反映了农业投入要素的相对稀缺程度。在土地丰富而劳动稀缺的国家里，农业技术是按照代替劳动的方向发展的，称为劳动节约型技术。在土地稀缺而劳动丰富的国家里，农业技术是按照代替土地方向发展的，称为土地节约型技术。

　　劳动节约型技术与机械技术是一致的，它的设计目的是用来促进机器和动力对劳动的替代。由于这种技术也是通过农业操作机械化以提高人均产出的，即要求每个农业劳动者耕种较大面积的土地，它就同时意味着土地对劳动的替代。机械技术进步的结果是劳动生产率的提高。

　　土地节约型技术是与化学和生物技术相一致的，它的设计目的是用来促进劳动和其他投入对土地的替代，即通过增加劳动、化肥等投入以提高土地生产率。生物技术进步也可达到同样的目的。

　　应当看到，机械技术与生物技术是不可以严格划分的。不是所有的机械技术都是节约劳动，只提高劳动生产率的，也不是所有生物技术都是劳动耗费型，只提高土地生产率的。例如，机耕的发明是为了节约劳动，而它又可作为深耕的一种手段，从而提高了土地生产率；除草剂的使用要耗费劳动，但它代替了人工锄草，从而节约了劳动。

　　如上所述，历史地看，农业投入的相对稀缺程度决定了农业技术的发展方向。从这一历史事实出发，一些发展经济学家提出了与农业技术进步相关的"诱导的技术与制度创新理论"（theory of induced technical and institutional innovation）。这一理论的特点是把农业技术的变化看成是由市场力量诱导的。中心论点是，要素供给的相对稀缺导致要素价格的变化，要素价格的变化又进而导致技术的变化，以实现丰富而价廉的投入要素对稀缺而昂贵的投入要素的替代。例如，在劳动相对稀缺的经济中，劳动价格相对昂贵将引起以机器代替劳动的技术变革趋势，在土地相对稀缺的经济中，土地价格相对昂贵将引起以劳动、化肥、良种等投入代替土地的技术变革趋势。这一理论的提出者举出历史的事例以说明他们的观点。19 世纪中叶，美国地旷人稀，而边疆又在迅速地向西部推进，农业劳动力越来越感不足，当时只凭人力要在短暂时间内把大面积小麦作物抢收完毕是很困难的。为了解决种植与收割之间的劳动需求的不平衡，科学家发明了收割机。收割机发挥了巨大作用之后，耙草和扎捆又需要大量的劳动力，于是自耙式收割机被发明出来。迅速地收割又要求迅速地脱粒，动力脱粒机也随之问世。通过这些技术变革的累积进行，美国比较成功地在农业生产上发展了机械技术，促进了相对丰富的土地和资本对相对稀缺的劳动的替代。诱导的技术创新为什么与制度问题相联系呢？这是因为在发展中国家中诱导的技术变革往往受制度的阻碍。例如，不少发展中国家缺乏适当的农业研究机构以促进技术变革，因此必须进行制度上的创新来冲破这种"瓶颈"，而政府应主动承担这一责任，组织并资助农业科学研究工作的进行。这是因为：（1）发展中国家农业研究的预期商业收入太小，且不确定，不能吸引私人投资。（2）私人部门为了自身的利益，往往偏重于对资本密集型机械技术的研究，而不愿从事土地和劳动密集型的生物技术的研究，因为机械技术比较容易受到专利法保护，而生物技术则难以得到保护，例如，高产良种技术往往被人窃用。

可以理解，诱导的技术与制度创新理论属于新古典主义思路，它受到结构主义发展经济学家的批评，被认为是在传统厂商理论的一般框架中建立起来的资源配置理论，其要害是假定存在着一个与企业利润最大化行为相一致的竞争环境。这样一种环境曾在发达资本主义国家的早期发展阶段存在过，当时的农业技术革新的过程也与该理论所阐述的情况基本相符。但是，今天的发展中国家的社会经济条件与发达国家19世纪的社会经济条件是迥然不同的。发展中国家市场不完善，社会体制造成要素供给刚性和资源使用形式的不灵活，而且发展中国家总是或多或少对外开放的，这就使它们受到外部的干扰，从而影响了要素禀赋与要素价格之间，以及要素价格与技术变化之间的单纯的联系。

三、绿色革命

20世纪60年代后期，在墨西哥、菲律宾、巴基斯坦、印度、泰国等发展中国家的一些农业地区，大面积地推广和种植新型高产小麦和水稻品种，使粮食产量比过去大幅度上升。这种以种子改良为中心，大规模提高土地生产率的农业技术进步被称为"绿色革命"（green revolution）。

绿色革命实际上是一种生物技术革新，它是在发展中国家人口膨胀和农业停滞的巨大压力下发生的。它的发生在一定程度上证明了诱导的技术创新理论的有效性。

由于大多数亚洲国家和一些拉丁美洲国家土地相对稀缺，通过扩大耕地面积来增产粮食已很困难，如何利用生物技术以提高土地单位面积产量成为一种客观要求。于是，在20世纪60年代后期，一些新型的、有良好化肥效应的高产小麦和水稻良种在墨西哥和菲律宾试种成功，以后在巴基斯坦、印度、泰国等国迅速推广。

绿色革命作为农业技术革新具有两大特点：其一，绿色革命的技术是规模中性的，即无论用于大农场或小农户，新型高产良种都可以获得相等的效益；其二，随着高产良种的大面积推广，化肥的施用量也迅速增加，这表明绿色革命采用高产良种的化肥效应很高。

绿色革命给发展中国家带来很大的经济利益：

第一，大大增加了粮食产量。凡是大面积种植新型高产良种的国家和地区，都获得了前所未有的好收成。据估计，在1974～1975年，所有发展中国家大米的总供给量比20世纪60年代中期以前以同样总资源用于传统品种的生产所达到的大米总供给要多12%。仅在哥伦比亚，1966～1974年期间，新水稻品种种植面积从10%上升到99%，每公顷产量从3.1吨增加到5.4吨，总产量从60万吨增加到157万吨。

第二，吸收大量农村剩余劳动，缓和了劳动力盲目流动和失业问题，减轻了人口压力。新型高产良种的生长需要更加精耕细作，播种、育苗、栽种、除草、施肥、灌溉、排涝、杀虫、收割、脱粒、储藏和运输等一整套生产工序所需要的劳动投入，要比传统品种多很多倍。而且，由于新型高产良种生长期比传统品种生长期要短得多，原来一年只种植一熟作物，现在要改为一年两熟、三熟种植体系，于是，土地要更加集约化使用，劳动量的投入要大大增加，而且高产良种对化肥、农药和水分需要量大，将刺激农业生产资料的发展，并带动水利工程的兴建，从而为社会创造大量的就业机会。

第三，对低收入阶层很有利。低收入阶层的粮食支出占家庭总支出的比例远远大于高收入阶层。绿色革命使粮食增产，粮食供给增加，粮食价格下跌，低收入阶层得益自然高于高收入阶层。

第四，绿色革命缩小了粮食的供需缺口，降低了粮食价格，从而也缓和了通货膨胀。20世纪50年代和60年代初，发展中国家由于人口剧增和工业化迅速加快，对粮食的需求急剧增加，而农业又处于停滞状态，粮食供给不足，造成了粮价大幅度上涨，进而促成了极为严重的通货膨胀。若非绿色革命发生，这些情况必将进一步恶化。

但是，在一些发展中国家的社会经济体制和自然环境条件下，绿色革命也产生了一些消极作用，主要有两点：一是使收入分配不均恶化。绿色革命虽然大大增加了农业产量并由此使小农和佃农的绝对收入水平上升，但是，他们的收入上升幅度大大低于大地主和大农场主的收入上升幅度。这是因为，一些发展中国家的土地占有权极不平等，占人口一小部分的大地主占有大部分耕地。佃农由于采用新高产良种而获得的增产收入大部分以地租形式转付给地主。大农场主在资金、外汇、市场、税收和公共服务等方面享受的便利和优惠远远超过小农。他们可以得到较多的低利率银行贷款用于农业投资，可以从政府和研究机构中得到较多的新技术信息，可以垄断和操纵当地农产品市场以获得超额利润，可以从政府得到较多的外汇和补贴，还可以从公共基本建设如水利工程设施建设中得到较多的好处。因此，虽然新型高产良种在技术上是中性的，但在一定的社会经济体制之下，大农场凭借自己的优越地位可以从绿色革命中获得比小农较大的利益。二是引起地区之间收入差距的扩大。在土壤、气候、温度和地理位置适宜于种植高产良种的地区，易于进行绿色革命，因而农民得到较高水平的收入，而在自然条件不适宜于种植高产良种的地区，则难以进行绿色革命，从而使农民只得依旧种植传统品种而不能提高收入。

尽管如此，以生物技术创新为特征的绿色革命仍然是发展中国家农业增产的一条希望之路。随着人口的急剧膨胀和耕地面积的逐年缩小，土地越来越成为相对稀缺的资源，满足日益增长的粮食需求的关键在于提高土地生产率。事实上，自20世纪50年代至1981年，全世界大约80%的粮食增长来自土地生产率的提高。自1981年以后，由于耕地面积进一步缩小，粮食增产几乎全部是土地生产率提高的结果，这在全世界是如此，在发展中国家更是如此。

四、农业生产单位的规模与效率

从理论上说，按照规模报酬递增法则，同一产业中，生产规模较大的单位在效率上要比生产规模较小的单位高，因此，似乎可以推论：农业生产也符合这个法则，生产规模较大的农业单位在效率上要比生产规模较小的单位高，也就是说，小农场与大农场相比，生产效率相对较低。但是，许多发展经济学家不同意这一推论。他们认为，对发达国家的现代化农业来说，推论是适合的，但对发展中国家的传统农业来说，推论是不适合的，在发展中国家的传统农业中，小农场比大农场更有效率。其理由是：

第一，在大多数发展中国家，特别是在亚洲各国，土地是相对稀缺的，而劳动是相对丰富的，在这样一种资源条件下，大农场往往不能使资源得到充分而有效的利用，因为它们倾向于用较少的劳动耕种较广的土地，而小农场则倾向于用较多的劳动在较狭小的土地上实行集约地耕作，结果，劳动力得到生产性就业，土地生产率也很高，因而使资源得到充分而有效的利用。

第二，在传统农业中，由于劳动和土地是主要投入，而资本投入很少，因而不存在一个最低限度的投资规模。在这种条件下，生产规模报酬是不变的。由此，也可以回答一个问题：绿色革命为什么取得成功？因为绿色革命对农场规模没有偏好，生物技术创新是中性的。

第三，大农场和小农场的经营目的是不相同的。大农场的经营目的是利润最大化，而小农场的经营目的是产量最大化。小农的经济基础薄弱，农业生产又有很大的风险，一遇灾年全家就有可能沦为饿殍，因此，必须遵循生存原则，尽可能生产更多的粮食以备不测。大农场的基础雄厚，即使遇上灾年，经济上也不会动摇，因此，大农场遵循效率原则，尽可能获取更大的利润。利润最大化的条件是边际成本等于边际收益，就劳动雇用量的决定而言，工资要等于劳动边际生产率。如果劳动边际生产率小于工资，利润就会减少，农场主就会解雇一些农工，直至劳动边际生产率等于工资时为止，而产量最大化原则所要求的是尽可能多地使用劳动，直至边际生产率等于零时为止。由此可见，比起大农场来，小农场能在更大程度上实现土地集约化经营，吸收更多的劳动就业，生产出更多的农产品。

第四，小农场比大农场较能激发农民的生产积极性。当小农家庭分到一块属于自己的土地时，他们懂得生产是为自己进行的，家庭中每个成员都会比较自觉而勤奋地劳动，从而提高土地耕作质量，增加土地的产出。而大农场的土地属于农场主所有，被雇用的农工认为是为他人干活，劳动中缺乏自觉性而敷衍了事，从而影响了农业产出的数量和质量。

关于农场规模与效率之间的反向关系，一些发展经济学家还选择了一批发展中国家作过实地调查，得出了统计数据以证明小农场比大农场更有效率。如以1970～

128 发展经济学概论

1971 年的印度情况为例，在 1 772 个样本农场中，农场规模大小与每英亩①收入高低成反比关系，25 英亩以上的农场平均每英亩收入只有 346 卢比，而 5 英亩以下的农场平均每英亩收入达 737 卢比。

农场规模的大小与生产效率的高低之间呈现着相反关系的观点，为发展中国家进行土地改革的必要性提供了一定的理论根据，而且使人们不必顾虑因土地改革而缩小农业生产规模会降低总的农业生产水平。

虽然上述理论得到了很多经济学家的赞同，并得到了一些实际调查的证实，但也有人认为这一理论未免过于武断，因为对任何生产来说，新技术的引进必须有固定资本的投入，而大农场利用固定资本的成本较低，利润较高。此外，随着经济的发展和农村劳动力向城市工业部门转移，农业劳动将逐渐变为稀缺，其机会成本将逐渐增大，因而小农的优越性将趋于消失，而且随着技术的进步，大农场将凭借自己的优势地位在技术创新中获得比小农场更大的利益。

五、发展中国家的政府在农业进步中的作用

（一）进行土地改革

如前所述，发展中国家改造传统农业有赖于新技术的发明和新技术的应用。但是，一种新技术发明并试验成功之后可能在某些发展中国家不能发挥其应有的作用，其原因是社会经济制度的障碍，如不公平的土地占有制度会严重挫伤农民采用新技术的积极性。

发展中国家的土地占有制度主要有三种形式：租佃制、庄园制和种植园制。三种土地所有制的共同特征是制度垄断。在租佃制盛行的亚洲国家里，由于人口众多，土地是一个稀缺的生产要素，土地价格大大超过它的边际收益，地主凭借对土地的垄断，不断提高地租。在庄园制和种植园制下，土地占有和土地经营是统一的，土地所有者控制土地使用权，成为劳动的垄断买主，他们凭借这种垄断权把工资压到很低的水平上。显然，土地所有权的垄断是无地或少地农民长期贫困的根源，同时也是农业长期停滞的根源。为此，发展中国家的政府必须把进行土地改革作为改造传统农业的起步点。

土地改革具有两种含义：一指土地所有权的重新分配，二指土地租佃权的变革。

土地所有权的重新分配有两种形式：

（1）土地有偿转移。政府通过一项法令，规定每个人能够拥有土地面积的最高限额，地主必须按照规定价格出售超过限额的所有土地，或者规定只有耕者能有其田，其他人必须全部出售他们占有的土地。可以看出，这种改革方式使失去土地的

---

① 1 英亩＝4 046.86m²。

地主能够得到全部或部分的补偿。

（2）土地无偿转移。政府通过改革法令，把地主、庄园主和种植园主占有的土地全部转移给佃农或农工，而不给他们以物资或货币的补偿，这是土地改革中最激进的形式。

土地租佃权的变革也有两种形式：

（1）地租契约改革。这种改革只涉及租佃契约的法律规定，而不涉及土地所有权的重新分配。法律规定租佃契约签订的最低期限，例如不低于20年。在契约年限内，地主不得擅自毁约。这样，地主就不敢驱赶佃农和提高地租，佃农的生产利益可以得到保护。

（2）降低地租。高地租是阻碍佃农采用新技术的重要因素，高地租使他们缺少资金引进新技术，即便引进了而得到的增产也不能归自己所有。政府可颁布减租法令，规定农民支付的地租最高限必须低于过去支付的地租额，于是，佃农的福利和用于投资的剩余就会增加，从而可提高采用新技术的意愿和能力。

土地改革除了促进农业新技术的采用和农业生产率的提高之外，还是财富平等分配的一项重大措施，同时，在改善农村的贫困状况和增加农村就业两个方面也发挥了极其有益的作用。总之，土地改革具有很大的经济发展效果。

（二）价格政策

20世纪60年代中期以前，在"唯工业化论"影响之下，许多发展中国家片面地认为，为了加速工业化，农业部门必须为工业部门扩张提供尽可能多的剩余，因此，都采取压低农产品价格，提高工业品价格的价格政策。20世纪60年代中期以后，它们逐渐认识到，这种不利于农业的贸易条件不仅造成了农业的停滞，而且也有害于工业的扩张，因为停滞的农业不可能为工业提供更多的剩余。因此，发展中国家应当对农业执行正确的价格政策，改善过去那种贸易条件不利于农业的状况。

改善农业的贸易条件能够促进农业技术的进步和农业生产率的提高，因为农产品价格的提高是增加农业收入的重要源泉，农业收入的增加使农民有能力积累更多的资金，从而较迅速、较有效地采用新技术，提高农业生产，实现农业进步。进步的农业将得到越来越多的剩余，结果，一方面为工业提供更丰富的粮食和原料，另一方面为工业品形成更广阔的市场。

但是，提高农产品价格并非是一件轻而易举的事。在发展中国家中，城市一般居民收入并不高，他们的家庭收入一半要用在食物消费上，以农产品为原料的衣着也是家庭支出中的大项。如果农产品价格提高幅度过小，达不到改善农业状况的目的；如果农产品价格提高幅度过大，将造成城市居民生活水平的下降，引起市民不满和社会不安定，城市工人因生活水平下降而要求增加工资，大幅度提高工资又会引起通货膨胀。不少发展中国家在这两难的处境中，往往采取这样一种办法：提高农产品的收购价格，按提价前的不变价格售予城市居民，购销价格的差额由政府财

政贴补。长期的巨额补贴，国家财政将难以承受，这一弊端已在不少的发展中国家
显露出来，成为一个棘手的问题。有人认为，关于农业的长期价格政策最好是保持
农产品的相对价格不变，当农业丰收时，国家可以大量收购农产品以免农产品相对
价格下降；当农业歉收时，国家可以大量售出农产品以免农产品相对价格上涨。执
行这种政策，国家需要建立储备基金。

（三）投资

国家对农业的投资，首要的是对农业基本建设的投资。农业基本建设包括水利
设施、道路桥梁、邮电通讯、仓储运输等项目。农业基本建设能提高农业生产率，
新型高产良种不仅需要大量的化肥，也需要充足的水分，如果水利设施完备，新技
术采用就能大大提高作物产量。农业基本建设可以保证农业生产的稳定性，减小因
气候等自然条件的剧烈变化造成农业生产的损失。农业基本建设使运输便利，使农
产品得到妥善保管而减少损耗，从而有助于降低农业生产成本和销售成本。农业基
本建设还可以加速传播、推广市场信息和新技术知识。总之，从许多方面看，农业
基本建设对农业进步和发展至关重要。

但是，农业基本建设具有两个使私人或一个生产单位难以投资的特点：第一，
这种建设需要大量资金，个人或一个生产单位无力担负；第二，对这种建设项目的
投资收益不能内部化，投资者不能独享投资收益，因而个人或一个生产单位不愿投
资。因此，对农业基本建设的投资责任由国家承担是必要的，也是适宜的。当然，
国家主要负责对大型农业基本建设的投资，一些小型的、耗资小的、受益面窄的地
方性农业基本建设则应由农民或农场自己来进行。农闲时，农村中有大量闲置劳动
力，可以把他们组织起来从事一些花钱不多的以劳动密集型为主的农业基本建设，
如小水库、小水渠、小仓库、乡村道路和桥梁等。

对农业投资还包括对农业生产资料工业的投资。增加农业生产资料的生产和供
给是农业技术进步的一个必要条件，国家可以直接投资于农业生产资料工业，也可
以用财政补贴的办法促进这类工业的发展。

（四）信贷

在许多发展中国家，农村还不存在现代金融机构和融资市场。农村中的信贷活
动带有浓厚的封建性质，贷款者对借款的农民进行高利盘剥，农民往往只是因为生
活所迫才在苛刻条件下向高利贷者借款，数目不多，但债务沉重。在这种情况下，
农民为了农业投资而举债是不可能的，因而在生产中采用新技术的愿望是无法实现
的。

为了促进农业进步，发展中国家的政府必须对农业投资给予帮助。政府对农民
的金融支持，主要是在农村设立由国家管理的农业银行和信贷机构。它们的主要职
能是对农民低利贷款，鼓励农民进行农业投资。资金的来源一般由国家财政拨款，
也有一部分来自农民储蓄。

（五）研究、推广和教育

新技术的采用是农业技术进步的关键，但新技术必须通过研究发明出来，然后加以推广，最后由农民学习运用到农业生产实践中去。研究—推广—应用，这三个环节是紧密相联而缺一不可的。

发展经济学家把新技术的研究和推广工作看成新技术的供给。新技术的供给成本较大，而供给者能获得直接收益较小，私人投资一般不会投入新技术的研究和推广中去，为此，发展中国家的政府应当大力资助从事这方面工作的机构。发展经济学家把农民对新技术采用的意愿和能力看成新技术的需求。作为新技术的需求者，农民对一项新技术是否接受和接受得快慢，决定于对新技术经济效益的判断，风险大小的考虑，特别是农民对新技术掌握和运用的能力。因此，新技术在农业中的应用牵涉到农民的学习和教育问题。

农民学习新的知识和技能有三种方式：一种方式是从经验中学习。这种方式付出的代价较高，因为收效缓慢，而且要经过多次试验才能学会。另一种方式是在职培训。利用短期培训班和业余学校及外出参观等形式教育农民，这是在短期内使农民掌握一项技术的基本方法。还有一种方式是正规教育。这是提高农民文化教育水平，奠定他们接受新技术、掌握新技术的基本能力，见效于长远的重要方式。

思　考　题

1. 从一些发展中国家城市化的经验教训，论证我国乡镇企业发展的重大意义。

2. 对发展中国家来说，工业化和农业进步为什么不可偏废？

3. 如何深化对农业是国民经济基础的认识？为了进一步发展农业，应做好哪些工作？

第七章　技术进步

人类社会发展进程的每一步跨越，都凝结着技术进步的贡献。在社会实践中，人们逐渐加强了对技术进步作用的认识：技术和知识是制约现代经济发展的关键因素。

科学技术不发达，教育水平低，是导致发展中国家贫穷落后，阻碍其经济发展的重要因素。为了迅速摆脱贫穷落后的面貌，缩小与发达国家的差距，促进技术进步，实施以技术进步为内在机制的经济发展战略，是发展中国家越来越紧迫的现实要求。因此，研究技术进步的本质和规律，分析技术进步推动经济增长和经济发展的内在机制，探讨适合发展中国家的技术进步战略，是发展经济学越来越重要的课题。

第一节　技术进步概述

一、技术进步的含义

在经济学中，技术进步并不是指技术自身的变化发展，而是指一定量的投入能生产更多的产出，或者一定量的产出只需要更少的投入。

用图形表示，技术进步是指等产量曲线的内移。图 7-1 中，横轴代表劳动的投入量，纵轴代表资本的投入量。曲线 I 表示不同的资本与劳动组合下的相同产量，即等产量线。技术进步后，与先前相等产出仅需较少的投入，结果等产量曲线由 I 向内移到 I'。I 和 I' 的位置和时间不同，但代表的产量却是相等的。

从生产函数理论分析可看出，技术进步表现为生产函数的变动。然而，引起生产函数变动的因素有很多。哪些因素应该纳入技术进步的范围呢？或者说，在什么样的情况下，可以说该成本的降低或产量的增加是技术进步的结果呢？

一些经济学家往往把技术进步限定在工艺上的范围，在这种情况下，技术进步实际上是指工艺上的进步（technological progress），它包括新的生产设施、生产方法、生产程序和新的产品等。现代经济增长理论则倾向于扩大范围，把所有的导致产量增加或成本减少的经济活动都归纳为技术进步，也可以说，凡是影响生产函数、经济增长中不能用资本和劳动等投入要素来解释的任何其他因素，均属于技术

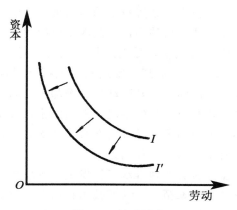

图 7-1　技术进步

进步的范围。显然，这种广义的技术进步把一些非技术性的因素，如制度因素、社会文化因素，以及由自然条件的变化而引起的单位投入的产出量增大，都涵盖于其中了。在这里，我们着重分析的技术进步是由知识和技术因素引起的生产函数的变动。

一般而言，科学技术包含着科学和技术两个方面的内容。科学属于认识世界的范畴，而技术则是改造世界的手段。科学发展表明人类认识世界能力的提高，它构成潜在的生产力；技术进步则意味着人类改造世界能力的增强，它与生产力有着直接的、现实的联系。技术进步在现代科学产生之前，以生产实践经验和技能渐进积累的方式业已存在，而现代科学的诞生，则大大地加快了技术进步的步伐。科学知识为技术进步奠定了必要的理论基础，技术进步则把科学知识转化为直接的生产能力。在现代社会经济发展中，技术进步越来越依赖科学知识及其发展。随着知识经济时代的到来，知识要素正在成为制约经济发展的关键要素。

在经济学的意义上，任何技术进步都具有商业应用价值，都表现为生产效率的提高。但是，促成技术进步的初始动因却不一定与商业应用价值和提高生产效率有着必然的、直接的联系。技术进步的动因可以分为两大类：一类称为自发的技术进步，它是指人类出于对自然规律的探寻精神而得到的技术成果；另一类称为引致的技术进步，它是指为追逐经济上的利益而进行的技术发明。例如，第一架飞机的上天属于自发的技术进步，第一台穿孔计算机的问世则属于引致的技术进步。引致的技术发明往往具有直接的应用价值，自发的技术成果则不一定，尽管后者很可能具有更为深远的意义和价值，但经济学家们仍偏重于对引致的技术进步的关注。

引致的技术进步的发展与两种因素有关。首先是需求因素。当一项技术即将产生，或具有研制的可能性，或已经发明出来，但能否进一步发展和推广将取决于需求的强度。因此，热门产品和新兴行业往往是技术投资的重点对象。例如，对石油的强烈需求导致了石油勘探技术和精炼技术的迅速更新，航空运输业的蓬勃发展引发了一代又一代的大型喷气式客机的问世。其次是供给因素。生产要素相对价格的变动及其中间投入原料价格的变动，是引致技术发展的重要推动力。例如，20 世纪 60 年代以来，由于劳动成本的提高，发达国家大幅度削减了传统的环锭纺纱设备，生产能力迅速下降；与此同时，其劳动生产率却一直以较高的速度增长。原因在于，为了弥补纺织品工业相对优势的不足，发达国家推进了一系列节省劳力的新方法，如无梭织布、不用编织的纤维品等。在有关技术进步的偏好和技术手段的选择问题中，供给因素具有十分重要的作用。

一个社会的技术进步能否有效地推动经济发展，既取决于技术进步的动因，更决定于是否存在着广泛的企业家精神。新的技术在尚未广泛推广和应用之前，往往具有一定的不确定性和风险性，因此，创新活动的倡导者与实行者就需要一种独特的素质和精神。西方经济学把首创性、成功欲、冒险和以苦为乐、精明与敏锐以及强烈的事业心，看成是构成企业家精神的五大要素。正是这种企业家精神促使人们去探索新的生产技术和方法，以取得利润最大化和实现自我价值。

二、技术进步的类型

根据技术进步对资本和劳动等投入要素影响程度的不同，技术进步可分为三大类型：劳动节约型或资本使用型（labour-saving or capital-using）、资本节约型或劳动使用型（capital-saving or labour-using）和中性型（neutral）。依据不同的标准，各类型的定义也有差异。影响较大的有希克斯（Hicks，N.）分类、哈罗德分类和索洛（Solow，R.）分类。这里主要介绍希克斯分类，它有两种表述方式。

（一）要素比例标准

设只有资本和劳动两种投入要素，且其价格比率不变。如果技术进步导致资本-劳动比上升、下降或不变，则该技术进步分别称为劳动节约型、资本节约型和中性型。这一分类情况如图 7-2 所示。

在图 7-2 中，曲线 I 仍表示技术进步前的等产量曲线，斜线 KL 表示要素价格比例曲线（或称等成本线），射线 OE 的斜率表示资本-劳动比。设资本和劳动的价格比保持不变，技术进步后，等产量线 I 向原点内移，表示相同的产量仅需较少的资本和劳动的投入量，要素价格比例曲线因而向内平移（由 KL 移到 K_1L_1）。这时，新的切点作为技术进步后生产要素最优组合点，其位置决定着技术进步对资本和劳动的不同影响，决定着技术进步的不同类型。若等产量线移至 I_a，劳动节约得更多，资本-劳动比上升，OE 射线由原点逆时针旋转通过 A 点，此时的技术进步为劳动节约型；移至 I_c，资本减少得更多，资本-劳动比下降，OE 射线顺时针旋转通过 C 点，此时的技术进步为资本节约型；移至 I_b，资本-劳动比不变，OE 射

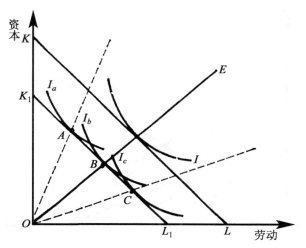

图 7-2 技术进步的类型（要素比例标准）

线位置不变，此时技术进步为中性型。

（二）边际产品比例标准

设资本-劳动比不变，技术进步导致资本边际产品的增加相对地大于、小于或等于劳动边际产品的变动，则该技术进步分别称为劳动节约型、资本节约型或中性型。假定市场是完全竞争的，要素的边际产品等于要素的价格，边际产品的比例变动即为要素价格的相对变动。这样，技术进步分类可用要素价格比例曲线斜率的变化来表示（见图 7-3）。

图 7-3 中，各曲线的含义同图 7-2，但资本-劳动比（OE）设定不变。这时，若技术进步为劳动节约型，等产量曲线 I 移至 I_a，由于资本要素的价格上升得更多，价格比例曲线在向内移动的同时还向逆时针方向旋转；反之，若技术进步为资本节约型，等产量曲线移至 I_b，劳动要素的价格上升得更多，价格比例曲线向内移动并向顺时针方向旋转；同理，若为中性型，等产量曲线移至 I_c，要素价格的比例不变，因而曲线向内平行移动。

可以看出，两种表述方式在内容上是完全一致的。若要素价格比不变，技术进步只能影响资本-劳动比；若资本-劳动比不变，技术进步则只能改变要素价格的比例，二者必居其一。例如图 7-3 中，等产量曲线 I 移至 I_a，代表劳动节约型技术进步。此时，若价格比例不变，厂商将更多地减少劳动使用量，资本-劳动比增加，射线 OE 向上方移动；若资本-劳动比不变，更多的边际产品意味着要付给资本更多的报酬，要素价格比例线沿逆时针方向旋转。

当然，在两种表述方式下，技术进步后生产要素最优组合点变化的路径是不同

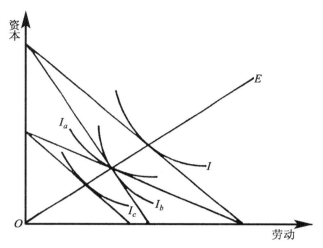

图 7-3　技术进步的类型（边际产品比例标准）

的。依据要素比例标准，由于假定生产要素价格比不变，技术进步直接导致要素组合比例变化，从而使生产要素最优组合点发生偏离 OE 射线的变化；依据边际产品比例标准，由于假设生产要素比例不变，技术进步只改变要素的边际产品比，导致要素价格的相对变动，故生产要素最优组合点总是在 OE 射线上移动。

除了表述方式上的差异外，二者的意义亦有重大区别。首先，从范围上说，要素比例标准更多地是针对单个厂商或行业的。单个厂商面临既定的生产要素价格，它们只能在既定的价格条件下，选择资本和劳动的使用量。边际产品比例标准则主要以整个经济为对象。如果充分就业存在，资本-劳动比既定，技术进步就只能改变生产要素的相对价格。其次，从性质上看，要素比例标准强调了技术进步后要素间的替代关系，它是一个生产要素的选择和使用的工艺标准。边际产品比例标准则着重于技术进步对要素收益的影响，它是一个有关收入分配的标准。相比而言，在发展经济学里，选用要素比例标准更为普遍。

哈罗德对技术进步所作的分类，是建立在资本 -产出比变化的基础之上的。设利润率不变，若技术进步导致资本-产出比上升、下降或不变，则该技术进步分别称为劳动节约型、资本节约型或中性型。索洛的分类是建立在劳动-产出比变化的基础之上的：设工资率不变，如果技术进步导致劳动产出比上升、下降或不变，则称该技术进步分别为劳动使用型、劳动节约型或中性型。

关于哈罗德的分类标准，应注意以下几个问题。首先，该标准没有直接考虑技术进步后，资本与劳动的比例关系及其可能出现的替代关系的变化，特别是技术进步对资本与劳动的边际生产力的影响，这与希克斯的分类标准有很大的不同。结果，技术进步后生产过程中的变化被抽象掉了。其次，哈罗德的分类标准进一步明确了技术进步与收入分配的关系：利润率乘以资本-产出比等于资本的收益在总产出中的份额，即等于资本收入在总收入中的份额。因此，技术进步后，只要资本-产出比没有下降，技术进步对资本所有者收入分配的影响就是有利的。在这一意义上，哈罗德的分类标准是关于技术进步对收入分配影响的最终效果标准。再次，哈罗德的中性技术进步实际上意味着，技术进步能够抵消利润率下降的趋势，因此，即使资本-劳动比不断提高，资本不断深化，资本收入在总收入中的份额仍然保持不变。在哈罗德的中性技术进步的增长模式中，哈罗德假设，资本与劳动按同一比率增长，因而资本与劳动之比不变，但劳动量的增长是以效率单位衡量的变动，包含了劳动生产率的提高。如果劳动人口增长 1%，劳动生产率增长 2%，那么劳动的自然增长率为 3%，相应地，为实现充分就业，资本也需增长 3%。可见，在中性进步的经济增长中，资本-劳动比逐渐提高，资本在不断深化，但资本收入在总收入中的份额却不变。

三、技术进步的过程

熊彼特在他的创新理论中，把技术进步理解为一个过程，认为这个过程包括技术发明、技术创新和技术扩散这三个相互关联的环节。经济合作与发展组织（OECD）在 1988 年的《科技政策概要》中也指出，技术进步是一个包括三种既相互重叠，又相互作用的要素的综合过程：第一个要素是发明，即有关新的或改进的技术设想，发明的重要来源是科学研究；第二个要素是创新，即发明首次被商业应用；第三个要素是扩散，它是指创新出现后被许多使用者应用。

随着知识经济时代的日益临近，技术进步中知识对经济增长和经济发展的贡献越来越突出，而知识特别是关于事实方面的知识（know-what）和关于自然规律方面的知识（know-why），不是通过"发明"，而是通过研究发现和获取的。这样，"技术发明"作为技术进步的第一个环节或要素，其内涵显得过于狭窄。据此，可以把技术进步过程理解为研究与开发（R&D）、技术创新与技术扩散三个环节。

（一）研究与开发

根据联合国教科文组织的定义，研究与开发是指为增加知识总量以及运用这些知识去创造新的应用而进行的系统的创造性工作。研究与开发是技术进步的源头活水，没有研究与开发活动，就不可能存在新的技术和知识，自然也就不存在新的技术和知识的商业性应用，即不存在技术创新和技术扩散，因而也就不存在技术进步。理论研究和实证分析都表明，在研究开发与产业成长、经济增长之间，存在着明显的正相关关系。

研究与开发可以进一步分为基础研究、应用研究和实验开发三种类型或三个阶段。基础研究是为获得关于现象和可观察事实的变化发展规律而进行的理论性或实验性研究。基础研究成果具有深刻的认识功能和重要的学术价值，但在当时和可预见的将来可能不具有直接的应用价值或经济价值。然而，一旦发现并实现其潜在的实用价值和经济价值，往往会产生深刻而全面的技术变革，导致划时代性的技术进步。应用研究是为探索科学原理在特定技术领域的应用，发现新的技术原理而进行的研究工作。其主要功能在于对特定技术规律的认识和对技术开发的理论指导。实验开发则是利用从研究过程中取得的新的技术原理和实际经验知识，为生产新的材料、产品和装置或建立新的工艺、系统和服务而进行的系统性工作。

（二）技术创新

技术创新概念首先是由熊彼特 1912 年在其成名作《经济发展理论》中提出的。他认为，技术创新是发明在生产上的应用，是企业家对生产要素与生产条件的"新组合"。美国经济学家曼斯菲尔德（Mansfield，M.）认为，当一项发明被首次应用时可以称之为技术创新。英国经济学家弗里曼（Freeman，C.）和斯通曼（Stoneman，P.）也对技术创新持相近的观点。

在技术进步过程中，技术创新占有十分突出的地位。技术创新依据社会需求把技术发明应用于生产，把新知识转化为物质产品，把潜在的生产力转变为现实的生产力，实现了技术知识与经济的结合。在研究与开发阶段，技术与经济仍处于分离状态；在技术扩散阶段，技术与经济的结合业已完成，正是技术创新实现了从技术到经济的质的飞跃。

根据创新形式的不同，技术创新可分为产品创新和过程创新。产品创新是指技术上有变化的产品的商业化；过程创新是产品的生产技术上的变革，它包括新工艺、新设备和新的组织管理方式。根据创新中技术变化程度的不同，技术创新又可分为渐进性创新和根本性创新：渐进性创新是指对现有技术的改进而形成的创新；根本性创新是指以新知识为基础，技术上有重大突破的创新。

（三）技术扩散

技术扩散是指新的技术和知识通过一定的渠道向潜在的采用者转移，并在生产中取得广泛应用的过程。技术扩散，从转让方看，是技术转让；从采用方看，是技术引进和创新模仿。

技术扩散是技术进步促进经济增长和经济发展的关键环节。研究与开发产生了新技术和知识，技术创新则将这种新技术和知识首次应用于生产，完成了技术和经济的结合，实现了技术进步过程中质的飞跃。然而，质的突破只有经过量的进一步扩张，才能显示出它的经济意义，这种量的进一步扩张是在技术扩散中实现的，而且在量的扩张过程中，仍然会包含着新的部分质变。也就是说，在技术扩散过程中包含着为适应各种具体条件而进行的技术创新。随着技术扩散过程的展开，新技术为更多的企业所采用，技术进步对经济增长和经济发展的促进作用才得以真正地发挥。因此，技术进步的力量，不仅取决于研究与开发、技术创新的数量与质量，更决定于技术扩散的速度与范围。

对于发展中国家而言，作为技术扩散过程的技术引进和创新模仿具有特殊的意义。大多数发展中国家技术基础薄弱，研究与开发能力较差。在经济发展过程中，没有能力，也没有必要一切从头开始，完全自主开发和自主创新。在可能的情况下，积极引进国外先进而适用的技术，实施创新模仿，是发展中国家实现技术进步的一条快捷有效的途径。

第二节　技术进步与经济增长

一般而言，经济增长有两个根本途径或方式：一是增加生产要素的投入；二是依靠技术进步，提高全要素生产率。前者被称为粗放型或外延型经济增长方式，后者则为集约型或内涵型经济增长方式。技术进步是推动现代经济持续增长越来越重要的力量。

一、技术进步在经济增长中的作用

早期的发展经济学家认为，生产要素投入的增长，特别是资本积累的增长，是经济增长的主要源泉。因此，他们把资本积累或资本形成看做是经济增长的决定因素，其经济发展理论具有明显的"唯资本论"倾向。这种倾向的一个重要理论依据便是哈罗德-多马模型。

1956 年，美国经济学家索洛（Solow，R.）为了解决哈罗德-多马模型的稳定性问题，在不考虑技术进步的前提下，对哈罗德-多马模型进行了修正，提出新古典增长模型。该理论模型认为，在没有技术进步的条件下，给定储蓄率和人口增长率，经济体的人均资本积累和人均产出将趋于长期均衡点，而一旦达到长期均衡点，更进一步的资本积累就会停止，因而人均收入增长也会停止，也即经济停止增长。若提高储蓄率，虽然能使长期均衡收入提高，并且在经济体迈向新的长期均衡点的运行过程中，经济增长速度增加；然而，一旦达到新的均衡点，增长又会停止下来，要想再提高经济增长速度，除非更进一步地提高储蓄率。

但是，储蓄率是不可能无限制地提高的。因此，仅仅依靠资本投入而无技术进步，不可能维持长期的经济增长。单纯依靠增加生产要素投入的外延式扩大再生产，迟早会受资源稀缺的约束而停滞下来，而且市场竞争也必将使这种经济增长方式在资源耗竭之前就早早地失去活力。

没有技术进步的世界，是一个收益递减的世界。在既定的技术条件和知识水平下，人们能发现的投资机会总是有限的。或者说，可投资项目集合的边界，在既定的技术知识条件下是不会扩大的。投资总是从可投资项目集合中最有利的项目开始，随着时间的推移，有利的投资项目将不断减少，投资的收益也会相应下降，因而资本的边际收益是递减的。当资本的边际收益递减时，随着资本积累的增长，总产出会相对减少，从而导致资本的平均效率即资本的生产率(Y/K)递减。这就是说，如果没有技术进步，资本的"规模收益"递减。

在规模收益递减时，在劳动、土地和技术知识等不变的绝对的情况下，不断增加的投资最终会用完所有的投资机会，自此之后的投资将不会再增加经济产出的总量，因而经济增长将会停止。

然而，在事实上，20世纪以来，投资机会并没有因投资的增加而减少或用尽，可投资项目集合的边界并不是固定不变而是不断扩大的，经济增长并不像收益递减理论指出的那样处于停滞，正好相反，长期的经济增长是当今世界经济运行的主要趋势。当代经济学家把这种持续的经济增长归因于技术进步。

虽然经济学家们对技术进步促进经济持续增长的看法是一致的，但是在解释技术进步如何促进经济增长的问题上观点却不尽相同。

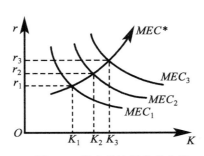

图 7-4　资本的边际收益曲线

新古典主义理论认为，技术进步使资本的边际收益曲线外移，而在没有技术进步的条件下，增加投资只能使资本的边际收益沿边际收益曲线下降。如图 7-4，图中横轴 K 代表资本存量，纵轴 r 代表资本的边际收益，MEC 是在确定的技术条件下资本的边际收益曲线。在没有技术进步时，增加资本会使边际收益沿曲线 MEC_1 向下移动，边际收益随资本存量的增加而递减。如果随着资本的增加而存在技术进步，则资本的边际收益曲线向外移动，即从 MEC_1 移到 MEC_2 和 MEC_3，因而与资本存量 K_1、K_2、K_3 相应的资本的边际收益为 r_1、r_2、r_3，具有递增的特点。这说明与技术进步相对应的资本边际收益曲线 MEC^* 不再有下降的趋势，而是具有规模收益递增的性质。

新增长理论认为，技术进步是由经济体系中内在的力量决定的，这种内生的技术进步能够产生"收益递增"。在新增长理论中，关于技术进步如何促进经济增长，大致有知识积累模型、人力资本模型和分工演进模型等不同的分析思路。本书第二章第一节已对新增长理论作过介绍，这里不再复述。

二、技术进步贡献的衡量

技术进步对经济增长的贡献可以通过生产率来衡量。生产率是指产出与投入要素之比或投入要素的单位产出。通常使用的生产率指标包括：劳动生产率、资本生产率和土地生产率等。这种按单个要素计算的生产率称为单要素生产率。20世纪

50 年代以前，单要素生产率既是测算技术进步对经济增长贡献的主要指标，也是衡量技术进步的主要尺度，特别是劳动要素生产率，在实践中使用得最多。单要素生产率衡量指标的主要缺陷在于，它既包含了非技术进步的因素，也包含了重复计算的过程：劳动生产率的高低依赖于资本的数量，资本生产率的高低又要依赖于劳动要素的数量等等。

　　用劳动生产率或其他单要素生产率衡量技术进步及其贡献，不仅不能真实地反映技术进步状况，而且还特别容易导致粗放地扩大再生产，忽略经济效益。20 世纪 50 年代，经济学家们根据生产函数的基本原理，提出了全要素生产率的概念，技术进步的衡量才获得重大的进展。目前，全要素生产率已成为衡量技术进步的最基本的指标。

　　全要素生产率（total factor productivity，TFP）是指所有生产要素的生产效率，即总产出量与全部生产要素结合在一起的投入量之比。全要素生产率指标的计算是以生产函数理论为基础的。

　　西方经济学认为，产出量是各种投入量的函数。从企业或部门看，投入要素包括资本、劳动、土地和从其他企业购进的中间产品；从全国经济看，由于企业间的购进、售出互相冲消，再加上土地要素相对稳定，投入要素简化为资本和劳动，因而其总量生产函数的一般形式可表示为

$$Y = f(K，L)$$

其较常用的特殊形式可表示为

$$Y = K^\alpha L^\beta$$

式中，Y，K，L 分别代表产出量、资本量和劳动投入量，α 和 β 分别为常数因子。此式称为不含技术进步因子的柯布-道格拉斯生产函数。为了衡量资本和劳动要素的增长对产出增长的贡献，上式需要转化为增长率的形式

$$\frac{\Delta Y}{Y} = \alpha \frac{\Delta K}{K} + \beta \frac{\Delta L}{L}$$

　　这就是说，若不计技术进步对产出的影响，产出增长率 $\Delta Y/Y$ 等于资本增长率 $\Delta K/K$ 与劳动增长率 $\Delta L/L$ 分别按 α、β 加权平均之和。如果劳动量与资本量分别按 1％和 5％的速度增长，产出 Y 增长多少要看权数 α 与 β 的大小。如果 α 与 β 分别等于 0.25 和 0.75，那么产出 Y 将按 2％的速度增长（2％＝0.25×5％＋0.75×1％）。

　　可以看出权数 α 与 β 所赋予的经济含义。α 表明，如果资本量每增加 1％，产出量将相应增加的数量，如 0.25％；β 则表明，劳动量每增加 1％，产出量将应增加的数量，如 0.75％。在经济学里，这种关系称为生产要素的产出弹性，即 α 与 β 分别为资本的产出弹性和劳动的产出弹性。因此，资本产出弹性 α 乘以资本增长率加上劳动产出弹性 β 乘以劳动增长率，应等于因资本和劳动的增长所导致的总产出

的增长。

　　在有些情况下，一个不包括技术进步的生产函数就可以解释和说明一些国家的经济增长。例如，1960 年到 1987 年，非洲国家的国内生产总值的年平均增长率为 3.3%，同期，资本和劳动投入要素的年平均增长率分别为 6.3% 和 2.2%，资本和劳动的产出弹性很低，分别为 0.38 和 0.42，代入上式得

$$\Delta Y/Y \approx 0.38 \times 6.3\% + 0.42 \times 2.2\%$$
$$\approx 2.4\% + 0.9\%$$
$$\approx 3.3\%$$

这说明，单纯的投入要素的增长足以说明非洲国家 1960 年到 1987 年的经济增长，经济增长是通过单纯的投入要素的扩大而产生的。其中，资本的增加是推动经济增长的主要动力，对经济增长的贡献份额为 73%（≈2.4/3.3），而劳动的贡献份额仅为 27%，这是典型的资本投入的增长类型。

　　在另一些情况下，不包括技术进步的生产函数则不能说明经济的增长，实际的经济增长并不等于按投入要素的增长所计算出来的增长率，这就要求引进新的变量来概括各种非投入的经济增长因素。1957 年，索洛在生产函数中加入技术进步因素，并试图将产出增长中由技术进步引起的部分与投入要素增长引起的部分区别开来。在作出哈罗德中性技术变化的假定之后，索洛给出一个总量生产函数

$$Y = AK^{\alpha}L^{\beta}$$

式中，A 就是被肯德里克（Kendrick，J. W.）定义为全要素生产率的技术进步因子，它是促使生产函数变动的力量。由上式可以得出产出增长方程

$$\frac{\Delta Y}{Y} = \frac{\Delta A}{A} + \alpha \, \frac{\Delta K}{K} + \beta \, \frac{\Delta L}{L}$$

于是，全要素生产率的增长率 $\Delta A/A$ 则为

$$\frac{\Delta A}{A} = \frac{\Delta Y}{Y} - \alpha \, \frac{\Delta K}{K} - \beta \, \frac{\Delta L}{L}$$

例如，1960 年到 1973 年，非洲国家的资本量的年平均增长率为 6.3%，劳动的年平均增长率为 2.1%，资本与劳动的产出弹性不变，仍然分别为 0.38 和 0.42，则投入要素的增长所导致的国内生产总值的年平均增长率应为 3.3%，佀非洲国家在 1960 年到 1973 年期间，其实际的国内生产总值的年平均增长率为 4.0%，这表明，全要素生产率的增长率是 0.7%

$$\Delta A/A \approx 4.0\% - 0.38 \times 6.3\% - 0.42 \times 2.1\%$$
$$\approx 4.0\% - 2.4\% - 0.9\%$$
$$\approx 0.7\%$$

　　通过以上论述可以看出，全要素生产率的增长实际上是一种余值增长，它表明，如果扣除单纯的资本与劳动量增加对经济增长的贡献 ($\alpha \Delta K/K + \beta \Delta L/L$)，一

国的经济是否还有一个额外的增长率：如果没有，该国的经济增长属于要素投入型；如果有并且还很多，该国的经济增长属于技术增长型。

三、技术进步的实证分析

运用经济增长因素核算的办法可以估算各种因素对经济增长的作用和贡献。20世纪50年代以来，以丹尼森（Denison，E. F.）、肯德里克为代表的经济学家详细比较了发达国家经济增长因素的差异；麦迪逊（Maddison，A.）、纳迪里（Nadiri，M.）等发展经济学家又根据类似的方法考察了发展中国家经济增长的状况。由于计算方法和数据选取的差异，各个学者分析的结果常常有很大的不同，但总的结果表明，技术进步对发达国家经济增长的作用要大于发展中国家。

世界银行在《1991年世界发展报告》里，也将影响经济增长的因素分为三类，即资本投入、劳动投入和全要素生产率，并考察了1960～1987年间68个发展中国家和地区的经济增长情况。在68个国家和地区中，撒哈拉以南非洲的国家和地区有27个（以下简称非洲），东亚9个，拉丁美洲15个，中东和北非8个，南亚4个，另外还包括了几个高收入国家。世界银行的估算结果见表7-1。

表7-1 部分发展中国家和地区经济增长因素的分析（1960～1987年） 单位：%

	国内生产总值			资本投入			劳动投入			全要素生产率		
	1960~1973年	1973~1987年	1960~1987年	1960~1973年	1973~1987年	1960~1987年	1960~1973年	1973~1987年	1960~1987年	1960~1973年	1973~1987年	1960~1987年
非洲	4.0	2.6	3.3	6.3	6.3	6.3	2.1	2.3	2.2	0.7	-0.7	0.0
东亚	7.5	6.5	6.8	9.8	10.7	10.2	2.8	2.6	2.6	2.6	1.3	1.9
中东、欧洲和北非	5.8	4.2	5.0	7.7	7.5	7.6	1.4	1.9	1.7	2.2	0.6	1.4
拉丁美洲	5.1	2.3	3.6	7.4	5.6	6.3	2.5	2.8	2.6	1.3	-1.1	0.0
南亚	3.8	5.0	4.4	8.0	7.2	7.7	1.8	2.3	2.1	0.0	1.2	0.6
68个发展中国家经济	5.1	3.5	4.2	7.4	7.1	7.2	2.2	2.4	2.3	1.3	-0.2	0.6

从表7-1中可以看出：第一，发展中国家的经济增长可以相对地分为两类：一类属于高投入、高效率、高产出的经济增长型，如东亚地区的发展中国家；另一类属于高投入、低效率、低产出的经济增长型，如非洲、南亚和拉丁美洲的发展中国家。第二，发展中国家的经济增长与其经济效率具有明显的正向变动关系。在1960～1973年间以及1973～1987年间，大部分发展中国家的要素投入增长率没有什么变动，但国内生产总值的年平均增长率却下降了许多，这显然是由经济效率的

降低造成的。

　　世界银行在发展报告里还比较了增长因素的贡献份额在发展中国家与发达国家之间的差异。所谓贡献份额，是指全要素生产率的增长率与总产出的增长率之比，或投入要素导致的产出增长与总产出的增长率之比。比较情况如表7-2所示。

　　可以看出，在影响发展中国家经济增长的三大因素中，资本投入的贡献份额最大，单纯的资本增加所导致的产出增长约占总产出增长的2/3，在非洲国家则差不多占到3/4。除东亚和中东等小部分国家和地区外，技术进步对大部分发展中国家经济增长的作用微不足道。值得一提的是东亚地区，1960～1987年间，全要素生产率的年均增长率为1.9%，不仅高于其他地区的发展中国家的水平，实际上也高于大部分发达国家的全要素生产率的增长，但与其更高的国内生产总值的增长速度相比，技术进步的贡献份额就不多了。因此，所有发展中国家的经济增长都主要地依赖于资本的积累，资本积累是发展中国家经济增长的主要源泉，是影响经济增长的最重要的因素，而技术进步则毫无例外地是发达国家经济增长的主要动力，要素投入对其经济增长的作用居于次要的地位，发达国家的经济增长属于明显的技术进步的增长类型。

表 7-2　　　　　　　　　　　增长因素的贡献份额　　　　　　　　　　单位：%

指　标 地　区	资本投入	劳动投入	全要素生产率
发展中国家 （1960～1987年）			
非　　洲	73	28	0
东　　亚	57	16	28
中东、欧洲和北非	58	14	28
拉丁美洲	67	30	0
南　　亚	67	20	14
发达国家 （1960～1985年）			
法　　国	27	−5	78
德　　国	23	−10	87
日　　本	36	5	59
英　　国	27	−5	78
美　　国	23	27	50

　　按其定义，全要素生产率是指要素投入的产出效率，即全部生产要素结合在一

起的单位产出。因此，全要素生产率的提高与生产要素单纯的量的扩大没有关系，它取决于一些其他的经济因素。从经济增长的因素分析中也可以看出，全要素生产率的增长实际上是一种余值增长，即 GDP 增长率中不能用劳动和资本投入的增加来解释的剩余（residual）。索洛把剩余归因于技术进步。正如广义的技术进步包含许多因素一样，全要素生产率也犹如一个黑匣子，里面不仅包含技术、知识因素，而且还包含制度因素，社会文化因素，如企业精神、民族敬业精神等，以及除劳动和资本要素投入增长以外所有其他可能促进经济增长的因素。在这个意义上，严格地说，全要素生产率是除劳动和资本以外的全部要素生产率。

一般说来，影响全要素生产率的因素主要包括：技术或工艺上的变动，劳动力和资本素质的提高，资源配置的改善，以及规模经济等。在实际分析中，一些经济学家所分解的因素往往涉及很多，如丹尼森在分析经济增长的源泉时，把影响经济增长的因素分为 2 大类、7 小类和 23 个子项目。再如，麦迪逊在最近公布的研究结果中，除了通常的因素外，又核算了经济结构效应、外贸效果、跟进效应（catch-up effect）、能源效应、自然资源效应，甚至犯罪因素对经济增长的影响。

各种因素对各个国家经济增长的作用是不一样的，但概括起来看，教育和经济政策对全要素生产率的提高最为重要。世界银行的研究结果表明，如果教育水平较高或提高速度很快，再加上较好的经济政策，全要素生产率的增长率可以达到 1.4%，反之，缺乏这两个因素中的任何一个，全要素生产率都不可能得到高于 0.4% 的增长速度。世界银行的结论与大多数经济学家的看法是一致的，如丹尼森的增长因素分析表明，知识进展对美国 1948～1969 年的经济增长的贡献份额为 30.9%，占全要素生产率贡献份额的 68%。这就是说，知识进展是全要素生产率提高的主要因素。

第三节 技术进步与产业结构变革

技术进步不仅如前所述地推动着经济增长，而且还是促进经济发展的重要力量。技术进步对经济发展的促进作用表现在很多方面，但尤以推动产业结构变革最为直接，最为突出。

一、技术进步与产业结构的演进

产业结构是一个经济时代区别于其他经济时代的显著标志，它表征着不同国家经济发展水平的差异。在经济发展过程中，经济资源在各个产业中的合理配置，是扩大经济规模，提高经济效率的前提。如果产业结构符合生产力发展水平，符合市场需求的变化，整个经济就可以在良性循环的基础上加快发展；反之，如果产业结构不合理，资源配置失衡，整个经济运行就会出现"瓶颈"，就会阻碍或延误经济发展。产业结构的变革既体现经济发展的水平，同时也推动着经济发展的进程。

表 7-3 是世界几个主要国家国内生产总值中三次产业比重的变化情况。

表 7-3　　　　　　　　　　几个主要国家 GDP 中三次产业比重的变化　　　　　　　　　单位：%

	农业				工业				服务业			
	1965 年	1980 年	1995 年	2005 年	1965 年	1980 年	1995 年	2005 年	1965 年	1980 年	1995 年	2005 年
美　国	3	3	2	1	38	34	26	22	59	64	72	77
英　国	3	2	2	1	46	43	32	26	51	51	66	73
法　国	8	4	2	2	38	34	27	22	54	62	71	76
日　本	9	4	2	1	43	42	38	31	48	54	60	68
韩　国	38	15	7	4	25	40	43	41	47	45	50	55
巴　西	19	11	14	16	33	44	37	36	48	45	49	58
印　度	47	38	29	19	22	26	29	28	31	36	41	54
中　国	39	30	21	13	38	49	48	46	23	21	31	47

　　无论是时间序列分析，还是横向国别比较，表 7-3 的实践经验数据都能支持或证实克拉克（Clark，C.）和库兹涅茨（Kuynets，S.S.）的研究成果：在经济发展过程中，三次产业的主导地位是依次转移的。一个国家经济结构的演进，是由以第一次产业为主导转向以第二次产业为主导的过程，是实现经济工业化的过程，是农业经济向工业经济转型的过程；由以第二次产业为主导转向以第三次产业为主导的过程，在本质上则是实现经济知识化、信息化的过程，是由工业经济向知识经济转型的过程。

　　决定和影响产业结构演进与变革的因素是多方面的，但是，从根本上说，技术进步是推动和实现产业结构变革的主要动力。

　　人类在漫长的原始社会里，长期靠采集和狩猎生活。直到原始社会末期，人类才学会了取火、制造工具和饲养及栽培技术，农业技术上的进步才使得农业发展成为最早的产业部门或第一次产业。在第一次产业作为整个国民经济基础的阶段，它创造了国民收入的主要部分，并提供了绝大部分就业机会。随着人们收入水平和生活水平的提高，人们对第一次产业所提供的生活必需品的需求就会逐渐地相对减少，而对耐用消费品和其他工业品的需求就会相对增加，也就是说，随着收入水平和生活水平的提高，第一次产业的产品需求收入弹性呈下降趋势，在需求的拉动下，技术创造活动必然转向产品需求收入弹性高的工业部门，并在工业技术进步中实现投入、产出结构的变迁。

　　第一次产业在国民经济发展中相对比重的逐渐减小，不仅是由第二次产业即工业部门的技术进步所致，同时，也是第一次产业部门即农业部门本身的技术进步，以及工业技术进步向农业扩散所带来的农业劳动生产率提高的结果。国民经济的主导地位由第一次产业向第二次产业的自发转换，并不意味着第一次产业的衰落。事实上，在发达国家的工业化进程中，农业的现代化与工业的现代化是相生相伴的。发达国家第一次产业在国民生产总值中所占的比重虽然很低，但生产力很高，所提供的产品不仅能充分满足国内的需求，而且还有大量剩余可供出口。这说明，发达国家第一次产业在国民经济中退出主导地位，本质上是由技术进步决定的自组织过程。技术进步使农业实现机械化、自动化、化学化和生物化，创造了较高的农业劳动生产率，因而用较少的生产要素投入就足以生产出能充分满足社会需求的产品。这样，社会就可以把更多的生产要素解放出来转移到第二次产业和第三次产业之中，导致第二次、第三次产业以远高于第一次产业的速度发展。

当然，现实中也还存在另一种情形，即在缺乏技术进步，农业劳动生产率不高，因而农业生产尚不能保证人们基本生活需求的情况下，大幅度地减少对农业的投入，人为地加快第一次产业比重下降的过程，以此推进产业结构的工业化进程。20世纪50～60年代，许多发展中国家在第一阶段发展经济学的影响下，就是采取这种重工轻农、重工抑农的工业化战略的。其结果是，产业结构畸形发展，农业及与农业密切相关的轻工业远远落后于重工业，严重地影响了人们生活水平的提高。实践证明，不借助技术进步的力量，而以牺牲农业为代价，人为地实现产业结构的变革是不合理的，它不仅不能促进经济发展，相反还会阻碍经济发展。

如果说第一次产业的生产属性是自然生态再生产过程与社会经济再生产过程的统一，那么，第二次产业的生产属性则是一种纯粹的社会经济再生产过程。生产属性上的这种差异，使得第二次产业的发展比第一次产业的发展更直接地依赖于技术进步。世界工业发展史上的三次产业革命本质上都是直接由技术进步引起的。第一次技术革命所引起的第一次产业革命，形成了以蒸汽动力技术创新为主导的，包括纺织业、机械制造业、炼铁业、采煤业和铁路运输业等工业部门在内的传统工业体系，开始了由手工业生产方式向机器大工业生产方式的转变。第二次技术革命所引起的第二次产业革命，形成了以电力技术创新为主导的，包括电力、钢铁、化工三大支柱产业，以及汽车和飞机制造、石油开采等一系列新兴产业部门在内的新的工业体系。第三次技术革命所引起的新产业革命，形成了以微电子和信息技术创新为主导的，包括电子工业、合成材料工业、原子能工业、宇航工业、海洋开发工程及生物工程等一系列新兴产业为主体的新的工业体系。

以现代科学技术突破为基础的一系列重大的技术创新及其在各产业部门中的广泛应用，使发达国家的工业结构，由传统的以资本密集为特征的重工业化和高加工度化阶段，进入到知识和技术密集化的新阶段，即实现了工业结构向以高技术产业为主导的知识和技术密集型的转换。在这一转换过程中，第三次产业开始成为国民经济中的主导产业。

据欧盟统计局统计，20 世纪 90 年代末，欧盟服务业创造的产值已占其 GDP 的 64％，就业人数占 66％。由于第三次产业自身的发展也越来越以信息产业为主导，一些学者甚至主张把信息产业从传统的服务业中划分出来，列为第四次产业。美国商务部 1998 年 4 月 15 日发表报告说，在过去的五年里，信息技术产业为美国创造了 1 500 万个新的就业机会，美国经济增长的 1/4 以上应归功于信息技术。

信息技术的发展和广泛应用，使得知识和技术作为独立生产要素的重要性前所未有地表露出来。在一些发达国家，这种以知识为基础的经济，即知识经济已开始代替工业经济。经济合作与发展组织（OECD）指出，自 20 世纪 80 年代末以来的 10 年中，该组织成员国的高技术产品在制造业产品中的份额翻了 1 番多，达到 20％至 25％。知识、技术密集型服务部门，如教育、通信、信息等产业的发展更为迅速。经合组织主要成员国 GDP 50％以上都是以知识为基础的。许多经济学家估计，技术进步对经济增长的贡献率，从 20 世纪初的 5％～20％提高到 20 世纪 90 年代的 70％～80％，全球信息高速公路建成之后，预计将达到 90％。

总之，尽管在经济发展的不同阶段，各种生产要素所发挥的作用是不同的，但是，技术进步始终是促进经济发展的一个基本力量，并且是越来越重要的基本力量。技术进步以其强大的动力促进着产业结构的变革与演进，推动着人类经济由农业经济向工业经济、进而向知识经济的转型。

二、技术进步推动产业结构变革的途径

在经济发展过程中，技术进步是通过如下几个途径推动产业结构变革的。

首先，技术进步通过刺激需求结构变化，对产业结构演进产生诱导力量。市场需求既是社会生产的前提，又是社会生产的目的。世界上不存在没有需求的产业。需求结构的变化，决定着产业结构或迟或早会发生相应的变革。但是，一方面，需求结构不是孤立存在的，不论是生产性需求，还是生活性需求，都要受到技术条件、技术进步程度的制约。另一方面，需求结构变化对产业结构变革所产生的诱导力量，越来越需要通过技术进步来传递和实现。没有技术进步，需求结构对产业结构的影响将是非常缓慢的。即使需求结构变化在一定的条件下对产业结构变革产生了较大的诱导力量，也可能会因技术约束而不能真正实现产业结构变革。技术进步可以降低生产成本和产品价格，扩大市场需求，从而使许多购买欲望变成有支付能力的市场需求。技术进步可以发现新的可替代资源，创造新的可替代产品，诱发和刺激新的需求。

其次，技术进步促使新产业的兴起，改变产业结构。一般而言，新兴产业是通过两种方式形成的：一是原有产业不断分化，形成新的产业；二是某种新产品或新生产方式的规模不断扩大，形成新的产业。不论是原产业分化，还是新产业发育与成长，都与技术进步直接相关。世界产业发展史表明，每一个新产业都是在技术革命或技术扩散的基础上形成的。蒸汽机的发明和广泛应用，导致了蒸汽动力机械制造业的出现和发展；钢铁冶金技术的创新及其扩散，导致了冶金工业的出现和发展；电子技术一系列重大发明的出现和广泛应用，导致了电子工业的诞生和发展。

再次，技术进步通过改变各产业之间的资本存量比例和增量配置，促进产业结构变革。在技术进步条件下，各产业资本存量的更新不仅是在原有技术基础上进行的，而且在更新过程中还包括知识和技术的补充，使原有的资本存量通过更新增强技术能力，提高生产效率，增加产出。技术创新往往首先会物化在新设备、新材料、新能源上。因此，资本的增量配置过程，同时也是新知识、新技术在各产业之间的配置过程。技术进步通过资本存量的更新和资本增量的配置，改变着产业的技术水平和技术特性，从而促进产业结构的变革与演进。20世纪80年代，美国制造业在日本和西欧一些国家的赶超攻势面前，曾一度走下坡路，其产品价格偏高，影响了它在国际市场上的竞争力。美国政府改变这种局面的一个重要方式是，通过增量资本投资，向制造业注入高新技术，以新设备、新材料、新能源谋求产业的新活力。大量投入投向高新技术，虽然在一定程度上牺牲了短期利润，但是，它使美国的部分传统产业从资本密集型转向知识-技术密集型，从以传统技术为基础，转向以高新技术为主导。高新技术增量投资引发了美国产业结构的全面调整，使产业运行更为合理，更有效率，产品更有竞争力。

最后，技术进步通过产业间的技术关联，影响产业结构变革。任何产业都不是孤立存在的。在各产业之间，存在着互为投入产出条件，互为技术支持的依存关系。产业关联的核心是技术关联。一个产业的技术变化不仅会直接改变产业间的投入产出比例，而且还会通过产业间的技术关联，将技术创新扩散到其他产业部门。对于需求收入弹性高的产业，技术创新及其扩散会导致该产业的扩张；对于需求收入弹性低的产业，技术创新及其扩散则会引起该产业的收缩。这样，技术进步通过产业关联而使一些产业扩张，使另一些产业缩小，促成产业结构变革。

在任何一个较长的时期内，人们都可以发现，不同产业之间及各产业内部门之间的产出增长率、生产率增长率、就业增长率等存在着相当大的差异。这种差异之大，甚至达到数倍之多。这种现象曾经被西方经济学家们称为生产率之谜。生产率之谜虽然可以从各产业产品的需求收入弹性差异上得到部分解释，但是，研究表明，技术进步速度或技术进步率的差异，是造成各产业部门生产率增长率差异的主要原因。

一般而言，经验技能和科学技术及其知识是构成产业技术的两个基本要素。然而，在现代经济中，不同的产业有着不同的技术构成。一些产业，如劳动密集型产业，其生产技术更多地依赖经验技能的积累，而另一些产业如知识-技术密集型产业，其技术则更多、更直接地依赖科学技术的发展。经验技能是在生产过程中日积月累，长期形成，逐渐提高的，一般具有渐进的特点，由此决定了以经验技能为基础的产业技术进步的渐进性特征，因而呈现出较低的技术进步率。而科学技术的发展虽然也是在量变和质变的交替中进行的，但是其跳跃性发展的特征更为显著，其发展速度远远高于经验技能。科学技术一旦发生突破，就会对相应的产业产生巨大的推动作用，使其获得突飞猛进的发展。随着各国对科学技术投入的不断增长，科学发展速度的不断加快，以科学技术为基础的产业及与其相关联的产业能够获得较高的技术进步率。这些产业与其他产业相比具有更高的产出增长率、生产率增长率，当然是不言而喻的。

即使技术构成大致相同，不同的产业也会有不同的技术进步率，因而形成不同的生产率增长率。这是因为，一方面，科学技术研究是一种探索性的创新活动，它具有很高的不确定性。这种不确定性在各产业技术间的分布是不均匀的。另一方面，产业技术本身的复杂程度各不相同，决定了技术创新和技术扩散过程有着大小不一的难度。由于这些原因，即使各产业有相同的研究投入，各产业技术进步率也会呈现明显的差异，从而造成各产业生产率增长率的殊异。

第四节　技术选择、制度创新与技术进步

发达国家经济知识化、信息化与发展中国家经济工业化、现代化，是当今世界经济发展的两股潮流。这两股发展潮流相互交融，相互影响，不仅使世界经济格局及其发展态势发生重大的变化，而且给发展中国家谋求经济发展赋予了新的内涵和更为艰巨的任务，同时也带来了新的机遇。在这种背景之下，发展中国家的技术进步问题变得越来越紧迫。

发展中国家实施技术进步战略，首先必须进行技术选择和制度创新。技术选择是依据发展中国家的客观实际，依据世界经济发展趋势及技术和知识的发展规律，选择合适而有效的技术进步路径；制度创新则能够为发展中国家的技术进步提供制度前提和动力。

一、技术选择与比较优势

经济发展史表明，发展中国家的经济增长率虽然不低，但经济效率很差，增长主要是靠投入要素的增加，特别是资本的增加来取得的。发展经济学家们认为，这种状况与技术手段的正确选择无不有很大的关系。技术的选择还不仅是单纯的经济效率问题。发展中国家人口众多，人均资源相对不足，如果技术的选择又不恰当，则将产生一系列严重的社会经济问题，如城乡失业的扩大，区域不平衡的恶化，自然资源的迅速衰竭等。因此，根据社会经济条件及其发展状况选择适当的技术手段，对于发展中国家的经济发展具有十分重大的意义。

经济学家们通常假设，为生产任一既定的产量，存在着各种各样的生产要素的组合方式：更多的资本、更少的劳动，更多的劳动、更少的土地等等。每一组合方式代表着一种特定的生产工艺或技术。为使产量最大或成本最小，生产者将根据要素的相对价格予以选择。若劳动投入的价格较低，则偏向于选择较多的劳动与较少的资本间的组合，或者土地的价格较低，则选择较少劳动与较多土地要素间的组合。因此，技术选择的一个重要含义是，根据资源的相对稀缺程度或比较优势，选择最优的要素投入比例。

设某个行业或厂商仅有两种技术手段可供选择，技术Ⅰ和技术Ⅱ。对于每一既定的产量水平，技术Ⅰ需要较多的资本投入量，技术Ⅱ则需要较多的劳动投入量，则技术的选择过程可由图 7-5 来说明。

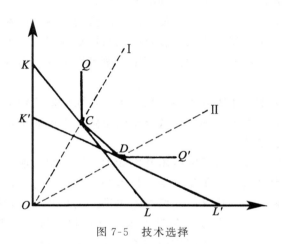

图 7-5 技术选择

图 7-5 中，横轴代表劳动的投入量，纵轴代表资本的投入量，曲线 QQ' 表示不同的资本与劳动组合下的相同产量，斜线 KL 或 $K'L'$ 表示劳动要素价格与资本要素价格之比，或称价格比例曲线。可以看出，实际上只有两种组合可供选择，即点 C 与点 D。因此，射线Ⅰ与Ⅱ代表仅有的两种技术手段。若不计成本，两种技术手段是无差异的，其选择取决于生产者的主观偏好或其他非经济因素。但生产要素是稀缺的，技术的选择需要根据要素间的相对稀缺程度来决定，在市场经济里，则需要根据要素的相对价格来决定。如果劳动要素相对充裕，其价格较为便宜，应选择技术Ⅱ，在价格线 $K'L'$ 与 QQ' 曲线的切点 D 生产；反之，若劳动要素匮乏，价格线位移为 KL，则应选择技术Ⅰ，在切点 C 生产。

技术的选择原则就是最优化的生产决策。在市场机制充分发挥作用的经济中，技术的产生和选择将是一个自然的发展过程，是寻求产量最大、成本最小的必然结果。早期美国和日本都经历过按照要素的相对条件来选择技术的过程。美国自然资源丰富，技术选择自然以资源耗费、劳动节约为特点。日本资本稀缺，劳动力相对充裕，当纺织机械落后于英法时，就通过更多地投入劳动以弥补机器设备的不足。

在发展经济学兴起之时，人们普遍认为，发展中国家的劳动力相对充裕，资本严重不足，因此，在经济发展中，它们应趋向于选择劳动密集型的生产技术。然而，大量的经验研究表明，上述趋向并不明显，对于同一产品的生产方法，发展中国家与发达国家间看来并无重大的差异。在第二节的技术进步的实证分析中，发展中国家的高资本积累以及很低的生产效率，也部分说明了其技术选择的偏向及其后果。对于这种情况，发展经济学家们展开了广泛的讨论，并提出了种种解释。其要点可概括如下：

第一，随着技术的进步，可供选择的要素组合方式越来越少，并且每一技术进步都意味着更为密集的资本投入，它使得原有的劳动密集型技术变得无利可图。

第二，要素的市场价格并不反映各自的相对稀缺或丰裕。由于发展中国家的市场不够完善，制度的、结构的因素往往使工资率难以下降，而资本则在人为的补贴下变得相对便宜。

第三，劳动密集型技术需要更多的技术工人，而初期的资本密集型生产则可用一般熟练的工人代替。发展中国家比较丰裕的是熟练工人而不是技术工人，后者需要更多的教育投资和技能训练。

第四，发展中国家缺乏自身的技术开发能力，机器制造业很不发达，它们不得不依赖发达国家，引进资本密集型的生产技术和资本品。另外，示范效应和跟进效应也促使发展中国家引进一代又一代西方的先进工艺和产品，发展现代工业部门。

是资本密集型技术还是劳动密集型技术，这在技术选择中称为资本的密度问题。有些经济学家认为，发展中国家应该选择资本密度较低、劳动密度较大的生产技术或工艺，也有些经济学家提出相反的观点，认为在很多场合下，选择资本密集型技术更为合理。例如，赫希曼运用"适用范围"的概念证明，哥伦比亚的飞机运输要比公路更为优越，尽管前者属于资本密集型技术。随着讨论的深入，发展经济学家越来越认识到，资本密度的本身并不能成为技术选择的标志，一个国家应该根据自己的需要，因时因地选择或开发适用的技术。因此，他们提出了"适用技术"的概念来总括发展中国家的技术选择问题。

现在大多数经济学家认为，适用技术决非落后技术的同义语，它包括从最低级到最高级的整个技术范围，并且即使是适用的劳动密集型技术，也并不意味着技术水平的落后，它往往需要科学技术更高水平的发展，如发展中国家的绿色革命，就利用了现代的生物工程技术。

二、技术选择与就业

技术的选择除了影响生产效率外，还会影响到发展中国家的就业问题。发展中国家人口众多，大量的农业剩余劳动力尚待转移，如果经济增长不能提供足够的劳动需求，失业或就业不足的现象就不能从根本上予以消除。若加上经济增长中偏向于较多地使用资本，以机器代替劳力，失业或就业不足的现象将更趋恶化，从而引起种种的社会经济问题。在另一方面，发展中国家为了加快工业化的进程，缩小与发达国家的差距，也往往需要提高每个劳动的资本装备量，并且，在很多情况下，资本密集型技术也是唯一可行的技术手段。因此，许多发展中国家都人为地压低资本的价格，以鼓励资本品的形成。为了协调技术选择与失业可能发生的冲突，发展经济学家认为，如何规定资本的价格应考虑到不同行业、不同部门的替代弹性的差异。

在经济学里，生产要素的替代弹性是指生产要素的配合比例对其价格比例变动的反应程度。一般而言，替代弹性总是专指劳动与资本的替代关系，其定义为

$$\sigma = \frac{K/L \text{ 的相对变动（变动的百分率）}}{\omega/r \text{ 的相对变动（变动的百分率）}}$$

式中，σ 代表替代弹性，K、L 分别代表资本和劳动要素，ω、r 则分别为劳动和资本要素的价格。如果价格比 ω/r 上升，要素比 K/L 也将上升，因为资本变得相对便宜，可以理解按此定义的替代弹性恒为正值，其变动范围在零到无穷大之间。

当政府以利率、税收等补贴方式鼓励企业扩大资本投入时，替代弹性的大小就具有重要的意义。替代弹性越大，规定价格对失业的影响也就越大，资本相对价格较小比率的下降将导致资本对劳动较大比率的替代；反过来也可以说，替代弹性较小，规定价格对就业的作用也就越小，资本相对价格较大比率的上升，只能导致劳动对资本较小比率的替代。其政策含义是明显的：对于替代弹性较小的行业或部门，补贴政策仅影响要素投入的成本，对要素间的配合比例不会产生太大的影响，失业不会增加；对于替代弹性较大的部门，规定价格将在增加资本费用的同时更多地增加就业量。

替代弹性的大小取决于生产中使用的技术手段，取决于是否可以任意改变，或在多大程度上改变劳动和资本的配合比例。替代弹性的几种典型情况可由图 7-6 说明。

图 7-6 中，横轴与纵轴分别代表劳动与资本，KL 代表劳动与资本的价格比，OE 代表资本投入量与劳动投入量之比，曲线 Q 为等产量曲线。替代弹性的大小取决于等产量曲线的平滑程度。图 7-6（a）中，劳动与资本不仅可以连续替代，对价格比变动的反应也极其强烈，如价格比 KL 较小地变动到 $K'L'$，资本-劳动比 OE 则较多地变动到 OE'。在图 7-6（b）中，只有一种可供选择的技术手段，不管

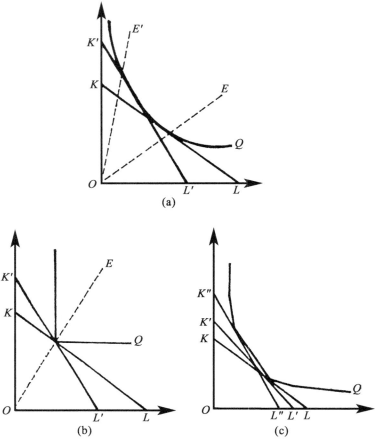

图 7-6　生产要素的替代弹性

价格比如何变动，资本-劳动比都不可能发生变动，替代弹性为零。图 7-6（c）代表了现代工业生产的大部分情况，可供选择的技术手段不是一个，但也不是无限多个，往往只有几个或几十个，并且每一种技术手段的替代，都需要资本-劳动比较大程度的调整。因此，价格比较小程度的变动，替代弹性为零，如价格比由 KL 变动到 K'L'；但若价格比变动到一定的程度，替代弹性则可能会很大，如价格比线旋转到 K"L" 的位置。

英国经济学家舒马赫（Schumacher，E.F.）在其 1973 年出版的《小的是美好的》一书中，正是从技术选择与发展中国家就业问题的角度，提出中间技术论的。该理论指出，在发展中国家，80%～90% 的人口生活在农村和小城镇里。农村地区存在着公开的与隐蔽的失业，大批的人没有工作或者只是间断地工作。于是，他们背井离乡到大城市寻找某种出路，因为在城市找到工作的机会似乎比在农村要大些。农村失业造成农村人口大量流向城市，这样，农村失业就变成城市失业。因此，首要的任务就是要在农村和小城镇创立几百万个新的工作场所。

舒马赫认为，由于现代工业是在资金充裕、劳动力短缺的社会兴起的，因而不可能适合资金短缺、劳动力充足的发展中国家。他指出，如果根据每个工作场所的设备费用来确定技术水平，就可以象征性地把一个典型的发展中国家的本地技术称为一英镑技术，把发达国家的技术称为一千英镑技术。在他看来，如果把一千英镑技术引进并渗透到发展中国家，将不可避免地会扼杀一英镑技术，其摧毁传统工作场所的速度要比建立现代化工作场所的速度快得多，从而使穷人陷入比以前更无助、更绝望的境地。因此，技术选择不能选择那些最新的技术。最新技术固然是最好的，但可惜这种技术不适合穷国的具体国情，不能满足发展中国家的迫切需要。如果要给最需要帮助的人以有效的帮助，就应该选择一种介乎一英镑技术与一千英镑技术之间的中间技术。中间技术也可以象征地称之为一百英镑技术。

舒马赫主张，贫穷地区的经济发展要立足于中间技术，中间技术最终将是"劳动密集"的，适合小型企业。这种中间技术与本地技术相比，生产率高得多；与现代工业资本高度密集的高级技术相比，又便宜得多，也易于掌握。选择和采用中间技术，可以在较短的时间内建立大量的工作场所，从而解决或缓解发展中国家严重的失业问题。

三、技术选择与后发优势

发展中国家实施技术进步发展战略时，其技术选择不仅要充分注意发展中国家的比较优势和面临的就业压力，而且还要遵循技术进步的规律，充分利用其后发优势，力争成功地跨越那些可以跨越的技术发展阶段。这样，才有可能缩小与发达国家的差距。

1985年，索特（Soete，L.）首先提出了"蛙跳"（leapfrogging）发展的观点。在此基础上，帕雷兹（Perez，C.）和索特于1988年又进一步分析指出，在一些产业技术发展过程中存在着许多蛙跳发展的机会窗口（windows of opportunity）。1993年，布雷兹斯（Brezis，E.）、克鲁格曼（Krugman，P.）和齐丹（Tsiddon，D.）建立了国际竞争的"蛙跳"模型。这些理论和模型都认为，发达与不发达、先进与后进并非一成不变，发展中国家如果把握好后发优势，进行正确的技术选择，完全有可能赶上或超过发达国家。

索特和帕雷兹的"蛙跳"理论着重于产业技术发展机会的选择分析。他们指出，在技术发展过程中，经常存在新的技术发展机会。若把一些产业技术的发展变化用发展轨道来描述，人们就能够看到，某一条技术轨道在其延伸过程中，常常会出现许多新技术轨道。新轨道出现的机会可能来自本产业的重大技术突破，其他行业的重大技术突破，消费观念及需求结构的改变，以及国内外政治经济形势的变化等方面。此时，产业技术的发展有两个不同的方向：一是沿旧轨道继续前行，二是转入一条全新的轨道。

每一条新轨道都是进入产业竞争的高起点，都构成产业技术"蛙跳"发展的机会窗口。这是因为：第一，在新轨道上，所有企业都没有什么知识和技术积累，基本上都处于同一条起跑线上。第二，在新轨道上，所需投资一般并不多，进入壁垒的门槛较低。第三，在新轨道上，新企业往往能轻装上阵，而老企业则会因沉没成本等形成巨大的惯性，不易实现由旧轨道向新轨道的转换。所以，在新轨道上创新的企业常是某产业的外来户，且常是些小企业。在打字机领域，将电引入这一产业的不是该领域的大公司，而是 IBM；而当计算机进入文件处理业务时，创新不是来自当时的霸主 IBM，而是来自王安公司、苹果公司等。

根据"蛙跳"理论，由于一些发展中国家在旧一代技术上投资小，一旦这些国家具备适当的技能和基础设施（吸引能力），它们就有可能在新一代技术发展的早期，在进入障碍较少时，进入该新产业，并取得"蛙跳"发展。比如，数字技术要比模拟技术更便宜，更有可适应性，功能更强，且数字技术对模拟技术的依赖性较低，新进入厂商没有必要先搞模拟技术，再搞数字技术，而可实现"蛙跳"发展。这就是说，正确的技术选择，可以使发展中国家技术落后的劣势转变为后发优势，通过技术进步实现经济快速发展。

当然，发展中国家在进行技术选择时，也应该注意技术发展的路径依赖性，即"打字机键盘效应"。现有的打字机和计算机键盘不是根据科学规律而设计的，但一旦人们习惯使用，就成了一种标准设计，所有的人都必须接受它，许多产业的发展，如集成电路的发展便是如此。最早进入这一产业先开始做 64 位的计算机记忆芯片的企业就有做 4 兆位和 16 兆位的优势。这就意味着，一个国家在某一技术发展早期的选择，有可能影响以后的发展进程。

四、制度创新与技术进步

技术是重要的，但是，"制度至关重要"（North，D.，1994）。没有一定的制度前提，没有制度的不断创新与变迁，科学技术不可能转化为现实的生产力，当然也就不存在促进经济发展的技术进步。制度创新是推动技术进步最强劲的动力。美国学者萨克森尼安（Saxenian，A.）在 1994 年出版的《地区优势：128 公路地区与硅谷》一书中，对美国这两个主要高新技术产业基地发展的差异作了深刻的分析，认为产生差异的根本原因在于制度环境和文化背景完全不同。

发展中国家技术水平落后，科技基础薄弱，市场力量弱小，其技术进步更需要政府的制度创新来支撑。比较二战后发展中国家经济发展的历程，也可以看出，制度及其创新与变迁决定着技术进步的经济绩效。

制度创新必须在研究与开发、技术创新和技术扩散等各个环节，构造推动技术发展，促进技术进步的运作机制。

（一）激励机制

研究开发与技术创新不完全是一种市场现象。知识最为重要的特征在于其使用权的完全可扩散性，收益权的不可排他性和价值的不可估价性，作为公共品和免费品的知识更是不能给其所有人带来任何经济利益。技术创新也带有公共品性质，其典型特征是初始生产的固定成本庞大，复制和分销的边际成本很低，非排他性的所有权十分普遍。因此，即使是竞争性市场，都难以把资源配置到具有这类性质的活动中去。研究开发与技术创新活动的外部性使得对这类活动的私人供给不充分，只有当现行制度安排能有效地将这些外部性内在化，使知识与技术创新的私人成本收益与社会成本收益趋于一致时，对知识、技术的投资才能达到社会最优水平，而这又需要建立起一套有效的激励机制，需要设计一系列的制度安排。其一，资助安排，即以公共融通的资金对由竞争产生的项目予以奖励或研究资助，并对其他从事科学研究与发明的私人和组织予以补贴，鼓励私人公开他们的研究发现和技术成果。其二，协约安排，即政府直接参与研究开发及技术创新活动，必要时与私人部门签订协约，以保证技术创新的供给不必被课以太高的价格。其三，产权安排，即从法律上界定知识产权并保证其运作，同时营造出一个市场运行环境，至少在一定时期内允许创新企业保留垄断地位，使创新者能够从使用其成果的其他人那里收取费用，弥补其创新成本。

（二）扩散机制

一般而言，在知识技术的扩散中，使用者要承担至少三项成本，即评价技术信息以确保其真实有效的成本，获取体现着新知识新技术的专门化的材料和设备的成本，以及获取专门化设施、辅助产品和劳务以确保技术运行的成本。这三类成本都具有随着技术扩散范围的扩大而下降的特点。然而，旨在促进知识积累和技术创新而对知识产权施加的有力保护，却可能提高人们获得被保护的新技术的成本，限制技术扩散的范围。为此，政府在积累知识与技术创新的同时，也要协调好技术扩散的组织体系，包括建立专门的技术市场，协调企业间的契约安排，促进大公司的各部门间有管理的技术转移等等。另一方面，要建立知识与技术扩散中的吸收和模仿机制。知识与技术的扩散不仅仅是一个水平扩展的过程，而且是一个垂直的知识深化与技术改进的过程。只有当每个企业通过模仿、逆向技术工程等形式把接受的新技术化为己有时，整个产业乃至整个经济的技术实力才会提高。为此，政府不仅要对基础研究进行资助和补贴，而且要对企业内部的应用性研究、开发性研究活动和技术改造活动提供减免税或补贴等优惠，以降低企业的模仿成本。尽管政府的各种补贴可能会强化创新型企业的垄断地位，降低技术扩散的初始速度，但就长期而言，这些补贴会更广泛地扩散新知识、新技术、新信息，提高知识与技术扩散的最终规模。

（三）风险机制

对知识、技术的投资是高风险的投资，将新知识新技术融入现实生产中更是要承担相当大的风险，通过适当的制度安排，在知识积累、技术创新与扩散过程中规避和防范风险显得尤为重要。因此，需要运用各种政策和制度安排，促进风险投资，支持高技术的产业化。这包括通过各种方式和途径，培养具有经营、金融、企业管理、科研、技术等方面知识且具有预测、处理和承受风险的能力的人才；通过资金注入政策，税收减免政策，优惠信贷政策，风险补偿政策等提高风险投资的回报率，把更多社会资金吸引到高技术产业中来；加快对产权、股票等市场的培育，促进风险投资业的发展，为高技术产业融通资金，分散风险。

风险不仅存在于技术创新过程中，而且也存在于技术扩散过程中。在技术市场不健全，相应的法规不完善的情况下，技术扩散中的风险更大。技术水平越高，技术知识的专业化和个性化程度越高，其中的隐含技术知识也越丰富。隐含知识原则上也是可以交易和分享的，但途径往往十分狭窄，存在着较高的不确定性和道德风险。因此，政府需要制定更明晰可操作的法律来规范知识与技术的交易，有组织地进行示范会、博览会、个人引介、专家咨询、技术交流等活动，以便使隐含的技术知识为技术接受者所接受，降低知识与技术在扩散、应用过程中的风险。

第五节　技术差距与技术转移

发展中国家在技术水平上与发达国家存在着较大的差距，这种技术差距是二者在技术、资本、人力资源、信息和管理、研究与开发等方面差距的集中体现。技术差距的存在是国际技术转移的前提。发展中国家在自主研究开发，自主进行技术创新的同时，通过知识、技术的国际传播和转让获取有益于经济发展的知识和技术，是促进技术进步的一个重要途径。

一、技术差距理论

技术差距理论首见于20世纪60年代，它的创始者是波斯纳（Posner, M.）和哈弗鲍尔（Hufbauer, G. C.）。该理论认为，产生技术差距的主要原因是发达国家的技术创新。已经完成技术创新的国家，不仅取得了技术上的优势，而且凭借其技术上的优势而在一定时期内在某种产品的生产上取得了垄断地位，从而形成了与未进行技术创新的其他国家间的技术差距，并且导致了该技术产品的国际贸易。随着该技术产品国际贸易的扩大，为进一步追求特殊利润，技术创新国家可能会通过多种途径和方式进行技术转让，其他国家亦会因该项技术（产品）在经济增长中的示范效应，或进行研究与开发，或进行技术引进，最终掌握该项技术，从而导致技术差距的缩小。由于技术差距的缩小，导致技术引进国与技术创新国该项技术产品间国际贸易的下降，直到引进国能生产出满足其国内需求数量的产品，两国间该产品的国际贸易终止，技术差距最终消失。

技术差距理论认为，国际间的技术差距，不能简单地用各国间拥有技术的时间特征（或拥有技术产品、技术装备的时间特征）来衡量，而要用技术创新成果完成至引进国掌握该项创新技术所需要的时间来表示。掌握技术的标志是该国不再进口由该项技术生产的产品。据此，该理论把从技术差距产生，到由该项技术引起的国际贸易完全终止之间的时间间隔称为模仿滞后时期，并且把上述时间间隔分为两个阶段，即反应滞后阶段和掌握滞后阶段（见图 7-7）。

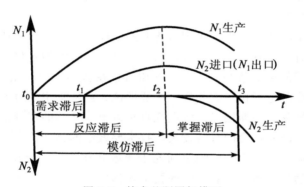

图 7-7 技术差距图解模型

图 7-7 中，t_0 为技术创新国（N_1）完成技术创新并开始生产该技术产品，技术差距产生；t_1 为技术引进国（N_2）对该技术产品产生需求并开始从 N_1 进口；t_2 为 N_2 开始生产该技术产品并开始减少从 N_1 的进口；t_3 为 N_2 停止该产品从 N_1 的进口并开始出口，技术差距消失。

图 7-7 中，$t_0 \sim t_3$ 为模仿滞后时期。这一时期又分为两个阶段：$t_0 \sim t_2$ 为反应滞后阶段，即技术创新国家（N_1）完成技术创新并开始生产该技术产品，到其他国家（N_2）模仿其技术开始生产该种产品的时间间隔；$t_2 \sim t_3$ 为掌握滞后阶段，即 N_2 开始生产该技术产品，到 N_2 停止该技术产品进口时的时间间隔。另外，在反应滞后阶段的初期，对 N_2 来说，还存在着一个需求滞后（$t_0 \sim t_1$）阶段，即 N_1 完成技术创新并开始生产该技术产品，到该技术产品开始向 N_2 出口时的时间间隔。

需求滞后阶段的长短，主要取决于 N_2 居民的收入水平和市场容量。两国居民的收入差距越小，N_2 的市场容量越大，则需求滞后的时间越短。一般而言，需求滞后的时间短于反应滞后的时间。而反应滞后时间的长短，又主要取决于企业家的创新精神、风险意识和该项技术产品的规模效益，以及关税、运输成本、市场容量、居民收入水平和需求弹性等因素。掌握滞后时间的长短，主要取决于 N_2 消化、吸收和掌握该项创新技术的能力。正是由于上述一系列的滞后效应，形成了技术创新国家与其他国家间的技术差距。

二、技术转移

技术差距的存在是技术转移的前提。技术转移是人类共享科技文明的一种重要的形式。随着现代科学技术的迅速发展，国际经济交往的不断扩大，技术的转移对一国经济发展的作用也就越来越大。关起门来独立研究，既不现实，也不可能赶上世界科学技术发展的潮流。发展中国家的经济发展起步较晚，技术水平还十分落后，引进和吸收发达国家的先进技术就显得特别重要。技术引进是发展中国家赶超先进国家的必由之路。

技术转移是指将科学技术应用到与起源地不同地点的过程。任何一项技术的产生和实践都包含有三个基本要素：人、物和信息，但技术的转移则仅需一个或几个要素的流动。不同的历史条件下，人、物和信息在转移中的作用和地位显然不同，转移的方式、速度和范围也各有差异。一般地说，前资本主义时期的技术转移主要通过人的流动，转移的周期缓慢，常在几百年以上，转移的范围由近及远，且具有极大的自发性质。随着社会的日益发展，技术要素中的物和信息依次取得更加重要的地位，转移的周期也由几百年缩短到几十年或几年，地域范围的限制大大减小。此外，更为重要的是有意识、有组织的技术转移广泛开展，各国政府和国际组织发挥着越来越大的推动和管理作用。

现代经济里，技术转移分为商业性和非商业性两种类型。非商业性的技术转移主要通过国际多边机构和政府间的合作来进行，它对发展中国家的技术发展具有十分重要的作用，但还不足以取代商业性的技术转移。商业性的技术转移常常以物为主，并以商品贸易的形式进行，如成套设备、新一代的投入原料或最终产品的购买等等。由于各种原因，单纯的知识形态的技术转移在第二次世界大战以后迅速发展起来，称为"许可证贸易"（licensing trade）。统计实践中，一些国际经济组织公布的技术贸易量常常是指许可证贸易的数额，并不包括物化形态的技术转移。

在公平、合理的转移条件下，技术的输入对所有的国家或地区都是有利的。发展中国家的经济发展起步较晚，经济水平和科技水平都还十分落后，引进技术以节约资金，赢得时间就显得特别重要。世界经济发展的历史也表明，技术引进是落后国家赶超先进国家的必由之路。像 19、20 世纪之交的美国对英国等欧洲国家的赶超，日本二战后的迅速崛起，以及新加坡、韩国等发展中国家和地区的兴起等，技术的引进起了至关重要的作用。

技术转移的输出者也可以通过技术的转让谋取经济上的利益。对于这一问题，一些经济学家也是根据科技商品的特殊性质来论证的。与一般商品相比,科技商品具有如下的特点:(1)科技商品的研制成本一般都大大高于普通商品的生产成本,但科技商品在运用中却无需再生产成本;(2)科技知识作为商品使用后,并不减少原所有者的持有量,它特别适合于大规模的运用;(3)科技商品随时面临着被效仿的危险,因而其垄断地位随时都可能消失;(4)买卖双方,买方处于不利的地位,他无法预测科技商品的成本和收益;(5)科技商品一般不能向第三者任意转卖。不难看出,科技商品利用的规模性和技术优势的时效性对技术的输出具有一定的推动作用。

现代技术创新的成本通常都是很高的,如国际商业机器公司每年用于发展研究的支出高达 20 亿美元,占其销售额的 6%,纯收益的 45% 左右。这就要求技术持有人迅速地扩充市场,最大限度地利用其先进技术。现代技术的竞争也日益激烈,一方面,更新的技术随时都会取代曾经是新的技术;另一方面,被模仿的可能性越来越大。虽然专利制度不断完善,专利期限却逐渐缩短,由过去的 50 年、30 年逐渐缩短为 15 年甚至 2 年。即使存在着完善的专利制度,潜在的和变相的模仿危险仍然广泛存在,这就要求技术持有人在较短的时期内利用其技术。

当厂商转向国外市场时,谋取利益的形式大致有三种:商品输出、直接投资和许可证协议。就维护厂商的技术优势而论,技术输出者偏向于选择商品贸易的形式,而就获取技术的有利程度而言,技术输入者则宁愿选择许可证协议的形式。实际的选择往往涉及众多的因素,如技术的先进程度和保藏价值,商品市场的干预程度、生产要素的相对优势以及资源条件等等。产品生命周期理论曾经认为,技术产品都经历了一个周期的变动过程,例如先是在美国研制和生产,然后以商品输出的形式向海外市场扩张,接着又依次转移到西欧国家和发展中国家直接生产或利用直至被淘汰。实际过程却表明,许多技术的转移一开始就是以许可证的形式进行的。

克鲁格曼(Krugman, P.)认为,如果发达国家采取扩大技术差距的做法,在技术转移中附加各种限制性条件,迫使发展中国家维持向它们提供廉价资源和市场的地位,则不仅影响世界经济的发展和劳动生产率的提高,也会使其创新产品不能获得应有的市场,最终会危及其自身的利益。从国际技术转移和贸易实践看,如果贸易伙伴双方能够建立相互合作的基础,那么,技术的发展与进步不仅可使双方受益,发达国家还能获得更大的收益。

三、技术转移与跟进

法格伯格(Fagerberg, J.)在经济合作与发展组织 1991 年出版的《技术与生产率》一书中,从技术知识国际扩散和转移的角度,分析了落后国家缩小与发达国家的技术及经济差距问题。他认为,世界经济格局变化的过程,是两种冲突力量相互作用的非均衡过程。这两种力量是技术创新和技术转移或扩散。前者是技术知识的产生和应用,它致力于扩大国与国之间的技术和经济差距;后者是外来技术知识的获取和利用，它力图缩小这种差距，达到跟进（catching-up）的目的。技术知识转移和扩散之所以能够提高后发国家的经济增长速度，是因为技术知识具有溢出效应，后发国家可在发达国家的技术基础上，减少学习费用和开发费用。

假设一个国家的产出水平是来自国外（经技术转移）的知识，本国创新的技术知识和本国利用技术知识的能力，再假设国际技术知识转移扩散的速度，是两国技术缩距的增函数，他建立了一个关于后发国家经济增长的模型

$$\frac{\mathrm{d}Y}{Y} = ah - ah\frac{Q^*}{Q_f} + b\frac{\mathrm{d}T}{T} + c\frac{\mathrm{d}C}{C}$$

式中，Y 是产出水平，Q_f 和 Q^* 分别是外国及本国的技术知识存量，T 是本国创新的技术知识水平，C 为本国利用技术知识的能力，a，b，c，h 均为常数。上式表明，经济增长取决于以下三因素：（1）来自国外的知识和技术扩散；（2）本国技术知识的增长；（3）本国利用知识能力的增长。

法格伯格在对式中的变量作一系列的技术处理后，采用 25 个工业化、半工业化国家和地区 1961～1985 年的统计资料，对上述模型进行了检验（见表 7-4）。

表 7-4　　　　　　　　　　　　　　　　**分解的增长**

	1960～1968 年	1968～1973 年	1973～1979 年	1979～1985 年	改变量
贡献来源	模　　型　　Ⅰ				
扩　散	1.9	2.0	1.8	1.7	−0.2
创　新	0.8	0.4	0.1	0.3	−0.5
投　资	2.0	2.2	2.3	1.8	−0.2
增长（估计）	4.7	4.6	4.1	3.8	−0.9
增长（实际）	5.2	5.8	3.5	2.4	−2.8
差　额	0.5	1.2	−0.6	−1.4	
贡献来源	模　　型　　Ⅱ				
扩　散	2.0	2.1	1.9	1.8	−0.2
创　新	0.4	0.2	0.0	0.2	−0.2
投　资	2.3	2.6	2.7	2.1	−0.2
贸　易	0.4	0.0	−1.5	−0.5	−0.9
增长（估计）	5.1	4.9	3.1	3.6	−1.5
增长（实际）	5.2	5.8	3.5	2.4	−2.8
差　额	0.1	0.9	0.4	−1.2	
贡献来源	模　　型　　Ⅲ				
扩　散	1.8	1.9	1.7	1.7	−0.1
创　新	0.5	0.3	0.0	0.2	−0.3
投　资	2.2	2.3	2.4	1.9	−0.3
需　求	0.6	1.3	−0.9	−1.2	−1.8
增长（估计）	5.1	5.9	3.3	2.6	−2.5
增长（实际）	5.2	5.8	3.5	2.4	−2.8
差　额	0.1	−0.1	0.2	−0.2	

说　　明：差额是指实际增长与估计的增长之差。

他检验了三种不同的模型，模型Ⅰ是上面所说的基础模型，模型Ⅱ加进了工业化国家的贸易项，模型Ⅲ加进了世界需求项。表 7-4 显示在所有几个时间段中，扩散的作用都超过了创新。表 7-4 还证实了前面提出的假设：技术扩散、技术创新和本国利用知识能力是经济增长的主要因素。只要国际经济是开放的经济，后发国家便可以利用知识差距，吸收来自发达国家的知识而获得更快的发展速度。

若将国家按发展程度分类，上述现象就更为明显。在表 7-5 中，A 组代表瑞士、美国、前联邦德国、瑞典等国家，它们有高生产率，高技术活动水平；B 组代表中等生产率和技术活动水平国家，它们是法国、英国、荷兰、奥地利、芬兰、新西兰、意大利；C 组代表高生产率、低技术活动水平的国家，它们是挪威、比利时、加拿大、澳大利亚、丹麦；D 组代表半工业化国家和地区，它们包括西班牙、爱尔兰、希腊、香港地区、阿根廷、巴西、墨西哥、韩国和我国的台湾省，它们的专利、生产率水平都较低。

表 7-5　　与前沿国家相比实际与估计的增长率不同（1973～1983 年）

	实际增长差异	估计的增长差异	解释因素			
			扩散	创新	投资	出口取向
A 组	—	—	—	—	—	—
B 组	0.5	1.0	0.4	0.4	0.3	−0.2
C 组	1.0	1.0	0.2	0.2	0.5	0.1
D 组	3.0	3.1	1.4	0.9	1.0	−0.1
日本	2.4	3.5	0.5	1.0	2.1	−0.2
拉丁美洲 NICs	1.9	2.3	1.5	−0.1	0.8	0.1
亚洲 NICs	6.0	5.7	1.6	2.9	1.7	−0.4
欧洲 NICs	1.3	1.2	1.0	−0.0	0.5	−0.3
所有国家	1.5	1.7	0.7	0.5	0.6	−0.1

表 7-5 显示，对 B 组、C 组发达工业国家，扩散与创新对经济增长的作用同样重要。对 D 组半工业化国家和地区，扩散对经济增长的贡献远比创新大。半工业化国家和地区的增长速度在 1960～1985 年这段时间内比工业化国家快，因为它们利用了模仿、扩散，这说明追赶是可能的。

法格伯格还对亚洲新兴工业化国家和地区和拉丁美洲国家或地区的增长作了比较，发现从 1973～1983 年，亚洲新兴工业化国家和地区的增长状况普遍要比拉丁美洲好。

总之，法格伯格的研究表明，通过技术知识的转移、扩散，发展中国家可获得比发达国家更快的经济增长率，实现经济发展的快速跟进。

四、发展中国家的技术引进

世界科学技术的发展是极其不平衡的，绝大部分的技术成果都来自并掌握在发达国家的手中。发达国家凭借其领先的经济地位，每年用于技术进步的费用要远远高于发展中国家。2003年，全世界每年用于发展研究的资金中，高收入国家占93.5%，中低收入国家不足6.3%，尽管前者仅占世界人口的15.5%，后者占84.5%，两相比较，高收入国家和中低收入国家的人均发展研究费用比是80:1。发达国家也垄断着现代科学技术的绝大部分成果。在20世纪80年代初的全世界发明专利的总数中，发达国家约占93%，发展中国家仅占7%，并且发展中国家的大部分专利权也为外国人持有。1983年，发展中国家授予本国国民的专利权仅占本国专利授予总量的20%左右，如果不计新兴工业化国家和地区，这一比例只有6%。可以看出，发展中国家不仅需要引进技术，并且常常是要从发达国家引进技术。发展中国家在引进技术的过程中，首先面临的是来自发达国家政府和企业两个方面。发达国家政府对向外技术输出都有非常严格的法律和政策规定。例如，美国政府曾规定对外转让的技术必须保持一定的时间差。根据这些规定，发展中国家通过技术引进得到的技术至少要落后10年以上。1985年，美国政府又规定，即使对"巴统"成员国也不允许出口有可能转用于军事目的的高技术产品和专利；对一些军民两用的高技术如原子能、微电子、大型计算机等技术的输出也严加限制。

如果说，发达国家政府对技术输出的控制是为了国家安全和在政治经济上对不发达国家的控制，那么，发达国家的企业在对外输出技术上的控制，主要是为了垄断国际产品市场，谋求经济利益的最大化。据联合国跨国公司中心的调查，西方跨国公司常常滥用其支配地位，在技术转移中采取以下几种做法：

1. 对出口地点的限制，即限制技术接受方在利用其技术时出口销售的地点，这在商标转让及其他各种专利技术的转让中都是最为常见的做法。这种限制又分为：(1)对出口完全禁止；(2)在出口前必须事先获得技术转让方的批准；(3)禁止或只允许向某些国家出口；(4)出口必须通过转让方的代理人来进行。

2. 搭卖做法，将技术转移与其他竞争性物品的购买搭配在一起。它包括两个方面：(1)技术接受方必须购买技术转让方指定的物品，像原料、部件、资本货物以及劳务的雇佣；(2)技术接受方不得购买和使用其他竞争性产品或竞争性技术。

3. 同财务有关的做法。包括：(1)过高定价；(2)技术接受方对该技术的改进必须免费提供给技术转让人；(3)强制延长技术转让协议的约束期限。

4. 其他做法还有：(1)允许技术转让方管理或控制接受方公司的经营；(2)接受方不得提出技术专利权无效的诉讼；(3)在解决争端时排除技术接受方国家的

法律和管辖权的规定；（4）限制接受方从事相关的发展研究。

西方跨国公司的上述做法一般称为技术转让中的限制性商业惯例（restrictive business practices），这些"惯例"在很大程度上侵害了发展中国家的经济利益和经济主权，使发展中国家的技术引进付出了很大的代价。在发展中国家的共同努力下，联合国大会于1980年通过了一套多边协议的《控制限制性商业惯例的公平原则和规则》，联合国贸易和发展会议于1983年通过了《国际技术转让行动守则》。许多发展中国家及发展中国家的地区组织也先后采取了一些积极的措施，以抵制跨国公司的垄断做法，改善技术引进的条件。

发展中国家面临的另一个重大问题，是如何有效地引进、消化和吸收发达国家的科学技术，以增强本身的技术能力。并不是所有的西方技术都适合于发展中国家的经济条件，发展中国家也应该根据其不同的需要，逐步地、有差别地引进外国技术。技术的引进还不等于商品的简单购买，它应该成为一个学习的过程，一个适应和改造进口技术的过程，并最终导致本国的技术开发能力的发展。技术的引进最好分为四个阶段或四种类型：（1）生产管理，经营和改革现行工厂的能力；（2）项目设计和实施，规划新的生产的能力；（3）资本品的制造，体现新技术的有形形式（产品）的生产；（4）研究与试制。发展中国家既可以分阶段地逐步引进不同的技术，也可以有重点地增强某一类型的能力。

要做到有针对性地引进和消化外国技术，需要有一项明确的发展目标和外资政策。许多发展中国家已经认识到，外国直接投资的重要性与其说是一种资金的补充来源，不如看做是技术转让的一种媒介。一些发展中国家在外国投资法里明确规定，在合资经营或独资经营中，外国公司提供的技术与设备必须具有世界先进水平或者适合于该国的需要，发展中国家也越来越认识到合营企业的重要意义。一开始，合营企业是控制与反控制冲突中的产物，几十年的发展实践则进一步表明，它也常常是能比独资企业更好地吸收先进技术知识与技能的形式。

思 考 题

1. 为什么说没有技术进步的世界是收益递减的世界？
2. 如何衡量技术进步对经济增长的贡献？
3. 根据我国的国情，应当选择什么类型的技术？
4. 我国在引进技术中应当注意什么问题？
5. 技术进步是怎样推动产业结构变革的？
6. 发展中国家的技术选择应注意哪些问题？
7. 你认为在目前国内外形势下，我国对技术进步应当采取什么样的对策？

第八章　经济发展中优先顺序的选择

发展中国家生产落后，供给不足，市场容量狭小，而资源，特别是资本又很稀缺，在谋求经济发展中，难以做到百废俱兴。因此，经济增长从何处着手，各个部门如何协调，投资如何布局，都存在着权衡取舍，先后顺序的问题。

第一节　平衡增长和不平衡增长

20 世纪 50 年代，西方发展经济学界对发展中国家应当采取平衡增长（balanced growth）发展战略或不平衡增长（unbalanced growth）发展战略这一问题，曾有一场论战。

一、平衡增长理论

持平衡增长论者是纳克斯和罗森斯坦-罗丹。他们主张全面投资，平衡地发展各个经济部门。更确切地说，所谓平衡增长是指在整个工业或整个国民经济各个部门同时进行大规模投资，使工业或国民经济各部门按同一比率或不同比率得到全面发展，从而摆脱贫困落后状况，实现工业化或经济发展。

罗森斯坦-罗丹和纳克斯虽然都是平衡增长的倡导者，但他们的论点并不完全相同。

（一）罗森斯坦-罗丹的理论

罗森斯坦-罗丹理论的要点如下：

1. 发展中国家要从根本上解决贫穷落后问题，关键在于工业化。要实现工业化，主要的障碍是资本形成不足。在资本形成过程中，由于资本，特别是社会分摊资本的供给以及储蓄和市场的不可分性，小规模的、局部的投资是不可能启动停滞的经济的，必须实行"大推进"，即在各个工业部门全面地进行大量投资，使各个工业部门都成长起来，才能产生相互依存，互为市场，消除储蓄缺口，克服不可分性的经济格局，实现工业的大发展。在他举的一个制鞋厂的例子中，他分析道，不仅要投资于制鞋厂，以扩大鞋子生产规模，而且要同时投资于服装厂、纺织厂、食品厂、钢铁厂等工业部门，使工业全面发展起来，互相创造需求，提供市场，最终使整个工业得到增长。

2. 在全面发展工业的过程中，为了避免一些工业发展过快，产品过剩，在投资时要按同一投资率对各个工业部门投入资本。只有这样，才能保证各工业部门之间发展协调，比例均衡，按同一增长速度发展起来，使产品的生产与需求趋于平衡。例如，如果制鞋厂生产规模过大，产出量超过本厂工人和其他厂工人的需要量，鞋子就会滞销，从而使鞋厂不得不减产，进而引起本厂职工收入及工厂利润的下降，又造成对其他厂产品需求的减少，以至影响整个工业的发展。因此，只有按同一投资率、同一增长率全面发展工业，才能顺利实现工业化。如罗森斯坦-罗丹所说，各个工业的互补关系使一切工业都成为基本的存在，各个工业都具有的外在经济要求现有资源应当均等地分配于一切工业，以实现投资的最优格局。

3. 经济发展是工业化的同义语，一切投资理所当然地应全部投入工业，农业是相对不重要的。

由上述论点可以看出，罗森斯坦-罗丹从主张工业化着眼，重点考察资本稀缺对经济增长的障碍，强调资本供给和投资的不可分性，指出大推进式的投资是实现经济增长的必由之路，还规定"同比率"投资和"同比率"投资的条件，为发展中国家的经济增长制定一条严格的路线。因此，罗森斯坦-罗丹的理论被称为"极端的"平衡增长理论。

（二）纳克斯的理论

纳克斯理论的要点如下：

1. 1953 年，纳克斯在《不发达国家的资本形成问题》一书中，提出了"贫困恶性循环"理论（在本书第三章已作了介绍），并提出了摆脱贫穷恶性循环的途径——全面地、大规模地在国民经济各个部门进行投资，实行平衡增长战略。纳克斯认为，发展中国家穷是因为它穷，即收入太低，导致供给方面储蓄水平太低，需求方面市场容量太小，投资引诱不足，从而造成了贫困恶性循环。要打破这一困境，必须同时对国民经济各个部门进行大量投资，纳克斯指出：如果将资本同时投资于广泛不同的行业，其结果是市场的全面扩大。在若干个互补性行业中使用更多更好工具的人们相互成为客户。从他们互为对方提供市场并且互相支持这个意义上看，大部分迎合大众消费的行业是互补的。归根结底，这种基本的互补性起源于人类欲望的多样性。平衡增长的论据是建立在对平衡饮食（balanced diet）需要的基础上的。

2. 纳克斯特别强调了市场容量狭小对经济增长的限制和大幅度扩大市场容量对经济迅速增长的决定性作用。他认为，在一系列不同行业中同时进行资本投资才能在经济上取得成功。相反，任何由单个企业家在任何一个特定行业大量地使用任何资本却可能因预先存在的市场限制而受挫，而在一系列不同行业中进行资本投资却使得各行业间能相互支持，能以更多的人均资本，更高的效率，为其他行业中的新企业的产品提供一个扩大的市场。因此，市场对单个投资刺激的障碍消除了，一般经济效率提高了，市场规模扩大了。纳克斯之所以选择平衡增长战略，是因为：其一，各部门平衡增长可以产生扩大市场规模形式的外在经济，进而导致递增收益。如果工、农、外贸等各个产业部门都同时扩大生产规模，可以互相利用便利的生产、销售条件，降低自己的和全社会的生产成本，从而不仅获得内在经济效益，而且可以获得外在经济效益，提高社会获益能力，从而使投资更加有效率，生产的收益更高，实现资源的合理配置和有效使用。其二，各部门的平衡增长可以帮助供给和需求保持平衡，使经济均衡而稳定地增长。纳克斯认为，平衡增长的理论依据来源于"萨伊定律"。他指出，萨伊定律虽然就任何一种工业能够创造它自己的需求这个意义上说决不是正确的，但它对整个经济的发展来说是正确的。如果许多不同的、精心选择的生产部门都同时进行生产的话，那么，全部供给将创造出它自己的需求。这样一来，各部门之间互相购买产品，可以避免多余的生产能力，并加强投资的引诱。其三，各部门之间的相互依存性也要求各部门同时得到发展。例如，当农业生产率提高时，必将刺激农民扩大其市场剩余，要满足这个购买力，必须在农业发展的同时发展消费品工业，并使二者保持平衡；另外，农业的发展需要资本品投入增加，这就要求资本品的生产和基础设施的建设同步发展，以同农业的发展保持平衡。

3. 纳克斯注意平衡增长和国际专业化的关系。市场规模不仅是刺激资本利用的一个基本决定因素，而且是国际贸易量的基本决定因素。从长期看，国际贸易量的一个更为重要的决定因素是市场规模和生产率水平。平衡增长作为扩大市场和通过资本投资刺激来激发更高生产率的一种手段，是贸易扩张的一个基本前提。纳克斯提醒人们，努力建立起为自己的市场而生产的工业部门，并不意味着向自给自足状态推进，实际上国际贸易对国内战线上的平衡增长不会有任何伤害。随着工业化的扩张，国际贸易已经穿越经济落后地区。平衡增长不仅是填满外围真空的一种方法，而且是国际贸易的坚实基础。

4. 纳克斯主张同时全面投资和发展一切部门，但他并不主张各部门都按同一比率发展，而是主张按不同的比率来投资和发展各部门的生产。那么，应当按照什么比率发展？怎样确定这个比率呢？他认为，应当以各部门产品的需求价格弹性和收入弹性的大小来确定不同的投资比率。价格与收入弹性大的部门理应投入比率较大的投资，因为价格与收入的弹性大意味着这个部门发展不足，是经济发展的中梗阻，但生产的扩张却有潜力，多投资于这些部门可以使其迅速发展起来，实现各部门之间的协调发展，解决中梗阻问题，达到该部门产品的供求均衡。而价格与收入弹性小的部门理应投入比率较小的投资，因为其发展已相对过快，以较小的速度发展它，有利于使它的发展与其他部门保持平衡或协调。

上述两种形式的平衡增长理论，尽管侧重点、条件和方法有所不同，但都强调大规模投资的重要性和全面发展经济的必要性。那么，如何实现平衡增长呢？关于这个问题，无论是罗森斯坦-罗丹，还是纳克斯，都主张实行国家干预，由国家来制定统一的经济发展计划。实行计划化的原因是因为市场机制无法迅速筹集到大量的资本，并按一定比例配置于各个部门。在发展中国家，市场发育不全，市场机制作用十分有限，因而通常的价格刺激只能在很小的范围内起作用，并且这些作用因经济中的不可分性和技术的不连续性而很难产生实际效应。另一方面，即使市场机制作用较大，要在短期内起到集中大量投资，在全国范围内分配和配置资源，并使各部门同时全面发挥作用，也是不可能的。所以，只有依靠宏观经济的计划化，才能担负平衡增长的重担。

平衡增长理论为发展中国家迅速摆脱贫穷落后的困境，实现工业化和经济发展，提供了一种理论模式，指出了一条快速发展的路线，因而具有重要的理论意义，并对一些发展中国家的经济实践产生了一定影响。

第一，这一理论强调了大规模投资的重要性和合理配置有限资源的必要性，为发展中国家寻找经济发展的突破口，合理而有效地安排投资项目，调整投资结构，迅速发展民族经济，从根本上消除贫困，提供了重要的理论依据和发展路径。

第二，平衡增长理论强调了发展中国家市场机制作用的局限性和实行宏观经济计划化的必然性。这些分析，对于人们认识发展中国家经济机制的特点和作用，采用适当的机制来调节经济活动，具有一定的借鉴意义。虽然发展中国家的计划化实施结果并不十分理想，但它毕竟在一定时期、一定程度上推动了发展中国家的经济发展，起到了一定的历史作用；同时，正是由于过分依赖计划化，才引起了人们对培育商品市场，健全市场机制，充分发挥市场调节作用的重视，并进而产生了计划与市场结合的新调节模式。

第三，纳克斯的平衡增长理论在一定程度上纠正了片面强调工业化，忽视其他部门发展的倾向，重新重视并强调了农业的作用和同时发展农业的必要性。这对于发展中国家正确认识农业的作用，正确处理工、农、外贸等各部门的关系，制定出适宜的、合乎国情的经济发展战略，具有很大的启发意义。

第四，平衡增长理论是对比较优势理论的一定程度上的批判和对旧的世界经济格局的否定。传统经济理论认为，在世界经济发展中，各个国家应当按比较成本大小，要素丰裕程度，地理位置优越状况进行国际分工和专业化生产，并按照这个原则形成世界经济格局，实行世界范围的平衡增长。按照这个理论，发达国家应主要从事资本品生产和技术创新，发展中国家应主要从事农业和初级产品的生产，并且发达国家与发展中国家各自的生产应当保持一定比例，平衡地增长。在这种格局下，发展中国家贸易条件日益恶化，显然处于不利地位，从而永远摆脱不了对发达国家的依赖，永远不能改变贫穷落后的面貌。平衡增长理论强调发展中国家应独立自主地发展民族经济，通过平衡增长克服中梗阻问题，全面地发展起各种经济部门和产品，使其在不依赖发达国家的情况下实现发展，并改善贸易条件，使自己在国际贸易中取得较为平等和有利的地位，这无疑是对传统理论的批判或否定，具有积极的现实意义。

但是，也应当看到，由于平衡增长理论过分强调国内充分竞争市场的形成和各部门平衡增长与计划化的必要性，存在着一些缺陷或不足。

第一，某些概念含义模糊。有的学者指出，是什么"增长"？是"收入"、"人均收入"，还是"产出"或"经济福利"？无论是平衡增长，还是不平衡增长，都未对此明确界定，因而"增长"的提法是不够准确的。另一些学者指出，所谓"国内市场"，是指最终产品市场，还是中间产品市场？若只是指最终产品，那么，平衡增长的范围就大大缩小了，即只是为了强调最终产品市场的互补性和投资引诱的扩大。这样，平衡增长就可能成为一种方法（或手段）而不是目的。

第二，平衡增长受到资源不足，技术水平和管理水平低下的限制。赫尔希曼等人认为，发展中国家资源稀缺，资本有限，因而平衡增长的计划难以实施，即使实施了，投资项目也难以建成或不能发挥应有的效率。这是因为，发展中国家最稀缺的资源不是资本，而是企业家和管理能力，最紧迫的问题不是资本规模大小，而是现有资源能不能得到合理而有效的配置。如果缺少企业家和较高水平的管理的配合，投入的资本就不能发挥应有的效益，资源配置就会出现巨大浪费，所以平衡增长是不可取的。

第三，平衡增长过分依赖于计划化和国家干预。平衡增长理论认为，市场机制不能解决国内市场中的平衡问题（如一个部门发展过快，其收入超过市场供给时，就会产生部门间的供求失衡），无力在全国范围内合理地分配资源，因此国家干预必不可少，而计划化则是国家干预的主要手段之一。但由于发展中国家计划人员与决策者素质不高，资料缺乏，信息不灵等等，计划的制定难免失误。一旦计划失误，大规模投资所造成的损失是难以想象的。同时，如果国家干预过强，价格刺激会愈发不灵，市场体系更难以建立，而且国家干预下形成的经济效率不高，也会影响经济发展。

第四，经济发展的实践未能为平衡增长理论提供充足的经验证明。斯特里顿以18世纪英国纺织业和钢铁业为例，证明了不平衡增长的成效，俄林（Ohlin，B.G.）根据一些发达国家的经历证明了不平衡增长的有效性。而休斯（Hughes，J.R.）却得出了西方国家都沿着平衡增长路线发展的结论。在这些实证分析中，比较有影响的是钱纳里和泰勒（Taylor，L.G.）的研究。他们考虑了收入水平、人口数量、资源条件等因素，并将国家分为低度初级的、正常的、高度初级的三类，结果发现这三类国家的经济增长速度并无多大差别，因此他们认为：平衡增长以中期快速发展，既不是必要条件，也不是充分条件。这些结论虽然不一定准确，但却反映出平衡增长是缺乏经验性的，因而尚不能盲目搬用。

二、不平衡增长理论

平衡增长理论在 20 世纪 50 年代成为一种很有影响的理论，并被当做发展中国家经济发展的一种规律或模式而推广应用于经济计划决策中去。但与此同时，它也受到一些发展经济学家的批评，其中主要的批评者是赫尔希曼（Hirschman，A.）。赫尔希曼在 1958 年出版的《经济发展战略》一书中，着重从现有资源的稀缺和企业家的缺乏等方面，指出了平衡增长战略的不可行性。赫尔希曼进而认为，经济发展与其说取决于既定资源和生产要素的最优组合，不如说取决于制定经济发展目标以充分利用隐蔽的、分散的和无效使用的资源和人力。这种观点促使他去探究各种诱导和运行机制，提出了不平衡增长理论。这种理论的主要观点是，发展中国家应当集中有限的资本和资源首先发展一部分产业，以此为动力逐步扩大对其他产业的投资，带动其他产业发展。

（一）引致投资最大化原理

不平衡增长理论并不否认大规模投资和互补活动扩张对促进经济发展的重要性，但它考察的中心问题不是分散于各部门的"全面投资"，而是如何集中投资于某些部门，使投资得到有效的利用。赫尔希曼是不平衡增长理论的最初代表，他面临的问题是，假定一个国家的投资需要既定且有限时，如果存在着一系列投资项目，这些项目的总成本已超过了可得资源量，在这种情况下，如何选择投资项目，如何使投资项目的效率最高，对经济发展贡献最大，以及如何测量其贡献大小。为了解决这些问题，他区分了两种形式的投资选择：替代选择（substitution choice）和延迟选择（postponement choice）。替代选择是关于应该选择投资项目 A 还是 B 的决策；延迟选择是关于应该排列投资项目 A 与 B 的次序的决策，即决定哪些项目应当在哪些项目之先的决策。赫尔希曼主要强调延迟选择及选择决定问题。他的基本思路是，优先次序必须建立在某一产业的进步对另一产业进步的效力的"比较评估"（comparative appraisal）的基础上，并进而决定一个项目是否应该优先投资，其是否为带动其他产业发展的关键。在赫尔希曼看来，发展中国家真正缺乏的不是资源本身，而是运用这些资源的手段和能力。因此他认为，投资项目序列中的偏好应当是引致决策最大化（maximizing induced decision making），即能通过自身发展引致其他项目最快发展的投资项目。

赫尔希曼用一个关于社会分摊资本（简称"社会资本"或 SC）和直接生产性活动（directly productive activities，DPA）之间关系的模型来说明引致决策最大化原理。所谓社会分摊资本，是指用于基础设施的投资，它的判定标准有三个：在某种意义上为许多经济活动提供服务；由公共机构或受公共机构控制的私人机构向全国提供，不能进口。它的特点是不可分性和高资本-产出比。这意味着，SC 的投资规模大，建设周期长，收益慢且低，投资效率低而受益面广。所谓直接生产性活动，是指直接投资于工业、农业等产业部门中并能迅速见效，直接增加产出和收益的投资行为，特点是投资集中，周期短，收益快，投资效率高。在讨论社会资本对直接生产活动的关系时假定：第一，在某一限度内，投资在 SC 和 DPA 中的分配比例是可变的。第二，如果出现短缺，不可能通过进口来解决。在这种情况下，如果 SC 优先于 DPA，称作超能力的发展（development via excess capacity）；如果 DPA 优先于 SC，称作短缺的发展（development via shortage）。这两种情况都会成为发展的诱因和压力。如果不能选择不平衡增长，应作何选择呢？可以用图 8-1 说明。

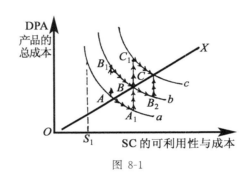

图 8-1

图 8-1 中纵轴代表 DPA 产品的总成本（投资），横轴代表 SC 的可利用性与成本（投资）。a、b、c 三条曲线是既定的 DPA 的投资所获得最大产出的生产成本曲线，它是 SC 的函数，它表示 DPA 中较高投资所产生的不同水平的 DPA 产出。曲线斜率为负，并凸向原点，因为社会资本的利用性越高，DPA 的成本递减。但要维持任何水平的 DPA，必须有一个最小量的 SC。如当 DPA 为曲线 a 时，SC 为 OS_1。但随着 SC 的增加，SC 对 DPA 的产出成本的影响越来越小。

现在假定，经济增长的目标是要 DPA 和 SC 使用资源量最小的条件下获得的 DPA 产出的增加，那么，在 a、b、c 上，两坐标系数和最小的点为 DPA 与 SC 最佳组合点。将各最佳组合点连接起来，得到一条 OX 线，OX 线就代表 DPA 和 SC 的最有效扩张线或"平衡增长线"。但是，假如现有资源不足以保证 DPA 和 SC 的最小量平衡增长，应当将哪一个作为"延迟选择"呢？一种可能的顺序是 AA_1BB_2C，此时，SC 优先增长，称为超能力的发展。另一种可能的顺序是 AB_1BC_1C，此时，DPA 优先增长，称为短缺的发展。这两种顺序都能产生刺激和压力，最终选择哪种顺序，一方面取决于企业家动机的相对强度，另一方面取决于负责社会资本事务当局对于公共压力的反应。传统理论变为应当选择 SC 优先的扩张线，但赫尔希曼认为经由超能力的发展纯粹只是主观上的可能性，而追求平衡则更是危险，因为这样就没有刺激来引致投资或引致决策了。而另一方面，认为经由短缺的发展，却能刺激进一步的投资，产生最有效的投资结果，也就是能使引致决策实现最大化。因此，应当选择 DPA 优先 SC。

DPA 优先选择的含义是：在投资资源有限的情况下，应当实行不平衡增长战略，即暂时延迟对铁路、公路、通讯、电力、学校等基础设施（SC）方面的投资，集中资本用于直接生产性活动（DPA）部门，以尽快地获得投资效益，增加产出和收入，待直接生产性部门的生产发展起来并产生了较大收入后，再利用一部分收入投资于基础设施部门，带动其增长。在优先发展的直接生产性活动部门中，是否所有（DPA）部门都应当优先发展呢？赫尔希曼认为，不应全面发展 DPA 部门，而应当优先选择那些能产生最大引致投资的 DPA 部门，以其优先增长来带动其他部门增长。那么，怎样选择、按照什么标准选择引致投资最大的部门呢？为了解决这个问题，赫尔希曼提出了有名的"联系效应"（linkage effects）理论。

（二）"联系效应"理论

赫尔希曼对当时占统治地位的哈罗德-多马模式进行了批评，认为经济增长不完全取决于资本-产出比和资本形成的大小，而是取决于使用现有资源并最大限度地发挥其效率的能力。对他而言，经济发展就是致力于探究经济增长的各种诱导和运行机制。在把"引致决策"应用于经由"短缺的发展"和经由"超能力的发展"的选择中，推导出两个诱导机制：一个是投入供应、派生需求或后向联系效应；一个是前向联系效应。这样一种"联系效应"就是新的经济增长的有效机制。所谓"联系效应"，是指在国民经济中，各个产业部门之间存在着某种关系，这种关系决定了各产业部门之间互相联系，互相影响，互相依存。"后向联系"（backward linkage）是指一个产业同向它提供投入的部门之间的联系，如钢铁工业的后向联系是采矿业等。"前向联系"（forward linkage）是指一个产业同吸收它的产出（购买其产品）的部门之间的联系，如钢铁工业的前向联系是机械制造、汽车等工业。一般说来，一个产业的后向联系部门通常是农产品、初级产品、原材料、半成品或半成品加工品等生产部门，其前向联系部门，通常是制造品、最终产品等生产部门。但有些产业既是后向联系部门，又是前向联系部门，如机械制造工业，它既可以为钢铁工业提供机器设备等资本品投入而成为后向联系部门，也可以成为吸收钢铁工业产品如钢材的前向联系部门。因此，后向与前向联系的区分是相对而言，有一定条件的。

后向联系与前向联系可以借助里昂惕夫（Leontief，W.）投入-产出表中的矩阵来加以区分和表述。表 8-1 中的投入-产出关系将各种产业部门明确地分为后向联系（投入）部门和前向联系（产出）部门。根据投入-产出表，就可以按照总联系效应（效应的强度），对各种经济活动进行排序。赫尔希曼指出，有效的发展战略便是鼓励那些具有最大总联系效应的活动。前向联系的总联系效应一般以一个行业诱导出的新行业的净产出来测度。如果行业 W 的建立通过联系效应能够导致 n 个其他行业的建立，其净产出等于 x_i（$i=1, 2,..., n$）；如果每一个行业作为行业 W 建立的结果实际上出现的概率 p_i（$i=1, 2,..., n$），那么，行业 W 的总联系效应为 $\sum x_i p_i$。后向联系的总联系效应计算大致如下：设行业 W 每年需要的投入品为 $y_1, y_2,..., y_n$，又设生产这些投入品的厂商的最小经济规模（按年生产能力）为 $a_1, a_2,..., a_n$，那么，行业 W 的建立导致生产投入品的行业产生的刺激强度或概率等于 y 项对 a 项之比。

　　在发展中国家，产业的联系效应很微弱。一般而言，农业，尤其是生存农业缺乏联系效应，初级产品生产都没有很大的后向联系，而前向联系在农矿部门也是薄弱的，反映在投入-产出表中，就是表中的许多填写产业部门的方格是空白的。如何使联系效应最大化？由于工业国的联系效应发挥得最充分，可以依靠对它们的联系效应的考察发现在发展计划中应予重视的部门。钱纳里和渡部经彦对意大利、日本和美国的不同行业的依存度的考察得出了有意义的数值（见表 8-1）。

表 8-1　　　　意大利、日本和美国的经济部门相互依存的平均程度

	通过向其他部门购买的相互依存（后向联系）①	通过向其他部门销售的相互依存（前向联系）②
1. "中间产品"（前向及后向联系均高）		
钢铁	66	78
有色金属	61	81
纸及其制品	57	78
石油产品	65	68
煤产品	63	67
化工产品	60	69
纺织品	67	57
橡胶制品	51	48
印刷及出版	49	46
2. "最终产品"（前向联系低，后向联系高）		
谷类制成品	89	42
皮革及其产品	66	37
木材及木制品	61	38
服装	69	12
运输设备	60	20

	通过向其他部门购买的相互依存（后向联系）①	通过向其他部门销售的相互依存（前向联系）②
机械	51	28
非金属矿产品	47	30
精制食品	61	15
造船	58	14
其他行业	43	20
3.　"中间初级产品"（前向联系高，后向联系低）		
金属矿产	21	93
石油天然气	15	97
煤矿	23	87
农林业	31	72
电力	27	59
非金属矿产	17	52
4.　"最终初级产品"（前向联系与后向联系均低）		
捕鱼	24	36
运输	31	26
劳务	19	34
贸易	16	17

注　　释：①行业间购买占总产量的比重（％）。
②行业间销售占总产量的比重（％）。

赫尔希曼认为，凡是有联系效应的产业，不论是后向联系还是前向联系，都能够通过这个产业的扩张而产生引致投资。引致投资不仅能促进前向、后向联系部门的发展，它反过来还可以推动该产业的进一步扩张，从而使整个产业部门都得到发展，实现经济增长。引致投资不仅可以为企业家提供获取新利润的机会，使私人投资和生产迅速发展，而且可以对政府产生压力，促使政府为实现"引致决策最大化"而采取行动。比如，私人投资者决定在一个没有适当的基础设施（如道路、新工人的住房等）的地方投资生产时，由于一个投资项目有较大的联系效应，因而这个项目会迫使政府出资修建房屋和道路，以使这个项目能顺利产生效益。据此，赫尔希曼认为，根据上述原则，一个国家在选择适当的投资项目优先发展时，应当选择具有联系效应的产业，而在具有联系效应的产业中，又应当选择联系效应最大的产业优先发展，这就是产业部门发展优先次序选择的技术标准，是不平衡增长理论的核心。

（三）"联系效应"与进口替代工业

一般而言，产业部门发展的优先次序当以联系效应的大小为标准，但据赫尔希曼的观察，发展中国家的经济部门之间联系效应很微弱，这种情况是由农产品和初级产品的需求弹性小决定的，但发展中国家的制造业，尤其是加工业还是具有较大联系效应的。因此，即使是在各经济部门联系效应较小（相对而言）的情况下，仍然可以选择某些联系效应相对较大的部门优先发展，并通过这种不平衡发展来促进其他部门的成长。具体说来，某些工业部门联系效应较大，因而可以优先发展，集中力量投资，由此可见，联系效应是与工业化有紧密联系的。

应当优先发展什么工业呢？赫尔希曼认为，应当优先发展进口替代工业。这是因为，发展中国家的工业部门主要缺乏后向联系，即缺乏某些本国不能生产的资本品（机器、设备等）和原材料、半成品（如某些元器件）等投入。至于其前向联系，由于发展中国家的经济部门和人民对制造品、消费品有较大需求量，市场潜力很大，因而不成问题。由于国内工业投入稀缺，发展工业不得不从国外进口机器设备、原材料、半成品甚至制成消费品等投入要素，而发展中国家的外汇又缺乏，因而工业投入的稀缺成为工业化的约束条件，形成主要的障碍。为了解决这一问题，赫尔希曼主张重点优先发展进口替代工业。他认为，进口替代工业的发展不仅可以解决工业投入的来源，减少进口，节约外汇，为工业的发展创造条件，而且进口替代工业本身具有较大的前向和后向联系，因而可以在尽量减少进口机器设备和原材料的前提下，多使用本国原材料等投入，生产出国内工业发展急需，人民生活必需的产品。当进口替代工业发展到一定程度后，还可以逐步由以生产工业消费品为主转向以生产资本品为主，进而完全取代工业投入的进口，独立地发展起民族工业体系，实现工业化。赫尔希曼还认为，发展进口替代工业对国内企业家具有很大的吸引力，因为它可以使国内的企业家通过发展进口替代工业获得较高利润。这样，进口替代工业的发展就可以产生较大的引致投资，实现"引致决策"最大化。所以，无论从实践上，还是理论上，优先投资和发展进口替代工业都是最佳的选择。

（四）不平衡增长与平衡增长的关系

赫尔希曼理论的核心是要说明经济发展初期实行不平衡增长的必要性和意义，为发展中国家设计一条不同于平衡增长的路线。从表面上看，不平衡增长是针对平衡增长提出来的，两者水火不相容。但赫尔希曼却认为，这两者固然互相对立，却也是有一定联系的。平衡增长与不平衡增长是从不同角度、不同时期、不同阶段考虑问题的；不平衡增长是从资源有效配置的角度，考虑经济发展的初期，如何把有限的资源分配于最有生产潜力，即联系效应最大的产业中，通过这些产业的优化发展，来解决经济发展的瓶颈（如工业投入缺乏）问题，并通过它们的发展来带动其他产业的发展。但是，当经济发展进入高级阶段时，从工业化和快速发展经济的角度来看，国民经济各部门的发展需要作一定的协调，使其保持一定的均衡，因而平衡增长就成为必然。所以，赫尔希曼指出：在经济发展的高级阶段，引起平衡增长可能性的正是过去不平衡增长的经历。由此可见，赫尔希曼强调不平衡增长，目的还是要实现更高层次和更高水平增长，只不过平衡增长是目标，不平衡增长是手段。关于这一点，斯特里顿、辛格（Singer，H.）等人也持相同看法。斯特里顿认为：平衡增长与不平衡增长之间的选择是根据各种不同长度时期内的平衡之间进行的选择；而辛格则明确指出：从不平衡开始时，为了接近平衡就需要有进一步的不平衡，所以，不平衡与平衡之间主要是时间长短的区分。

关于平衡增长与不平衡增长的关系，吉利斯、帕金斯等人在赫尔希曼等人论述的基础上作了进一步分析。他们认为，由联系效应大小决定的"绝对的"不平衡增长将产生一种"压力"，这种压力将迫使一国在经济发展中退回到平衡增长的路线上去。因此，发展规划的最终目标是通过一定时期、一定程度的不平衡发展来达到一定程度的平衡发展，这是发展计划制定的一种选择。他们还认为，虚线（dashed line）的发展路线呈现为一条曲线，稳定的平衡发展路线（steady balanced path）则呈现为一条直线且较短，但在一定条件下，遵循虚线的发展路线有可能比稳定的平衡发展路线更快地达到某一点。然而，无论是曲线发展，还是直线发展，二者虽路线不同，却完全有可能殊途同归（见图 8-2）。

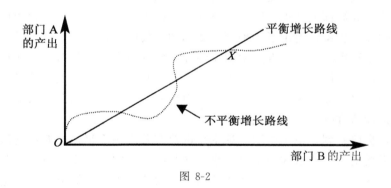

图 8-2

由图 8-2 可知，无论是按照平衡增长线同时平衡地发展 A、B 两个部门，还是按照不平衡增长线先发展 A 部门，后发展 B 部门，都可以达到 A、B 两个部门产出的最大点，如 X 点。而在 X 点上，A、B 两部门的产出是平衡增长的，表明不平衡增长线在经历了一定时期的不平衡增长之后，仍然达到了平衡增长。

在经济发展的初级阶段和资源稀缺的情况下，相对于平衡增长而言，也许不平衡增长对发展中国家更具吸引力。这是因为：

第一，不平衡增长论强调了资源稀缺对经济发展的约束，说明了企业家在经济增长中的重要地位，提出了资源应合理配置这一重大课题，这是比较符合发展中国家现状的，可以说是抓住了经济发展初期各种问题的关键。因此，对一些发展中国家来说，若能妥善解决上述问题，克服资本、要素投入等资源约束的中梗阻，培育大批有创新能力的企业家，提高管理和技术水平，合理而有效地配置现有资源，提高投资效率，就有可能找到经济发展的突破口。

第二，不平衡增长既强调了经济计划的必要性，又特别强调了市场机制的重要性。平衡增长论以发展中国家市场机制作用极其有限为依据，过分依赖国家干预和计划化，这是很片面的，在实践中可能会产生某种危害性（如计划失误的后果）。不平衡增长也要求实行国家干预和经济计划，但更强调市场机制的作用。比如，它提出应以产品的需求弹性大小、联系效应大小来选择优先发展的产业，强调引致投资的作用，提倡利用丰厚的利润（如进口替代工业）来吸引企业家投资，等等。这些主张对于逐步培育发展中国家的市场，健全市场机制，培养市场经济观念，学会利用经济手段来调节经济，具有重要意义。不仅如此，不平衡增长论所说的计划，实质上是建立在市场调节基础上的计划，它的实施，对于发展中国家处理好计划与市场的关系，利用"看不见的手"和"看得见的手"的结合来调节经济活动，是很具现实意义的。

第三，不平衡增长论提出的引致决策最大化原理、联系效应理论、优先发展进口替代工业的战略等，在一定程度上揭示了国民经济各产业之间的内在联系，对于人们从总体上和局部上认识一国的经济现状与特点，对于私人投资者和计划工作者制定正确的经济决策，提供了一种理论依据和有效的工具。

第四，不平衡增长论为发展中国家的经济发展提供了一条新的发展路线或新的思路，其真正的作用不在于它是否可行，而在于它大大启发了人们的思路，说明了经济发展的道路、战略决策不只是一种，而是有多种，各个国家应当根据自己的具体情况，选择适宜的发展道路或战略。

当然，也应看到，不平衡增长论本身也存在着许多不足，比如：它低估了产业部门间不平衡增长可能造成的不良后果，如某些资源的进一步稀缺、产业间不平衡差距过大形成经济总体发展不协调或结构严重失衡。资源稀缺可能会产生垄断，阻碍经济的进一步发展；高估了发展中国家市场机制的作用，忽视了其市场残缺不全、价格刺激反应不够灵敏等问题。严重的是，不平衡增长可能是通货膨胀的源头：第一，如果实行价格控制，就会抑制生产，短缺部门的供给可能更坏；第二，由于在非瓶颈部门产生了闲置资源，总需求的收缩会造成浪费；第三，为了保持国际收支平衡，可能必须使货币贬值，但这提高了进口产品的国内价格，这本身就是通货膨胀。还有的学者用实证材料证实了发展中国家产业部门不健全，各部门自给性很强，因而产业部门之间联系并不紧密，甚至很多部门自成体系，没有联系效应，这就为优先发展部门的选择增加了困难。休斯等人还根据史料分析，认为很少有哪个国家能提供不平衡增长成功的例证，等等。

第二节　部门发展优先顺序

发展中国家国民经济体系和结构不够健全,突出表现在农业经济比重过大而且落后,工业基础薄弱而且生产方法陈旧,主要的产品是农产品和初级产品,整个经济自给性很强,外贸比重很小,甚至有些国家根本没有外贸。这种情况决定了,要实现工业化和经济发展,必须从根本上彻底改造旧的国民经济体系和结构,全面发展工业、农业、外贸等各个部门。但发展中国家资源稀缺,技术与管理跟不上,市场的供求能力有限,不可能一蹴而就。同时,全面投资和发展起国民经济各部门,必须选择某些部门优先发展,逐步确立发展国民经济体系。

一、优先发展工业

发展中国家工业化的重要性和农业进步的作用,在本书第六章中已有所论述,但工业部门和农业部门的发展顺序,还需进一步分析。

在 20 世纪 50 年代和 60 年代初期,大多数西方发展经济学家认为,发展中国家的根本出路在于工业化,因为工业的发展对经济发展起着决定性作用,而农业的地位相对不重要。其理由是:发达国家走过的道路证明,不发达国家必须首先工业化,才能从不发达过渡到发达,成为像发达国家那样的工业化国家。工业生产率高,尤其是边际生产率高,而农业生产率,尤其是农业劳动的边际生产率相对较低,优先发展工业可提高社会边际生产率,并且通过农村劳动力向工业的转移,可以既扩大工业规模,又提高农业生产率,从而增加总产出量。工业化静态和动态的递增收益、静态收益与生产单位的大小和规模有关,而这是工业部门的特征:动态收益包括技术进步、边干边学和生产的外在经济带来的递增收益,而农业缺乏静态和动态的递增收益,难以起到带动全局发展的作用。工业的发展可以扩大城市规模,促进城市化,较快地提高人均收入和生活水平,而农业则不然,农业的发展需要有工业投入,因而只有工业优先发展了,才能保证为农业提供足够的机械、工具、化肥等投入,使农业的发展成为可能。另外,工业部门的扩大可以吸收较大的就业,而农业中劳动力却相对过剩,等等。所以,发展中国家必须首先发展工业,实现工业化。辛格说:在一个国家的经济生活及其经济史中,一个最重要的要素是"一件事情引起另一件事情"的机制:一个工业最重要的贡献不是它的直接产品,甚至也不是它对其他工业和直接社会利益的影响,而是它对一般教育水平、技能、生活方式、创造性、习惯、技术存量和新需求产生的影响。这也许就是为什么欠发达国家如此普遍地渴望发展制造工业的确切原因,即是说,它们为增加技术知识,城市教育,伴随城市文明的顺应力,以及直接的马歇尔外在经济等提供了增长点。无疑,在不同的环境下,商业、农业和种植园农业已证明能够成为增长点,但在我们的时代，制造业是一个没有其他部门能与之相比的最重要的增长点。

　　本书前几章已经证明，优先发展工业的观点在早期的发展经济学文献中反映得十分明显、突出。1943 年，罗森斯坦-罗丹在论述"大推进"理论时，就明确提出了工业化发展战略。1950 年，普雷维什、辛格提出中心-外围理论时，也倡导实行工业化。1953 年，纳克斯提出应通过大规模投资的工业化来打破贫困恶性循环。1954 年，刘易斯断言经济发展就是工业化，只有工业化才能吸收农村剩余劳动力，改变二元经济结构。1958 年，赫尔希曼提出不平衡增长理论，变为工业具有较大联系效应，应优先发展工业。此外，库兹涅茨、钱纳里、斯特里顿等人也都强调过应当实行工业化，工业化成了经济发展的同义语。

　　（一）优先发展进口替代工业

　　优先发展工业的工业化战略，还可分为优先发展一般工业（所有工业部门）的战略，优先发展进口替代工业和优先发展重工业的战略等。优先发展进口替代工业的战略是普雷维什和辛格于 1945～1950 年最早提出的。普雷维什和辛格认为，国际经济并不是由众多同质的各国经济组成的，而是由中心部分和外围部分这两种非对称性经济组成的。造成中心-外围格局形成的原因除殖民主义统治的历史外，主要是由技术发展在国际范围的传播及其成果分配，以及贸易条件决定的：中心国家经济发达，是技术发明、技术扩散国，其劳动生产率高，主要以制成品、资本品等需求收入弹性高的产品出口为主，因而贸易条件有利；外围国家经济落后，是技术输入国，其劳动生产率低，产品和出口主要以农产品、矿产品等需求低的产品为主，因而贸易不利。这种技术水平、经济实力、资源结构和资源利用方式、产品生产与出口差别巨大的不同经济体系，使中心国处于有利的主动地位，外围国家处在不利的被动地位，在贸易条件不平等的条件下，产生了"中心剥削外围"的情况，加剧了中心与外围的贫富差别。与此同时，外围国家在"外向发展"（即主要发展农产品与初级产品出口，与发达国家的资本品交换）模式中，技术发展传播到外围国家的速度远远慢于一些国家为全部劳动力提供就业所要求的速度，从而使技术传播及其成果主要集中在出口国家，这就使外围国家大部分人民处在发展边缘，受益甚小，拉大了国内的社会结构差别和收入分配不均。这种双重后果，使外围国家长期处在不发达、贫困和受剥削的困境之中。为此，普雷维什放弃了他早年信奉的新古典主义理论，批判了外向发展模式。他指出：中心国家的技术主要输入到外围国家的原料出口及其有关部门，这同它们的需要是一致的，但经济发展的基本问题是提高整个劳动生产率。从这个观点出发，外围国家的出口部分受到很大的制约，因为增加产品出口的可能性受中心国家需求相对缓慢增长的限制，这是由于后者对原料的需求弹性很低和保护主义政策造成的。因此，他建议外围国家采取一项新经济发展政策，并认为，这种新的发展模式的主要目标是工业化。工业化在向生产力水平较低的部门中的劳动群众以及出口部门和农业生产部门中失业劳动力提供就业方面，起着十分重要的作用。但他又指出：外围国家的生产成本很高，缺少相应的工业基础设施，主要条件特别不利，因而不宜强调全面发展工业，尤其不应强调制成品工业及其出口。由此他得出结论：应当优先发展进口替代工业，即发展国内急需的制成品和消费品来取代原来对这些商品的进口。他说：得到温和的、有选择的保护主义政策鼓励的进口替代，有助于改变外部制约发展的倾向，可以消除贸易条件恶化的趋势，促进提高有弹性的制成品生产的生产结构的改革。除此之外，普雷维什还提倡改善拉美国家之间的制成品出口（包括原料），制定有利于本地区或小区域的优惠规定，逐步使之成为一个共同市场。

普雷维什等人提出优先发展进口替代工业的主张同他们的工业化理论一起，被称为进口替代工业化战略。这种战略引起了许多发展经济学，尤其是发展中国家的经济学家的广泛重视，并从 20 世纪 50 年代初起在一些国家付诸实践。1958 年，赫尔希曼在论述联系效应理论时，认为进口替代工业的联系效应最大，因而也提出了优先进口替代工业的战略。之后，又有许多人提出了类似主张。

（二）优先发展重工业

优先发展重工业的思路体现在费尔德曼于 1928 年为当时的苏联计划委员会制订的发展计划之中，又称"费尔德曼模式"。当时，苏联急于实现工业化，产生了优先发展重工业与优先发展轻工业的争论。为了迅速恢复苏联经济，斯大林提出了优先发展生产资料生产部门的理论，同费尔德曼模式基本思路一致，因而也有人合称之为费尔德曼-斯大林模式。

费尔德曼模式认为，长期的经济增长是资本品工业中各种投资的函数，因此，要实现长期的经济增长，必须优先对资本品工业进行连续投资，发展重工业，通过发展重工业来为轻工业、农业等提供资本品。这意味着不仅要牺牲当前的消费，而且要削减对消费品工业的投资，以取得较高的资本品工业投资。但是，高资本品工业投资虽然牺牲了短期的消费品工业增长能力，却获取了长期的高资本品生产能力和消费品生产能力；反之，低资本品工业投资或高消费品工业投资虽然使消费品工业在短期内增长较快，却相对降低了它们的长期增长率。所以，费尔德曼主张应优先投资和发展资本品工业，实行工业内部的不平衡增长。

当时苏联的实际投资和经济增长情况很接近费尔德曼模式。1928～1937 年，苏联重工业生产在整个工业中的比重由 31% 增加到 63%，而轻工业所占比重却由 68% 下降到 36%。同期，资本品工业的总投资达到 13% 的年增长率，而居民消费品工业的总投资只有 0.8% 的年增长率，消费在 GNP 中的比重由 80% 下降到 53%。这种不平衡增长的模式取得了巨大成功，使前苏联达到了快速的经济增长，并实现了工业化。但与此同时，也造成了消费品工业严重萎缩，居民消费的平均水平低，经济结构严重失衡等问题。

前苏联的费尔德曼模式实践对不少发展中国家产生了很大吸引力。1947 年，尼赫鲁就任印度第一任总理后，任命统计学家马哈兰诺比斯（Mahalanobis, P.C.）为印度计划委员会主任。为了解决当时资本缺乏问题，马哈兰诺比斯运用费尔德曼-斯大林模式的原理，制定了两个"五年计划"（1950/51~1955/56 年，1955/56~1960/61 年）。马哈兰诺比斯计划模式的中心是强调扩大对钢铁和资本品工业的投资，通过优先发展重工业来解决资本品缺乏问题。这个计划还认为，只要资本品工业发展了，农业等其他产业也会从中受益，因为农用机械、化肥等工业的发展可以为农业提供充足的投入，支持农业等产业的发展。

但是，马哈兰诺比斯计划模式在实践中遇到了很大阻力，主要是：第一，这种计划需要有一个强有力的权威性公共机构来实施，尤其是分配资金，但印度是一个走资本主义道路的国家，缺少一个像当时苏联公有制经济那样的权威性国家机构，而印度的计划不像当时苏联的计划具有指令性，而只有指导性，因而对私人投资者没有约束力，难以真正实施计划。第二，要严格区分资本品工业和消费品工业是极其困难的。若要作区分，很可能忽略中间产品工业，而中间产品工业的比重与地位又是不容忽视的。例如，汽车工业，生产的小汽车是消费品，而生产的卡车是资本品，生产的汽车零配件却是中间产品，汽车工业应归于什么工业呢？由于这些原因，马哈兰诺比斯计划模式未能全面实施，而且大多数私人企业因为缺少利润引诱而对它不感兴趣，结果印度的投资模式实际上与马哈兰诺比斯模式大相径庭。而且，由于缺乏技术，管理跟不上，以及国内对资本品的需求不足，印度的两个五年计划实施很不成功，表现在重工业的投资率低于计划投资率，单位投资的产出（投资效率）低于计划指标，以及计划未正确考虑国内的人口、收入和需求弹性等因素，使资本品缺少充足的市场，并导致现有的资本品工业生产能力剩余和闲置。结果，在第二个五年计划期间，印度的 GNP 年增长率只有 3.7%（计划年增长率为 5.5%），20 世纪 60 年代初只达到 3.5%。资本品工业和农业的过慢增长导致国内由于人口过快增长产生的食物和消费品稀缺，导致不得不增加食物和资本品的进口，从而引起国际收支严重不平衡的危机。为此，从 20 世纪 60 年代末起，印度政府被迫放弃马哈兰诺比斯的计划理论。

印度优先发展重工业的实践为发展中国家实施这种战略提供了经验教训：（1）只有国内对资本品存在充足的需求时，大量投资于重工业的战略才有可能促进经济增长。（2）节制当前消费的不平衡投资模式的成功至少需要一整代人的时间。（3）走资本主义道路或存在着混合经济的发展中国家实施这种大规模的发展计划的能力十分有限，因为这些国家的计划部门不具权威性，无力控制整个投资，因而很难获得成功。

（三）优先发展主导部门工业

1960 年，罗斯托在《经济增长阶段论》中提出了起飞理论，为发展中国家提供了一种起飞理论和发展模式，这就是以主导部门（leading sectors）优先发展来带动整个经济的起飞和持续发展。罗斯托认为，任何阶段，即使在一个成熟合乎增长的经济中，前进的动力是靠少数主导部门迅速扩张而得以实现的。这些部门的扩张有巨大的外在经济和其他次级效应。从这个角度来说，起飞阶段的部门行为是增长进程的一种特殊形式，换句话说，增长是通过不同方式、不同主导部门不断重复起飞来完成的。经济部门可以分成以下三种形式：

（1）主要增长部门（primary growth sector）。在这些部门，最新发现有利可图的机会产生一个高增长率，并把这种扩张力量扩散到经济的其他部门。

（2）互补性增长部门（supplementary growth sector）。这些部门的迅速进步是对主要增长部门进步的直接反应，或是为了满足其需求而出现的。

（3）派生增长部门（derived-growth sector）。这些部门的进步与实际总收入、人口、工业生产的增长或其他的一些变化变量保持稳定的关系。粮食产量与人口的关系、住房与组建家庭的关系就是这个次序中的典型的派生关系。

经济增长的历史已证实了主导部门的重要性和所起作用。例如，英国在产业革命时期建立了以纺织业为主的主导部门，纺织业的发展带动了棉花种植、畜牧（如养牛）、纺织机械、动力（如蒸汽机）、服装、交通运输、出口等部门的发展，进而促进了整个经济的增长。而在美、法、德、前苏联、加拿大等国，以铁路业为主的主导部门的发展，带动了这些国家的起飞。他还认为，主导部门是由几个重要的产业组成的主导部门体系，这个"主导部门体系"又是随经济发展而不断发展，不断更替的，它的更替和发展，为经济增长提供了动力。对发展中国家来说，主导部门体系可能是水泥、木材、建筑、种植、采掘等产业，其次可能是纺织、服装、加工等轻工业，随后可能是机械制造、机床、电力、出口等工业，再后是汽车工业综合体系，最后是服务业、城建等生活质量部门综合体系。显然，对于起飞，不是只有一种主导部门序列，也不是只有唯一的部门能起关键作用。一个增长的社会必须考虑四个基本要点：

（1）对于为产出迅速增长打基础的部门生产的产品，必须有扩大的有效需求。

（2）必须把新的生产函数和生产能力的扩大引入这些部门。

（3）社会必须能够产生在这些关键部门发动起飞最初所需要的资本。

（4）主导部门必须是这样的部门，即它们的扩张和技术变革引起其他部门对增加生产能力的一系列要求，并诱导出新的生产函数的潜力。

罗斯托还指出，主导部门的建立，必须具备一定的条件，主要是：要有足够的资本积累和投资，这就要求一国的净投资率必须从5%左右提高到10%以上（即投资在国民生产净值中的比重占到10%以上）。要做到这一点，必须鼓励和增加储蓄，减少消费，防止消费早熟，必要时就引进外资；要有充足的市场需求，来吸收主导部门的产出；要有技术创新和制度创新，拥有大批具有创新意识的企业家，为主导部门的发展提供组织、管理和人力条件，等等。

二、优先发展工业思想的转变与工业和农业协调发展理论的提出

第二次世界大战后，当"唯工业化"论初露苗头时，有的学者指出，发展中国家应重视农业的发展。[①] 此后，在发展中国家普遍推行工业化战略的过程中，工业的发展越来越受到落后的传统农业的制约，从而引起人们重新认识农业在经济发展中的地位与作用，重新评价农业与工业关系，越来越重视农业的发展，连过去以强调工业化著称的刘易斯、纳克斯等人，也开始修正自己的观点，承认农业的重要性，提出农业应与工业平衡增长的新主张。后来，由于舒尔茨等人关于农业问题的权威性著作发表，农业的重要性被提高到前所未有的高度，许多学者还纷纷提出一些迅速发展农业的计划与战略，强调工业和农业应协调发展。

农业地位的提高和工业与农业协调发展战略的提出，一方面是因为二战后一些国家的工业化战略实施得不很理想，尤其是受到了农业的障碍；另一方面是因为人们逐渐认识到了农业在经济发展中的主体地位和重要意义：（1）农业可以为工业化提供巨大帮助，对经济发展起着产品贡献（提供农业、原材料等）、要素贡献（提供工业投入要素，如劳动力、原材料等）、市场贡献（提供工业品销售市场）、外汇贡献（出口农产品换取外汇或减少粮食进口节约外汇）的作用。（2）农业的发展本身就是经济发展。发展中国家人口（尤其是农村人口）众多，粮食问题、就业问题、收入增长问题等是最主要的当务之急，大力发展农业，可以解决农村人口乃至城市人口（包括转移人口）的粮食供给。通过农产品加工，农村教育，乡村服务设施等的发展，可以解决过剩农业劳动力就业，同时，也能提高农业人口的人均收入。这些重大问题的初步（或一定程度）解决，本身就意味着经济发展。（3）农业的发展使农业劳动生产率提高，从而使农业劳动者的收入水平也会提高。农业产出的增加和收入的增长会提高农业人口的储蓄能力，增加储蓄，促进资本形成，有助于克服工业发展所遇到的资本稀缺等问题。（4）农业机械的广泛使用，农产品加工业和村镇小型工业的产生与发展，农村教育的普及，以及农村中乡镇的形成，有助于农业向农业工业化发展，使农业人口向非农业转变，从而改变不发达国家的二元经济结构，促进农村的城市化（如小城镇化）。（5）农业生产的提高可以增加农产品的供求弹性，改善工农业和进出口的贸易条件，有利于改变发展中国家的经济结构，增强出口创汇能力，改善国际收支状况。（6）农业的发展可以推进农业技术的发明和应用，进而提高发展中国家的科学技术水平，等等。因此，发展经济学家和发展中国家越来越重视农业的地位与作用，并广泛推行工业和农业协调发展的战

[①] 张培刚于1947年已提出了农业国（即发展中国家）应重视农业发展的观点，并指出农业与工业化密不可分，农业对工业化具有要素贡献、产品贡献、市场贡献、外汇贡献四种贡献。参见张培刚：《农业与工业化》，1949年英文版，华中理工大学出版社1982年版中译本。

略，逐渐认识到了优先发展某一部门思想的片面性，转而考虑一种综合性的、协调性的发展战略，使国民经济各个部门实现均衡的发展。由于认识的转变，一些学者提出了工业与农业均衡增长战略，工业、农业、外贸均衡增长战略，国民经济各部门均衡增长战略，等等。其中，最主要的是工农业并举，综合发展的一揽子发展战略。

第三节 地区发展优先顺序

发展中国家的贫困落后不仅表现在整个国家的人均收入低，一般生活水平低等方面，还表现在各个地区发展不平衡，一些地区特别贫穷落后。为了改变这种状况，发展经济学家们提出了地区发展优先顺序理论，其中主要有"发展极"理论和"地理上的二元经济结构"理论。

一、"发展极"理论

"发展极"（poles de croissance，development poles）的概念和理论是由法国发展经济学家佩鲁（Perroux，F.）提出的。该理论的中心思想是，在经济增长中，由于某些先导部门或有创新能力的企业或行业在一些地区或大城市集聚，形成一种资本集中，技术集中，具有规模经济效果，自身增长迅速并能对邻近地区产生辐射作用的"发展极"，通过具有"发展极"这些地区的优先发展，可以带动邻近地区的发展。

（一）"发展极"理论的思想基础

"发展极"理论是以"支配学说"或"不平等动力学"为基础的。在佩鲁看来，社会是一个异质的集合体，由于种种原因，社会内部的各个部分之间存在着一种不平等的相互关系，即"支配"与"被支配"关系。所谓"支配"，是指存在着 A、B 两个单位时，若 A 对 B 施加影响，而 B 不能反过来影响 A 或不能以同等程度影响 A，则 A 为支配单位，B 为被支配单位。支配作用分"无意识"和"有意识"两种形式：当 A 自身发生变化而无意对 B 产生影响，但 B 受 A 变化的影响而随之变化，这是"无意识影响"；当 A 为了自身变化而有意对 B 施加影响时，B 迫于这种影响而发生变化，这就是"有意识影响"。支配作用产生于历史的或偶然的原因，或产生于结构或制度方面的因素。如果一个单位属于较重要的经济部门，处于较重要的地区，具有较大的生产规模，能够影响商品交换的条件，就有可能成为支配单位。支配单位可以是企业、行业、部门，也可以是地区、国家。在经济生活中，支配作用是一个普遍现象，大企业对小企业、工业对农业、新兴产业对传统产业、城市对农村、发达地区对落后地区、发达国家对发展中国家，都有着支配关系。因此，经济发展是一个支配单位起主导作用的不平等、不平衡的动态过程。

（二）佩鲁的经济发展理论

基于上述思路，佩鲁提出了他的经济发展理论。他认为，一国经济是由各种经济空间构成的。这种经济空间不是几何空间或地理空间，而是社会经济中各种分子之间的经济关系。它表现为三种形式：一是作为计划内容的经济空间，即当一经济单位制定和执行计划时，或是作为某种产品或原料的提供者，或是作为其购买者，同其他有关单位建立起各种经济关系，构成一项计划内容，这就是它的计划内容的经济空间。二是作为势力范围的经济空间，即某些经济单位具有向心力和离心力，形成各种经济中心，每一中心都能发挥吸引力和扩散力，并形成特定的作用范围，从而构成其特定的经济空间。每个中心的作用范围互相交叉，不受地区和国界限制。三是作为同质整体的经济空间，即采用收入水平、主要经济活动形式、人口状况等标准来衡量并分析各个经济单位，于是，任何一个单位都表现为可比的、同质的结构元素的整体。

（三）"发展极"理论

引起人们兴趣的是佩鲁从上述第二种空间形式入手论述了"发展极"理论。他指出，应当以非总量（即非 GNP 或国民收入增长总量）的方法来安排经济发展计划，将国民经济按地理幅员分解为部门、行业和工程项目。按照这一非总体的分解，经济增长并不是在每个部门、行业或地区按同一速度平衡增长的；相反，是在不同的部门、行业或地区按不同速度不平衡增长的。某些先导部门和有创新能力的产业集中于一些地区或大城市，以较快的速度优先得到发展，形成"发展极"，再通过其吸引力和扩散力不断地扩展自身的规模并对所在部门或地区发生支配影响，从而不仅使所在部门和地区迅速壮大发展，而且带动其他部门和地区的发展。

什么是"发展极"的确切意义呢？佩鲁说，"发展极"是由先导部门和有创新能力的企业在某些地区或大城市的聚集发展而形成的经济活动中心，这些中心具有生产中心、贸易中心、金融中心、交通运输中心、信息中心、服务中心、决策中心等多种功能，能够产生吸引作用和扩散作用，促进自身发展并推动其他部门和地区的发展。

"发展极"因能发挥吸引作用而成为"吸引中心"（attraction center），也因能发挥扩散作用又成为"扩散中心"（diffusion center）。它的这两重作用，一般表现在四个方面：（1）技术的创新和扩散。"发展极"中有创新能力的企业不断进行技术革新，向其他地区和部门推广新技术、新产品、新组织和新生产与管理方法，另一方面又从其他地区和部门引进新技术和人才。（2）资本的集聚和输出。"发展极"中一般拥有大量的资本和生产能力，为了自身发展的需要，它可以从其他地区和部门吸引、集聚更多的资本，进行更大规模的投资，同时，又可以向其他地区和部门输出大量资本，促进这些地区和部门的经济进步，以满足自身进一步的发展。（3）产生规模经济效益。"发展极"的企业和行业集中，生产规模庞大，可以形成规模经济，又由于基础设施的建立，贸易、金融、信息和服务部门的形成，人才的互相利用，又产生了外在经济效果。　（4）形成"团块经济效果"（economies of agglomeration）。"发展极"使人口、资本、生产、技术、贸易等高度集聚，产生城市化趋向，形成经济区域，发挥中心城市的团块作用。

佩鲁认为，"发展极"的形成需要三个条件：（1）必须有创新能力的企业和企业家群体；（2）必须具有规模经济效益；（3）必须有适当的周围环境，便于投资和生产。

（四）"发展极"与"增长点"

"发展极"理论提出后，引起了许多国家的发展经济学家的重视，一些英、美学者对"发展极"作了补充和发展，提出了"增长点"（growth points）的概念，有的学者也称之为"增长极"（growth poles）。他们认为，企业和行业之间的亲和力将产生外部经济效果，这种效果使企业和行业在地理上聚集发展，从而出现"增长点"或"增长极"。"增长点"或"增长极"的出现，有利于企业之间、行业之间在工业化中形成网络关系，进一步扩大外部经济效果。因此，外部经济效果的产生是"增长点"形成的重要原因，同时又是"增长点"活动的主要结果。

"发展极"与"增长点"两个概念虽然很接近，但也有区别：（1）"发展极"概念偏重于具有创新能力的企业的作用，而"增长极"概念则侧重于外部经济效果的作用；（2）"发展极"概念侧重于"发展极"的形成对所在地区，特别是其他地区的促进作用，而"增长点"概念则强调增长点自身的经济增长。

人们认为，"发展极"理论事实上是把不平衡增长思想、熊彼特的创新学说和新古典学派关于人力与资本流动的看法结合起来，转化为经济空间的概念。"发展极"理论的提出已经对经济计划的指导思想发生了重大影响，使一些发展中国家的计划工作者把工作重点由以国民收入或 GNP 作为一个总量指标进行规划，转为把国民经济分解为较小的、较具体的组成部分进行规划。因此，"发展极"理论已成为当今一些发展中国家强调区域计划的理论根据。

"发展极"理论的政策含义是十分明确的：发展中国家要实现工业化和现代化的经济发展，应当建立"发展极"，通过"发展极"自身的发展和对其他地区或部门的影响，带动整个经济的发展。"发展极"的形成有两种途径：一种是由市场机制的自发调节引导企业和行业在某些大城市和发达地区聚集发展而自动产生"发展极"，一种是由政府通过经济计划和重点投资来主动建成"发展极"。

二、地理上的二元经济结构理论

佩鲁的"发展极"理论从正面论述了"发展极"对其自身和其他地区经济发展的促进作用和带动作用，但忽视了"发展极"对其他地区发展的不利影响。结构主义发展经济学家缪尔达尔提出了地理上的二元经济结构（geographical dual economy）理论，利用扩散效应和回波效应概念，分析了发展中国家存在着发达地区与落后地区、即存在着地理上的二元经济结构的条件下，发达地区优先发展对落后地区的促进作用和不利影响，提出了如何既充分发挥发达地区的带头作用，又采取适当对策来刺激落后地区发展的观点。

（一）分析地理上的二元经济结构问题的基本观点

根据结构主义的基本思路，缪尔达尔认为，新古典主义经济发展理论所采用的传统静态均衡分析方法是不能正确观察发展中国家地区经济发展不平衡问题的。如果依照新古典主义的观点，生产要素可以自由流动，工资和利润由劳动和资本的供求关系所决定并自动趋于相等，因此，市场机制的自发调节可以使资源在各个地区得到合理的配置，使各个地区的经济差异消除并得到均衡的或平衡的发展。缪尔达尔断言，新古典主义的这种观点是不符合发展中国家实际的，不能作为制定经济发展战略的理论根据，而应当采用动态的非均衡分析方法来研究发展中国家的地区发展不平衡问题。

在缪尔达尔看来，发展中国家的经济中存在着地理上的二元结构，即发达地区和不发达地区并存的二元结构。这种地理上的二元经济结构似乎类似于刘易斯的二元经济结构，但缪尔达尔没有把经济按部门分为传统农业部门和现代工业部门，而是根据地区间的经济发展水平的差异来划分的。

（二）地理上二元经济结构的形成

缪尔达尔用他的循环累积因果关系论说明了地理上的二元经济结构如何消除的问题。他认为，地理上的二元经济结构产生的原因在于各个地区经济发展水平的差异，主要表现为地区之间人均收入和工资水平差距的存在。

在发展初期，各地区的人均收入、工资水平和利润率是大致相等的，此时，如果某些地区受到外部因素的作用，经济增长速度快于其他地区，经济发展就会出现不平衡。不平衡发展到一定程度，就会使地区间的人均收入、工资水平、利润率以及整个经济发展的水平出现差距。差距的产生会因累积性因果循环的作用而使发展快的地区发展更快，发展慢的地区发展更慢，于是地区间的经济差距越来越大，发展得较快的地区成为受惠地区（favoured region），发展得较慢的地区成为落后地区（backward region）。受惠地区和落后地区并存，出现了地理上的二元经济结构。

（三）地理上二元经济结构的消除

按照新古典主义的观点，通过生产要素的流动，两个地区的经济差距可以逐渐消失，均衡发展可以实现。如甲地区发展快，资本将变得丰裕，而劳动变得稀缺，从而工资率上升，而利润率下降，于是发展慢的乙地区的劳动力就会向甲地区流动，从而降低其工资率，而甲地区的资本就会向乙地区流动以提高利润率。最终，两个地区的利润率和工资率趋于相等，经济发展走向平衡。

　　缪尔达尔指出，新古典主义关于消除地区经济差异的上述分析，是不符合发展中国家的实际的。因为，在经济发展过程中，发达地区对其他地区劳动力的吸收是有选择性的。发达地区经济发展快，物质资本和人力资本的聚集量大，需要的是技术和管理人才、企业家以及熟练劳动力等质量较高的劳动力，而不是一般劳动力；从不发达地区来看，往往也只有受过教育的人和熟练劳动力才能支付得起迁移费用而向发达地区流动。因此，劳动力流动的结果是：一方面，甲地区流入的高质量劳动力促进了本地区经济进一步快速发展，并刺激了对资本等生产要素需求的增长，反过来又刺激了对劳动力需求的增加，劳动力需求的增加会再次提高工资率，又进而吸引乙地区更多的劳动力的流入。另一方面，乙地区工资率低下，使劳动力外流，而经济不发展使乙地区对劳动力和资本等生产要素的需求又不断降低，这就使工资率仍然很低，于是，劳动力继续向甲地区流动。缪尔达尔认为，这两方面的结果都会产生累积性因果循环：地区间的工资差异同劳动力互为因果，劳动力流动同经济发展水平互为因果，从而使发达地区越来越发达，落后地区越来越落后，使地区间的工资差距、人均收入差距和经济发展水平差距越来越扩大。地区间的劳动力流动如此，地区间的资本流动、技术流动和贸易往来也如此。

　　上述劳动力、资本、技术等要素因报酬差异而发生由落后地区向发达地区流动的现象，经济发展中落后地区受到发达地区的不利影响后，地区经济差距趋于扩大的现象，即是缪尔达尔常说的回波效应（backwash effect）。从缪尔达尔的思路看，他不会同意"发展极"理论只强调"发展极"对落后地区积极作用的观点。

　　因此，总体来说，缪尔达尔认为，由于循环累积因果关系的作用，发展中国家地理上的二元经济结构的存在，不会如新古典主义者所说那样，会自动消除。

　　但是，缪尔达尔在强调回波效应的同时，又认为，它的作用并不是漫无节制的，地区间经济发展的差距的扩大也是有其限度的，因为，在发达地区与落后地区之间起作用的不只是回波效应，还有扩散效应。他指出，在二元经济结构中，发达地区的发展本身有其限度。当发达地区发展到一定程度后，由于人口稠密，交通拥挤，污染严重，资本过剩，自然资源不足等原因，发达地区生产成本上升，外部经济效益逐渐变小，从而使经济增长的势头逐渐减弱。在这种情况下，一方面，发达地区如果再扩大生产规模，则是相对不经济的，因而资本、劳动力、技术等就会自然地向其他地区扩散出去，或者发达地区为了自身的进一步发展而将资本、劳动力、技术等有意地向其他地区扩散出去，无论属于哪一种情况，扩散都将带动落后地区的经济发展；另一方面，发达地区经济增长的减速会使社会对落后地区的产品、资源等的需求增加，从而刺激其发展。结果，落后地区的经济发展将逐渐加速，与发达地区的差距逐渐缩小，直至达到平衡。

　　（四）政策建议

　　根据地理上二元经济结构理论，缪尔达尔提出了他对地区经济发展优先顺序的看法和政策建议。他指出：

第一，在经济发展过程中，当某些先起步的地区已累积起发展的优势时，发展中国家应当采取地区不平衡发展战略，通过发展计划和投资安排，优先发展这些具有较强增长势头的地区，以求得较好的经济效率和较快的增长速度，并通过扩散效应来带动其他地区的发展。这种优先发展某些具有优势的地区是必要的，因为在资本、技术、熟练劳动力有限的条件下，如果全面发展各个地区，就会降低资源利用效率，引起经济效益下降，使各个地区都不能发展起来。

第二，各个地区的经济差距也不宜拉得过大。当发达地区发展起来后，为了防止累积性因果循环造成的贫富差距无限制扩大，发展中国家不应当消极地等待发达地区产生扩散效应来消除这种差别，而应当采取一些必要的措施来激励不发达地区的发展，尤其是不发达地区应制定相应的对策来发展自己的经济，缩小差距。

一些西方经济学者利用统计方法检验了缪尔达尔的上述理论，认为大致符合不少国家的实际情况。还有一些发展经济学家根据缪尔达尔的观点，提出发展中国家应当采用新的社会经济综合发展战略，把缩小贫富差距，开发人力资源，增加社会就业，扩大粮食生产，开发落后地区作为经济发展的重点。为此，应开辟新工业区，开发新矿产和能源，建设基础设施，提供优惠政策，兴办包括外资与发达地区资本的合资企业，以及开辟内地自由贸易区（如巴西的马瑙斯，印度的坎德拉等落后地区的自由贸易区），重点是帮助不发达地区发展经济。

第四节　收入最大化和就业最大化

收入最大化和就业最大化，都是经济发展谋求达到的目标，但两个目标之间存在着一定的矛盾，在二者不可兼得的时候，选择哪一个目标，也是优先顺序的问题。

要实现收入最大化，关键是提高生产力，而生产力的提高主要依赖技术进步。但是，新技术往往是节约劳动的，因而新技术的引进将减少就业机会。一国的资源是有限的，而发展中国家又是资本相对稀缺而劳动比较丰富的，在这种条件下，是把有限的资源与密集资本而节约劳动的高生产率技术相结合，还是把有限的资源与节约资本而密集劳动的低生产率技术相结合，在二者之间要作出选择。

这种矛盾的两难情况在农业中不像在工业中那样明显。相对地说，农业发展需用劳动较多而需用资本较少，而在工业中，较为资本密集的技术，比起较为劳动密集的技术，一般有较高的生产率。这不仅表现在单位劳动的产出量上，也表现在单位资本的产出量上。然而，资本-劳动比在不同的工业部门中是不一致的，因此，看起来，劳动力有余而资本不足的国家又宜于采用劳动较为密集的技术去进行工业生产。但是，情况又不如此简单。一个国家尽管劳动力有余而资本不足，可是它在国际贸易中具有的比较利益却需要资本密集的技术，例如，利比亚、科威特和委内瑞拉等国，就不应当不采用资本密集技术而让石油资源长期埋藏地下。此外，出于国际支付差的考虑，往往需要发展具有资本密集性质的进口替代工业；为了扩大联系效应，也可能要发展大规模的、资本密集程度较高的工业。

对发展中国家而言，理想的工业技术应当有比较广泛的实用范围，它最好是少用资本，多用劳动，而又同时取得较高的劳动生产率和资本生产率。由于几个世纪来，工业技术的发明创造的目的都偏于节约劳动，西方国家训练出来的科学家和工程师都习惯于多用资本而少用劳动的设计以提高生产率。在发展中国家，这种情况应当有所改变，在工业中也应当有"绿色革命"式的技术进步。尽管一些发达国家近年来已开始注意资本节约的技术，但生产率高而劳动密集的工业技术的创造发明还不多。不少的发展中国家正在谋求生产率虽不很高但劳动比较密集的工业技术，即在本书以前有关章节中提到过的中间技术或适用技术，建立所谓"过渡工业"（transitional industry）。

比起现代化工业，过渡工业的规模一般较小，劳动密集程度较大，教育密集程度较小。但在逐步发展的过程中，工人的劳动熟练程度和专业知识水平将在生产过程中和在职训练中逐渐提高，从而使生产技术的教育密集程度逐渐加大，而且资本储备将逐渐累积起来。结果，工业规模将逐渐扩大，工业将逐渐现代化。可见，过渡工业尽管在一段时期生产效率还比较低，但是，它能够提供较多的就业机会，并培训出一批有经验的工人和管理人才，所得将超过所失。

对于人口众多的发展中国家，不能在增加收入和增加就业两个目标上趋于极端，收入水平必须逐步提高，就业水平也必须逐步上升，因此，就这些国家而言，不存在收入最大化和就业最大化两个原则的对立。但是，从一些小国的发展经验来看，似乎有的国家在一个阶段中主要追求的是收入的最大化，而有的国家在一个阶段中主要追求的是就业的最大化，前者如斯里兰卡，后者如哥伦比亚。

有些发展经济学家以斯里兰卡的经验为依据，主张收入最大化是应当遵循的方针，其理由是，高收入可以增大储蓄并由此而转化为资本，资本品产业的扩大将增大就业量。有些发展经济学家则以哥伦比亚的经验为依据，主张就业最大化是应当贯彻的原则，其理由是，就业的扩大是改进收入分配的最好办法，收入分配改善之后，社会支付能力也随之增长，从而刺激投资，进一步创造就业机会。

其实，斯里兰卡和哥伦比亚在发展优先次序上之所以有如此差异，是因为两国的社会经济状况有所不同。哥伦比亚经济上比斯里兰卡发达，可以暂时牺牲收入而争取扩大就业。斯里兰卡的收入分配比较平均，教育和训练水平较高，社会福利事业较发达，可以在农业和公共工程中扩大就业的同时，特别强调生产率和收入水平的提高。

思　考　题

1. 从我国的国情出发，你认为应当采取平衡增长战略，还是应当采取不平衡增长战略？

2. 以经济发展理论为依据，分析我国从优化发展重工业转而注意农、轻、重发展顺序的历史经验。

3. 从"发展极"理论分析，思考我国的梯度发展战略和西部大开发问题。

第九章　对外贸易

在第三世界国家和地区的经济发展过程中，对外贸易一直发挥着重大作用，初级产品出口价值始终占绝大多数发展中国家 GNP 的很大一部分，特别是一些小国，农产品和其他初级产品如咖啡、可可、蔗糖、棕榈油、铜等的出口价值几乎占它们的 GNP 的 25％至 40％，而石油输出国的石油出口价值一般超过其国民收入的70％。可见，对发展中国家来说，出口是非常重要的，而在出口贸易中，初级产品是赚取外汇的主要来源。

另一方面，为了满足工业发展和消费增长的需要，发展中国家又不得不进口原料、机器、中间产品和消费品，除石油输出国和东亚一些小国和地区外，大多数发展中国家的进口需要超过了出口能力，因而长期出现国际支付差的亏空，为此又不得不谋求外国的公私信贷和投资。

由于长期的外债累积，还本付息的外汇支出，已成为不少发展中国家的沉重负担，日益扩大的经常项目和资本项目的双重亏空，使一些发展中国家的外汇储备迅速耗竭。

国际贸易中的不利地位，严重地影响了发展中国家的国内经济发展。如何从实践上和理论上认识对外贸易的特点和作用，如何根据自身的经济状况采取适当的对外贸易战略和政策，是发展中国家必须解决的一个重大问题。

第一节　发展中国家对外贸易的特点

一、进口和出口的格局与趋势

第二次世界大战后，世界贸易总额增长很快，每年以 6％的平均速度增长，外贸的增长率超过世界总产出增长率的 50％。但 20 世纪 80 年代，世界贸易总额增长缓慢，其原因是继 1980～1983 年世界经济严重衰退之后，经济增长放慢，美元价值涨落不定，世界商品价格连续下降，发达国家保护主义抬头，发展中国家的债务危机日益严重。面对这些问题，许多发展中国家不得不削减进口，反过来又导致经济增长减速，失业率上升，经济状况全面恶化。90 年代之后，世界贸易依然保持快速增长，1990 年至 2003 年 14 年间每年平均增长速度约为 6％，世界商品贸易占 GDP 比重从 1990 年的 33％增加到 2003 年的 42％，其中发展中国家的变化尤为显著，增幅达 21 个百分点，而高收入国家增幅只有 6 个百分点。

尽管如此，发展中国家在世界贸易总额中所占的份额一直保持在 20％左右，并且亚洲新兴工业化国家和地区以及海湾石油生产国的出口额在大幅度上升。亚洲新兴工业化国家和地区出口的增加主要是制造品出口的增加。从 1970 年到 1993 年，它们的制造品出口在全部发展中国家的制造品出口中所占的份额由 30％上升到 80％以上。至于大多数低收入和中等收入的发展中国家，初级产品在它们的出口总额中的份额仍然占 3/4 以上。

概括地说，在世界经济旧秩序仍然存在的形势下，不少发展中国家的外贸前景是不能令人乐观的，而以初级产品出口为主仍是这些国家对外贸易的基本格局。

二、出口对发展中国家的重要性

在发展中国家中，除少数几个大国外，出口商品的价值在其国内生产总值中都占有相当大的比重。以 1995 年的统计为例，可以明显地反映这一情况（见表 9-1）。

一部分发展中国家和地区与两个
发达国家出口商品分析（1993 年）

表 9-1

国家和地区	出口收入占国内生产总值的百分比（％）	初级产品所占份额（％）	制造品所占份额（％）
尼日利亚	37.9	7	93
肯尼亚	29.3	89	11
印度	9.6	25	75
斯里兰卡	30.1	28	72
扎伊尔	36.4	94	6
巴西	8.7	47	53
墨西哥	8.8	56	44
厄瓜多尔	19.6	97	3
菲律宾	20.1	24	76
赞比亚	33.3	97	3
香港地区	150.3	7	93
刚果	28.4	94	6
委内瑞拉	22.1	86	14
美国	7.4	18	82
日本	8.6	3	97

　　由表 9-1 可以看出，按出口商品价值在国内生产总值中所占份额的大小，发展中大国如印度、巴西和墨西哥对出口的依赖程度小于比较小的发展中国家，但把发展中国家作为一个整体来看，对出口的依赖程度要大于发达国家。日本的出口商品价值占国内生产总值的 8.6%，美国更少，只占 7.4%，而大多数发展中国家和地区的出口商品价值占国内生产总值的份额一般在 20% 以上。

　　由表 9-1 还可以看出，一般发展中国家的出口商品中初级产品的比重很大而制造品的比重很小。有关各类商品的世界需求变化的统计表明，初级产品的需求收入弹性较小，制造品、燃料和某些原料的需求收入弹性则较大。据估计，当发达国家的国民收入每增加 1%，它们进口的食物只增加 0.6%，农业原料如橡胶只增加 0.5%，而制造品将增加 1.9%，石油产品及其他燃料将增加 2.4%。因此，当发达国家收入提高后，对食物和原料（它们的主要产地是发展中国家）的需求量增加较慢，而对制造品（它们的主要产地是发达国家）的需求量则增加较快。

　　此外，发展中国家特别是非洲地区的发展中国家出口的初级产品往往集中在少数几个品种上，差不多有一半的发展中国家从 1 种初级产品如咖啡、可可或香蕉中得到 50% 的出口收入，大约有 2/3 的发展中国家从 3 种初级产品中得到 60% 的出口收入。这些初级产品的市场价格偶一波动，对发展中国家都要产生很大的影响。

　　由上述情况可以理解，出口贸易与发展中国家的经济关系密切，而发展中国家出口商品的构成又使它们在国际贸易中处于脆弱的地位，很容易受到发达国家经济变动和世界市场变化的影响。因此，研究发展中国家的对外贸易时，出口问题具有重要的地位。

三、贸易条件

　　发展中国家的出口收入总值不仅决定于出口量的大小，还决定于出口商品价格的高低。如果出口商品价格下跌，要维持原有的出口收入水平，就不得不增加出口商品的数量。同样，在进出口方面，支出外汇的多少，既决定于进口量的大小，还决定于进口商品价格的高低。

　　显然，如果一国出口商品的价格比进口商品相对下跌，则为了维持原来的进口水平，该国不得不在出口品产业中投入更多的资源以保证有更多的产品可以出口。换言之，如果一国的出口商品价格比进口商品价格相对下跌，则每一单位进口商品的社会机会成本将提高。

　　经济学家们把一单位典型出口商品价格与一单位典型进口商品价格的这种关系或比例称为商品的贸易条件（commodity terms of trade）。贸易条件一般用 P_x/P_m 表示，P_x 和 P_m 分别代表出口商品和进口商品的价格基数（以某一基期的价格为 100），如 P_x/P_m 变小，则贸易条件恶化，如 P_x/P_m 变大，则贸易条件改善。从历史趋势看，作为发展中国家主要出口产品的价格，与作为发达国家出口主要部分的制造品价格相比，一直在相对地下降。于是，平均地说，发达国家的贸易条件在持续改善，而发展中国家的贸易条件在持续恶化，图 9-1 表明了这一情况。

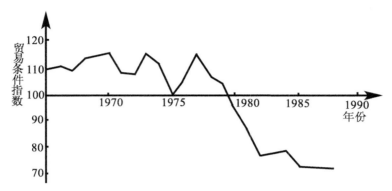

图 9-1　非石油出口发展中国家的贸易条件
1965～1988 年（1975 年＝100）

　　图 9-1 显示 1977 年至 1988 年间非石油出口发展中国家的贸易条件的不断恶化状况。在这一期间，这些国家因贸易条件恶化而蒙受的损失每年达 25 亿美元。结果，发展中国家的贸易差状况也不断恶化，从 1981 年的顺差 550.8 亿美元降到1985 年的逆差 12 亿美元。

　　世界银行《1995 年世界发展报告》曾就发展中国家出口商品结构和贸易条件的变化进行了比较（见表 9-2）。

表 9-2

国　家	初级产品出口比重(%)		制成品出口比重(%)		贸易条件(1987 年＝100)	
	1970 年	1993 年	1970 年	1993 年	1985 年	1993 年
莫桑比克	90	80	10	26	113	122
尼日利亚	98	98	2	2	167	99
加　纳	99	77	1	23	93	65
巴基斯坦	43	15	57	85	112	100
洪都拉斯	93	86	7	14	118	73
斯里兰卡	99	28	1	72	106	86
埃　及	73	67	27	33	147	99
印度尼西亚	98	47	2	53	145	90
塞内加尔	81	79	19	21	107	106

续表 9-2

国　家	初级产品出口比重（%）		制成品出口比重（%）		贸易条件（1987 年＝100）	
	1970 年	1993 年	1970 年	1993 年	1985 年	1993 年
玻利维亚	97	81	3	19	130	78
喀麦隆	92	86	8	14	113	77
菲律宾	97	24	3	76	99	117
摩洛哥	90	43	10	57	99	114
约旦	84	49	16	51	127	123
多米尼加	96	47	4	53	115	130
萨尔瓦多	72	52	28	48	122	88
哥伦比亚	92	60	8	40	124	68
牙买加	54	34	46	66	89	109
秘鲁	98	85	2	15	111	90
突尼斯	81	25	19	75	123	100
阿尔及利亚	94	97	6	3	173	195
泰国	92	28	8	72	103	103
哥斯达黎加	81	67	19	33	111	94
巴拿马	96	84	4	16	104	87
委内瑞拉	99	86	1	14	166	93
巴西	86	40	14	60	101	97
南非	59	27	41	73	101	105
毛里求斯	98	34	2	66	77	108
马来西亚	93	35	7	65	114	99
智利	95	81	5	19	91	104
匈牙利	33	32	67	68	103	—
墨西哥	68	47	32	53	145	99
乌拉圭	80	57	20	43	91	114
加蓬	91	97	9	3	154	105
阿根廷	86	68	14	32	96	101
韩国	24	7	76	93	94	166

从表 9-2 可以看出，广大的发展中国家出口商品结构已向制成品比重加大的可喜方向转变，这说明了它们的工业化程度已有所提高。但是，从表中也可以看出，发展中国家出口产品结构的改善并不意味着它们的贸易条件在改善，相反，它们当中大多数（36 个国家中有 23 个）的贸易条件不仅没有改善，反而继续在恶化。

关于发展中国家贸易条件的恶化问题，持结构主义思路的发展经济学家普雷维什等提出过解释，我们已在第二章中作了介绍。除此之外，一些经济学家认为其原因还有：

1. 由于技术进步，替代初级产品作为原料的合成品的不断出现，减少了初级产品的国际需求。例如，化纤替代了棉花，合成橡胶替代了天然橡胶，合成洗涤剂替代了植物油脂制成的肥皂，人造皮革替代了动物皮革，等等。

2. 技术进步降低了原材料的消耗，从而减少了初级产品的世界需求。例如，金属容器中减少了含铅量和含锡量，现代化织布机减少了棉纱浪费，机器将木刨花和木屑压成胶合板以代替原材料，等等。

发展中国家贸易条件的恶化给国民经济带来很不好的后果。一方面，发展中国家由于对外贸易处于不利地位，其收入和财富将源源不断地流向发达国家，使它们不能通过对外贸易来促进经济发展。另一方面，贸易条件恶化使发展中国家国际收支失衡，赤字不断增加，迫使它们压缩国内工业发展所需的技术、设备和原材料，以致阻碍了工业化的进程。为了解决这一困难，发展中国家只好向发达国家举债，而一旦外债负担过重，又会造成债务危机。

第二节　传统的国际贸易理论

一、古典学派的比较成本理论

李嘉图把亚当·斯密关于国际贸易的绝对成本理论发展成为相对成本理论或比较成本理论，这一理论多年来一直是西方国际贸易的基本理论。它从所假设的一些条件（如两种商品在两国之间参加交换，资源已充分利用，生产技术不变，要素不能在国际间自由流动，完全竞争等）出发，得出三点结论：

第一，参加贸易的两国按生产成本较低的原则进行专业化生产，并用成本较低的产品和对方国家成本较低的产品相交换。

第二，按照这一原则进行贸易，双方国家可以不受本国资源的约束，交换并消费自己不能生产或不宜生产的商品。

第三，经过这种不受干涉的自由贸易，双方资源利用较充分，各自专业生产的效率较高而产出量较大，从而双方得益。如果世界各国之间都这样自由地进行贸易，则全世界资源利用最充分，各国各自专业化生产的效率最高而产出量最大，从而使全世界得益。

从 19 世纪开始，比较成本学说在西方国际贸易理论中居于主导地位，成为西方经济比较发达的国家开展对外贸易的理论基础和政策依据。19 世纪中期，德国历史学派的先驱之一的李斯特（List，F.）从当时经济相对落后的德国的情况出发，批评了比较成本理论，认为它是为生产力比较发达的某些先进国家设计的，自由贸易只对发达国家有利，而对不发达国家有害，像德国这样的经济落后国家，应当在对外贸易中实行保护主义政策。

二、新古典主义的要素禀赋理论

进入 20 世纪后，比较成本理论受到新古典主义经济学家赫克歇尔（Heckscher，E. F.）和俄林（Ohlin，O.）的修正。他们从新古典主义的基本观点出发，认为比较成本理论是静态的、单一生产要素的理论，而影响国际生产专业化的，是各种生产要素供给的差异。国际贸易的起因不是各个国家在不同商品上的固定不变的劳动生产率的差异，而是各个国家在不同商品上的变动中劳动生产率的差异。如果各国的生产要素价格相同，各国将采用同样的生产方法，从而有同样的产品相对价格比例和生产要素生产率。因此，国际贸易产生的原因，不是各国在商品的劳动生产率上存在着固有的技术差异，而是各国在生产要素供给上具有不同的条件。由于在各国之间生产要素的禀赋有丰有歉，因而它们的供给有多有少，因此相对价格就不同，结果，生产要素的配合和商品的相对价格也就不相同。劳动力因供给丰富而便宜的国家，比起劳动力因供给有限而昂贵的国家，在生产劳动密集的商品方面，有成本和价格上的相对优势，则其就应当集中力量生产并出口劳动密集的商品，而进口资本密集的商品。相反，资本因供给丰富而便宜的国家，比起资本因有限而昂贵的国家，在生产资本密集的商品方面，有着成本和价格上的相对优势，则其就应当集中力量生产并出口资本密集的商品，而进口劳动密集的商品。所以，国际贸易不啻是一种机制，一个国家可以利用它，发挥自己在某些生产要素上的充裕力量，缓解自己在某些生产要素上的匮乏情况。

赫克歇尔和俄林的上述理论叫做要素禀赋理论（factor endowment theory）。和古典学派的比较成本理论一样，新古典学派的要素禀赋理论的基本结论是：自由贸易可以使全世界的产出量达到最高水平，可以使各国分享利益。除此之外，要素禀赋理论还有几点重要的推论：

第一，古典学派比较成本理论曾经说：在自由贸易条件之下，各国将实现充分的专业化。事实上，这种情况并不一定会出现，因为一个国家密集使用原来比较丰裕的生产要素的结果，会逐渐引起该要素成本的提高，以致产品的价格超过国际市场价格，最终不能继续扩大这种商品的生产，专业化将不可能充分实现。

第二，自由贸易使各国生产要素价格趋于均等，各国生产要素的丰歉产生了商品相对价格的差异，从而导致了国际贸易的进行。而贸易的结果，又会缓解各国生产要素配置的不均衡，使各国生产要素的价格趋于相等。例如，一国的劳动力丰裕而资本稀缺，就可以密集地使用劳动力资源以发展初级产品之类的生产，工资将逐步上升；另一方面，可以缩减密集地使用资本资源的生产，降低资本的相对稀缺程度，利率将逐步下降。另一国的资本丰裕而劳动力稀缺，就可以密集地使用资本资源以发展制造品之类的生产，利率将逐步提高；另一方面，可以缩减密集地使用劳动力资源的生产，降低劳动力的相对稀缺程度，工资将逐步下降。最后，各国生产要素价格的差异将逐渐消失。

第三，进行国际贸易以后，如前一点所述，各国国内稀缺资源的报酬将下降，而丰裕资源的报酬将上升，于是，收入分配不均的情况将有所改善，一国的劳动者收入份额因对外贸易而逐渐加大，而资本所有者收入份额因对外贸易而逐渐缩小。

第四，国际贸易会促进国内的经济增长，因为它可以使一个国家超越生产可能性边界（production possibility frontier）去获取资本品和消费品，以较低的价格得到在本国稀缺而昂贵的原料、其他产品以及技术知识等等，从而为工业生产的持续增长创造有利条件。

总起来说，新古典主义的要素禀赋理论和古典学派的比较成本理论虽有差异，但有着共同的观点：国际贸易是刺激经济增长的重要因素，是"增长的发动机"（engine of growth）；国际贸易可以促进国际和国内的经济平等；自由贸易可以为各国带来最大的经济利益；为了促进增长和贸易，各国应当积极地参加国际贸易，采取外向的政策。

第三节　从发展中国家国情看传统的国际贸易理论

上述的传统国际贸易理论是否适合发展中国家的国情呢？不少发展经济学家认为不适合。他们认为，传统贸易理论从一些假设开展抽象的推理，而这些假设根本不符合当代国际经济关系的现实，所得的结论也有悖于发展中国家对外贸易的历史和现状。

传统的国际贸易理论有以下的一些假设：

第一，各国的生产资源的数量是固定的，其质量是不变的，它们都是得到充分利用的，在国际间是不流动的。

事实上，情况并非如此。世界经济在迅速变化，生产要素在数量上不是固定的，质量上也不是不变的。各国的生产资源一直处于不断发展的过程之中，而国际贸易又是促成这种发展在各国具有不平衡性的主要因素，特别对那些与经济增长攸关的资源，如物质资本、企业家才干、科学力量、技术研究、劳动熟练程度等，更是如此。所谓的要素禀赋或比较成本，并非是既定的，而是在不断变化的。不是它们决定了国际专业分工的性质和特点，而是国际专业分工的性质和特点决定着它们的状况。这就是说，作为贸易发生初始条件的资源和成本不均等现象，会由于贸易的进行而更趋严重。富国的资本是丰裕的，并拥有较多的企业管理人才和熟练劳动力，假如专门从事这些资源密集的生产，结果将更加发展这些资源。穷国的丰富资源是非熟练劳动力，假如专业从事劳动密集的生产，结果贸易条件会更加不利，为了补救贸易条件的不利，只好再扩大劳动密集的生产，这样穷国就无法从落后状况中解脱出来，去谋求资本和人力资源的开发。可见，国际贸易的进行，并不如古典主义和新古典主义理论所说的那样，普遍给各国带来利益，相反，可能使本来不平等的贸易关系变得更加不平等，主要享受经济利益的是发达国家，发展中国家在物质资本和人力资源方面的落后状况，不但不会改善，反而会更加恶化。

假设中包含的另一个命题：各国的资源是得到充分利用的，是达到充分就业水平的，这一命题也是不符合实际的。它不过是微观经济学中完全竞争均衡模式常用的抽象假定条件。发展中国家的常见现象正是失业和就业不足，必须从这个基本现实出发，来分析发展中国家的对外贸易问题。

第一，由于有大量不得其用的人力资源的存在，发展中国家可以不必花多少实际成本就能扩大生产能力，把国内不需要的产品出口，这一看法，由缅甸发展经济学家明特（Myint，Hla）作了系统的分析，称为剩余的出路（vent for surplus）贸易理论。明特的理论可由图 9-2 说明。

图 9-2 中曲线为某一发展中国家的生产可能性边界，直线表示贸易条件。在未进行贸易之前，生产配合点假定为 A，此时，生产 OX_1 量的初级产品和 OM_1 量的制造品。A 点的位置在生产可能性边界曲线之下，表明未实现充分就业，资源利用不足。如果进行对外贸易，就可以利用闲置的资源，把生产扩大到生产可能性边界上的 B 点。在既定的贸易条件（P_X/P_M）下，生产 OX_2 量的初级产品，以 X_1X_2（$=AB$）部分出口，换回 M_1M_2（$=AC$）量的制造品。于是制造品的消费水平由 OM_1 提高到 OM_2，从而闲置的、不得其用的剩余找到了出路，生产水平和消费水平同时都得到了提高。

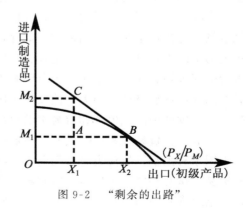

图 9-2　"剩余的出路"

第二，既然发展中国家普遍存在着资源闲置、劳动力失业和就业不足的情况，就应当尽一切努力创造就业机会。为此，必须保护国内产业的发展，因而关税、进口限额等措施的采用，对发展中国家来说，是必要的，理所当然的。

假设中还包含一个命题：生产要素在国际间是不能自由流动的。这一假设也不符合实际情况。事实上，资本和熟练劳动力以及技术一直在国际上流动。西方国家在 19 世纪中期经济增长的一个重要因素，就是国与国之间的资本流动。第二次世界大战后，跨国公司迅猛发展，分支机构遍布全球，大大增加了资本、技术和熟练劳动力在国与国之间的流动性，这是当今国际关系中一个引人注目的现象。

第三，生产技术是固定不变的，消费者趣味也是固定不变的，不受生产者的影响，国际上也存在着消费者主权。这一条假设也与实际情况相背离。主要发生在西方国家的技术进步，已经深刻地影响了世界贸易关系。例如，一些代替初级产品的合成品的出现，已给发展中国家造成了极其严重的损失。跨国公司的无孔不入的广告宣传，对发展中国家的广大消费者偏好的改变，产生了巨大作用，消费者受着生产者的影响和控制，已无主权可言。

第四，在各国国内，生产要素是自由流动的，可以适应国际经济情况的变化而及时重新配置资源，完全竞争是普遍存在的。这一假设也脱离实际。生产要素的自由流动，在任何一种经济中都难于实现，在发展中国家更是如此。发展中国家在偏重生产初级产品阶段，不得不为初级产品的储存、保藏以及从产地到销地并一直到国外市场的交通运输等等基础设施，投入大量的资本，而且这一过程将累积地进行下去。结果，以初级产品生产为主的经济结构越来越缺少弹性，生产要素的流动性也越来越小，当国际经济情况发生变动时，就很难作出相应的调整，对资源重新进行适当的配置。从事多种经营的发展中国家，情况要好一些，生产单一品种初级产品的发展中国家困难最大。

至于完全竞争，它在微观经济学中也不过是一个纯理想的模式，在国际贸易中更缺少实际意义。规模收益递增或成本递减的现象，使规模较大的厂商比规模较小的厂商处于力量相对较强的地位，使前者可以用压低价格、控制产量等办法，来操纵市场，打击竞争对手，国内市场如此，国际市场更是如此。发展中国家在国际市场上面临的不是自由竞争，而是寡头垄断；不是为数众多的小厂小商，而是少数庞大的跨国公司。完全竞争排斥了风险和不确定性的存在，而现实的情况则是初级产品的国际市场价格波动很大，使发展中国家的外汇收入很难稳定。初级产品的品种越单一，发展中国家生产和贸易中的风险和不确定性就越大。

第五，在贸易关系中，政府是不起作用的。这一假设也和现实情况不相一致。由于国家有大小，经济力量有强弱，一些国家的政府能够站在特殊的地位，干涉对外贸易，从对外贸易中使本国得到较大的利益，结果，使资源的分配更加不均。发达国家经常利用国内和国际政策，去影响国际经济事务。它们还互相勾结，并和跨国公司结合起来操纵贸易条件。在它们这种强大的干涉力量之下，发展中国家的反干涉措施往往是无效的。

第六，贸易是自然平衡的，各国经济能迅速地对国际价格的变动作出反应，自然地进行调节。这一假设显然又是完全竞争条件下一般均衡模式的一个论点。这个论点强调产品和资源的国内价格和国际价格能随着供求情况而变动，特别是贸易条件能自行调节，使进出口自然平衡，由于没有国际资本流动，因而国际支付差也自然平衡。事实上，由于贸易条件的不断恶化和出口商品需求的增长缓慢，贸易赤字已成为发展中国家的一个老大难问题，随之而来的国际收支失衡和外债负担加重，更是发展中国家当前面临的严重威胁。当今国际经济根本不存在什么完全竞争，国际价格体系根本不存在什么市场灵活性，传统理论所说的国际贸易自动调节机制，不过是幻想而已。

第七，对外贸易产生的利益，能为本国国民享有。这条假设的含义是，既然对外贸易产生的利益能为本国国民享有，对外贸易就应当自由进行。可见，这条假设是与前几条假设互相联系的，也同样是不符合实际的。过去，在许多发展中国家中，属外国人所有的矿山和种植园利用当地的廉价劳动力，租用或购买当地的廉价土地，所得的利润基本上汇出国外，经济利益基本上不能为所在国的人民所享有，这种飞地产业（enclave industries）对所在国的经济发展并无推动作用。今天，这种有形的飞地产业已逐渐为更强有力的跨国公司所代替。在跨国公司影响和控制之下，发展中国家出口收益中的相当大的部分已成为由跨国公司所攫取的利润，而并非发展中国家所能得到的利益，更说不上为国民所分享了。

总之，不少发展经济学家认为，古典主义和新古典主义的国际贸易理论是从一些不切实际的假设而作出的推论，是不符合发展中国家的国情和所处的国际环境的。从过去 40 年特别是 20 世纪 60 年代的经验来看，国际贸易的开展，的确引起了发展中国家经济的某些变化，还促成了一些国家和地区的比较快速的经济增长，然而，从总的结果看，世界贸易所带来的利益是分配不均的，在发达国家和发展中国家之间，主要受益者是前者，在发展中国家内，主要受益者是比较富裕阶层，自由贸易会使收入趋于均等的说法已经破灭。

但是，也有一些经济学家对上述关于传统的国际贸易理论的批评，持有不同的看法。他们认为不能对传统的国际贸易理论特别是比较成本理论完全否定，发展中国家可以吸收其中有用的成分以制定适宜的经济政策，其理由是：

第一，比较成本理论的静态性质并不影响用它来分析动态的经济发展问题。对发展中国家来说，应用比较成本理论进行专业化生产，可以充分利用自己的资源和成本优势，有效而合理地配置资源，提高生产率，扩大产出并提高实际收入。生产专业化虽然可能使发展中国家依赖于国际市场，但它有助于打破闭关自守、自给自足的锁国状态，积极利用有利的国际条件来发展民族经济，并通过出口换回国内生产需花较高成本的商品，从而得到外贸收益。

第二，比较利益可以随时间和条件的变化而变化，一个国家在一定时期中在某些产品上有较低的成本，比较成本优势或比较利益的存在就是这个国家进行对外贸易的基础。但是，随着时间的推移，虽然自然资源，如土地可能变化很小，但资本和劳动力却通常以不同的速度持续增长。因此，该国的生产要素的丰歉情况不能不发生变化，原有比较成本优势可能丧失，而新的比较成本优势将会出现，因而该国将在新的贸易基础上与外国进行经济往来。可见，无论情况如何变化，一国总是在某些产品上具有比较成本的优势，总有着一定的对外贸易基础，比较成本理论可以指导一国的外贸实践。

第三，尽管得出的政策结论不一致，但是比较成本理论对发达国家或发展中国家都是适用的，刘易斯就曾经有这一看法。他认为，对发达国家来说，比较成本理论是拥护自由贸易的理论基础，对发展中国家来说，比较成本理论是拥护保护贸易的理论基础，因为，发展中国家根据资源的丰歉情况，选择多使用丰裕劳动力而节约稀缺资本的生产，同时，为了克服贸易条件的不利，又实行保护贸易政策，这样，还是获得了在某些产品上的优势。

第四节　发展中国家对外贸易战略

按照限制或发展对外贸易两个基本不同方向，可以把对外贸易发展战略分为内向的（inward-looking）和外向的（outward-looking）两类。每一类再可分为初级的（primary）和次级的（secondary）两类。因此，对外贸易发展战略共有四种，即初级内向（primary inward-looking）、初级外向（primary outward-looking）、次级内向（secondary inward-looking）和次级外向（secondary outward-looking）。

初级内向是指经济上完全自给，基本上以农为主，不与外国进行贸易。初级外向是指开始进行贸易，鼓励农产品和原料等初级产品出口。次级内向是指采取保护措施，发展国内制造品生产，以国内生产的制造品去替代进口的制造品，这种战略也叫做进口替代（import substitution）。次级外向是指采取鼓励办法，发展国内制造品的生产，积极出口制造品，这种战略也叫出口鼓励（export promotion）或出口替代（export substitution）。以下就初级外向战略、次级内向战略和次级外向战略分别详细说明。

一、初级外向

初级产品的出口收入占许多发展中国家全部出口收入相当大的部分，但是，除石油产品和几种特别需要的矿物外，初级产品在世界贸易中所占的份额已逐渐减少，这种情况的产生是由初级产品的需求和供给特点所决定的。

从需求方面看，有四种因素限制了初级产品特别是农产品对发达国家扩大出口的可能性。

第一，比起燃料、某些矿物和制造品来，农产品和原料的需求价格弹性和收入弹性都较小。

第二，发达国家的人口增长已接近换代水平，因人口增长而对发展中国家初级产品需求增长的可能性已很小。

第三，棉花、橡胶、剑麻、黄麻、牲畜皮等初级产品的合成代替品的出现，使自然产品的销路大受打击。

第四，发达国家采取提高关税，规定限额以及制定环境卫生法等保护措施，限制了发展中国家农产品的出口。

从供给方面看，发展中国家的生产结构缺少弹性以及其他一些不利因素，使初级产品的生产难以扩大。

然而，初级产品出口仍然是许多发展中国家赚取外汇的重要手段，而且粮食、木材、鱼类、肉类和某些水果与蔬菜的需求收入弹性和价格弹性都较高，国际市场对这些产品的吸收能力较大。因此，发展中国家不能轻视初级产品的出口，必须高度重视初级产品的生产。为此，必须大力开发农村，发展农业，改造初级产品的生产结构，增进其灵活性。

二、次级内向

次级内向或进口替代，是 20 世纪 50～60 年代被提出并风行于发展中国家的一种外贸战略。提出这种战略并迅速予以实施是基于这样一些考虑：削减进口，减少对国外的经济依附；节约外汇，平衡国际收支；发展本国的幼稚工业，实现工业化；发展制造品的生产和出口，改善贸易条件；保护民族工业，扶持本国工业品的生产和出口；增加工业部门劳动就业，改变二元经济结构，等等。可以看出，这些考虑一方面是为了消除发展中国家发展民族经济的障碍，另一方面是为了消除贸易条件不利对发展中国家的影响，为实现工业化和经济发展创造有利条件。这正是第二次世界大战后初期许多发展中国家寻求经济上的独立和平等发展的目标，是迅速摆脱贫穷落后状况的一条捷径。因此，在第二次世界大战后初期，拉丁美洲一些国家率先实施了进口替代发展战略。随后，亚洲一些国家和地区也开始选择了这一战略。到 20 世纪 60 年代，进口替代已成为发展中国家占主导地位的经济发展战略。

进口替代一般经历两个阶段：

第一阶段：首先建立和发展一般的最终消费品工业，以替代这些消费品（如收音机、自行车、一般家用电器等）。在这一阶段，由于发展中国家缺乏必要的资本、机器设备、原材料、中间产品和技术等，需要从国外进口这些投入，加上缺乏管理经验，生产规模也较小，因而往往出现产品成本高，质量低，缺少规模效益，外汇使用过度，国际支付困难，产品价格高于同样产品的进口价格等问题。但随着幼稚的进口替代工业逐渐成长、成熟，这些问题会逐步得到解决，并趋于能完成进口替代的预定目标。

第二阶段：当最终消费品的进口替代工业发展到一定程度，其产品能基本满足国内市场需要时，进口替代工业就应当升级换代，从最终消费品的生产转向国内需要的资本品、中间产品的生产，建立机器制造、机床生产、石油提炼、炼钢轧钢等工业，在生产中尽量多地使用国产原料和其他投入，增强自力更生能力。

发展进口替代工业可以采取多种形式，如由国家出资建厂，引进外资建厂，国家与外资、私人企业与外资合作办厂，利用外援和国外资助办企业，建立经济特区，利用跨国公司在国内建立生产和销售基地等等。

在进口替代工业建立初期，由于国内生产条件还较差，国外竞争力量又很强，以及国内厂商对发展前景缺乏了解和信心等，发展中国家的政府需要采取保护措施对进口替代工业加以扶持。保护措施有多种：（1）实行保护关税，对最终消费品的进口征收高关税，限制其进口，同时对国内生产必需的资本品、中间产品等投入的进口征收低税或减税免税，以降低进口替代品的生产成本。（2）实行进口限额，限制非必需消费品特别是奢侈品的进口。（3）实行外汇升值，以减轻必需品进口造成的外汇压力。（4）对进口替代工业在资本、劳动力、技术、价格、收益等方面给予优惠，使它们不被国外产品所排挤。前三项是外部保护措施，后一项是内部保护措施。

进口替代战略在许多发展中国家实行后，取得了一定的成效，主要是有助于民族工业的建立，并推动了工业化的发展。但是，在实践过程中也暴露出一些缺点：

第一，造成外汇短缺，国际收支不平衡，并非减轻反而加重了对国外的依赖。进口替代工业的建立本来是为了减少进口，节约外汇，平衡国际收支，发展民族经济，但是，由于进口替代工业的成长和发展需要大量的资本品、中间产品、原材料的进口，还需要从国外引进必要的技术和管理人才，从而需要大量的外汇。于是，进口替代工业越发展，外汇短缺问题越严重，国际收支状况越恶化。同时，进口的增加和因外汇不足而向外国举债的结果，增加了对外国的依赖。因此，有的发展经济学家说，进口替代战略与其说是减少进口，不如说是改变进口结构，即从进口最终消费品改变为进口资本品和半成品。

第二，妨碍出口，给经济增长带来不利影响。进口替代的某些保护措施不利于出口，如外汇升值，虽有利于进口替代产业投入品的进口，却降低了本国产品在国外市场上的竞争能力，以致阻碍了某些传统的初级产品的出口。由于初级产品的出口对发展中国家的经济起着很大的作用，阻碍初级产品的出口必然对经济增长带来不利影响，在发展初期特别明显。

第三，影响经济效益的提高，对国民经济的带动作用不大。进口替代工业在保护措施之下往往成本高，效率低，产品价格高，缺少竞争力，除非继续不断对它们进行保护，否则这些产业很难长期维持下去。进口替代工业在国内没有或很少有后向联系，而在产品价格居高不下的情况下，国内市场的需求也难以增大，使联系效应更趋于减小，因而不能带动经济发展。

第四，不能创造更多的就业机会。发展中国家人口增长快速，就业压力很大，因而应当优先发展劳动密集型产业，但进口替代工业大多使用从国外进口的节约劳动型的机器设备和技术，不利于创造更多的就业机会。

第五，造成了收入分配不均，经济利益外流。进口替代工业的发展使利益比较集中于城市少数工业部门，会引起城乡之间、工农之间、部门之间、劳动者之间的收入分配趋于不均。另外，在发展中国家经营进口替代工业的外国厂商，利用东道国给予的租税和投资优惠，得到了很大的利益。他们把所得的利息、利润、管理费等的绝大部分汇出国外。他们的收入在扣除这几部分后，已所剩无几，能分利给东道国有关方面的只是少数与外商合作的有权势的工业家，对东道国的经济发展起不了促进作用。

因为上述几个问题的出现，不少发展经济学家对进口替代战略抱着怀疑甚至否定的态度。但是，这一战略对许多发展中国家的工业化和民族工业的建立确实也发挥了积极的作用。部分发展经济学家认为，虽然进口替代战略并非完美无缺，但是，只要一方面注意节约外汇，一方面尽可能地利用国内资源和人力，这一战略是会奏效的。简单地说，进口替代工业化是否行之有效，决定于两个因素，即国际收支状况和本国生产的投入在整个投入中所占的比重。

三、次级外向

如果说，次级内向即进口替代是发展中国家在发展初期所必须采取的外贸发展战略，那么，一旦进口替代进入成熟阶段，发展中国家就应及时地转向次级外向，即出口鼓励外贸战略，而且从实践上看，一些发展中国家在进口替代战略的缺点日益显露之后，也不得不转向寻求外向型的贸易战略。从 20 世纪 70 年代起，一些拉丁美洲国家和东南亚一些国家和地区就开始进行这种转变。

出口鼓励外贸战略的实行，主要基于这样一些考虑：（1）利用本国自然条件优越或劳动力便宜等优势，发展劳动密集型的、技术先进的产品，通过扩大出口来带动经济增长。（2）出口的扩大可以增加就业，提高人均收入，促进工业基础的加强和整个经济工业化，提高技术水平和劳动生产率，使产业结构高级化。（3）出口鼓励促使加工工业和制造品工业发展，从而改变出口产品的结构，改善贸易条件，实现国际收支平衡。（4）出口鼓励工业的发展，可以克服进口替代工业所产生的一系列问题。

出口鼓励一般也经历两个阶段：

第一阶段：主要发展加工工业，以生产一般消费品为主，如食品、服装、鞋帽、纺织品、洗衣机、收录机、电视机等家用电器、木材加工品、玩具等。这些产品的生产方法比较简单，技术较易掌握，投入要素较易获得，而且国际市场需求较大，需求弹性也不小，故比较容易起步。

第二阶段：当第一阶段出口商品生产发展到一定程度，特别是当其中某些产品的市场容量已渐趋饱和或生产与外贸条件已变得不利时，就应当转向以机器设备、机床、电子仪器、机械工具等以高技术产品生产为主的出口工业。此时，进入了第二阶段。

出口鼓励工业的发展可采用外商独资、合资、来料加工、劳务出口（如建筑业）、在国外办企业等各种形式。

出口鼓励战略可以进一步分为两种类型：一种是出口鼓励与国内生产并举型，即在鼓励出口的同时，还重视与出口有关的工业，使其形成规模经济以满足国内需要；另一种是单纯出口扩大型，即一切以出口鼓励为主。究竟采取哪一种类型为好，由各国的具体条件而定，如幅员大小、资源贫富、生产技术条件、人力资源状况、地理位置等等。因此，韩国、新加坡等国家地域较小，就采用第二种类型的出口鼓励，而巴西、墨西哥等大国，就采用第一种类型的出口鼓励。

出口鼓励并非完美无缺，可能会出现下述一些问题：

第一，发展出口鼓励工业常常受到资源、技术、投资、人力等条件的限制，使这类工业难以建成，或建成后难以产生应有的效率。

第二，产品出口受到国际市场的限制。一方面，发展中国家产品的成本和质量优势还不太明显，竞争力还不太强，难以在国际市场中扩大销售；另一方面，发达国家对进口商品实行贸易保护主义，限制发展中国家制成品的进口，这是主要的障碍。

第三，一些出口产业受到国家的过度关税保护和价格补贴，以致出现了生产效率较低，成本和价格较高，国际竞争能力不强等不良后果。同时，由于补贴过多，给政府财政造成了困难，无力发展其他产业。

第四，过度发展出口部门，会造成为国内市场生产产品的部门资源和资金匮乏，使经济畸形发展。

第五，出口比重过大会使一个国家的经济过分依赖于国际市场，而国际市场的波动会引起国内经济的波动。

四、进口替代与出口鼓励的比较

从 20 世纪 50 年代起，在发展经济学理论文献中，进口替代与出口鼓励孰长孰短一直是一个争论不休的问题。大体上说，自由贸易鼓吹者都主张外向的出口鼓励工业化发展战略，保护贸易倡导者则强调内向的进口替代工业发展战略。20 世纪 50 年代和 60 年代，进口替代论者居于上风；20 世纪 70 年代以后，出口鼓励论变成主流，它特别得到西方国家和世界银行的经济学家的赞赏。但是，对发展中国家的大多数发展经济学家来说，进口替代有利于自力更生仍然是他们的信念。

　　进口替代与出口鼓励的基本区别在于：进口替代的主张者相信，发展中国家应当首先用国内产品的生产替代先前对一般消费品的进口，然后用国内产品的生产替代先前对高级消费品的进口，无论在前一阶段，还是在后一阶段，以高关税和限额的措施限制进口，从而使国内的幼稚工业得到保护，都是必要的。但是，进口替代主张者的长远目标是双重的，一方面，实现国内工业生产的多样化和平衡发展；另一方面，规模经济效益使成本下降，使国内价格能与世界价格竞争，从而先前受保护的制造品最终具有出口的能力。出口鼓励的主张者则强调自由贸易可以提高效率，促进增长，强调以广大的世界市场替代狭小的国内市场的重要意义，尖锐地指出保护措施必将造成价格和成本的扭曲，他们总是津津乐道于东亚一些国家和地区外向经济的成就。

　　实际上，进口替代和出口鼓励并不存在着尖锐的对立，许多发展中国家对两种战略都兼而用之，只是在不同阶段对二者各有侧重而已。只有一部分发展中国家始终坚持采用一种战略，这述情况可由表9-3说明。

41 个发展中国家（地区）按贸易导向的分类

表 9-3　　　　**（1963～1973 年和 1973～1985 年两个时期）**

时　　期	外　　　向		内　　　向	
	强烈外向	温和外向	温和内向	强烈内向
1963～1973 年	韩　　国 新　加　坡	巴　　西 喀　麦　隆 哥伦比亚 哥斯达黎加 象牙海岸 危地马拉 印度尼西亚 以　色　列 马来西亚 泰　　国	玻利维亚 萨尔瓦多 洪都拉斯 肯　尼　亚 马达加斯加 墨　西　哥 尼加拉瓜 尼日利亚 菲　律　宾 塞内加尔 突　尼　斯 南斯拉夫 坦桑尼亚 土　耳　其 乌　拉　圭 赞　比　亚	阿　根　廷 孟　加　拉 布　隆　迪 智　　利 多米尼加 埃塞俄比亚 加　　纳 印　　度 巴基斯坦 秘　　鲁 斯里兰卡 苏　　丹

时　　期	外　　向		内　　向	
	强烈外向	温和外向	温和内向	强烈内向
1973～1985 年	韩　　国 新 加 坡	巴　　西 智　　利 以 色 列 马 来 西 亚 泰　　国 突 尼 斯 土 耳 其 乌 拉 圭	喀 麦 隆 哥 伦 比 亚 哥斯达黎加 象 牙 海 岸 萨 尔 瓦 多 危 地 马 拉 洪 都 拉 斯 印度尼西亚 肯 尼 亚 墨 西 哥 尼 加 拉 瓜 巴 基 斯 坦 菲 律 宾 塞 内 加 尔 斯 里 兰 卡 南 斯 拉 夫	阿 根 廷 孟 加 拉 玻 利 维 亚 布 隆 迪 多 米 尼 加 埃塞俄比亚 加　　纳 印　　度 马达加斯加 尼 日 利 亚 秘　　鲁 苏　　丹 坦 桑 尼 亚 赞 比 亚

从理论的逻辑上看，可以对初级外向、次级内向和次级外向三种贸易战略发展的时间顺序形成一种认识：发展中国家在发展之初，工业一般都十分落后，能够出口换取外汇的只有农产品、矿产品以及其他初级产品，此时，除采取初级外向战略外，别无其他选择。其后，为了满足对工业消费品的需求，为了早日实现工业化，发展中国家就会转而走向进口替代。等工业发展到已具备一定基础，工业产品能在国际市场上有一定竞争能力的时候，就会从进口替代发展到出口鼓励。在实践上，许多发展中国家确实也是按照这一顺序逐步转变其对外贸易战略的。从这种意义上说，在许多发展中国家对外贸易战略的选择上，显示了理论的逻辑和历史的逻辑的统一。

但是，这并不意味着这三种战略是互相排斥的，并不意味着一个发展中国家在一定阶段只能采取一种战略。对一些发展中国家特别是发展中大国来说，不应片面地、单一地实行某种外贸战略，而应实行综合性的外贸战略，即同时发展初级产品出口、进口替代工业和出口鼓励工业，互相补充，互相促进，稳步地发展。当然，根据情况的变化，这三种外贸战略在不同时期也可以有所侧重。

从 1997 年秋爆发的东南亚经济危机的教训看来，出口鼓励战略，特别是东南亚国家和地区奉行的单纯出口扩大型的战略，即一切以鼓励出口为主，生产基本上满足国外需求的策略的实施，引起了不好的后果。一方面，产品出口受到国际市场的限制，如果发展中国家产品的成本和质量优势还不太明显，竞争力还不太强，就难以在国际市场上扩大销售；另一方面，发达国家对进口商品往往采取配额限制等保护主义措施，妨碍了发展中国家产品的出口。同时，过度发展出口部门，会造成国内市场生产产品部门的资源和资金匮乏。发展中国家如果满足于低附加值的劳动密集型产品出口，而不积极地不断创新以增加产品的技术含量从而提高其附加价值，则会在国际市场中处于不利地位，出口产品数量虽多，但经常项目盈余并不充裕。

特别值得注意的是，如果片面倡导出口鼓励，出口比重过大，会使一个国家的经济过分依赖于国外的需求，过分依赖于国际市场，国际市场的波动会引起国内经济的波动。发展中国家应该立足国内和国外两个市场，特别是一个发展中大国更应注意这个问题。外向型的出口鼓励阶段不是一个内涵恒常不变的战略阶段，在其初期，必须针对封闭型进口替代的弊端，大力开发国外市场，并由此而取得迅速发展经济的绩效，但当经济发展到一定水平时，就应及时重视开发国内市场。一个发展中大国，国内市场有着巨大的潜在力量，当出口鼓励促进经济发展，提高人均收入水平，从而不断扩大储蓄总量时，国内需求将迅速提升，国内市场将迸发出巨大的现实力量。国内产品只要合乎市场需要，质量不断提高，品种不断更新，其销路将是畅通无阻的。这样，发展中国家的经济基础将是牢固的，不会因国际经济情况的突然变化而动荡不安，甚至出现危机。

第五节 关税与外汇管理

一、关税与有效保护

主张发展中国家应该采取关税保护措施的论据有下述几点：

第一，对需要在国内发展生产的某些产品在进口时课以较重的关税，以保护幼稚工业的成长，是进口替代工业化过程中必须采取的重要措施。

第二，关税保护有利于工业的自力更生，减少对发达国家的依赖。

第三，限制非必需品进口，以减少国际收支赤字。

第四，关税是一国财政收入的重要源泉，关税征收也比较简便易行。

但是，也应当看到，在实践中，这些论证不一定都能成为现实。关税保护措施是否行之有效，还要有其他政策配合同时进行。

衡量关税效果，有两个标准，一是名义保护率（nominal rate of protection），一是有效保护率（effective rate of protection）。

名义保护率表示征收关税后进口商品价格提高部分对征收关税前进口商品价格的百分数。设 P 为进口商品的税前价格，P' 为该商品的税后价格，n 为名义保护率，可得公式

$$n = \frac{P' - P}{P}$$

可以看出，名义保护率就是进口商品的从价税率。例如，某一进口商品的到岸价格为 200 美元，关税税率为价格的 10%，税后该商品价格为 220 美元，则名义保护率为

$$n = \frac{220 - 200}{200} = 10\%$$

对某进口商品的关税率越高，国内生产同类商品的产业所受的保护程度就越大。西方经济学家认为，值得注意的是关税影响了在该产业中提供"增值"（value added）的各个投入要素的收入，因而分析关税对增值部分的影响才是重要的。基于这一观点，他们提出了有效保护率的概念。有效保护率是征收关税后，国内生产的与进口同类的产品 1 单位产量增值的提高部分对征收关税前 1 单位产量增值的百分数。设 V 为税前 1 单位产量的增值，V' 为税后 1 单位产量的增值，e 为有效保护率，可得公式

$$e = \frac{V' - V}{V}$$

例如，设国内生产某商品 1 单位的成本为 140 美元，增值为 60 美元，价格为 200 美元，该商品的国际市场价格也是 200 美元，又设以价格 10% 对进口品征收关税，即每 1 单位收税 20 美元，于是国内产品价格每 1 单位提高为 220 美元，增值从每 1 单位 60 美元上升为 80 美元（60 美元＋20 美元），有效保护率为（80 美元－60 美元）/60 美元，即 33.3%。

由此可知，即使各类产品的名义保护率相同，它们的有效保护率也不一定相同，这是因为各个产业的增值在价格中所占的比率是不相同的。如果其他条件不变，一个产业的增值比率越低，则征收关税后有效保护率就越高。

假设不仅对这一商品的成品征收关税，而且对该商品生产所需的原材料或中间产品征收进口税，则有效保护率将受到影响。仍以前述商品为例，除对成品征收 10% 的关税外，还对生产该商品所需的原材料和中间产品征收 5% 关税，则该商品的单位生产成本将提高 140 美元×5/100 即 7 美元（为了简便起见，假定除原材料和中间产品的消耗外，无其他成本）。于是，两种关税的交叉影响，使该商品的 1 单位的增值只提高 13 美元（等于 20 美元－7 美元），从而有效保护率减为 21.7%（等于 80 美元－7 美元－60 美元）/60 美元）。可见，如果其他条件不变，对原材料和中间产品征收进口税的税率越高，商品的生产成本将提得越高，生产成本提得越高，增值的提高就越少，因而有效保护率就越低。

西方经济学家认为，有效保护率是衡量关税对本国产业所起保护作用比较恰当的尺度，因为它能确切地显示采取关税手段限制产品和产品投入进口的政策对国内企业所发生的净效应。

对多数国家来说，有效保护率一般超过名义保护率，有时可超过两倍。在发展中国家，把有效保护率和名义保护率加以区分，具有特别重要的意义，其原因是：

第一，许多发展中国家采用进口替代工业化的发展战略，重点放在保护国内生产最终消费品的产业。一般说来，最终消费品的生产在技术上比起资本品和中间产品的生产来没有那样先进和复杂。发展中国家本来指望随着需求的增加，最终消费品的生产规模会逐渐扩大，通过后向联系而促进资本品和中间产品的生产，但是，实际上这种指望往往落空。原因之一是，发展中国家的关税结构往往使最终消费品生产得到很高的有效保护率，而不能在资本品和中间产品生产中达到同样的目的。结果，稀缺资源就会从资本品和中间产品的生产中得到高度有效保护，但效率较低的最终消费品生产流动，后向联系效应无法产生，以致使建立高效率、低成本且劳动比较密集的资本品和中间产品生产的发展计划成为一纸空文。

第二，发达国家对来自发展中国家的进口产品征收关税时，特别注意做到名义保护率低而有效保护率高。它们往往对进口的原料完全免收关税，对进口加工产品征收很低的关税，名义上如此，但实际上有效保护率却很高。例如，发达国家让椰子无税输入，对椰子油则收进口税 10％，如果在椰干加工为椰子油的生产过程中，增值在椰子油总值中所占的比率为 5％，则加工过程所受的有效保护率达到 200％。这样，就对发展中国家的加工工业带来很大的损害。发达国家对发展中国家创汇力强的产品征收关税，其有效保护率也远远高于名义保护率，例如，美国对进口纺织品征收进口税的方式和税率，即欲达到此目的。

二、外汇汇率与外汇管理

由一国中央银行规定的本国货币对外国货币在正规外汇市场上的交换比率，称为官方外汇汇率。官方外汇汇率和均衡外汇汇率往往是不一致的。后者是指在无政府干涉的情况下国内对某一外币的需求恰等于其供给时的本币与外币的交换比率。

发展中国家的外汇汇率一般有升值的现象。外汇汇率升值的意义是：如果没有政府干涉，按照官方外汇汇率，对外币的需求将超过它的供给。外汇求过于供，发展中国家一般采用三种对策来解决这个矛盾：一是动用外汇储备或向外国借款来满足需求；二是采用关税、限额、许可证之类的措施，以降低对外汇的需求；三是政府对外汇市场直接干预和调节，有区别地对需求者限定购买外汇的数额。第三种办法一般称为外汇管理，它在发展中国家中广泛采用，是在官方外汇汇率下保持外汇储备水平的主要办法。

为什么许多发展中国家要外汇升值呢？根本原因是为了谋求快速工业化而实行

进口替代政策。外汇升值使进口的资本品和中间产品的国内价格降低，从而有助于进口替代工业的发展。但是，外汇升值也降低了进口消费品的国内价格，特别是昂贵的奢侈品的国内价格降低幅度更大，从而会鼓励这些商品进口，又给外汇储备造成很大的压力。为此，一些发展中国家实行了双轨汇率制度，即一方面，升值外汇以鼓励资本品和中间产品的进口；另一方面，对消费品特别是奢侈品则不用升值外汇汇率，而用市场外汇汇率或升值较小的汇率结汇，这样，进口的资本品和中间产品的价格低，而进口消费品特别是奢侈品的价格高。当然，双轨外汇制度管理起来比较麻烦，也容易出现漏洞。

外汇升值，对本国的出口产品是不利的，因为它会提高它们的出口价格，削弱了它们在国际市场上的竞争能力。外汇升值，对那些不受关税和限额保护而又与进口产品竞争的产品也是不利的。如果缺乏有效的管理和进一步的调节，进口货便宜而出口货昂贵，将使国际收支状况恶化。

但是，听任市场供求情况决定外汇汇率，给发展中国家经济造成的损害也不小，国际外汇市场由于世界经济不稳定因素加上投机活动的影响而变化很大，汇率起伏不定。受其干扰，发展中国家的长期和短期经济计划都难以安排，即使安排了也难以实现。这样，发展中国家经济就会更加不稳定，更加脆弱。为此，一些发展中国家实行一种折中办法，既不完全固定汇率，又不完全让汇率自由浮动。这种办法称为浮动汇率制式管理浮动汇率制。按照这个办法，几种主要国际货币的汇率可以自由变动，但变动的幅度不能太大，否则要受中央银行的干涉。许多发展中国家仍然采用固定汇率制。

值得一提的是出现在一些发展中国家的货币贬值问题。货币贬值的即期效应是，提高进口商品价格，降低出口商品价格。因而货币贬值起着鼓励出口，限制进口，并平衡贸易差和国际收支的作用。但进口商品价格上涨，会引起工资和物价上涨，进而引起通货膨胀，以致可能出现货币贬值—国内工资和物价上涨—出口商品价格上涨—贸易差恶化—货币贬值的恶性循环，给整个国民经济带来严重后果。所以，发展中国家对货币贬值一般采取审慎态度。

为了更好地度量汇率的效应，发展经济学家提出了"名义汇率"（nominal exchange rate）、"有效汇率"（effective exchange rate）两个不同概念。名义汇率是指官方汇率，用进口商品或出口商品的国内货币价格与国外货币价格之比来衡量；有效汇率则以官方汇率、出口或进口关税率、补贴和限额溢价（guota premium）的综合效应来衡量，其公式是：

出口有效汇率（EER_x）$=r_0(1-t_x+S_x)$

进口有效汇率（EER_m）$=r_0(1+t_m-S_m+q_m)$

式中：r_0为官方汇率，t_x为出口平均关税率，t_m为进口平均关税率，S_x为出口补贴的平均水平，S_m为进口补贴的平均水平，q_m为限额溢价。

有效汇率是一个非常有用的概念，它不仅可以反映汇率、补贴、关税、限额等调节机制的综合效应，还可以通过比较进口的有效汇率和出口的有效汇率来判断一国经济是内向型的还是外向型的。如1964年，韩国的进口有效汇率是247，出口有效汇率是281，可知韩国采用的是出口主导型外贸战略；而巴西的进口有效汇率为2 253，出口有效汇率为1 874，可知巴西采用的是进口替代型外贸战略。

第六节　区域一体化和经济全球化

一、区域一体化

进入20世纪70年代，特别是90年代以来，世界一些区域形成一体化的趋势非常明显，在发达国家中或在发展中国家中都是如此。

发达国家中影响很大也相当成功的是欧盟（European Union）。从1993年开始，欧洲共同体成员国之间消除了一切贸易壁垒，商品和生产要素自由地在成员国之间流动。1999年1月1日，欧元的正式启动，进一步推动了欧盟各国之间更加紧密的经济合作，也有可能使欧盟最终成为一个统一的经济实体，甚至政治实体。

发展中国家中，拉丁美洲的阿根廷、巴西、乌拉圭于1990年达成协议，于1994年成立了名为南锥共同市场（Southern Cone Common Market）的自由贸易区。另一些成立较早的拉丁美洲共同市场有安第斯集团（Andean Group）、中美洲共同市场（Gentral American Common Market）和加勒比共同体和共同市场（Caribbean Commodity and Common Market）。非洲也在促进区域一体化，除早已成立的西非经济共同体外，南部非洲发展共同体（South African Development Community）是一个新兴的、潜力颇大的地区贸易集团。20世纪90年代出现的一个影响极大的发展中国家区域一体化的集团是亚太经济合作组织（APEC），该组织包括环太平洋地区的二十多个国家。它不是一个经济联盟，而只是一个经济论坛式的组织，但成员国已达成协议，计划于21世纪头20年中成为自由贸易区。

一个既包括发达国家，又包括发展中国家的独特的区域一体化是北美自由贸易协定（North American Free Trade Agreement），参加这个协定的有美国、加拿大和墨西哥。

区域经济一体化对发展中国家的影响是促进经济全球化，但一些区域集团往往采取一些手段使发展中国家在贸易往来中蒙受损失，如欧盟利用反倾销法限制发展中国家产品进口。

二、经济全球化

经济全球化是20世纪90年代世界经济发展的一大趋势，这一趋势的具体表现是世界贸易组织（World Trade Organization，WTO）的形成和包括发展中国家在内的众多国家的加入。

经济全球化是世界经济发展的新阶段。世界贸易组织的成立以及更多的国家加入世界贸易组织，有助于这个组织实现其宗旨和完成其根本任务，而加入后这些国家也能在一定程度上创造有利于自己进一步发展的国际竞争环境。

发展中国家加入世界贸易组织是历史的必然，有利也有弊。弊端是经济缺乏活力，在国际竞争中处于劣势的部门和企业，必将因贸易自由化而受到国外进口的廉价商品和优势服务的冲击，发展中国家的企业不出国门就面临着国际同行在市场份额、人才、技术等方面的竞争。但是，这种竞争也迫使发展中国家加速改革，尽快建立产权清晰、权责明确的现代企业制度，发展高新技术，对现有生产技术重新改造，改进产品结构，提高产品质量，提高产品技术含量，加强新产品开发，降低产品成本，努力创建名牌，这样，就可以变劣势为优势。农业部门一般是发展中国家的问题部门（problem sector），产业化和工业化进程缓慢，集约化经营水平不高，以致农产品价高质低，科技含量较小，粮食价格往往高于国际价格，加入世贸组织以后，又失去了政府对农业的保护，外国农产品以低关税率进入市场，势必会损害发展中国家农业部门的利益。但是，发展中国家可以利用世界贸易组织的支持空间，利用有利条件，逐步提高农产品在国内外市场上的竞争力量。至于发展中国家具有自然禀赋优势的劳动密集型产业，将在加入世贸组织以后在国际市场中有更加广阔的天地。

总之，经济全球化是世界经济发展的必然趋势，在发达国家的经济力量与发展中国家的经济力量仍然很不平衡的形势下，发展中国家加入世界贸易组织将得到机遇，也面临着挑战。

思　考　题

1. 联系我国的实际，谈谈你对西方传统贸易理论的看法。

2. 1994 年新中国成立以来我国进出口商品数量有什么变化。

3. 根据我国国情，你认为应当采取什么类型的外贸战略。

4. 加入世界贸易组织后，我国将面临机遇和挑战，我们将如何适应这一新的形势？

第十章 外资利用

发展经济学家认为，发展中国家为了自身的发展，必须重视外资利用问题。在一个开放经济中，一国的经济发展如果受到国内资金不足的限制，可以通过引进外国资本、接受外国援助等途径从外部获得所需的资金。

国际收支的盈亏和外汇储备水平的高低，反映出一国国际收支情况的好坏，而影响国际收支平衡和外汇储备不足的不只是经常项目（即商品进出口贸易）的差额，还有资本项目（即资金的流入和流出）的差额。许多发展中国家经常出现贸易逆差，为了平衡国际收支和稳定外汇储备水平，就不能不在一定时期内争取国外资金的净流入。

发展中国家如果国内储蓄不敷投资之用，可以从国外寻求财源。国外资金的流入不仅有助于解除为了经济发展而进口原料、中间产品、机器设备和先进技术所引起国际收支失衡的困难，还弥补了国内储蓄的不足。

国外财源分为两类：一类是国际机构或外国政府的援助，另一类是外国私人企业的投资。必须注意的是，外国贷款是要偿还的，外国投资是要汇出利润的，因此，从国外引进财源仅能暂时解决国内储蓄短缺和国际收支不利的困难。从长远看，又不得不扩大产品和劳务的出口，以偿付借款的本息和支付外商投资利润的汇出，否则，进一步开辟国外财源将是很困难的。为此，发展中国家必须善于利用外资，使之朝着促进国内经济进步的方向发展。

第一节 外资弥补国内储蓄的模式分析

哈罗德在阐述他的经济增长模式时曾指出，当国内储蓄不足以支持理想的经济增长率时，应当利用国外储蓄，即引进外资来提高储蓄率。罗斯托在论证经济增长的阶段中也曾指出，应当引进外资来增加发展中国家的投资，使其净投资率达到10％以上，并认为这是实现经济起飞的必要条件之一。但关于这一问题的最有影响的理论，是钱纳里（Chenery，H.）和斯特劳特（Strout，A. M.）的"两缺口模式"（two-gap model）分析。

一、两缺口模式的基本公式

钱纳里和斯特劳特根据凯恩斯的国民收入均衡理论和哈罗德-多马经济增长模式，认为发展中国家要实现均衡的经济增长，必须使资本形成率达到经济发展计划目标所要求的水平。他们指出，要在开放经济的框架上分析决定经济能否增长的四种因素，即储蓄、投资、出口和进口。对五十多个国家近代经济发展的历史作了研究之后，他们说，大部分不发达国家都是主要依赖外部资源来提高它们的人均收入的，外部资源不仅加快了经济增长的速度，而且实际上大大加强了它们运用自己的资源以取得经济持续发展的能力。

钱纳里和斯特劳特认为，从大多数国家经济发展所走过的道路来看，经济发展主要受到三种约束：一是"储蓄约束"，即本国储蓄不足以支持投资的扩大，影响了经济发展；二是"外汇约束"，即出口收入小于进口支出，有限的外汇不足以支付经济发展所需的资本品进口，阻碍了国内生产和出口的发展；三是"吸收能力约束"，即由于缺乏必要的技术，无法更多更好地吸收外资和有效地运用各种资源。在这三种约束中，他们着重考察了储蓄约束和外汇约束。

钱纳里和斯特劳特依据凯恩斯的国民收入决定宏观分析，得出下列表现总收入等于总支出这一恒等概念的公式

$$Y = C + I + X - M$$

式中：Y 为总收入，C 为总消费，I 为总投资，X 和 M 各代表出口总值和进口总值。

上式移项后为

$$Y - C - I = X - M$$

而
$$Y - C = S \text{ （}S\text{ 为总储蓄）}$$

于是
$$S - I = X - M$$

即
$$I - S = M - X$$

上式左端（$I-S$）表示投资与储蓄之差，称为储蓄缺口；右端（$M-X$）表示进口与出口之差，称为外汇缺口，左右两端必须平衡。如果投资大于储蓄，则国内储蓄出现缺口，这个缺口要靠进口大于出口即外汇缺口来平衡，或者说，在一既定的核算阶段，储蓄缺口应与外汇缺口相等。

二、两缺口的调整和平衡

正如国民收入均衡公式中总供给与总需求的平衡是事后（ex-post）平衡一样，储蓄缺口与外汇缺口的平衡也是事后的平衡。这是因为在事前（ex-ante）两缺口模式中的四个因素是独立变动的，它们各自计划的数量也是独自决定的。

国内储蓄的变动，取决于国民收入的水平和边际消费倾向或边际储蓄倾向；投

资的变动，取决于储蓄量或储蓄率，计划的经济增长率和国内吸收与运用投资的能力；进口量的大小取决于收入水平，收入分配状况，计划的进口数额以及国内产业和产品的结构等因素；出口量的大小取决于出口产品结构，国际市场价格和竞争状况，以及出口品的需求价格弹性和收入弹性等因素。结果，投资超出储蓄的数额，不一定恰恰等于进口多于出口的数额。因此，就需要对两个缺口作出适当的调整，以求达到平衡。

调整两缺口以使其平衡有两种方式：消极的方式和积极的方式。

消极的调整方式，即不利用外资条件下的调整方式。这种调整方式又分两种情况：第一种情况是，当储蓄缺口大于外汇缺口，可以采用减少国内投资或增加国内储蓄的办法使两个缺口得到平衡，但增加储蓄在短期难以做到，而减少投资会降低经济增长率；第二种情况是，当外汇缺口大于储蓄缺口，可以采用减少进口或增加出口的办法使两个缺口得到平衡，但增加出口在短期内也难以做到，而减少进口会降低经济增长率。

积极的调整方式，即利用外资条件下的调整方式。如果两个缺口不具有互补性，就不宜消极地采用压缩投资或削减进口的办法，以免对经济增长带来不利的影响，而应当积极地采用引进外资的办法，使两个缺口在促进经济增长率提高的情况下实现平衡。引进外资以平衡两个缺口具有双重效果。如果一笔外资以机器设备的形式引进，则一方面，从供给看，它表示从国外进口了资源，而这笔进口不需要用增加出口来支付，这就减轻了外汇不足的压力；另一方面，从需求看，这笔进口又是投资品，而这宗投资品不需用国内储蓄来提供，这就减轻了国内储蓄不足的压力，一箭双雕，因此，加紧动员国内资源以满足投资需求和加紧动员国内资源以冲消进口而出现的双重压力，都同时有所减轻。

三、两缺口模式理论上和政策上的意义

两缺口模式理论上的意义是：

第一，采用了结构主义分析方法，探索了发展中国家存在的资源不足、经济结构失衡等问题，指出应当在开放条件下发展经济，国内储蓄不足国外储蓄补，积极地利用国外资源，是克服储蓄约束和外汇约束，促进经济增长的重要而有效的途径。

第二，突出了利用外资对经济发展的积极推动作用。首先，利用外资可以增加出口能力。如果外资用于出口产品的生产项目，可以直接增加出口产品的生产和出口量。如果外资用于降低出口产品成本的项目，如港口、码头、道路等，或由于利用外资而获得技术进步和规模经济效益，使出口产品成本下降，增强出口产品的竞争能力，从而间接地促进出口。出口能力的增强意味着进口能力的扩大，可以从国外得到更多的所需产品，有利于发展生产，有利于改善人民生活。其次，利用外

资，可以扩大国内投资，从而促进国民收入增长，国民收入增长又可以提高国内储蓄率，增加资本形成。同时，国民收入的增长会使政府得到更多的财政收入，扩大了政府投资的能力，又可加速经济增长。

第三，表明了经济发展过程中计划安排的必要性和宏观调节的重要性。模式指出，国内资金短缺，储蓄不敷投资，是经济发展的重大约束条件，为此，必须而且应当积极地利用国外资源。而利用外资必须有计划性，要根据经济增长目标的要求和储蓄缺口的大小决定引进国外资源的数量，使储蓄缺口和外汇缺口达到积极的平衡水平，避免因盲目引进外资，或者因进口过少而使储蓄缺口得不到填补，或者因进口过多，使资金不得其用而形成浪费的现象。

第四，指出了经济改革和提高国内经济效益的必要性。一个国家不可能长期依靠国外资金来弥补自己的储蓄缺口和外汇缺口，两个缺口的平衡，还有赖于国内的经济改革和经济发展。成功地引进外资将得到两重经济效果：一方面，由于投资项目的建成，可以直接地增加出口，又由于成本的降低（规模经济和先进技术等所引起的结果），可以间接地刺激出口；另一方面，由于外资引进促进经济发展，从而使国民收入水平和总储蓄水平上升。但是，这两重效应能否实现，其关键问题是国内经济改革能否顺利进行，经济效益能否逐步提高。因此，两个缺口的不平衡使外资引进成为必要，而成功的外资引进又可以助长出口能力，提高国内储蓄水平，最终使两个缺口的失衡现象自然而然地消失。可见，如果要把外资引进逐渐减少，必须在国内经济结构上得到改造。做不到这一点，两个缺口现象将继续存在，国家将继续处于资金不足和国际收支逆差的压力之下。

综上可知，两缺口模式政策上的含义是：

第一，一国应当在对外开放的条件下发展经济，应当积极地利用国外资源。

第二，应当妥善地制定引进外资计划，采取适当措施调节外资的流向和结构，保证其有效使用。

第三，应当进行经济改革，改造不合理的经济结构，使外资得到有效使用。

四、对两缺口模式的评论

两缺口模式提出后，受到了发展经济学家们的赞扬。他们认为，模式以简单的数学公式说明了两个缺口的互补性，一方面充分利用外资以弥补国内储蓄的不足，另一方面大力发展经济以增进出口的能力，但是，模式也有其不足之处：

第一，模式使用的是总量分析方法，虽然说明了国内缺少资金的总量和需要从国外引进资金的总量，但既未对国内投资结构和储蓄结构作出分析，也未对所需的进口结构作出分析，因而两缺口的平衡事实上不能实现。

第二，模式强调了利用外资的必要性，却淡化了挖掘国内资源来填补缺口的潜在力量。

第三，模式完全不提一国的借债能力和偿债能力，如果发生理解上的错误，很容易产生对外资的依赖思想，以致发生借债过多、债务负担过重、偿债困难等一系列问题。

第四，模式过分强调了资本形成的作用，可能使人们忽视技术进步、人力资源开发对经济发展的影响。

第五，模式突出了引进外资的积极作用，却掩盖了外资、外援、跨国公司等对东道国经济发展的消极影响。

第二节　外　国　援　助

一、外国援助的种类

本章第一节中已经提到，国外财源分两类：一类是外国政府或国际机构的援助，另一类是外国私人企业的投资。前一类简称外国援助或外援（foreign aid）。外援是指通过让与条件（concessional terms）而形成的国际转让，这种转让或者是不需要偿还的赠与（grants），或者是具优惠条件的贷款（loans）。外援又可分为双边援助（bilateral aid）和多边援助（multilateral aid）两种，前者是指一国政府对另一国政府的援助，后者是指国际机构如联合国、世界银行以及地区发展银行提供的援助。经济合作与发展组织（OECD）和石油输出国组织成员国对发展中国家的援助，特称为官方发展援助（official development aid，ODA）。

外国援助虽有多种形式，但概括地说，它表现为具有两个特点的资本流入：第一，从援助国家或国际组织看来，它是非商业性的；第二，在利率和偿还年限上，往往有一定的优惠条件。

二、外国援助的基本状况

由于发展中国家是从殖民地、附属国的地位走向独立的，它们自然会认为，发达国家提供援助是对往日的帝国主义剥削和榨取的一种偿还，从而也就是发达国家对发展中国家应尽的国际义务。但是，现实的情况远远不符合发展中国家的要求，从发展援助委员会（DAC）发表的官方发展援助的统计数字看，自1960年以来，实际援助的年增长率仅为2.5%，如果把发展中国家的人口增长因素考虑在内，按人平均的援助数额基本上并无增长。官方发展援助金额在发展委员会国家GNP中所占的比例，更是微乎其微，自1975年以来，提供外援的数额各国平均一直徘徊在0.35%左右。自1992年开始，这一比率急剧下降，从1992年的0.33%下降到2001年的0.25%，2001年后略有回升，2003年上升到0.25%。以国别而言，2003年比例较高的国家依然是几个小国如挪威、荷兰、瑞典、丹麦和卢森堡，分别为 0.92％、0.80％、0.79％、0.84％、0.81％，而大国的比例则较低，特别是美国长期以来在 DAC 国家中处于最低的水平，2003 年仅为 0.15％。值得注意的是，英国政府早已宣布削减外援，从 1965 年的 0.47％ 降到 1975 年的 0.39％，1988 年降到 0.32％，1998 年降到 0.27％，由于阿富汗战争等原因，2003 年增加至 0.34％。美国国会对援外法案更是以种种借口设置障碍。尽管日本和德国表示了增加外援的意愿，但 2003 年日本外援占国民总收入的比例只有 0.20％，德国也仅为 0.28％。

发达国家对低收入国家的援助数额更小，从 1965 年起逐年下降，所有 OECD 的成员国对低收入国家的援助占 GNP 的平均比例，1965 年为 0.20％，1975 年为 0.11％，1988 年已降到 0.09％。21 世纪初更降到 0.06％ 左右。

发达国家对发展中国家，特别是低收入国家的援助，不仅数量微小，而且往往条件苛刻，如要求受援国家的财政和货币稳定作为提供援助的先决条件。有些双边援助，还限定受援国家必须以援款购买援助国的货物和劳务，一般说来，发展中国家宁愿得到计划援助（program aid），而不愿得到项目援助（project aid），因为前者有较大范围的选择自由，使援助比较能切合本国的需要。但发达国家提供援助，特别是含有先进技术的援助时，却往往要限定项目。

20 世纪 70 年代早期开始，国际援助出现了新的态势，石油输出国家逐渐成为援助发展中国家的重要力量。1974 年一年中，总计有 540 亿美元的石油盈余收入回流到非石油输出国家，其中大约有 95 亿美元以贷款和投资的形式流入发展中国家，95 亿美元中大约有 72 亿美元是直接的双边援助。几个主要石油输出国家在对外援助方面发挥了特别重大作用，例如沙特阿拉伯和伊朗曾对几个阿拉伯邻国如埃及和叙利亚提供了大量的拨款和信贷，虽然其中有相当一部分是为了政治和军事的支持，但也有很大数额是真正的经济发展援助。阿拉伯石油生产国还一次筹集了 3 亿美元作为阿拉伯经济和社会发展基金，2.5 亿美元作为非洲发展基金。海湾石油生产国家对巴基斯坦提供了大量的援助，以促进其经济发展。中东以外的石油生产国家也积极援助其他发展中国家，如委内瑞拉对拉丁美洲国家的援助，尼日利亚发起筹集了数额为 8 000 万美元的非洲特别援助基金，对最贫困的非洲国家提供长期的低利贷款。几个主要石油输出国还对发展中国家提供以发展农业和解决国际收支困难为目的的援助，例如以沙特阿拉伯为首的石油输出国于 1976 年向国际农业发展基金捐助了 6 亿美元（发达国家也提供了同样数额，基金总计 12 亿美元）。基金专为亚洲、非洲和拉丁美洲地区发展农业提供低利率的长期贷款，基金会中的表决权，石油输出国家、发展中国家和发达国家各占 1/3，成为历史上第一个由第三世界控制的国际金融机构。1976 年，由伊朗和委内瑞拉联合发起，建立了为数 8 亿美元的基金，专门援助由于石油涨价而使国际收支陷入严重困难的发展中国家。20 世纪 70 年代中期至 1980 年，石油输出国家对外援助的数额较大，如 1976 年、

1979 年和 1980 年对外援助金额占 GNP 的比例分别为 4.23％、3.31％和 3.22％；80 年代期间，由于油价下落，援外金额逐渐减少，如 1986 年、1987 年和 1988 年对外援助金额占其 GNP 的比例分别降到 1.80％、1.10％和 0.86％。1990 年海湾战争后，阿拉伯石油输出国援外金额大大下降。

除了发达国家和石油输出国以外，还有国际性的机构，在对发展中国家提供财政援助和技术援助方面，正在日益发挥其重要作用。国际机构的贷款条件，一般也远比私人资本优惠。

世界银行（国际复兴开发银行，IBRD）是提供多边援助的最重要的机构。世界银行及其附属机构在 1976 年的贷款总计 32 亿美元，占国际机构贷款的一半，1977 年的贷款开始大大增长，世界银行本身贷出部分即达 58 亿美元。1986 年后，世界银行贷款每年都超过 80 亿美元，1990 年达到 139 亿美元。2004 财政年度达到 110 亿美元，累计贷款达 3940 亿美元。世界银行营运的资金，小部分来自会员国的股份，大部分来自国际资本市场。世界银行贷款的利率比较低，期限比较长，但它后来奉行的可变利率贷款政策，受到了发展中国家的批评。

世界银行的重要附属机构是国际开发协会（International Development Association，IDA）。协会成立于 1960 年，当时，人们看到，尽管世界银行在很大的国际范围内领导了多边援助，但它为了维持其本身在国际资本市场上的信誉地位，不能做到贷款给最贫困的国家。因为，世界银行贷款利率虽然较低，期限虽然较长，但对最贫困的国家来说，负担还是不轻，而这些国家建设项目的利益回收时期往往拖得很长，又缺少创汇能力，以致低收入国家往往负担不起世界银行的贷款。为了弥补这一缺陷，筹建了国际开发协会。协会协定条款规定首期筹集资金 10 亿美元，其中 7.63 亿美元来自发达国家，其余来自发展中国家。发达国家对所认股份须缴付 100％的可自由兑换的通货或黄金，而发展中国家则只须缴付 10％的可自由兑换的通货或黄金，其余的用本国货币抵付。所有国家不论其认股多少都给予占总表决权数的 0.25％的最低表决权。这样，发展中国家获得总表决权的 31％。国际开发协会的贷款对象主要是低收入国家，农业发展信贷在贷款总额中占 37％，偿还期限为 50 年，在 10 年宽限期以后开始还本，不收利息，只对已支付的信贷部分收取 0.75％的手续费，以作协会的行政开支。协会成立后，经过多次资金补充，至 1990 年 6 月 30 日，资产总额已达 610 亿美元。援助金额也逐年增长，每年的增长率约为 4％，2004 财政年度共向 62 个国家 158 个新项目援助 90 亿美元，总计援助金额已达 1510 亿美元。

世界银行的另一附属机构为国际金融公司（IFC），它对私营企业贷款，由政府担保。

另一些重要的国际金融组织，有亚洲开发银行、非洲开发银行和泛美开发银行等。与亚洲开发银行和泛美开发银行不同，非洲开发银行只限非洲国家认缴股本。

这三家银行的贷款对象都是有地区限制的。

联合国及其附属专门机构，如粮农组织（FAO）、世界卫生组织（WHO）等，则在技术方面对发展中国家执行援助计划。

三、外国援助的效果和问题

从两缺口模式可以看到，外国援助对受援国是有利的，它填补了外汇缺口，缓解了外汇紧张的困难，也促进了投资并由此而提高了消费水平。从哈罗德-多马模式也可以推论，外国援助对受援国是很有利的，外援意味着国外储蓄的直接转移，从而提高了受援国储蓄率，储蓄率的提高带动了增长率的提高。例如，设外援使储蓄率增加 6%，如资本-产出比例为 3.0，则增长率将增加 2%。外援有利于受援国的情况，还可用图 10-1 说明。

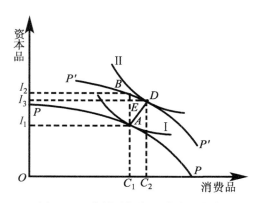

图 10-1　外援对投资和消费的影响

图 10-1 显示一国在接受外援之前和之后投资和消费情况的变化。横轴表示消费品的数量，纵轴表示投资品的数量。为了使情况简化，假设该国没有对外贸易。在接受外援之前，生产可能性边界线为 PP。Ⅰ和Ⅱ表示无差异曲线。在无外援的情况下，PP 和Ⅰ相切之点 A 为福利最大化的均衡点，此时，投资品的数量为 OI_1，消费品的数量为 OC_1。如果得到 AB 量的外援，而援助国的目的是要受援国将援助全部用于扩大投资，则投资品的生产应当从 OI_1 增加到 OI_2。但事实上，由于得到 AB 量的外援，生产可能性边界线 PP 将向右上方移动到 $P'P'$ 的位置。$P'P'$ 线与位置高于无差异曲线Ⅰ的无差异曲线Ⅱ相切于 D 点，D 点为受援后福利最大化的均衡点。此时，投资品的产量为 OI_3，消费品的产量为 OC_3，两者都高于受援前的水平。可见，国外援助有利于一国的经济发展，发展中国家争取外援是完全必要的。

但是，也应当注意到国外援助中存在的一些问题。

对发展中国家来说，应当考虑如何善于利用外援。从图 10-1 中，可以看到，尽管外援量为 AB，但事实上，其中作为投资的是 AE 量（等于 OI_3-OI_1），而作为消费的是 BE 量（等于 OI_2-OI_3）。如果受援国的消费倾向比投资意愿还要强一些，福利最大化的均衡点将沿着 $P'P'$ 线向右下方移动而低于 D 点的位置，外援中的更大部分将转为消费。

因此，外援中实际上究竟有多大部分能用于扩大投资品的生产，决定于种种因素，如生产可能性边界、社会趣味、决策思想等，还包括存而未论的对外贸易。如果外援属于计划援助，受援国有较大余地在投资与消费之间权衡取舍，以更多的消费替代投资。即使外援属于项目援助，政府也可以把得到外援之前准备投资的资金移作扩大消费之用，实际上也是一种消费替代投资的方式。总之，为了经济上或政治上的原因，政府可以在接受外援的情况下，偏重于扩大消费。当这种做法被采取时，外援称为可替代的（fungible）外援。

接受外援而又出现替代，还因外援引起相对价格的变动而有多种形式。较多的资本流入会使投资报酬率下降，从而刺激消费。较多的外汇收入会使汇率变动，从而一方面增大对进口的需求，但又给出口品生产带来不利影响。粮食援助因粮食进口而压低了粮价，但粮价下降又打击了农民生产粮食的积极性。

总之，外国援助对经济发展的作用，不在于为了增加投资和进口而提供特定的款项，而在于提供较多的购买力，使受援国有可能去增加投资和进口。因此，受援国可以利用这种可能性在几种用途中作出取舍替代的选择，也就是说，对发展中国家来说，争取外国援助是必要的，而如何用好外国援助更是一个重大的问题。

另一方面，发达国家对发展中国家的援助，一般而言，并不是出于道义和同情心，而是为了它们自身的政治、经济利益。发达国家越来越倾向于提供附有条件的贷款形式的项目援助。尽管国际机构的援助仍在发展中国家的资源流入中占重要地位，但不少发达国家却日益将对外援助改由自己支配的双边贷款。美、英两国之所以相继退出联合国教科文组织，尽管有种种借口，但主要原因是它们对该组织的比较激进的援助方针不满。它们认为，与其出钱由国际机构支配，不如抽回款项根据自身的利益选择，以双边形式向它们认为友好的国家提供项目援助。由于国际形势的变化，西方国家利用经济手段对受援国施加政治影响的意图已越来越不加掩饰。欧洲联盟公开建议援助必须以所谓"民主"与"人权原则"为先决条件。美国更明确宣告实行多党制是向第三世界提供援助的前提。第四个《洛美协定》规定：受援国不仅要"接受国际货币基金组织的制约"，还须表明"在朝着建立民主的、可靠的政府方面已取得进展"。有迹象表明，西方国家把提供援助与受援国的"人权状况"相联系的做法将越来越不加掩饰。

预计，发展中国家和西方发达国家双方将在援助数额和条件等方面出现严重的分歧和激烈的斗争。多年来，发展援助问题一直在南北关系中占据重要的地位，今后，它仍将是南北关系中的一个重大的问题。

发展中国家过去接受外国援助的经验表明：外国的资金流入虽然确能一时填平缺口，促使现代化部门的发展，但是长期消极地依赖外国援助反而会扩大缺口，阻碍本国经济的全面发展。发展中国家的经济发展，如果不建立在自力更生的基础上，对外国援助没有自主支配权，则外援越多，越会使本国经济依附于发达国家，政治上也必然越陷入从属的地位而难以自拔。

第三节　外　国　投　资

一、外国投资的主要形式和基本情况

外国投资即是外国私人投资，主要有三种形式：一种是直接投资（direct investment），由外国厂商（主要是跨国公司）对设立在东道国的企业投资，对企业有全部的或部分的经营管理权。一种是证券投资（portfolio investment），由外国人购买东道国企业的股票或债券，但对企业无经营管理权。一种是商业银行贷款（commercial bank lending），这种贷款的利率不是优惠利率，而是市场利率。商业银行贷款包括：（1）期限在 1 年以内的短期信贷；（2）期限在 3～5 年或 10 年以上的中长期信贷；（3）对进口国的厂商提供的出口信贷（export credits），使它们对进口商品可以延期支付。

证券投资在 19 世纪和 20 世纪初叶曾是最重要的外国投资形式，现在它的重要性已日渐失去。发达国家对发展中国家的直接投资增加很快，从 1962 年的年增长 24 亿美元，上升到 1985 年的 130 亿美元。其后，虽然绝对数额还在继续增加，但在资本总流入量中所占的份额有所减少。商业银行的信贷却增加极快，在私人资本流入量中成为越来越重要的成分。

直接投资的绝大部分来自跨国公司。跨国公司首先以美国为基地兴起，后来，以日本、德国、英国和法国为基地的跨国公司也逐步建立起来。1957 年，以美国为基地的跨国公司的外国投资占全世界总额的一半，1971 年达到 57％，到 1980 年降为 43％。从 1960 年到 1976 年，以美国为基地的跨国公司占发展中国家外国投资总额的 50％，以英法两国为基地的跨国公司分别占 10％和 8％，以日德两国为基地的跨国公司各占 9％。20 世纪 90 年代之后发展中国家直接投资的流出和流入流量见表 10-1。从表中可以看出，总体来看，发展中国家的直接投资流入量在增加，但占世界直接投资流入量的比例变动较大，90 年代后期，这一比例有所下降，但近年来有所增加；发展中国家直接投资流出量也有所增加，但发展中国家对外直接投资的目的地主要是其他发展中国家。

表 10-1　　　　　　　　　**20 世纪 90 年代之后发展中国家 FDI**　　　　　　单位：亿美元

	世界		发展中国家			
	流出量	流入量	流出量	流出量所占比例（%）	流入量	流入量所占比例（%）
1988～1993（年平均）	2213	1906	237	10.71	505	26.50
1994	2748	2543	477	17.36	1061	41.72
1995	3599	3403	190	5.28	1206	35.44
1996	3979	3924	646	16.24	1530	38.99
1997	4831	4897	784	16.23	2025	41.35
1998	6944	7120	518	7.46	2001	28.10
1999	11082	10999	714	6.44	2382	21.66
2000	12445	14096	1367	10.98	2637	18.71
2001	7642	8322	825	10.80	2221	26.69
2002	5395	6177	501	9.29	1749	28.31
2003	5611	5579	505	9.00	1971	35.33
2004	8130	7108	1273	15.66	2999	42.19
2005	7787	9163	1380	17.72	3604	39.33

资料来源：《1999 年世界投资报告》、《2000 年世界投资报告》、联合国贸易和发展会议（UNCTAD）数据库。

二、利用外国投资的利弊得失

按照西方传统经济理论，外国投资给发展中国家带来四种经济利益：第一，发展中国家自身的储蓄不足以实现意愿达到的投资目标，外国投资可以填补这一缺口。第二，发展中国家的出口收入和国外援助不足以抵付外汇支出，外国投资可以填补这一缺口。第三，发展中国家的税收不能完成计划指标，可以通过对外资企业的征税来填补这一缺口。第四，发展中国家缺乏管理能力、企业家精神和技术，外国投资可以填补这方面的缺口。跨国公司的投资，不只提供资金和工厂设施，还通过训练计划和示范，给本国厂商"一揽子"地带来管理经验、企业家才干和专门技术。

但是，一些发展经济学家针对上述的论点，提出了不同的意见：

第一，外国直接投资主要是跨国公司的投资，跨国公司虽然提供了资本，却降低了东道国国内的储蓄率和投资率。因为，它们通过与东道国政府签订内容广泛的生产协定，抑制了竞争；赚得的利润被汇出国外而不用于再投资；它们从海外子公司进口所需的中间产品，使东道国中生产同类产品的本地厂商难以发展；东道国向它们借款时，它们往往索取高额的利息。

第二，虽然跨国公司的初始投资可以改善东道国的外汇短缺情况，但在长期中却降低了东道国经常项目和资本项目中的外汇收入。大量进口中间产品和资本品使经常项目收支恶化，利润、利息、专利费、管理费的不断汇出使资本项目收支情况恶化。

第三，跨国公司缴纳公司税，给东道国的财政收入作了贡献，但是，这种贡献比起它们从东道国得到的优惠如租税减免、超额投资补助、变相财政补贴、关税保护等等，要小得多。

第四，跨国公司提供的管理能力、企业家才干、技术和海外联系，并不能带动东道国自身在这些方面的进步和发展。由于跨国公司对当地市场的控制，东道国自身在这些方面的进步和发展反而被抑制和扼杀了。

此外，一些发展经济学家还对跨国公司进一步作出了下述的批评：

第一，对一些发展中国家的经济发展，跨国公司事实上并未起到有益的作用。相反，跨国公司的活动往往强化了二元经济结构，并加剧了收入分配的不平等。跨国公司企业扩大了工资差距，从急需的生产（如粮食生产）中夺取了资源转而制造满足富裕阶层需求的商品。跨国公司企业一般是建立在城市，特别是大城市之中的，就不免使城乡经济更加不平衡，使乡城人口盲目流动的数量加大，速度加快。

第二，跨国公司一般是从自己的利益出发，按照固有的模式，去确定产品种类，安排生产方法，进行广告宣传的，从而造成一些不良后果：跨国公司企业所采用的是资本密集型的、对东道国不适宜的生产技术，不能为劳动力过剩的发展中国家创造较多的就业机会；它们所制造的往往是满足富裕阶层需要的、不适宜的消费品，不能为发展中国家的广大低收入阶层提供所需的产品；它们所刺激起来的是远离发展中国家国情和经济水平的、不适宜的消费欲望，人为地造成消费过热。

第三，跨国公司往往凭借其经济实力去影响东道国的政策，使之多方照顾跨国公司的利益。它们还利用一些发展中国家对获取外资的竞争，而攫取特殊的政治、经济权益，如额外关税保护、税款扣回、投资优惠、厂址低价购置或租赁以及社会服务廉价提供等等。这样，跨国公司的私家利益超过了东道国所得的社会利益。在某些情况下，一个跨国公司企业给东道国带来的社会利益竟是负数。有时，跨国公司还故意抬高从海外子公司进口中间产品和资本品的价格，虚报生产成本，以达到逃税的目的，这种手段称为"调拨作价"或"转移作价"（transfer pricing）。

第四，跨国公司利用它们优越的专业知识，广泛的世界联系，新奇的广告宣传，以及完备的辅助性服务，能够压倒东道国的同行厂商，特别是中小型企业，有碍于东道国民族经济的发展。

第五，跨国公司经济上的强大力量，足以在政治上影响东道国的各级政府，干预其政策的制定和执行，甚至进行颠覆活动。

总之，无论从理论上，还是从实践上看，跨国公司的利益是利润最大化，发展中国家的利益是国民经济的发展，这两种利益是很难一致的，是不易调和的。

但是，不少的发展经济学家还是认为，外国私人投资是引进国外资金的重要渠道。只要发展中国家采取适当的联合行动，加强和跨国公司讨价还价的力量，适当控制外国私人投资的总额，从立法上对跨国公司作必要的约束，则来自跨国公司的资本仍然可以较好地被利用来促进发展中国家国民经济的长远发展。

三、对外国投资的政策措施

发展中国家可以采取必要而可行的政策，以限制并激励以跨国公司为主渠道的外国私人投资的活动。这方面的政策措施一般包括下述几点内容。

第一，行为要求（performance requirements）。发展中国家为了增加就业，转移技术，刺激出口以及扩大外汇收入等目的，可以对跨国公司的行为加以限制，作出规定，明确要求。例如，规定跨国公司经营的汽车厂必须在每部车辆中使用国产材料的百分比和以后逐年的上升率；规定跨国公司经营的采掘业所得利润必须有一部分投资于矿产加工工业；为了利用本国人才并提高他们的素质以便吸收跨国公司的先进技术，可以规定跨国公司企业雇用本国工人和管理人员逐年增长的指标，并对各级水平的技术人员规定不同的比例。例如，印度尼西亚政府要求经营自然资源的跨国公司企业在成立 3 年后，所有粗工必须全部是本地工人，熟练工和监工的 75％为本地人，技术人员和管理人员的 50％为本地人。为了引进先进技术，发展中国家可以规定跨国公司企业进口的必须是最先进的机器设备，而不能是使用过的旧的机器设备。当然，在作这方面的规定时，应当与其他目标结合起来，因为旧的机器设备可能是节约劳动的，而且价格便宜得多。为了促进发展研究，发展中国家还可以规定跨国公司企业缴纳用于政府发展研究的特别税，或要求它们对当地的发展研究投资，例如巴西和印度就规定跨国公司企业在当地建立从事发展研究的机构。

第二，制定饱和法规（saturation laws）。为了得到更多的技术转让，发展中国家可以规定外国投资者必须与当地合股人结为合资企业（joint ventures）。这种要求一般通过饱和法规的制定而具有指令性的效力。饱和法规规定跨国公司企业必须将股份的一定比例（一般为 51％）售予当地公民。显然，制定这种法规的目的是，本地的合股人凭借参与企业的身份可以监视新技术的引进，利用这些新技术，并使之永久植根于本国。当然，这样的规定可能不一定达到目的，因为跨国公司从自身利益出发，不愿意在合资企业中采用最新技术。至于饱和法规是否能增加本国合股者的收入，以及是否能给东道国带来净经济利益则难以肯定，因为这种办法是把本国的稀缺资源流向跨国公司部门，而且会造成外资流入的减少。

第三，限定汇给母公司利润的最高额和规定利润再投资于东道国。这种措施为发展中国家所广泛采用，而在拉丁美洲最为风行。如哥伦比亚规定跨国公司企业汇给母公司的利润最高不得超过投资额的 14%；巴西规定不得超出注册资本额的10%；阿根廷虽不明确规定百分比，但由外汇管理机构加以必要的限制。

第四，通过签订准许将利润汇回本国的协议，给予垄断权和免收所得税等措施激励外国投资。准许将利润汇回本国的协议现在对跨国公司的吸引力已不大，因为它们担心这可能是一时性的措施，东道国政府如果更替，这种措施将会取消。给予垄断权对跨国公司企业极为有利，在拉丁美洲国家盛行进口替代工业化时期，许多跨国公司曾努力谋求获得这种权利。在这种权利保护之下，跨国公司将不感到降低价格和提高质量的压力。它们获得丰厚利润，而东道国的消费者则要蒙受损失。所得税豁免（income tax holidays）是许多发展中国家广泛采用的一种刺激跨国公司投资的措施。其具体做法是，在跨国公司企业建立之初，在 3～6 年期间免收所得税。由于公司所得税税率一般在 40%～50% 之间，如得到豁免，跨国公司企业得益是很大的。但是，这种措施却未能产生预期的效力，其原因是：作为跨国公司基地国家的几个发达国家如美国和德国的所得税征收标准是，对在国内的一切所得征税，而不问其来源如何，也就是说，它们关于所得的概念是"全球性的"（global）概念。因此，虽然，跨国公司企业在东道国不缴纳所得税，却在基地国缴纳可能税率更高的所得税。结果，跨国公司企业本应向东道国缴纳的税款，却成为基地国的财政收入，变成了"反向外援"（reverse foreign aid）。20 世纪 60 年代中期，这种反向外援逐渐为许多发展中国家所察觉，它们开始要求跨国公司的基地国调整它们的所得税征收政策。许多发展中国家和发达国家签订了协议，后者同意它们的跨国公司在东道国免缴的所得税税款记入存款项下而不在基地国缴纳所得税。这种协议称为"租税免除条款"（tax-sparing clauses）。除了美国以外，其他资本输出国家都接受了这种条款，于是，发展中国家豁免跨国公司的所得税款，不再成为反向外援，而有利于跨国公司。但是，即使是这样，对跨国公司免税，发展中国家自身究竟得到多大利益，还是一个疑问。许多调查研究表明，免缴税款只能对跨国公司企业的投资决策产生边际效应，不过是对它们本来已经确定的投资意愿加以奖励而已。

发展中国家对跨国公司的激励措施最能起作用的是经营出口导向、劳动密集而很少使用当地原材料的跨国公司企业。突出的例子是电子工业，这种工业需要大量的非熟练劳动以生产芯片，制造集成电路和组装电子计算器与电脑。制造电子产品的外国厂商一般建立在发展中国家的出口加工区（export processing zones），主要关心的是能够得到非熟练、未组织起来的劳动力的稳定供给。这类外国厂商对东道国采取的激励措施的任何差异都非常敏感。为了吸引它们的投资建厂，发展中国家往往竞相给予优惠和特殊待遇。但是，即使是这种情况，上述的所得税豁免对跨国公司企业的投资决策，也只起着次要的作用。例如，马来西亚和印度尼西亚两国自1970年以来都对生产半导体的外资企业给予同等的租税刺激，而且马来西亚的非熟练工人的工资水平还比印度尼西亚高得很多，但是马来西亚吸引了十多个外资企业，它们雇用了8万名本地工人，而印度尼西亚只吸引了两家半导体厂商前来投资，只雇用5 000名本地工人，尽管印度尼西亚的劳动力人数为马来西亚的3倍。显然，还有其他因素比租税豁免有更大的刺激作用，更能影响外商的投资决策。

第四节　对外债务问题

一、关于对外债务问题的一些基本认识

接受外国援助，除了无须偿还的赠与部分（如一些国家、慈善机构、国际组织提供的食品援助、医疗卫生援助、对突发性灾祸的紧急援助等）以外，无论是双边援助，还是多边援助，都必须由受援国按照规定利率和偿还期限付出利息并偿还本金。从短期看，一国的偿债能力决定于接受贷款并以之进行投资后对外汇流量产生的影响，即是否能增加出口或减少进口，从而有外汇节余对外债还本付息。从长期看，一国的偿债能力决定于贷款是否能促进国民经济的发展，是否能提高整个国民经济生产率，从而增强国力，能有步骤地一方面继续借进新债，一方面清还旧债而有余。

一国在某一年中，按照规定应对外债付出利息和偿还本金之和，称为该国在该年的债务支付额（debt service）。一国在某一年中的债务支付额与该年的出口收入额的比例，称为偿债率（debt sevrice ratio）。一般地说，偿债率的大小反映出一国的偿债能力。

有一个特别的概念反映一国在某一年中的净外汇流入量（或流出量）与外债总额的关系，它称为基本转移（basic transfer）。基本转移等于净资本流入量减去对现有外债总额付出的利息额，而净资本流入量等于总资本流入量减去对旧债的还本额。因此，基本转移表示一国在某一年中由于国际资本流动而得到的或所损失的外汇额。

基本转移可由下列公式表示

$$F_N = d \times D \tag{1}$$

式（1）中：F_N代表净资本流入量，D代表外债总额，d代表外债的增长率。设r为外债的平均利息率，则rD为每年的外债利息支出，则基本转移（BT）等于净资本流入量减利息支出，由下式表示

$$BT = dD - rD$$
$$= (d - r)D \qquad (2)$$

如 $d > r$，则 BT 为正数，这个国家的外汇收入将增加；如 $d < r$，则 BT 为负数，这个国家的外汇收入将减少。

可见，d 和 r 的变化，可引起一国外汇储备量的变化，并进而影响该国的借债潜力和偿债能力。因此，考察决定 d 和 r 变化的决定因素是必要的。

二、发展中国家债务问题的复杂性

1990 年，发展中国家的外债总额约为 13 410 亿美元。1989 年，债务负担沉重的中等收入国家的偿债率达 28.5%，整个发展中国家的偿债率达 22.4%。近几年来，发展中国家偿债率有所下降。2003 年，发展中国家偿债率总体上下降了大约 1%，达 17.3%。改善最多的是撒哈拉以南地区，下降了 3%，达 8%，而南亚、拉丁美洲和加勒比地区分别增加了 2%、1%，依次达到 16% 和 31%。但是，外债存量总额继续增加，2003 年增加了 2200 亿美元，高达 25818 亿美元，2004 年继续增加至 27557 亿美元。

一个发展中国家在对外债务累积的初期，外债总额是较小的，而债务的增长率可能较快。在这一阶段，债款一般来自官方，或者是双边的外援，或者是世界银行的贷款，而且条件是优惠的，利率低而偿还期长，因而平均利息率小于债务增长率。在基本转移公式中，D 较小，而 $d > r$，于是 BT 为正数，表明这个发展中国家的外汇收入增加。此时，如果债款被投放在其收益率高于 r 的发展项目，则这个发展中国家的偿债能力是充分的。

然而，随着下述情况的出现，债务问题将逐渐形成而变得越来越严重。

（1）累积外债额增大，还本付息额相对于新资本流入总额将逐渐上升，于是，外债增长率（d）将逐渐下降。

（2）双边的官方援助和国际机构的贷款相对减少，而利率较高，限期较短的商业贷款相对增大，则平均利息率 r 将逐渐上升。

（3）发展中国家出口商品价格猛烈下跌，贸易条件迅速恶化，以致国际收支的缺口加大。

（4）全球性的经济衰退以及其他的外部冲击的突然出现，如可变利率商业贷款，其利率一般与美国利率挂钩，美国利率的变动对其影响很大；许多债款以美元为核算依据，美元价值突然变化，也会使实际偿债负担发生变化。

（5）由于（2）、（3）和（4）三种原因引起的偿债能力下降，以致外国商业银行感到信用不可靠而停止贷款。

（6）由于政治上的原因或经济上的原因（如预期将发生货币贬值），本国居民把大量资金调出，转移到发达国家去购买金融证券、房地产或存入银行。

上述几种原因交织起来，使 d 下降而 r 上升，结果基本转移变成了越来越大的负数，资本将由发展中国家向发达国家回流，发展中国家债务负担会越来越沉重。

此外，一些发展中国家由于管理上的漏洞和工作中的不协调，使债务问题更趋严重。在这些国家中，中央政府甚至不掌握外债的全部情况，一直到大量债务到期、外国贷款者要求偿付而造成外汇储备迅速减少，才有所察觉。向外举债需要一定的计划安排，每一阶段还本付息的外汇支出需要准确而及时的信贷，但在这些发展中国家中，却难以做到计划安排外国贷款。政府管辖的国有企业、国立大学以及其他单位，往往有权不经过批准而谋求外国的贷款，这种分散而不集中的现象，往往加剧了发展中国家债务问题的复杂性。

思 考 题

1. 从两缺口模式看我国改革开放政策的意义。
2. 结合自己所了解的一些情况，分析对跨国公司的利用与限制问题。
3. 分析我国的债务状况。

第十一章　财政政策和金融体系

　　如果说在发达国家中，市场机制不能保证国民经济顺畅地运行，那么，在发展中国家里，市场机制更不能促进国民经济健康地成长，因为后者的市场制度更不完善。这就需要发展中国家政府积极参与经济活动。实际上，在前面分析中，我们经常提到政府在经济发展过程中的重要作用。政府对经济的参与主要是通过中央计划管理和各种政策手段来进行的。就政策手段而言，最重要的是财政与金融政策。

　　在发达国家，财政对经济发展起着一定的作用。对发展中国家而言，因为需要政府或公共部门去清除困扰经济发展的诸多障碍，财政和财政政策在经济增长、收入分配方面发挥着更为重要的作用。通过聚集资金、分散风险和配置资源，金融部门发挥着越来越大的作用。然而，长期以来发展中国家的金融抑制政策，阻碍了金融发展和经济增长。在金融自由化理论的倡导下，自 20 世纪 70 年代中期以来，许多发展中国家推行了金融自由化战略，以期通过金融深化促进经济增长，改善收入分配。

第一节　税　收　政　策

一、税收水平与结构

（一）税收水平

　　就税收水平而言，发展中国家经济落后，人均收入低下，所有的家庭收入只能满足基本的生存需要，税基狭窄；并且，许多经济活动不正规，地下经济或灰色经济猖獗，企业规模小，会计业务核算不健全，加之经济的货币化程度低，税法的实施软弱无力，税收征收困难。所以，相对于发达国家，发展中国家的税收占国内生产总值的比例通常要低得多。

　　从表 11.1 中我们可以清楚地看出，无论是 1995 年还是 2004 年，较低收入国家中央政府财政收入占 GDP 的比重都要低一些，而较高收入国家相应数字都要高一些。例如，1995 年，低收入国家的中央财政收入占 GDP 比重只有 20.39％，中低收入国家和中高收入国家的比重分别为 22.69％和 26.64％，而高收入国家则高

达 34.05％。平均而言，高收入国家的财政收入水平差不多是低收入国家的 1.7
倍。从长期来看，与 1995 年相比，2004 年各个收入组国家的财政收入水平都有不
同程度的提高。

表 11.1　　　　　　　**不同收入组国家中央政府财政收入占 GDP 的比重**

国家组别	国家数	总收入占 GDP 的比重（％）	
		1995 年	2004 年
低收入国家	10	20.39	20.57
中低收入国家	14	22.69	23.45
中高收入国家	10	26.64	26.68
高收入国家	17	34.05	34.29

资料来源：根据《2006 年世界发展指数》表 4-10 数据计算整理而得。

以上统计数字表明，人均收入与中央政府财政收入水平存在着正比关系，而政
府财政收入的绝大部分来自政府税收。因此，我们可以从政府税收的角度来解释人
均收入与财政收入水平之间的正比关系：第一，随着经济的发展，累进税制导致税
收基础增长在比例上大于收入的增长，也就是说，税收弹性趋向大于 1。第二，当
收入增长时，国家一般变得更加城市化了。城市化本身导致对公共服务的更大需
求，与此同时，也促进了征税的便利。这样，城市化提高了对税入的需求和征税能
力。税收的增加也就自然提高了政府的财政收入水平。事实上，在大多数国家中，
国内税收的很大比例来自首都和大城市，而公共支出的大部分也使用在这些地区。

应当指出，税收水平决不仅仅取决于收入水平；否则，就难以解释具有同样收
入水平的国家为什么有不同的税收水平，同样也不能解释具有不同收入水平的国家
为什么有相近的税收水平。一些研究表明，税收收入占 GDP 的比例也受其他因素
影响，诸如经济的货币化和开放程度、矿产在国内生产总值中的份额、除矿产外的
出口比例、识字率和城市化程度等。此外，公共支出水平也是影响税收水平的一个
重要因素。

（二）税收结构

就税收结构而言，发展中国家的税收构成（包括所得税、国内商品与服务税、
国际贸易税、社会保障税和其他税）受其经济发展水平、经济结构、政治背景和历
史文化因素的影响。与工业化国家相比，发展中国家在税收结构上具有明显的特
征。

1. 所得税。从表 11.2 中可以看出，从 1995 年到 2004 年，高收入国家的所得税所占比重一直比低收入国家要高。可见，收入水平越高，所得税就越重要。所得税由个人所得税和公司所得税组成。与发达国家相比，个人所得税在发展中国家不那么重要。但是，需要指出的是，发展中国家的个人所得边际税率并不比发达国家的低。发展中国家的个人所得税水平如此之低的主要原因，是发展中国家的逃税、避税和免税比发达国家要广泛得多，而在发达国家，公司所得税更重要一些。原因在于，发展中国家作为一个整体，矿产资源比较丰富，它们的开采与经营主要由少数几家大公司（在有些国家是跨国公司）进行。这些企业获得丰厚的利润，从而为政府提供了容易征收的重要税源。其次，征收公司所得税比征收个人所得税相对说来要容易一些。

表 11.2　　　　不同收入国家组中央政府各项税收占经常性收入总额的百分比

国家组别	国家数	所得税		国内产品税		国际贸易税		社会保障税		其他税	
		1995 年	2004 年	1995 年	2004 年	1995 年	2004 年	1995 年	2004 年	1995 年	2004 年
低收入国家	10	16	16.8	31.7	31	20.3	18.2	7.3	6.7	1.9	2.6
中低收入国家	15	18.7	22.6	32.3	38.4	16.4	10.3	10.1	7.9	3.9	3.1
中高收入国家	8	16.8	16.9	34.6	37.3	11.5	5.9	18.5	17	2.9	2.8
高收入国家	13	24.6	24.1	27.3	28.2	1.5	0.5	33.5	33	3.7	3.5

资料来源：根据《2006 年世界发展指数》表 4-12 数据计算整理而得。

2. 国内商品与服务税。从表 11.2 中看，与发达国家相比，发展中国家的国内商品与服务税要比所得税在比重上高一些，而且 1995 年和 2004 年在低收入国家中这个税种所占比重都高达 31％以上。但是，与所得税不同，国内商品与服务税比例与人均收入水平没有显著关系。从表 11.2 中我们也没有看到国内商品与服务税比例与收入水平有什么关系。比如，在 2004 年，低收入国家的国内商品与服务税所占比重为 31％，中低收入国家为 38.4％，而中高收入国家和高收入国家的国内商品与服务税所占比重分别为 37.3％和 28.2％。

3. 国际贸易税。从表 11.2 中可以看到，对发展中国家来说，外贸税是最重要的税种。外贸税在低收入国家最高，在高收入国家最低。2004 年与 1995 年相比，各个收入组的外贸税比重都下降了，表明随着经济发展和贸易自由化，外贸税的重要性在下降。外贸税包括进口税和出口税。进口税是发展中国家最重要的税源。主要原因在于：第一，低收入国家国内税收基础差，只能依靠进口税来弥补政府税入的不足。第二，低收入国家税收管理比较落后，对国内收入和商品征税较为困难，而进口货物比较集中，因此对进口税的征收较为容易。并且，为了促进国内幼稚工业的发展，通过高进口税实行贸易保护。出口税在发展中国家也具有一定的重要性，但没有进口税那样重要。

4. 社会保障税。社会保障税在发展中国家并不重要，社会保障税与人均收入水平表现为明显的正相关关系。在 2004 年，低收入国家的社会保障税所占比重只有 6.7％，中低收入国家是 7.9％，中高收入国家为 17％，而高收入国家则高达 33％。当然，除了人均收入水平影响了这种税收水平之外，社会政治因素的影响也不小。实际上，表 11.2 中所包括的 46 个国家和地区中，以前实行社会主义制度的国家其社会保障税是相当高的，甚至比一些发达的资本主义国家都要高。例如，1995 年，罗马尼亚的社会保障税比重为 29.6％，保加利亚是 25.4％，白俄罗斯是 32.2％，俄罗斯是 33.6％，波兰是 24.7％，捷克是 38％，而这些国家的收入水平都要比发达国家低得多。而 2004 年与 1995 年相比，各个收入组的社会保障税比重都下降了，表明随着社会保障制度的变化，社会保障税的重要性在下降。

5. 其他税，指财产税等其他税种。在收入、消费和财产三个税种中，财产税是最不重要的，是所有税收中比例最小的。实际上，在低收入的发展中国家，财产集中程度比发达国家更高。而低收入国家的财产税比例很低，在 1995 和 2004 年分别只占 1.9％和 2.6％，这只能由政治因素和税收管理的无效率来说明。

二、税收与经济增长

现代经济增长理论认为，资本形成、劳动供给是影响经济增长的基本要素。在发展中国家，因为劳动供给是非常丰富的，资本形成就成为了经济增长的主要决定力量。主要通过对储蓄（含公共、私人储蓄）和资本形成的作用，发展中国家税收对经济增长产生了影响。

（一）税收与公共储蓄

扩大公共储蓄的主要手段是增加税收收入。发展中国家作为一个整体，税收水平是较低的。当然，税收基础薄弱是一个重要原因，但也要认识到，由于许多原因，发展中国家的税收潜力还没有充分地被开发出来。发展中国家可用来扩大公共储蓄的办法很多，其中包括：（1）在现有税种不变的条件下，周期性地提高税率；（2）开征新税，以开发以前未曾使用过的收入来源；（3）减少避税与漏税，改进税务管理，以在现有税种、税率条件下征收更多的税收；（4）实行整个税收结构的重要改革，包括（1）、（2）、（3）条中的各类成分。

1. 提高税率。有人认为，由于发展中国家税收系统"松弛"，税收收入增加 10％是可能的，只要将现有税率提高 10％，而无须改变基本税法与税收管理就行。但问题是，税率的提高是否可行，对增加税入的重要性如何，以及如何防止逃税（evade tax）和避税（avoid tax）的发生。

以所得税为例，提高个人所得税率不是增加税入的有效办法。这是因为，第一，税入增加的幅度很小。在低收入国家，甚至中等收入国家中，因为适用起征点比较高，个人所得税的征税对象只占人口极小的一个部分。① 虽然美国的个人所得税占到了总税入的 2/3，但是，几乎没有哪个发展中国家的个人所得税占到总税入的 10%。所以，即使发展中国家能够把个人所得税率提高，所增加的税入也是十分有限的。第二，发展中国家虽然个人所得税比例低于发达国家，但个人所得税率却差不多与发达国家一样高，有些发展中国家甚至比发达国家要高得多，也就是说，发展中国家的个人所得边际税率已经很高，再要提高税率的余地不大。因为个人所得税率超过一定界限就会严重地引起逃税和避税现象的发生。第三，个人所得税的征收对象都是城市的富有者，在很多发展中国家，这个阶层最有势力，在政治上影响很大。个人所得税率的提高将会招致这个阶层的巨大反抗，以致陷入失败。

提高公司所得税的税率的作用也不大。20 世纪 80 年代，在 82 个发展中国家中，仅有 16 个国家的公司所得税超过了总税入的 20%。1996 年，在 60 个发展中国家中，只有 1/3 的国家的公司和个人所得税加总超过总税入的 30%。并且，除了阿根廷、韩国、中国台湾省和墨西哥这样的一些中等收入国家和地区外，私人企业以公司形式运作的仅占一小部分。在发展中国家，虽然大多数国有企业是公司制，但是，除了一些自然资源或垄断部门外，其他国有企业普遍是亏损的，根本没有什么纳税能力。

2. 开辟新税源。通过税收增加公共储蓄的第二种方式，是开发全新的税收收入来源。在许多发展中国家，不管是由于偶然疏忽，还是由于设计不周，或者由于惰性，许多税收收入的来源可能完全被疏漏了。许多国家对汽车进行登记，但并未课税。不少国家没有对国有企业的收入征收公司所得税，还有几个国家，如印度尼西亚，并未对公务人员的工资课征个人所得税。大多数国家还未将城市财产税作为税收的重要来源，大部分资本利得是不被包括在所得税的税基中。例如，韩国个人所得税的税基可能仅包括了纳税人获取的 1/3 的资本所得，在玻利维亚不会超过 20%。

服务部门提供了另外一些例子，除最穷的国家外，在许多国家都有电话服务，但却常常是不收税的。有些服务设施，如旅馆和餐馆，一般都得纳税，而美容店、停车场、轮胎翻新、照片洗印公司、现代化的洗衣店以及国外旅游等项目，则往往被排除在课税基础之外。对这一类消费的课税不仅从收入的角度具有吸引力，而且在发展中国家这些服务行业的一般特点是具有较高的收入弹性需求。因为收入较高的家庭花在这些项目上的开支比例较大，他们会承担较重的税收负担，这与税收政

---

① 例如，1998 年，肯尼亚、巴西和尼加拉瓜的个人所得税起征点分别是人均 GNP 的 4.1、3.5 和 9.3 倍。

策的公平目标是一致的。不过，这些服务行业只构成一小部分的消费，即使对高收入的群体也是如此，因此，其增加税收收入的能力与空间是有限的。①

3. 改善税务管理。为增加税收收入而采用的第三个方法也是重要得多的方法，是改善税务管理。实际上，采取这个行动以增加收入的潜力，在所有的发展中国家都是很大的，但事实上这方面的努力却远远不够。

缺少训练有素的税收管理人员，税法过于复杂，对逃税的惩罚过轻，以及税收管理技术陈旧。凡此种种，使逃税成为发展中国家财政政策最棘手的问题之一。以哥伦比亚为例。1975年，该国50％的小型企业未填报应缴所得税收入，在医生、律师等职业中，少报收入者高达70％，而销售税的逃税比例在40％～50％之间。其次，腐化现象严重，不仅削弱了依法纳税的积极性，也为逃税漏税打开了方便之门。20世纪70年代中期，有人估计，对税务员每支付一个比索贿赂，哥伦比亚就损失大约20比索的税入。② 有人推算玻利维亚在1964～1966年间，大约60％的财产收入未向税务当局申报。这些情况在其他发展中国家也同样存在，如阿根廷，纳税者成功地隐藏了50％的收入。在印度尼西亚，80％的应税收入未上报。相比之下，美国和加拿大在20世纪60年代只有13％～15％的总收入未申报。

这些数字表明，发展中国家的征税效率是十分低下的。所以，改善税务管理以提高税入的潜力应该被充分利用。赋予税务机构更多的自治权，用更优厚的薪水吸引高素质人才，减少政府的干预是改善征税效率的重要措施。但是，要保持自治的连续性，需要政治上的大力支持。对于腐化现象的治理，一个普遍原则是，通过程序的自动化和计算机化，并增加对第三方评估数据的使用，使税收官员与纳税人的接触最小化。但是，在这些方面做出努力而取得成功的还不多。肯尼亚是一个较为成功的例子。在1995年进行税务机构自治改革后，税收的征收效率和执行情况得到了较大的改善。在秘鲁，被调查的纳税人中有85％认为，税务机构实现自治后，腐败明显地减少了。

4. 改革税制结构。增加税入的最后一个政策措施，是改革现行的税收结构。这种措施最难实行，但一旦实行，效率是最大的。根本性的税收改革要求废弃旧的税收制度，代之以全新的税法和税收条例。但是，这种改革，不仅在政治上，而且就技术和资料而言，实施起来却困难很大。一般说来，如果不出现较严重的财政危

---

① 1965年，哥伦比亚未对上述所列的任何服务行业征税。据估计，如果该国当年对这些项目课以重税，税收总收入可能只会增大大约2％。况且，有的发展中国家已经对其中的某些项目征了税。

② 吉利斯（M. Gillis）和麦克卢尔（Charles Mclurl）：《税收与收入分配：哥伦比亚1974年税收改革》，《发展经济学杂志》，1978年9月号。

机，政府是不愿意为改革现行税收结构而做出巨大努力的。

　　但是，尽管困难重重，有些发展中国家和地区还是在税收结构和管理上进行了重大改革。韩国在 20 世纪 60 年代早期实施了一个重要的税收改革纲领，智利在 20 世纪 70 年代，印度尼西亚在 1984 年也都推行了税收改革计划。20 世纪 80 年代以来，发展中国家的税收改革步伐大大加快了，并且改革措施出现了许多类似之处。20 世纪 80 年代出现的税收改革运动使税率趋同，征税程序趋向简化，课税基础更为广泛，并且逐渐更多地依赖消费税而不是所得税。20 世纪 80 年代以来的税收改革也呈现出两大特点：一是开始大幅度地降低最高边际税率，同时减少税收减免刺激，强化税收征管。二是采用增值税的国家在迅速增加，增值税的流行有两个重要原因是，它具有"造币机器"的称号；并且，相对于其他形式的营业税和所得税来说具有便于管理的优势。

　　（二）税收与私人储蓄

　　虽然税收措施可以用来扩大公共储蓄，为公共投资筹集充足的资金，但是，我们无法保证通过较高的税收收入产生的较高的公共储蓄会带来社会总储蓄的明显扩张。原因在于，较高税收的某些部分可能源于私人储蓄，公共储蓄与私人储蓄之间可能有一种替代关系。税收的增长，一部分来自消费，一部分又来自储蓄，而税收对减少消费与储蓄所起的相对作用，则是尚有争论的问题。对国家间储蓄行为的某些研究表明，发展中国家税收的增长只减少了私人部门的消费，而对储蓄则几乎或完全没有作用。但是，其他的一些研究得出的结论是，私人储蓄与税收的替代性很强：发展中国家的公共储蓄每增加一个美元将使私人储蓄至少减少 50 美分。很明显，不同形式的税收对私人储蓄会有不同影响：

　　1. 税收与私人储蓄能力。就私人储蓄能力而言，所得税将产生不利的影响，因为征收个人所得税将导致私人储蓄的减少。但储蓄减少程度如何呢，对这个问题有不同的看法。一些关于储蓄行为的研究表明，在发展中国家，所得税的增加对储蓄的影响很小，因为发展中国家的高收入阶层（个人所得税的主要缴纳者）的消费倾向很高。另外一些关于储蓄行为的经验研究则表明，发展中国家富有阶层具有很高的储蓄倾向，因此，个人所得税的增加对消费影响不大，而对储蓄产生十分不利的影响。这两种相反的观点都可以找到经验证据。在某些国家，特别是一些拉美国家，消费倾向是很高的，而在另一些国家，尤其是一些东南亚国家，储蓄倾向却相当高。可见，征收个人所得税对私人储蓄产生多大的抑制作用，要依各国的储蓄倾向或消费倾向的大小而定。

　　如果说个人所得税对储蓄的不利影响还有争论的话，那么，公司所得税对储蓄的抑制作用就几乎确定无疑的了。企业的利润扣除股利后，几乎无一例外地用于储蓄和投资。这部分收入征税越大，公司储蓄和投资就越小。因此，发展中国家若要刺激私人储蓄和投资，减少公司所得税是一个有效的措施。但是，如果纳税的企业主要是跨国公司，公司税对国内私人储蓄就不会有很大负作用，除非这类公司有当地的联营伙伴，并为了应付利润的缩减而削减应当付给当地联营者的红利。此外，对外国公司也不能征税太高；否则，就不可能吸引更多的外资。

2. 税收与私人储蓄激励。就私人储蓄激励而言，在大多数发展中国家，消费税（包括普通销售税和特别产品税，以及进出口税等这样一些间接税）比所得税抑制效应要小得多。于是，几乎所有的发展中国家主要依靠间接税来积累公共储蓄。但是，间接税对储蓄也有不利的影响，因为产品税最终要加到物价上去。若对所有商品征税，所有消费者实际收入和储蓄就会减少，尤其对低收入阶层不利。面对这种情况，有些学者设计了一种新的征税方案，即对消费直接征税。具体做法是，纳税人每年向税务当局申报总收入和总消费，低于政府规定的最低水平的消费免征消费税，而高于这个最低水平的消费就征收消费税，而且消费税率随着消费的增加而上升。显然，这种直接的、累进的消费税如果能得到实行将会刺激储蓄，因为储蓄得越多，上缴的税收就越少。直接消费税的观点在几十年前就有人提出来过，在20世纪50年代，印度曾把这种税付诸实施，但很快就夭折了，其原因是征收直接消费税需要详尽的资料，而这是税务当局管理能力所不能胜任的。

资本所得税和社会保障税，是抑制私人储蓄的两个重要税种。国民储蓄率在很大程度上是对资本税后报酬率的反映，因此，对资本收入（利息与红利）征税将会导致为投资使用的私人储蓄量的减少。同样，由于人们储蓄在一定程度上是为退休筹集资金，因此，社会保障税也能减少私人和国民储蓄率。当然，社会保障税不同于资本所得税和其他税，后者能使公共储蓄增加，而前者很少使公共储蓄增加。这是因为由尚在工作的那些人支付的社会保障税不是被储蓄起来用于投资，而是用于支付已经退休的那些人用于消费的保障金的。

（三）税收与资本形成

一国的实际私人储蓄额与国内实际私人投资额是两个不同的量。如果资本净流出额大于零，国内实际投资额就会小于实际私人储蓄额，反之则相反。发展中国家的实际情况表明，尽管对资本外流实行外汇控制和其他限制，资本仍然倾向于在国际范围内流动。如果国外的资本净收益大于某一个特定发展中国家的资本净收益，那么，国内资本就会流向国外。而决定一个既定国家资本净收益的关键因素就是，该国或该地区的资本所得税。例如，假设菲律宾的资本所有者平均能够获得15％的税前投资收益，该国的资本所得税为50％。于是，资本所有者获得的税后投资报酬为7.5％。而在资本市场相当发达的我国香港地区，资本不太稀缺，税前投资收益率只有12％，低于资本稀缺的菲律宾。但是，香港的资本所得税远低于菲律宾，只有15％。这样，香港的税后资本报酬是10.2％。税后报酬中2.7％的差额就能大到足以引诱菲律宾的储蓄向香港移动。这个例子具有一般意义。实际上,试图对资本收入征收重税的国家和地区的国内储蓄往往外流到资本税率较低的国家和地区。

现在,大多数国家已认识到资本在国际上是流动的,并力求把资本所得税率限制在国际一般水平上。这一点从大多数发展中国家的公司所得税率十分接近这一事实中可以得到证实。在拉丁美洲,公司所得税率一般在 25%～40% 之间,在东南亚地区,大多数国家和地区的公司所得税率变动范围更狭窄,在 30%～40% 之间,但香港的公司所得税率则仍然不到 20%。而与此相对照,美国在 1990 年这个税率为 34%。

除了对私人资本国际流动有影响外,税收还会对国内私人资本的配置产生影响。为了把私人投资引导到优先发展的工业,如基础工业、高新技术产业、出口工业,或引导到经济落后的地区,很多发展中国家政府有选择地对国内投资者提供巨大的税收刺激。这种刺激一般有两种主要方法:一是提供免税期 (tax holiday)。所谓免税期是指企业在规定的时期内免交公司所得税。免税期的长短在各国不尽相同,但 5～10 年似乎在发展中国家最为普遍。另一是加速折旧或税收扣除 (tax credit),加速折旧是指政府允许企业以更快的速度折旧固定资产,使资产的正常折旧期缩短了。实际上,加速折旧是把一部分利润作为成本处理。所谓税收扣除是指政府允许一个投资者从他的所得税负中减去最初投资的一个部分。显然,这两种方法具有类似的意义,即减少了应税收入或应税额,税收减少自然增强了企业投资意愿。但是,在发展中国家,上述方法都受到管理和效率方面的限制,使得它们对国内私人投资刺激很少能产生理想的效果。

三、税收与收入分配

就税收而言,调节收入分配的主要方法就是实行累进税制,即税收负担随收入增加而以更大比例增加。累进税制的作用是显而易见的,它虽然本身不能帮助穷人变富,但却可以阻止富人变得更富,使贫富悬殊程度得到缓和。由于人们的富裕程度可以由收入、消费和财产三个方面来计量,累进税制一般包括三种形式,即个人所得税、消费税和财产税。

个人所得税是累进税中最重要的形式。这里所说的个人收入不仅仅指雇员的工薪和其他个人收入,而且还包括资本所有者的利息与红利收入。发展中国家作为一个整体,个人所得税占国内生产总值和总税入的比例是相当低的。从这方面说,个人所得税作为调节收入分配的一种手段,其作用是有限的。正如世界银行专家坦齐指出的那样:"个人所得税的相对不重要性是令人失望的,因为这些税收在传统上被认为是追求(通过财政工具)收入再分配目标的重要手段。"[①] 但是,发展中国

---

① 坦齐:《发展中国家的税收理论》,世界银行 1987 年英文版,第 225 页。

家的个人边际所得税率却是不低的。在一些国家，名义的或法定的边际所得税率达到很高的水平，甚至比发达国家的税率还高。例如，在印度尼西亚，1967年1 000美元以上的所得税率达到75％。在阿尔及利亚,20世纪60年代超过10 000美元收入应缴纳的所得税率几乎接近100％。坦桑尼亚1981年的最高边际税率达到95％。而在美国1982年以前,最高边际税率只有70％,1982年以后,下降到50％。

如果税务管理很有效率，那么，由高收入纳税人缴纳的实际税收就会与理论的、或法定的税入相一致。但是，在大多数发展中国家，实际征收的税入远低于理论上的税入，即有效税率低于名义税率。这是因为，面对高所得税率，纳税入一般在三个方面作出反应：（1）逃税。其办法是隐瞒收入特别是不受预扣安排的资本收入。（2）避税。主要通过改变经济行为以减少税收负担。其具体做法是，缩短劳动时间，减少劳动报酬，把资本移到国外税收低的地方，或雇用律师找出税法漏洞。（3）贿赂税务员以接受不真实的报酬。由于这些原因，在所有国家，通过累进所得税来达到实质性的收入再分配证明是困难的：特别是在发展中国家，税法执行不严，对逃税罪犯缺乏严厉的惩罚，贿赂风行，这样，即使所得税率具有很高的累进性，通过所得税来再分配收入的范围比发达国家更有限。

从理论上讲，消费税在调节收入分配上没有所得税那样更直接、更有效，但是，就发展中国家的具体情况而言，消费税对收入分配目标似乎是一个更切合实际的手段。这是因为，第一，如上所述，发展中国家作为一个整体，消费税（包括普通销售税、特别产品税、进出口税等所有间接税）占总税入的比例达60％左右。这就表明这种间接税在数量上对收入调节是重要的。第二，在大多数发展中国家，生活必需品如粮食一般是免税的，被征税的消费品主要是高档消费品和进口消费品。这些消费品绝大部分为高收入家庭购买。由此可见，发展中国家的消费税也具有较大的累进性，即收入高的人缴纳的税收多。第三，与所得税相比，消费税较容易征收。对消费品征税，特别是对烟、酒等特殊商品和进口高档奢侈品征税一般很少引起公众的不满和抵制。此外，消费品的生产、销售和进出口都有比较固定的地点，逃税相对说来困难一些，这就能保证高收入者支付更大的税收。

许多发展中国家的财产分配不平等（主要表现为土地分配不均），比发达国家还要严重。因此，征收财产税在发展中国家对实现公平分配目标而言更为重要。此外，发展中国家作为一个整体，财产税比例是很低的。增加财产特别是土地的累进税率对获得收入分配目标似乎是较好的措施，但是，由于不少发展中国家大财产主和大地主拥有强大的政治经济势力，他们有能力足以阻止财产税法的颁布和实施：其次，为征税目的而对土地估价，甚至在加拿大和美国都显得困难，在发展中国家就更困难了。所以，发展中国家运用财产税来调节收入分配是很困难的。

尽管一些税收工具理论上可以达到改善收入分配状况的目标，但是，大量实证研究表明，除了少数的例外情况，大多数发展中国家并没有实现这一目标。在发展中国家，下列因素阻碍了税收的再分配效应的发挥：（1）无法有效管理个人所得税；（2）无法利用对奢侈品课以重税的有限机会；（3）对可能产生税入但具有累退性的消费税的过度依赖（如对食品等必需品也征收消费税）。所以，总体而言，发展中国家的税收体制，大致按比例对各个收入群体增加了税负，只是对最富的人具有一定的累进性，也就是说，虽然最富的人所缴纳的税款占其收入的比例要高于穷人，但是，穷人仍然背着沉重的税收负担。在阿根廷、巴西、哥伦比亚等发展中国家，穷人所缴纳的税款至少占其收入的 10%。尽管税收的再分配效果有点令人沮丧，但是，在发展中国家的税收及其改革并非完全没有用处，至少它可以避免穷人因税收相对于富人更穷的情形的出现。

第二节　政府支出

一、政府支出水平与结构

（一）政府支出水平

政府支出水平与经济发展水平有直接的关系。在这方面，德国政治理论家阿道夫·瓦格纳（Adolph Wagner）提出了著名的国家活动增长扩张法则，也就是随着人均收入的增长，经济中公共部门的相对规模存在一种固有的扩张趋势。虽然大多数经济学家不太认同瓦格纳法则，但是，随着经济发展，公共支出占 GDP 的比重确实呈不断上升的态势。从表 11.3 中可以看出，低收入和中等收入国家的政府支出占 GDP 的比重较低，而高收入国家政府支出所占比重较高，也就是说，政府的支出与经济发展水平存在着密切的正相关关系，即收入水平越高，则政府支出比重也就越大。并且，从 1995 年到 2004 年，低收入组国家和高收入组国家政府支出所占比重下降了，而中等收入国家的政府支出比重上升了。

表 11.3　　　　　不同收入组国家中央政府财政支出占 GDP 的比重

国家组别	国家数	总支出占 GDP 的比重（%）	
		1995 年	2004 年
低收入国家	10	21.92	19.68
中低收入国家	14	21.42	22.05
中高收入国家	10	26.12	26.42
高收入国家	17	35.19	34.09

资料来源：根据《2006 年世界发展指数》表 4-10 数据计算整理而得。

政府支出由资本支出和消费支出两部分组成。政府资本支出也叫公共投资，包括教育、科技、卫生、国有企业、公用事业等支出。政府消费支出也叫经常性支出，包括商品与服务等非生产性购买（含国防支出）、政府雇员工资和薪水、利息支付、各种补贴和其他转移支付等支出。长期以来，政府的资本支出被认为是生产性的，它可以促进经济增长；而政府的经常性支出被认为是非生产性的，实际上，它被称作消费支出就意味着这种支出对生产能力的增加作用不大。有些学者认为，政府的资本支出与消费支出存在一种替代关系，即前者增加，则后者减少；反之，后者增加，则前者减少。因此，为了加速发展中国家的经济增长，尽可能地减少政府的经常性支出，增加公共投资，是政府财政政策一项重要任务。但是，有些学者对此提出批评。他们指出，政府的资本支出并不总是生产性的，公共投资也不总是有助于经济增长的。例如，政府直接投资于生产，但建立起来的国有企业实际上是无效率的，结果是浪费了发展的稀缺资源。当然，如果政府的资本投资主要集中于基础设施、教育和科技研究，这种支出被认为是有利于经济增长的。现在，大多数经济学家认为，政府应该对这些"公共产品"的建设负起更大的责任。

（二）政府支出结构

就政府支出结构而言，发展中国家的政府支出构成（包括商品与服务（含国防支出）、工资和薪水、利息支付、各种补贴与其他转移支付、其他支出）受其经济发展水平、经济结构、政治背景和历史文化因素的影响。与工业化国家相比，发展中国家在政府支出结构上具有明显的特征。

表 11.4　　　　　　　　不同收入组中央政府各项支出占总支出的比重（%）

国家组别	国家数	商品与服务		工资与薪水		利息支付		补贴与其他转移支付		其他支出	
		1995 年	2004 年	1995 年	2004 年	1995 年	2004 年	1995 年	2004 年	1995 年	2004 年
低收入国家	8	23.4	26.1	24.6	27.3	15.6	12.8	29	22.3	2.38	5.5
中低收入国家	13	18.1	13.9	33.2	32.2	14.7	13.8	28.5	30.8	6	6.23
中高收入国家	10	22.5	19.3	29.2	27.5	10.4	11.5	37.8	38	1.3	3.9
高收入国家	17	13.2	11.4	16	16	9.4	6.2	55.6	60.1	5.7	6.3

资料来源：根据《2006 年世界发展指数》表 4-11 数据计算整理而得。

http：//devdata. worldbank. org/wdi2006/contents/Table4 _ 11. htm

1. 商品和服务。从表 11.4 中可知，商品和服务（含国防支出）在大多数发展中国家政府支出中是一个较大的开支项目。其中，军事开支很大。根据世界银行的统计数据，2003年低收入国家的军事支出占中央政府支出的比重高达14.9%，比中等收入国家的3.7%要高出11.2个百分点。大多数学者认为，沉重的军事支出正在耗尽发展中国家的稀缺资源，从而严重地阻碍其经济发展的进程。如果不是国家主权受到真正的威胁，把大量资源用于军事是不明智之举。他们建议，作为一个整体，发展中国家应该削减军事预算，释放出更多的资源用于公共投资和私人投资。

2. 工资与薪水。政府雇员工资与薪水在发展中国家占政府总支出的比重都超过了20%，其中，8个低收入国家的平均工薪支出比重在1995～2004年间接近30%，而17个发达国家的工薪支出比重平均只有16%左右。发展中国家工薪支出比重较高，具有明显的"吃饭财政"特征，但是，削减这个项目支出是很困难的。这是因为，在许多发展中国家，政府雇员工资本来就不高，削减工资支出的余地是很有限的。当然，有些发展中国家的政府雇员工资相对较高，但这个阶层有强大的政治权力，其工资标准也是难以降低的。此外，减少政府雇员数目在发展中国家也是不易做到的。

3. 利息支付。对于发展中国家，利息支付占其政府总支出比重并不是很大，并且除了中高收入国家组之外，其他各组都具有下降的趋势。从表11.4中看到，低收入国家从1995年的15.6%下降到2004年的12.8%，中低收入国家从14.7%下降到13.8%：利息负担产生于过去的政府预算赤字，而这些赤字是通过国内和国外借款来筹集的。这可能是由于20世纪90年代以来，经济全球化给世界经济带来活力，为各国的经济、金融和贸易发展带来诸多的机会，世界各国的经济发展形势都有所好转，快速的经济发展使得大部分国家的利息支付在其政府总支出中所占的比重有所下降。但是，从表11.4中看到，低收入国家（其中包括一些债务最为严重的国家）2004年的利息支付占政府总支出的比重依然高达12.8%，在一些发展中国家，特别是拉美国家，进入90年代以后，随着外资的大量流入，拉美的利息支付占总支出的比重不断上升，外债利息支付依然是政府沉重的负担。

4. 补贴与其他转移支付。发展中国家的各种补贴（这里不包括对国有企业亏损的补贴）和转移支付与高收入国家相比是比较低的。从表11.4中可知，2004年，低收入国家补贴与转移支付平均占政府总支出的22.3%，中低收入国家平均为30.8%，中高收入国家平均为38%，高收入国家高达60.1%。显然，这项政府支出与经济发展水平存在着密切的正相关关系。这是因为一个国家越是富裕，社会福利开支也就越大。在发展中国家，经常性预算补贴采取了许多形式，最普遍的而又最重要的形式是对食品消费的补助。其他比较流行的补贴项目包括为乡村提供的电气设备、化肥、公共交通等。这些补贴常常被看作是收入再分配和促进农业生产发展的需要。

5. 其他支出。从表11.4中看，与发达国家相比，发展中国家的政府其他支出（包括教育、科技、卫生等支出）要比发达国家在比重上低一些，而且在1995～2004年间各个收入组的国家在这方面的支出都具有上升趋势。由于政府其他支出包含的范围比较广泛，并且各个国家的具体情况又有很大的不同，因此，政府的其他支出与人均收入水平没有显著关系。从表11.4中我们也没有看到政府其他支出与收入水平有什么关系。比如在1995年，低收入国家和中高收入国家的政府其他支出在总支出中所占的比重分别为2.38%和1.3%，而中低收入国家和高收入国家则分别高达6%和5.7%。

二、政府支出与收入分配

就收入分配目标而言，政府支出政策比税收政策可能更有效，因为税收只使富人的收入减少，而政府支出可以使穷人收入增加。政府支出对收入分配的影响，甚至比税收还难以衡量。但可以获得的证据——定性、定量的证据——已充分说明，在发展中国家，预算支出可以将很大的一部分财富转移给收入较低的家庭，在某些情况下可高达其收入的50%。例如，在20世纪60年代后期，马来西亚税收和政府经常性支出结合在一起使国民收入的5%从两个最高收入组转移到两个最低收入组，其中3/4以上的转移支付为穷人获得。在印度尼西亚，1980年的税制改革只有微小的累进性，但由于该国重视食品补贴和初级教育，政府预算支出显然有利于穷人。据估计，最穷的收入阶层全部收入的一半来自于政府支出的转移。智利在20世纪60年代税收对收入再分配无影响，但穷人从政府支出中获得较大的利益，最低收入组只占国民收入的7.5%的份额，但却获得政府支出15%～18%的利益。[1]

当然，不是所有的政府支出都是减少收入不平等的。例如，政府债券的利息支付就不是有利于穷人，而是有利于富人，因为债券购买者大多数是高收入阶层。再如，住房补贴并不对穷人有利，因为许多住房补贴计划（印度尼西亚、加纳、巴基斯坦）实际上相当大部分局限于政府雇员这一范围，而这些人在大多数国家都比较富裕。但是，要确定哪些政府支出有利于穷人是不难的。对初级教育而不是大学教育的公共支出具有明显的收入再分配效果。政府对卫生事业的公共支出也常常对穷人更有利。政府对农村地区的公共投资（如乡村教育、卫生、水利工程、乡村道路、农业实验站）也具有很强的收入再分配性质，因为在发展中国家，虽然城市也有不少穷人，但大多数穷人生活在穷乡僻壤的农村地区。此外，政府对贫困地区的公共投资和财政援助无疑有利于收入再分配目标的实现。

---

[1] 转引自吉利斯、帕金斯等：《发展经济学》，1987年英文第2版，第312～313页。

　　假若对农产品的生产不实行价格管制，政府对基本食品消费的补贴对穷人的好处也是最大的，因为最低收入家庭食品开支占家庭总支出的比例远比高收入家庭要高。但是，并非所有的补贴计划都有利于穷人的收入再分配。例如，在玻利维亚、印度尼西亚和巴基斯坦等国家，政府对石油产品尤其是煤油的消费进行补贴。虽然对煤油的补贴对穷人也有利，但是，40％的最穷的家庭只消费了售出煤油的 20％。所以，如果对穷人提供 1 美元的煤油补贴，高收入群体就会得到 2 美元。1980 年，玻利维亚将这种补贴扩大到了汽油，但拥有汽车的人是 5％的最富的人。

　　在初等教育上的公共支出更有利于穷人。1999 年，亚美尼亚最穷的 20％人口获得了初等教育公共支出将近 30％的利益。但是，在发展中国家，并不是所有的初等教育的公共支出都是面向穷人的，除非公共支出能到达穷人可以受益的第一线。一项在乌干达的研究发现，20 世纪 90 年代，政府按人数计算的初等教育补贴只有 13％被用于指定的用途，即小学；其余经费被用于与教育无关的用途或为私人所有。① 在公共医疗方面也存在类似的情况。20 世纪 80 年代，几内亚政府供应的 70％以上的药物不知去向，其中有很大的比例可能被私人挪用了。虽然初级卫生保健的公共支出更倾向于穷人，但是在一些发展中国家事实并非如此。1995 年，科特迪瓦最穷的 20％人口仅获得初级卫生保健支出的 14％，在所有的卫生保健支出中比例就更低了，为 11％。

第三节　金融抑制

　　在发展中国家，政府对金融的抑制政策主要有：利息限制（interest ceiling）和准备金要求（reserve requirements）。此外，通货膨胀政策虽然不是有意而为，但事实上起到了抑制金融发展的作用。这些抑制性政策，对发展中国家宏观经济产生了严重的负面影响。

一、抑制性金融政策

（一）利息限制

　　利息限制指发展中国家为了降低成本、刺激投资而对银行贷款利率规定的最高限。由于被确定的贷款利率一般总是大大低于投资的边际收益率，对信贷资金的需求始终很旺盛；同时，由于银行的贷款利率受到限制，存款利率也受到限制。这样，存款人存款的积极性就会下降，信贷资金的供给必然萎缩。结果，金融市场上

---

① 雷尼卡（R. Reinikka）、斯文森（J. Svensson）：《对公共基金漏出的解释》，世界银行政策研究工作论文，No. 2709，2001 年。

出现资金供不应求的局面。在这种情况下，唯一的办法就是实行信贷配给（credit rationing）。信贷配给阻碍了创新，因为可贷资金常常被分配给银行所熟悉的、贷款管理成本低的、拖欠概率最小的大中型企业，而那些银行所不熟悉的、新创办的、采用新技术的、没有担保的、风险高的中小型企业往往得不到银行低息贷款。这显然不利于技术进步和生产率的提高。信贷配给还抑制了经济的灵活性，银行机构在决定信贷分配时常常首先考虑的是人际关系，而不是经济准则。在国家银行体系中，政治影响往往决定着投资资金的可得性。

（二）准备金要求

政府对金融市场的另一个限制是规定很高的准备金要求。准备金要求也称法定准备金，它是指中央银行规定各商业银行必须把总存款额的一部分另行保管，以充作对存款的准备金。在发达国家，规定一定数量的准备金的目的，一是保护储蓄者的利益，二是作为金融管理当局控制货币供给量的一种手段，而后一目的被认为更重要。如果准备金要求适当，不仅对发达国家，而且对发展中国家，这种准备金制度可以作为调节经济活动，稳定价格水平的一个重要工具。但是，在大多数发展中国家，准备金要求太高，以至于抑制了金融的发展。在发达国家，中央银行规定的法定准备金对活期存款的比率是 10％～15％，对储蓄存款的比率为 5％～6％，对长期存款的比率只有 1％～3％。而在许多发展中国家，法定准备金对活期和定期存款的比率已高达 50％。[①] 显然，因为商业银行的可贷资金受到严格的限制，这样高的准备金比率，已经使准备金要求从一个货币控制工具变成了一个金融抑制的工具。

（三）通货膨胀

通货膨胀是抑制金融发展的又一个因素。这是因为，在通货膨胀的情况下，实际利率降低了，甚或变为负数，通货膨胀与实际利率的关系可以用下式表示：

$$r = (1+i) / (1+p) - 1$$

在这个公式中，r＝实际利率，p＝通货膨胀率，i＝名义利率。

自 20 世纪 70 年代以来，发展中国家的通货膨胀率普遍很高，平均为 30％左右，最高达到四位数，而名义利率一般不超过 20％。发展中国家作为一个整体，在 1973 年石油危机爆发之前，其年通货膨胀率只有 13％；石油危机期间，其通货膨胀率加速到 30％以上；石油危机之后，其通货膨胀率超过了 50％。从国别的角度看，1983～1985 年，阿根廷的通货膨胀率为 529％，1983～1986 年，玻利维亚的通货膨胀率达到了 1123％。结果，许多发展中国家的实际利率为负数。此外，在许多国家里，利息收入还要纳税，这就使实际利率更低了。这样低的实际利率使

---

① 科迪等编：《发展中国家的工业发展政策》，第 107～108 页。

储蓄者的流动资产大幅度地贬值，作为一种理性反应，公众将减少流动资产需求，从而，银行部门的可贷资金不断萎缩。近年来，世界各国的通货膨胀问题有所减缓，2000 年有 50 个国家通货膨胀率（按照 GDP 缩减指数计算）超过两位数，2003 年通货膨胀率超过两位数的国家数下降到 32 个，但这 32 个国家都是发展中国家。

二、金融抑制的成因与效果

20 世纪 50、60 年代是发展中国家金融抑制的高峰时期。在很大程度上，金融抑制的动机源于财政约束下的政府主导型发展战略——政府希望快速推进经济发展，但是发现国家税收系统无法筹集足够的财力去实现这一宏伟目标。

在这种情况下，发展中国家只有依赖国内金融体系为其政府主导型发展战略融资：第一，对银行施加较高的存款准备金要求，直接为政府的发展计划筹集资金。第二，对贷款利率施加上限，以降低政府的债务融资成本，并且低于市场均衡水平的贷款利率上限，使信贷市场存在过度需求。于是，政府通过强制性信贷分配将之投放到优先发展的部门，以配合政府发展计划的实施。第三，通货膨胀并非政府有意而为，其形成另有其他原因，但是客观上通货膨胀税构成了政府收入的一种重要来源。所以，从支持政府主导型的经济发展战略出发，发展中国家的金融抑制政策不但在政治上富有说服力，而且在经济上也是得心应手。

其次，金融抑制政策也得到了理论上的充分支持，因为在这一时期许多经济学家认为金融抑制能够促进经济增长。[①] 为了将有限的经济剩余转移到工业部门或优先发展的产业，他们普遍赞同运用金融抑制来"强迫"储蓄，并且低于均衡利率的信贷是促进投资和经济增长的重要手段。他们甚至认为，在发展中国家，除非受到抑制或操纵；否则，金融部门无法成为促进经济增长的力量。

从发展中国家金融抑制的效果来看，银行储蓄的高准备金要求、通货膨胀税，以及通过低于均衡利率的融资获取的隐含补贴，构成了政府财政收入的一个重要来源。在一定程度上，金融抑制维系了财政支出的扩张和政府主导型经济发展战略的实施。但是，与之同时，发展中国家也为此付出了惨重的代价。虽然麦金农和肖的理论模型之间存在一定的差异，但是他们一致认为发展中国家的金融抑制产生了极其严重的宏观经济负面影响。[②] 也正如弗赖伊（M. Fry）的归纳，总的来讲，金融抑制代表了一种经济条件，其中政府武断的政策扰乱了金融价格，降低了储蓄的兴

---

　　① 弗赖伊：《经济发展中的货币、利率和银行》，约翰·霍普金斯大学出版社 1995 年版。
　　② 爱德华·肖：《经济发展中的金融深化》，1973 年英文版；麦金农：《经济发展中的货币与资本》，1973 年英文版。

趣，减少了投资和盲目分配了金融资源，并由此损害了经济增长、就业和收入分配。

首先，抑制的金融政策缩减了投资规模，限制了国内资本市场的发展。金融抑制使银行体系流动的可贷资金减少，迫使潜在的投资者更多地依赖自我融资；而且因为存款和现金的真实收益为负，公司不愿通过持续地积累流动资产来准备做出不可分割的投资。此外，高且不稳定、无法预期的通货膨胀率，限制了债券和股票市场发展，使公司难以通过直接融资来进行投资。

其次，金融抑制（低或负的真实利率）阻碍了金融发展和经济增长。第一，低或负的真实利率鼓励了现期消费：并且导致人们储蓄不动产、而非金融资产，因为前者是防御通货膨胀的有效手段。其结果是，发展中国家的金融部门流于形式、发展迟缓，并由此影响了国民经济的货币化和货币交易效率。第二，低或负的真实利率导致了公司对可贷资金的过度需求，并由此产生了信贷配给、寻租行为和政府腐败。第三，低或负的真实利率造成了可贷资金流向低效率的项目，损害了金融系统重要的配置功能，使投资效率低下。

最后，金融抑制不利于发展中国家的就业和收入分配。低或负的真实利率与相对较高的工资结合在一起，诱导企业使用资本密集型技术和设备，有限的资本投向到资本密集型产业。在企业的生产要素组合中，资本对劳动的替代，使失业率上升。在抑制的金融体系中，因为可以在很低的利率条件下获取资源，那些被政府列入优先发展的产业，或与政府保持良好关系的企业和个人将受益。此外，那些从财政支出增加中获得好处的受益人，以及那些如果消除了金融抑制税就会使用正常税的潜在纳税人也会从金融抑制中得到实惠。

第四节　金融自由化

自20世纪70年代中期以来，在金融自由化理论的指导下，一些发展中国家从金融抑制走上了金融自由化的道路。那么，金融自由化给发展中国家带来了什么，它促进了经济增长吗？它改善了收入分配吗？

一、金融自由化的理论依据

在发展中国家，金融抑制限制了金融市场的发展和经济增长。为此，20世纪70年代，麦金农和肖系统地提出了金融自由化理论。[①] 麦金农的"渠道效应论"

---

① 爱德华·肖：《经济发展中的金融深化》，1973年英文版；麦金农：《经济发展中的货币与资本》，1973年英文版。

认为，在发展中国家，因为投资的不可分割性及投资主体对自我融资的高度依赖，存在着货币持有与资本积累的互补性：也就是在实施投资之前，投资主体必须自我积累一定数量的货币余额。正的实际利率是激励投资主体进行货币余额积累与投资的必要条件。肖的"债务媒介论"则强调，金融自由化对金融深化（financial deepening，指金融资产占国内生产总值的比例的上升）的促进，正的实际利率对储蓄的激励作用，以及对低效益项目投资的约束效果。虽然分析问题的角度不同，麦金农和肖的研究得到了一致的结论：陷入金融抑制泥潭的发展中国家应该积极推行金融自由化，提高实际利率，以增加储蓄和投资，提高投资效率，实现金融深化，促进经济增长。

作为一种发展战略，金融自由化的利益在于：（1）调动更大的国内私人储蓄，增加金融储蓄对国内生产总值的比例；（2）提高国内各类投资者对储蓄的可得性，消除各种贷款歧视；（3）在整个经济中，保证投资更有效的配置；（4）通过更多的金融储蓄减少对财政储蓄、外援和通货膨胀的依赖。在上述因素的综合作用下，金融自由化将积极地推动发展中国家的经济发展。

第一，金融自由化可以增强国民储蓄和投资能力。在一般情况下，储蓄基金不一定必然与投资机会相一致，那些具有最大储蓄能力的人通常不是具有企业家才能的人；同样，后者通常也不是前者。在金融抑制下，实际利率为负值，且缺乏完善的银行系统，储蓄资金就不能被引导到生产性的使用。结果，富有的储蓄者采用非生产性储蓄形式，贮藏黄金和珠宝，或者购置地产和房屋等。这就减少了一国的生产性储蓄基金。另一方面，企业家因资金不足只好放弃获利性大的投资机会。这就必然减少一国的投资能力和生产效率，阻碍了经济增长。与之相反，金融自由化使实际利率为正值，且促进了银行系统的发展，私人储蓄者将有可能把不生息的实物资产转向生息的金融资产。同时，私人投资者将可以外部融资增加有利可图的投资。

第二，金融自由化能够促进资金配置效率的提高。因为负的实际利率，进入银行的储蓄占总储蓄的比例很低；这样，生产者因融资困难会丧失大量的最有利的投资机会，使储蓄资金效率没有充分地发挥出来。在金融自由化条件下，银行中介作用增强，正的实际利率使储蓄大部分成了银行存款形式。于是，投资范围拓宽了，生产者为获得银行贷款而相互竞争。结果，往往是最具生产性投资机会的借款者在竞争资金方面处于优势地位，因为他们能负担得起更高的利息成本。这就意味着储蓄得到最优的配置。另一方面，即使投资由企业内部储蓄而融资，发达的银行系统也能为决策者考虑资金的选择使用提供参照标准，刺激他们把再投资资金用于最有生产性的项目上，至少用于其利润高于银行存款利率的投资项目上。

第三，金融自由化有利于就业、收入分配和经济稳定。① 在金融深化过程中，利率必须保持在较高的正利率水平上。而在金融浅化（financiai shallow）——金融资产对国内生产总值的比例呈下降趋势——过程中，利率一般为负数。显然，当利率很低时，资本的机会成本很低，而劳动的机会成本相对较高，于是，生产者被引导到采用资本密集型技术。这种技术将降低就业机会，增加资本所有者的利润收入，从而造成或恶化失业问题和收入分配不均问题。相反，在金融深化过程中，利率较高，资本的机会成本相对于劳动的机会成本就较高，从而，生产者就被引导到使用劳动密集型生产方法上来，这就提高了就业机会，从而缓解了发展中国家失业和收入分配不均问题。

高利率也有利于缓和或消除通货膨胀。这是因为高利率将抑制一部分投资活动，使投资需求下降。另一方面，高利率能吸引更多的储蓄资金，从而减少了消费需求。所以，总需求的减少无疑对通货膨胀有相当大的抑制作用。相反，如果利率很低，甚至或为负数，总需求就会大幅度增加，引发或恶化通货膨胀。

二、金融自由化与经济增长

作为 20 世纪 70 年代发展经济学中新古典复兴在金融领域的表现，自麦金农和肖系统提出金融自由化理论以来，在学术界迅速流行起来；而且，这一理论得到了世界银行和国际货币基金组织的赏识，并在行为上加以体现，将金融自由化政策的实施作为项目援助国家结构调整的内容。于是，20 世纪 80 年代，在发展中国家掀起了一场轰轰烈烈的以自由化为趋向的金融改革浪潮。不幸的是，国外学者的实证研究表明，发展中国家自由化实践结果并没有对金融自由化论者的观点给予一致的有力支持，相反，有些发展中国家金融自由化政策的推行产生了事与愿违的效果，因此，这一理论观点遭到多方批判。②

（一）金融自由化对储蓄的影响

金融自由化论者认为，放弃对利率上限的限制使存款利率上升，从而促进储蓄的增加。这个观点受到一些学者的批评。除利率外，大量的非利率因素可能是影响储蓄行为的决定性因素，如经济增长、宏观经济环境、收入分配等。其次，因为任何价格（这里指利率）变化都具有替代效应和收入效应，两大效应的作用可能相互抵消。利率提高的替代效应使现期消费的机会成本昂贵，从而刺激着储蓄；但其收入效应抑制着储蓄，因为随着利率的上升，人们获得等量的利息收入所依赖的储蓄减少。进一步经验研究，特别是对亚洲一些国家的经验研究发现，决定储蓄的最重

---

① 参见爱德华·肖：《经济发展中的金融深化》，1973 年英文版，第 14 页。
② 见 A. P. 瑟尔沃（A. P. Thirlwall）：《增长与发展》，1999 年第 6 版，第 342～346 页。

要因素是实际收入，而利率对储蓄没有明显的影响。就连强烈拥护金融自由化的学者最近也承认解除利率限制对储蓄的影响不像预计的那么大。例如，马克斯韦尔·弗赖伊（Maxwell Fry）是研究金融发展理论的权威。他在 1997 年也承认，"即使利率的储蓄效应是存在的，它也是相当小的；在过去 20 年中，正的利率效应在亚洲比世界其他地方较显著些，但甚至在亚洲，这种效应也显示出递减的趋势。"[①]这为储蓄决定于诸多因素，以及储蓄与实际利率的关系是模棱两可的观点提供了实证支持。

　　（二）金融自由化对投资的影响

　　按照金融自由化理论，对利率限制的取消有利于投资，因为利率的提高增加了储蓄，相应地，投资也会增加。金融自由化论者实际上把银行只看作是储蓄的托管人，并且假定银行体系的贷款供给取决于银行所拥有的存款数量，即存款多，贷款就多；存款少，贷款也就少。简言之，信贷的供给量是外生决定的。这个假定遭到了凯恩斯主义者的批评。他们认为，如果银行具有创造信用的能力（通过可接受的财务处理，事实上有这种能力），那么，由于有中央银行作为最后贷款人的支持，贷款的供给将决定于贷款的需求，而不是存款的供给，也就是说，贷款的供给是内生决定的。在这种情形下，重要的不是去鼓励储蓄，而是去鼓励投资。而鼓励投资的重要手段之一是降低利率。这个观点与金融自由化论者的观点是完全对立的。有些学者对利率与投资的关系进行过经验研究。例如，迪米特里亚兹（P. O. Demetriades）和德弗雷奥（P. Devereux）对 63 个发展中国家 1961～1990 年间的有关数据的实证研究发现，资本的高成本（高利率）对投资的负面影响超过了可投资资金更大供给的正面影响；格林（J. Greene）和维拉鲁瓦（D. Villanueva）利用 23 个发展中国家 1975～1987 年的资料，也得出了实际利率对投资的负面影响的结论。[②]

　　（三）金融自由化对投资效率的影响

　　弗赖伊对亚洲国家的研究发现，实际利率与资本—产出增长比率（ICOR）之间呈负相关，与全要素生产率（TFP）之间呈正相关。所以，金融自由化促进了投资效率的提高。但是，对于这一判断，许多国外学者并不以为然。因为这一研究并没有提供一种理论或途径，解释实际利率是如何影响全要素生产率或技术进步的；所以，不能仅仅凭借实际利率与全要素生产率的相关性，就认为两者之间存在因果

---

　　① 　马克斯韦尔·弗赖斯：《经济发展中的货币、利息与银行》，1995 年修订版；《支持金融自由化》，《经济学》杂志 1997 年 5 月号。本引文转引自瑟尔沃《增长与发展》，1999 年第 6 版，第 343 页。

　　② 　以上所引资料见瑟尔沃：《增长与发展》，1999 年第 6 版，第 343 页。

关系。如果技术进步是同一时期的其他因素（政府加大了对研发和人力资本投资等）促成的，那么该研究所观测的相关性可能只是一种巧合罢了。此外，世界银行的研究发现，那些实际利率为负值的国家，其投资效率却高于其他国家。例如，实际利率为正值的新加坡，其投资的生产效益却低于阿尔及利亚、厄瓜多尔、墨西哥、土耳其等 4 个国家，而后者的实际利率为很大的负值。①

（四）金融自由化对经济增长的影响

金融自由化论者认为，金融自由化有利于增加投资，投资效率的提高，从而促进经济增长。对此，后凯恩斯主义者认为，金融自由化理论忽视了提高实际利率对成本和需求水平的负面影响，因此，金融自由化政策的实行有可能导致经济停滞膨胀。具体地说，高利率不仅增加了生产成本，使成本加成的价格上升，并抑制了投资；此外，由于高利率吸引外资流入，造成本币价值高估，导致出口减少，以及增加政府债务的利息负担，引起政府支出减少。这样，实际利率的提高一方面可能引发通货膨胀，另一方面造成投资、出口及政府支出下降，从而会导致经济衰退。这种情况在非洲和拉丁美洲一些国家发生过。在这些国家，因为政府债务负担加重，宏观经济的不稳定，以及极高的实际利率，金融自由化政策推行的结果是企业破产，银行体系运转失灵，以及长期的经济衰退。结果，这些国家只好放弃金融自由化政策的实施，恢复了对金融部门的控制。

（五）金融自由化与市场失灵

美国经济学家斯蒂格里茨从市场失灵的角度论证了政府对金融市场干预的必要性，反对完全的金融自由化。他认为："发展中国家的金融市场明显不同于其他市场；在这些市场中，市场失灵很可能更为普遍。……金融市场自由化的大多数原理既不是建立在对这些市场如何运行的健全的经济知识的基础之上，也不是建立在政府干预的潜在范围的基础之上。"②

他以信息不完全和收集信息的成本高昂为理论根据，指出了好几种市场失灵的情况。首先，对金融机构的监督是一种公共产品。每个人都想了解银行的偿付能力情况，但每个人都不愿意为了解这一信息付出成本。在这种情况下，对银行系统必然缺乏有效的监督，存款人的利益有可能被银行侵占，结果是每个人因为害怕自己的存款收不回来而不愿意把钱都存入银行，从而会导致整个社会的金融储蓄水平很低。其次，高昂的信息收集成本还能产生外部性。例如，当有一家或几家银行破产了，存款人由于缺乏信息可能假定其他本来有偿付能力的银行也将会破产，于是便

　　①　世界银行：《东亚的奇迹：经济增长与公共政策》，哈佛大学出版社 1993 年版。
　　②　斯蒂格里茨：《国家在金融市场中的作用》，载《世界银行发展经济学年度讨论会论文集》（1993 年）（世界银行），第 20 页。

纷纷挤提存款，导致更多的银行破产，使整个金融系统处于混乱之中。第三，由于信息不完全和保险费用高昂，在大多数发展中国家，缺乏对各种金融风险（银行破产）和实物风险（公司破产）的保险市场。这样，如果没有政府充当保险人角色和强迫金融机构和公司公开他们的资产、负债和资信程度，一般公众在将钱用于储蓄和投资时就非常谨慎。

市场失灵的存在证明政府干预是合理的。政府可以明确地或隐含地作为金融系统的保险人。政府可以使用一些刺激和限制措施来减少道德风险问题，最简单的做法是提高资本金要求，加强审慎监管。此外，由于信息的不完全，斯蒂格里茨认为，金融抑制能够改进资本的配置效率：第一，降低利率改进贷款申请者的平均质量；第二，金融抑制由于降低了资本成本而增加了厂商资本财产；第三，金融抑制与其他配置机制（如出口实绩）一起使用，能够加速经济增长；第四，指导性的信贷项目能够鼓励向具有高技术溢出效应的部门进行贷款。通过考察东亚经济发展经验，世界银行得出如下结论：严重的金融抑制肯定对经济增长是不利的，因为它导致长期的负实际利率；但是，较为温和的金融抑制，保持正值实际利率却能够增加投资总量，改善投资效率和促进经济增长。①

三、金融自由化与收入分配

金融抑制导致的收入分配严重恶化，促成了旨在改善收入分配状况的金融自由化改革。然则，在发展中国家，金融自由化是否有利于收入分配？在这方面，国外学者提出了三种不同的理论观点。

一是有益论。有益论者认为，在金融自由化的作用下，穷人和富人之间的收入与财富水平差距将不断收敛。加罗和载拉（O. Galor and J. Zeira）构造了一个两部门跨时期模型，并假设个体只有进行了不可分割的人力资本投资，才能就业于高收入的现代部门，否则只能在传统部门从事低收入的工作。② 因为不可分割的人力资本投资存在最低投资门槛，只有继承了超过这一门槛的遗产，或能够在金融市场借到这一数额资金的个体才能进行人力资本投资。进一步分析表明，金融自由化、金融市场的竞争和向更多的民众开放，使穷人也能通过融资进行人力资本投资，进入高收入的现代部门。

二是有害论。与加罗和载拉等人的观点不同，罗尔和史蒂芬（Maurer Noel

---

① 世界银行：《东亚奇迹：经济增长与公共政策》（1994 年）中译本，中国财政经济出版社 1995 年版，第 161～162 页。

② 加罗尔和埃尔拉：《收入分配与宏观经济学》，《经济研究评论》1993 年第 60 卷，第 35～52 页。

and Haber Stephen）认为，金融自由化与深化，并没有使金融服务向穷人和新企业延伸。[1] 金融服务，尤其是信贷服务依然只是针对富人和具有某种政治联系的企业，并使它们的相对收入进一步上升。所以，在这种情况下，虽然金融中介可以动员储蓄和促进资本形成，但是不能保证资源的有效配置。他们进一步指出，在社会精英统治的国家，金融深化不是增强而是减弱了金融市场的竞争，增进了高收入者的福利，牺牲了低收入者、中产阶级的利益。

三是倒 U 形关系论。在格林伍德和约法诺维克（J. Greenwood and B. Jovanovic）看来，金融自由化与收入分配之间并不是简单的正向或反向线性关系，而是一种倒 U 形关系。[2] 他们建立了一个反映金融发展、增长与收入分配之间关系的动态模型，并假定享受金融服务需要付出成本，包括第一次进入金融市场的固定成本，以及随后的营运费用支出。他们运用动态模型证明：因为存在财富门槛，在金融发展的初期，穷人没有能力支付成本，只有富人才能进入金融市场融资，并投资于高风险回报率的项目，所以穷人和富人的收入差距会拉大；但是，金融中介的进一步发展，以及穷人的财富积累对门槛的跨越，使穷人也能获得充分的金融服务，并得到较高的投资收益，穷人与富人之间的收入差距将会缩小。也就是说，在一国金融自由化过程中，收入分配不平等起初会不断恶化，当基尼系数达到一个最大值后拐点出现，其后的收入分配状况将不断得到改善。

金融自由化是有益、还是有害于、抑或先有害后有益于收入分配？哪一种理论观点更为合理和可取？对这个问题，只能依赖于实证研究来解答。

将发达国家和发展中国家作为一个整体，许多研究证实了金融自由化对收入分配的改善作用。克拉克等人（George Clarke et al.）运用全球 91 个国家 1960～1995 年的数据分析金融部门发展和收入分配差距之间的关系，得出金融发展会显著降低一国收入分配不平等的结论；但没有发现格林伍德和约法诺维克提出的金融自由化与收入分配之间的倒 U 形关系。[3] 贝克等人（Thorsten Beck et al.）运用全球 99 个国家 1960～1999 年的数据考察金融发展、不平等和贫困之间的关系。[4] 结果显示，金融发展改善了穷人的相对收入状况。在金融自由化过程中，最低收入阶

---

[1] 罗尔和史蒂芬：《银行业集中，关系贷款与经济绩效：墨西哥的经验》，斯坦福大学工作论文，2003 年。

[2] 格林伍德和约法诺维克：《金融发展，增长与收入分配》，《政治经济学杂志》1990 年第 98 卷，第 1076～1107 页。

[3] 克拉克等：《金融与收入不平等：相关理论检验》，世界银行政策研究工作论文，2003 年 3 月。

[4] 贝克等：《金融、不平等和贫困：国别经验证据》，世界银行政策研究工作论文，2004 年 6 月。

层的收入增长快于人均 GDP 的增长，所以，金融发展有利于减少一国的贫富差距。霍罗班（P. Honoban）将中国、俄罗斯、英国和韩国作为对象，研究金融发展、增长和贫困之间的关系。得出的结论是，金融发展明显地促进了经济增长，也降低了一国贫困人口的比例。①

上述实证研究的一个局限性在于，利用跨国截面数据对于金融发展与收入分配之间关系的整体分析，忽视了发达国家与发展中国家之间的根本区别，以及发展中国家内部各国之间的特殊情况。有大量证据表明，在许多发展中国家，因为收入分配、经济关系的不平等，软弱的制度和不力的监督，金融发展的受益者仅限于"内部人"——社会精英、富人，以及具有政治背景的大企业。发展中国家金融自由化不是改善，而是恶化了收入分配，扩大了贫困人口的比例。

在 20 世纪 70 年代，智利的国有银行私有化改革，为内部人提供了大量的额外利润。其后，20 世纪 90 年代的俄罗斯也是如此。在泰国、马来西亚和印度尼西亚，面临银行和非银行金融机构准入放松提供的机会，捷足先登的都是内部人；并且为了限制潜在的进入者，在新建银行和非银行金融机构方面，不合时宜地设置了超常的资本金要求。根据克拉逊等人（Claessens et al. ）的研究，② 在许多发展中国家的资本市场，切实保护内部人的利益是制度设计的根本出发点；而且，现有的正式制度也时常成了一种摆设，因为一些与制度相悖的非正式手段，可以更好地为内部人谋取不当利益或租金。从某种意义上讲，资本市场的制度软弱和监管不力，是旨在剥夺小股东的财富，实现内部人利益的一种工具或手段。

资本项目自由化，是发展中国家金融自由化的一个重要组成部分。通过获取国外廉价的资源，以及提高国内金融市场竞争效率，从总体上看，资本项目自由化促进了发展中国家的经济增长。然而，廉价的国外资本，只是流进了少数内部人拥有的企业，为其迅速膨胀创造机会。所以，在促进增长的同时，资本项目自由化加重了发展中国家的收入分配不均。西格尔（Jordan Siegel）的研究发现，韩国的资本项目自由化，迅速地增强了具有政治背景的企业财团的经济实力和地位。在拉丁美洲、非洲，资本项目自由兑换下的资本外逃，成为了内部人向海外转移非法财产的通道。③

① 霍罗本：《金融发展，增长与贫困：如何联系》，世界银行政策研究工作论文，2004 年2 月。

② 克拉逊等：《大股东激励与壁垒效应解析》，《金融杂志》2002 年第 12 月号，第 2471～2741 页。

③ 西格尔：《政治联系是自由化后影响投资的首要因素吗?》，哈佛商学院工作论文，2003年。

在发展中国家，与金融自由化相联系的国有企业私有化改革，旨在改善公司经营绩效，并制定了周密的、兼顾各阶层利益的计划。然而，在俄罗斯、捷克和保加利亚，内部人控制了私有化的实施过程，并从中获得丰厚的利润。国有企业的私有化计划，恶化了收入分配不均。一些学者的研究发现，拉丁美洲的私有化改革，对社会收入分配产生了严重的负面影响。此外，作为金融自由化失败的副产品，金融危机（如墨西哥、亚洲、阿根廷金融危机）是一场经济灾难，并且以通货膨胀、大幅削减财政支出的方式使全社会共同承担巨额的危机成本。但是，导致危机的金融自由化的收益并没有惠及整个社会，而是被少数内部人独享。迪温（Ishac Diwan）的研究发现，在危机期间，劳动收入在 GDP 中的比重迅速下降，说明金融危机扩大了收入分配差距。①

思　考　题

1. 参考有关的统计资料，了解我国的税收和政府支出水平与结构。

2. 通过本章的学习，在财政政策促进经济发展方面有哪些基本认识？

3. 从经济增长角度，金融自由化的理论依据是什么？发展中国家金融自由化实践达到了预期效果吗？

4. 关于金融自由化与收入分配，国外学者提出了哪些不同的观点？你认为哪一观点可能与发展中国家的实际情况相吻合？

---

① 迪温：《劳动收入份额与金融危机》，世界银行工作论文，1999 年。

第十二章　社会项目评估

社会项目评估（social project appraisal）理论是发展经济学的重要组成部分。研究社会项目评估对发展中国家指导经济建设具有重要的实践意义。

所有国家，尤其是发展中国家，都面临一个基本的经济问题：如何合理地配置有限的资源（如劳动、资本、土地）于各种不同的用途（如劳务、消费品生产、资本品生产），以最大限度地增加社会的福利（如增加国民收入、改善收入分配、提高生活质量）。

在传统西方经济学中，上述基本经济问题是交给市场去解决的。但是，大量的实践证明，单纯的市场机制并不能求得最大福利，而可能导致资源耗竭，环境污染和生态失衡，引起两极分化，带来种种社会问题。

许多发展经济学家强调有必要发挥政府的积极主动作用，用政府调节这只"看得见的手"来辅助市场机制那只"看不见的手"。政府有三个主要方法来指导和评价资源的配置：一是国民经济计划，二是投入产出计划，三是社会项目评估或成本-收益分析（cost-benefit analysis，CBA）。项目评估不同于其他两个方法的地方在于，它的分析对象不是国民经济的宏观全局，也不是国民经济的部门结构，而是具体的单个的项目。尽管项目评估本身只涉及对单个项目的评估，因而属于微观问题，但发展经济学所强调的是社会项目评估，即从整个社会范围的角度来评估单个项目。因此，在发展经济学中，项目评估理论在某种意义上被宏观化了。这种宏观化主要表现在两个方面：第一，它通过影子价格（shadow price）等方法来帮助解决全社会的资源配置问题。对于许多发展中国家来说，它们的市场很不完善，计划又很不健全，既不能像发达资本主义国家那样主要依靠市场经济，也不能完全依赖于国家的宏观计划来解决资源配置问题。在这种情况下，项目评估理论就成为一个强有力的工具。第二，它通过分配权数（distributional weight）等方法来帮助解决全社会的收入分配问题。这主要是因为发展中国家中的税收、转移支付等等调节收入分配的宏观财政手段不够健全和有效，因而需要通过支持那些更具平等倾向的项目来达到目的。正是由于项目评估的这种宏观化，使它成为发展经济学的一个重要组成部分。

第一节　项目评估的历史发展和理论基础

一、历史发展

项目评估的理论可以追溯到 1844 年法国工程师杜庇（Dupuit，J.）发表的《论公共工程效用的度量》。杜庇在文中首先提出了消费者剩余的思想并作出了关于消费者剩余的几何图形解释。他指出，项目的产出乘上其价格等于消费者的实际支付量，这是项目的最低社会收益；项目的全部社会收益则等于消费者的支付意愿。支付意愿与实际支付量之差可以用来衡量所谓的消费者剩余。这一理论直接导致了作为成本-收益分析基础的社会净收益概念。

社会项目评估的实践则迟至 20 世纪 30 年代才开始。美国政府在 1936 年通过的《洪水控制法案》首先运用成本-收益方法分析、评估项目。法案宣称，控制洪水事关全民福利；控制洪水项目的收益应当包括所有个人得到的收益；联邦政府决定是否实施控制洪水项目的一般原则是：项目的收益必须超过其成本。法案的局限性在于：第一，收益概念过宽，不够具体，不够清楚。第二，与收益概念相比，成本概念定义得过于狭隘，它实际上被局限于建筑成本，而不是社会福利的任何损失。第三，没有进一步阐明"收益大于成本"的原则。总之，法案没有提出一套前后一致的方法来比较成本和收益。实际上，不同的政府部门和研究机构使用的是各自不同的方法。

随着许多不同的项目评估方法的纷纷问世，美国政府试图进一步使评估程序标准化。在这方面的一个主要发展是 1950 年美国联邦河谷委员会成本和收益分委会发表的绿皮书：《对河谷项目进行经济分析的建议》。这本绿皮书试图总结出一套大家一致同意的比较成本和收益的规则，并试图在项目评估中使用福利经济学的语言。

1952 年，美国预算局发表《A—47 号预算周期文件》，正式提出了指导预算局评价预算的各种考虑。在整个 20 世纪 50 年代，甚至 60 年代，该文件一直是项目评估的官方指南。文件的缺点是：它只强调了由项目引起的国民生产总值变化，而忽略了项目的收入分配效应。

经济分析的技术逐渐被引入美国政府预算开支的各个领域，甚至军事领域。例如，著名的兰德公司致力于发展军事支出方面的资源分配规则。在兰德公司的军事支出分析中，是用"国防安全"或"摧毁能力"来表示收益的。与此同时，一种以既定经济活动水平的货币成本最小化为目的的所谓"成本-效果分析"（cost-effectiveness analysis）也发展起来。在该分析中，成本用货币单位表示，但效果则以某些实物单位衡量，或简单地用政策目标来描述。这一分析通过计算成本对效果的比率大小来比较为同一目的而采用的不同手段的优劣。实际上，成本-效果分析是成本-收益分析的特殊形式。其区别在于，前者只是成本以货币表示，而后者无论成本还是收益均以货币表示。因此，在成本-收益分析中，成本和收益可以互相比较，从而更具一般性。

20 世纪 50 年代后期，美国一些学者写出专著，试图把项目评估的实践与福利经济学的理论紧密联系起来。这种联系表现在如下几个方面：第一，把收益看成是福利（效用）的任何增加，把成本看成是福利的任何减少。第二，把成本看成是机会成本，因而成本-收益分析的原则变成"使项目收益与由于选择该项目而放弃的收益之差达到最大。"第三，不但按照帕累托标准（Pareto rule），而且按照潜在帕累托标准（potential Pareto rule）确定净收益的最大化。

进入 20 世纪 60 年代后，除美国以外，其他国家也开始采用成本-收益分析。例如，英国在 1960 年把项目评估技术应用于分析伦敦-伯明翰公路的建设；1967年英政府白皮书正式承认成本-收益分析和它在国有化企业方面的有限作用。

在 20 世纪 60 年代后期，成本-收益分析被推广到发展中国家。1969 年，李特尔（Little J.）和米尔利斯（mirrlees J.）发表了为经济合作和发展组织准备的《工业项目分析指南》。1972 年，联合国工业发展组织出版了自己的《项目评估指南》，它在细节方面与前一本指南有所不同，但在实质上是完全一样的。1975 年，以李特尔和米尔利斯工作为基础的世界银行指导书《项目的经济分析》问世。从此以后，项目评估技术得到了广泛的运用，项目评估理论得到了多方面的发展。

二、理论基础

社会项目评估是西方福利经济学的实际运用，西方福利经济学是社会项目评估的理论基础。社会项目评估的基本思想是：任何一个项目的实施通常都会改变初始的经济状态和社会福利水平。经济状态和社会福利水平或者是朝好的方向变化，或者是朝坏的方向变化。如果一个项目实施的结果可以改善经济状态，增进社会福利，则该项目就值得实施，否则就不值得。

根据什么标准确定经济状态的好与坏呢？好坏问题属于价值判断范畴。在局限于描述、解释和预测实际经济现象的实证经济学中，不存在价值判断的余地，它只回答"是什么"的问题，规范经济学即福利经济学则明显引入价值判断，试图回答"应当是什么"的问题。在西方福利经济学中，经常使用的是由帕累托提出的所谓帕累托优性标准。根据这个标准，在评价任意两个经济状态 A 与 B 时，如果至少有一个人认为经济状态 A 优于状态 B，而且没有任何人认为状态 B 优于状态 A，则就认为从社会的观点看，状态 A 优于状态 B，或者说，如果有人赞成 A，不赞

成 B，而其他人都无所谓，则认为从社会的观点看，状态 A 优于状态 B。

帕累托优性标准存在一个致命的缺陷：只要有一个人赞成状态 B 而非 A，便无法判断经济状态的优劣，该标准便告失败。而在不同状态的实际政策选择中，赞成和反对这两种偏好是必然会同时出现的。因此，尽管帕累托优性标准在理论研究中得到经济学家的偏爱，但在实际的政策选择中却永远无法运用。

为了克服帕累托优性标准无法应用于实际的缺点，卡尔多（Kaldor，N.）和希克斯（Hicks，J.）提出了所谓的潜在帕累托优性标准。按照这个标准，假定经济从状态 B 转变到状态 A，一部分人得益，一部分人受损。如果得益的人能够补偿受损的人，从而在补偿之后，没有一个人会比在状态 B 中更坏，则认为从社会的观点看，状态 A 优于状态 B。

这条标准之所以如此定名是因为如果得益者对受损者的实际补偿伴随经济状态的改变而发生，则潜在帕累托优性标准就转变为帕累托优性标准。但是，该标准本身并不要求进行实际的补偿，而只假设能够补偿，因而它是潜在的帕累托优性标准。与帕累托优性标准相比，潜在帕累托优性标准不再是以受益或受损的人的态度如何来判断项目的优劣，而是转而采用受益和受损本身的数量大小。不管赞成和反对的人有多少，只要赞成者的得益能够补偿反对者的损失而有余即可。

潜在帕累托优性标准的优越性在于，它总是可以运用的。在比较任意两个经济状态时，运用潜在帕累托优性标准总能够发现一个状态比另一个状态优越，或者两个状态没有差异。由于这个优点，潜在帕累托优性标准被西方经济学家作为社会项目评估的理论基础。

潜在帕累托优性标准的不足之处在于，它是以得益者对受损者的潜在的而非实际的补偿为基础的。有人为这一缺陷提出了两条辩护理由：第一，现存累进税结构就是倾向于强迫得益者补偿受损者的实例。第二，如果同时存在许多政策，则某一政策的得益者可能是另一政策的受损者，从而总的来说，差别将相互抵消。然而，这两条辩护理由似乎都难以成立。

由于补偿是潜在的而非实际的，潜在帕累托优性标准实际上忽略了收入分配问题。对于这一标准而言，只要求经济状态变化的收益数量超过损失数量，而不管这些收益或损失是由谁得到或承担的。举例来说，如果一项政策给一个富人带来 5 元的收益，同时给一个穷人带来 4 元的损失，那么根据潜在帕累托优性标准，仍然可以认为该政策值得推行，尽管这一政策推行的结果导致了收入分配上的差距进一步扩大。此外，在纯理论分析中，潜在帕累托优性标准也遇到了困难，这就是西托夫斯基（Scitovsky，T.）提出的反向悖论：（reversal paradox）：假设根据潜在帕累托优性标准，从状态 B 变化到状态 A 表示社会福利的改善，则反过来，根据同一标准，从状态 A 再变回到状态 B 也是社会福利的改善（参见图 12-1）。假定社会

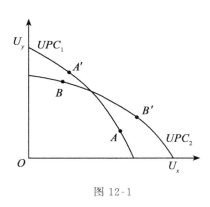

图 12-1

由 x 和 y 两组人组成，x 和 y 的效用（福利）U_x，和 U_y 分别用横轴和纵轴衡量，UPC_1 和 UPC_2 是两条效用可能性曲线，曲线上任一点表示 x 和 y 的效用组合。假定一开始时 x 和 y 的效用组合为 A 点。某项政策实行的结果使社会从 A 移到了 B。表面上看无法比较状态 A 与 B 的优劣，因为在新的 B 点上，尽管 y 的效用增加了，但 x 的效用却减少了。但是，如果能够改变收入的分配，即能够使社会从 B 点沿着 UPC_2 移到 B'，则与初始状态 A 相比，x 和 y 的效用都提高了，因而可以（根据潜在帕累托优性标准）判定，使状态 A 移到状态 B 的政策是增进社会福利的。现在考虑一项与前述政策相反的逆政策，它把社会从状态 B 又变回到状态 A。由于可以通过收入分配的改变使社会从状态 A 沿着 UPC_1 移到状态 A'，因而可以（同样根据潜在帕累托优性标准）判定，使状态 B 变回到状态 A 的逆政策也是增进社会福利的，这就是西托夫斯基的反向悖论。

第二节　项目评估的基本结构和内容

一、基本结构

根据潜在帕累托优性标准，如果一个项目所带来的净收益的真正社会价值是

$$\sum_i a_j (P_x \cdot \Delta X_{jt} - P_y \cdot \Delta Y_{jt})$$

从而全部个人净收益的真正社会价值，即净社会价值

$$NSB = \sum_j \sum_t a_j (P_x \cdot \Delta X_{jt} - P_y \cdot \Delta Y_{jt})$$

最后，综合上述两方面的调整结果，就得到精确反映社会福利变化的，反映项目全部社会价值的公式

$$项目社会价值 = \sum_j \sum_t a_j b_i (P_x \cdot \Delta X_{jt} - P_y \cdot \Delta Y_{jt})$$

如果它大于零，则项目值得实施，否则便不值得实施。

二、项目的投入和产出

任何项目的贯彻执行，一方面会耗用投入（ΔY），另一方面会有所产出

（ΔX）。这意味着对整个经济来说，项目的贯彻执行，要减少某些投入的供给而增加某些产出的供给。因此，在存在项目和不存在项目这两种情况下，整个经济的投入和产出状况是不一样的。通过比较这两种情况下的投入和产出，就可得到项目的投入和产出。

毫无疑问，项目的投入和产出应当包括由于项目实施而发生的任何形式的福利损失和增进。任何形式意味着它不仅应当包括内部的、可测的、直接的效应，而且应当包括外部的、不可测的、间接的效应。

（一）内部效应（internal effects）和外部效应（external effects）

内部效应（包括内部成本和内部收益）是直接或间接由研究对象所得到的效应。最简单的例子是：私人的投资收益就是该投资者所得到的收益。具体到项目方面，项目的内部收益就是那些由项目本身所得到的收益。

外部效应（包括外部成本和外部收益）的特点则在于：它由项目的实施而产生，但却并非由项目本身得到，而是落到了别人的手中。具体来说，项目的外部收益是局外人得到的但并未为此进行过任何支付的收益；项目的外部成本是局外人承担但并未由此得到过任何补偿的成本。

外部效应可以划分为两类：技术的外部效应（technological externalities）和货币的外部效应（pecuniary externalities）。技术的外部效应涉及到局外人实际消费或生产机会的变化，它代表了社会福利的变化。例如，建造一个水电站大坝，不仅提供电力，同时可以控制洪水，而且由于形成了人工湖，还给人以娱乐机会。这样的外部效应就是技术上的外部效应。货币的外部效应涉及到局外人投入或产出价格的变化，它不一定反映社会福利的变化。例如，对某产品来说，其本身价格下降，其补充品价格上升，其替代品价格下降，其联合产品价格下降，或其生产要素价格上升等等，都属于货币的外部效应。

显然，在社会项目评估中应当包括技术的外部效应，因为它们是实际的，能增加或减少社会福利；不应当包括货币的外部效应，因为它们通常只代表收入分配的变化。把货币的外部效应包括进来，就可能犯重复计算的错误。例如，建设快车车站可以提高附近居民的流动性，结果大大节省了居民的时间，同时也增加了其住房的价值。其中，时间节省是真实的，应当计算；住房价值提高是货币的，不应当计算，因为它本身产生于实际的时间节省。

（二）不可比较效应（incommensurables）和不可捉摸效应（intangibles）

不可比较效应是无法用公共尺度衡量的效应，它可以用自身尺度来衡量；不可捉摸效应是用自身尺度也无法衡量的效应，它当然更不可能用公共尺度来衡量。不可比较效应是指所有的超市场效应，包括经济性质的和非经济性质的效应；不可捉摸效应是指超市场效应中的非经济性质的效应，不可捉摸效应可以看成是不可比较效应的特殊形式。

不可比较效应包括许多方面，其中主要的有：人类生命、大气污染、噪音、国防、自然和人文景观、公共娱乐设施、声誉等等。

不可比较效应和其他效应一样重要。尽管对于不可比较效应还不存在一个一般的量化加总程序，但在选择项目时，仍然必须考虑和评估它们。例如，比较两个航天飞机项目，一个较为昂贵，但拥有减少生命损失的备用及修复系统；另一个较为便宜，但缺乏减少生命损失的备用及修复系统。很难定量地把生命损失化为货币单位，但毫无疑问，必须考虑和评估它的重要程度，否则无法判断这两个项目的优劣。

在社会项目评估中，有各种不同的处理不可比较效应的办法。一种办法是以物质或其他单位来衡量。例如，对于公共物品，其收益不能像成本一样以共同的货币单位衡量，从而无法计算其净收益，这时可以用成本-效果分析来代替成本-收益分析。在成本-效果分析中，分析的目标不再是最大净收益，而转化为在既定成本的约束下，使物质收益达到最大，或者对于给定的物质收益，使成本最小。

也可以通过别的项目来估计不可比较效应的价值。假定项目 A 是一个拱顶运动场，它可以容纳许多大规模团体运动，从而给城市带来巨大声誉，这是所谓不可比较效应；项目 B 是一个公园及其附属娱乐设施，它给城市居民带来娱乐收益。如果其他条件相同，该市居民选择了运动场而不是公园，则最低限度可以把运动场带来的声誉近似地看成是项目 A 与项目 B 的成本之差。

（三）直接效应（dlrect effects）和间接效应（indirect effects）

项目的直接效应可从收益和成本两个方面考察。直接收益（直接成本可同样分析）可以被定义为与项目有关的实际产出价值的净增加。实际产出价值的增加包括两个主要方面：第一，产出本身的增加。例如，由于灌溉工程带来的谷物增产，由于水电工程带来的电力增加。第二，产出价值的提高。其原因可以是：（1）质量的变化，如产品的更新换代；（2）时间价值的变化，如储备设施的加强；（3）空间价值的变化，如运输设施的加强；（4）形式的变化，如对不同水果的分类整理，等等。无论是产出本身的增加还是产出价值的增加，都将导致消费者剩余从而社会福利的增加。

项目的间接效应同样可以从收益和成本两个方面考察。间接收益又叫做次级收益（secondary benefits），它反映了项目对其余部分经济的影响。次级收益是一种外部收益，它包括两个方面：项目引致的收益和项目产生的收益。前者与前向联系的概念相似，代表使用项目产出的经济单位的收益；后者与后向联系的概念相似，代表提供项目投入的经济单位的收益。项目的所有前向与后向联系构成了整个经济的乘数效应。因此，可以用乘数来估计次级效应的大小。但是，应当注意的是，完全的乘数效应需要如下条件：（1）项目所花费的支出不是来自私人的税收；（2）项目所使用的要素在现行价格上具有完全弹性；（3）项目所使用的要素的机会成本等于零；（4）项目产出不只是简单地代替市场的其他产品，不会导致其他生产要素的失业。显然，在社会项目评估中，这些条件很少能够完全得到满足。

三、项目的成本和收益

如何衡量投入和产出的价值（P_x、P_y）以及成本和收益的大小呢？无论是项目收益还是成本都可以用社会成员的愿意支付量来表示。就收益而言，如果项目给某个人带来收益，则该收益的大小显然等于他为此所愿意支付的数量的大小：收益不可能小于愿意支付量，否则他将不愿意支付；收益也不可能大于愿意支付量，否则他将愿意支付更多。设项目为 i，某个人对 i 的愿意支付量可以表示为 WTP_i。就成本而言，成本是所谓机会成本，即由于实施该项目而放弃了的别的项目可能带来的收益。设别的项目为 j，则项目 i 的成本等于项目 j 的收益。项目 j 的收益的大小同样可以用对 j 的愿意支付量，即用 WTP_j 表示。因此，对单个人来说，有如下公式

$$项目 i 的净收益 = WTP_i - WTP_j$$

那么，又如何来衡量愿意支付量的大小呢？在一定的条件下，市场价格可以作为愿意支付量的极好代表（参见图 12-2）。纵轴表示价格 P，横轴表示需求量 Q，dd' 曲线是某人对商品的需求曲线。需求曲线表示他在每一价格水平上愿意并且能够购买的商品数量。对于每一单位的购买量，有理性的个人必须确定其收益是否超过其成本。如果收益小于成本，就减少购买量，否则就增加购买量。最佳购买量的条件是：在该购买量上，边际收益等于边际成本。但是，边际收益可以用愿意支付

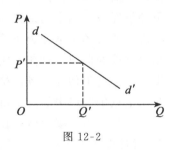

图 12-2

量表示，而在一定的条件下，边际成本就等于价格。于是，最佳购买量的条件在一定的条件下就成为：愿意支付量等于价格。假定商品价格为 P'，购买量为 Q'，则单个人对第 Q' 单位商品的愿意支付量就等于 P'。

现在要解决的问题是：当不存在市场，或者市场存在但市场价格歪曲了社会价值时，如何来衡量项目的成本和收益？解决问题的方法是设计一种新的能反映产品实际价值的价格，这就是所谓的影子价格。它是为了核算社会价值而提出的一种价格，故又称为核算价格（accounting price）。项目评估中的影子价格是项目所创造的和所使用的产品的社会价值，它衡量边际单位的产品对社会的贡献。影子价格并不必然等于市场价格。在项目评估中，影子价格比市场价格更具有普遍性。市场价

格只在有限范围内，即它恰好反映社会价值，或者说它恰好等于影子价格时才适用于计算成本和收益，而影子价格则无论在何种情况下都可用来核算成本和收益。

研究影子价格有两个主要的方法：一是线性规划法，一是经济理论法。线性规划方法可以归结为：求一组非负变量，使其满足约束条件，且使某个目标函数取得极值（极大或极小），其中约束条件和目标函数均是线性的。例如，求一组最终产品的数量，使其满足各种生产资源有限的条件，并使总产品价值达到最大。非常明显的是，总产品价值与资源的约束条件有关。增加某种资源的供给，总产品价值的最大值可能随之增加。总产品价值最大值相对于该资源的变化率就是该资源的影子价格。线性规划方法有很多优点，它抓住了现实经济的许多重要方面。但是，现实经济过于复杂，存在成百上千个制度的和其他非经济的约束条件，成千上万个技术关系，而且这些技术和关系通常是非线性的，甚至是非凸性的。所有这些给线性规划带来了极大的不便，使得难以构造出一个足够好的，足够详细的模型。

用经济理论方法来确定影子价格可以分为两个步骤。首先，分析所谓的理想的经济状态，即完全竞争经济中的市场价格和影子价格。完全竞争市场要满足许多条件，其中最重要的是，存在许多厂商，生产同质产品，资源充分流动，信息迅速而又完整等等。经济理论表明，如果满足上述条件，则所有的投入和产出都具有市场价格，而且其价格都恰好等于相应的社会价值，即等于影子价格。其次，用完全竞争理想经济中的市场价格与影子价格作为比较的基础，进一步分析非完全竞争现实经济中的市场价格和影子价格。现实经济在许多方面不满足完全竞争条件。对完全竞争条件的偏离，意味着实际市场价格偏离影子价格。仔细逐项地分析这些偏离的类型，有助于估计市场价格对影子价格的偏离方向甚至偏离程度，从而有助于估计非完全竞争经济中的影子价格本身。

总之，当市场价格存在并反映社会价值时，计算项目社会价值公式中的 P_x 和 P_y 就是市场价格；当市场价格存在但不反映社会价值或市场价格不存在时，P_x 和 P_y 应理解为影子价格。如果市场价格存在但不反映社会价值，可以通过市场价格来估计影子价格；如果市场价格不存在，则需要通过其他方法确定影子价格。

四、社会贴现率

现在来研究计算项目社会价值公式中从时间方面调整净收益的贴现因子 b_t。我们知道，发生在不同时期的净收益具有不同的价值。例如，同样一笔钱在现在比在将来更有价值。这里有两个相互关联的原因：第一个原因与资本生产率有关。推迟现在的消费而将资源用于投资，可以在将来得到更多的消费。例如，假定资本生产率为 10%，则当年 1 元钱不用于消费而用于投资，第二年就增值到 1.1 元。这意味着当年的 1 元钱比第二年的 1 元钱更加值钱。第二个原因与正时间偏好

(positive time preference) 有关。人们主观上具有所谓正时间偏好，即他们更加着重近期而非远期的利益。这或者是由于他们缺乏耐心，不愿意等待，或者是由于他们认为将来比现在更加富裕，因而将来收益的价值要比现在低，即收益的边际效用递减。

由于不同时期的净收益具有不同的价值，各个时期净收益之间缺乏直接比较的基础。因此，将它们简单相加而求出所谓项目在所有时期的净收益就变得毫无意义。如何把所有不同时期的净收益都转化为同一时期的，亦即求出它们各自的实际价值，从而使它们之间可以相互比较，可以加总求和呢？

假定当前时期，第一年、第二年……第 T 年的净收益分别为 V_0，V_1，V_2…V_T，各个时期净收益的贴现因子分别为 b_0，b_1，b_2…b_T，且假定以当前时期为比较基础，当前时期的贴现因子 $b_0 = 1$，其他贴现因子随时间而递减，即有

$$b_0 = 1 > b_1 > b_2 > \cdots > b_T$$

于是，各个时期净收益的实际价值分别为

$$b_0 V_0 = V_0 > b_1 V_1 > b_2 V_2 \cdots > b_T V_T$$

现在这些实际价值之间可以相互比较。例如，由于当前时期的贴现因子 $b_0 = 1$，当前时期 1 元钱的实际价值为 $1 \times 1 = 1$。如果第 Y 年的贴现因子 $b_T = 0.5$，则 T 年 2 元钱的实际价值为 $2 \times 0.5 = 1$。这表明，T 年的 2 元钱等于当前时期的 1 元钱。于是可以对所有时期净收益的现值相加得到项目净现值

$$NPV = V_0 + b_1 V_1 + b_2 V_2 + \cdots + b_T V_T$$

现在的关键问题是如何确定贴现因子。为简单起见，假定贴现因子随时间递减的比率是固定不变的，即

$$\frac{b_{t-1} - b_t}{b_t} = r \, (t = 1, \, 2, \, \cdots, \, T)$$

其中，r 为常数。由上式可得

$$\frac{b_{t-1}}{b_t} = 1 + r$$

或

$$\frac{b_t}{b_{t-1}} = \frac{1}{1+r}$$

于是可以重写项目净收益的现值如下：

$$NPV = b_0 V_0 + b_1 V_1 + b_2 V_2 + \cdots + b_T V_T$$

$$= V_0 + \frac{b_1}{b_0} V_1 + \frac{b_2}{b_1} \cdot b_1 V_2 + \cdots$$

$$+ \left(\frac{b_T}{b_{T-1}} \cdot \frac{b_{T-1}}{b_{T-2}} \cdots \frac{b_2}{b_1} \cdot b_1 \right) V_T$$

$$= V_0 + \frac{b_1}{b_0} V_1 + \frac{b_2}{b_1} \cdot \frac{b_1}{b_0} V_2 + \cdots$$

$$+ \left(\frac{b_T}{b_{T-1}} \cdot \frac{b_{T-1}}{b_{T-2}} \cdots \frac{b_2}{b_1} \cdot \frac{b_1}{b_0} \right) V_T$$

$$= V_0 + \frac{1}{1+r} V_1 + \frac{1}{(1+r)^2} V_2 + \cdots + \frac{1}{(1+r)^T} V_T$$

$$= \sum_{t=0}^{T} \frac{V_t}{(1+r)^t}$$

上述公式揭示了贴现因子的结构

$$b_t = \frac{1}{(1+r)^t}$$

确定贴现因子的问题现在转化为确定贴现因子随时间的递减率 r。我们把这个递减率 r 叫做社会贴现率，它表示社会对不同时期的净收益所赋予的不同重要性。

社会贴现率是看不见，摸不着的。因此，人们希望能够在项目评估中用市场利息率来代替社会贴现率。作为这种替代的基本根据仍然是愿意支付原则：正如一般商品的市场价格表明了消费者对该商品的边际愿意支付量，从而反映了该商品的社会价值一样，市场利息率也应当表明他们对未来收益的愿意支付量，从而反映未来收益的社会价值。然而，这种类比推论并不成立。在普通的市场价格和利息率之间存在一个重要的差别：市场价格可以看成只涉及无时间性的选择，例如，在同一时间内是选择甲商品还是选择乙商品；利息率则涉及所谓时际（intertemporal）选择，即在不同时期之间的选择，例如，选择现在消费还是选择未来消费。在同一时期内选择不同的商品时，人们可以通过不断地试错选择学到经验，通过不断地调整其选择使市场价格充分接近愿意支付量。这种试错方法很难运用于时际选择。由于时间是一维的，逝去的不会再来，人们没有可能在不同时期的消费之间不断地进行试错选择。因此，市场利息率并不一定反映不同时期收益的真实价值。

市场利息率不等于，也不能代替社会贴现率，但它却可以作为比较的基础来确定社会贴现率的高低。社会贴现率应当高于还是低于市场利息率呢？在这个问题上有两种意见：一种意见主张社会贴现率低于市场利息率。其理由是基于所谓的社会时间偏好。他们认为，单个人在单独行动时，通常不愿意为将来而投资，即他低估未来的收益，从而要求有较高的贴现率，这正是市场利息率反映的情况。但是，当单个人作为集体成员行动时则相反，通常乐意为将来而投资，即他高估未来的收益，从而要求较低的贴现率。因此，社会贴现率应当低于市场利息率。

主张社会贴现率高于市场利息率的人们则以资本的社会机会成本概念为依据，公共项目的机会成本可以看成是私人部门的收益率。假定市场利息率为 i，风险补贴（risk premium）为 $\bar{i}$，税率为 t'，则私人部门收益率必须有

$$\frac{i+\overline{i}}{1-t'} > i \quad (\because t' < 1)$$

因此，社会贴现率应当高于市场利息率。

资本的社会机会成本和社会的时间偏好率只有在特定的条件下才相等。当它们相等时，选择社会贴现率就比较容易，而当它们不相等时，对社会贴现率就有多种选择：选择资本的社会机会成本，选择社会的时间偏好率，或者选择上述二者的某种组合。

五、分配权数

项目净收益具有时间上的分布，它在现在和未来的不同时期中具有不同的社会价值。同样地，净收益也具有空间上的分布，它在贫穷和富裕的不同人手中也具有不同的社会价值。如果社会福利目标中含有平等的内容，则从增加社会福利的角度看，增加穷人的收入就比增加富人的收入更有意义。因此，在进行项目评估时，可以有意识地扩大每单位穷人收入增量的重要性和缩小每单位富人收入增量的重要性。这就是说，我们有意识地给予贫富不同的人的收入以不同的权数。

假定社会由 A、B、C 三个人组成。其中 A 属于高收入阶层，B 和 C 属于低收入阶层，项目给他们带来的净收益分别为 V_A、V_B、V_C，这些净收益可正可负。如果为负，就表示"净损失"。社会现在按贫富程度的不同重新评价每个人净收益的社会价值。设社会给予每一个人净收益的分配权数分别为 a_A、a_B、a_C。于是，A、B、C 三个人净收益的社会价值分别为

$$a_A V_A,\ a_B V_B,\ a_C V_C$$

三人净收益的社会价值的总和为

$$a_A V_A + a_B V_B + a_C V_C$$

一般来说，由于 A 比 B、C 要富裕，增加 A 的收益的重要性就比增加 B 和 C 的要小，也就是说，A 每单位净收益的社会价值要比 B 和 C 的小。因此，社会赋予 A 的分配权数应当比赋予 B 和 C 的要小，即

$$a_A < a_B,\ a_A < a_C$$

例如，如果确定 $a_A = 1$，$a_B = a_C = 4$，则这意味着从社会的角度看，穷人 B 或 C 的 1 元钱收入增量比富人 A 的 1 元钱收入增量要重要 3 倍。

由于加权因子的大小反映了被加权收益的社会价值，因此它直接影响了项目评估的结果。例如，设某项目评估结果如下：A 的净收益为 100，而 B、C 的净收益均为 -40。如果社会同等程度地看待这三项收益的重要性，给予三人收益完全一样的加权因子，例如 $a_A = a_B = a_C = 1$，则该项目就值得实施

$$1 \times 100 + 1 \times (-40) + 1 \times (-40) = 20 > 0$$

　　但是，如果社会更加重视提高穷人收入，改善收入分配，从而给予 3 人不同的加权因子，例如 $a_A = 1$，$a_B = a_C = 4$，则该项目就不值得实施

$$1 \times 100 + 4 \times (-40) + 4 \times (-40) = -220 < 0$$

　　3 人社会的简单例子可以推广到一般情况。假定社会由 n 个人组成，其中第 j 个人得到的净收益为 V_j，其分配权数为 a_j，于是第 j 个人的净收益的社会价值为 $a_j V_j$。全部个人净收益的社会价值的总和为

$$\sum_{j=1}^{n} a_j V_j = a_1 V_1 + a_2 V_2 + \cdots + a_n V_n$$

我们把这个总和定义为净社会收益（NSB），亦即

$$NSB = \sum_{j=1}^{n} a_j V_j$$

如果 $NSB > 0$，则该项目就值得实施，否则不值得实施。

　　如何从理论上确定分配权数呢？项目评估学者认为，可以按照民主的精神设计分配加权程序。例如，加权公式可以为

$$a_j = \frac{\overline{Y}}{Y_j}$$

式中，$\overline{Y}$ 是社会平均收入，Y_j 是第 j 个人的收入，a_j 仍和过去一样，代表第 j 个人的分配权数。

　　表 12-1 是用上述加权程序来计算净社会收益的一个简单例子。根据表中所给数据，容易算得社会平均收入 $\overline{Y}$ 为 150。因此，根据公式

$$a_j = \frac{\overline{Y}}{Y_j}$$

容易得到每个人的分配权数。

表 12-1

个人	A	B	C	D
Y_j	200	250	100	50
a_j	0.75	0.60	1.50	3.00

　　其中：$\overline{Y} = \dfrac{1}{4}(200 + 250 + 100 + 50) = 150$

　　　　　$a_A = 150/200 = 0.75$

　　　　　$a_B = 150/250 = 0.60$

　　　　　$a_C = 150/100 = 1.50$

$$a_D = 150/50 = 3.00$$

六、项目评估的一般公式

我们知道，项目在 t 时期对第 j 个人的净收益是

$$V_{jt} = P_x \cdot \Delta X_{jt} - P_y \cdot \Delta Y_{jt}$$

项目对所有人在所有时期的净收益是

$$V = \sum_j \sum_t V_{jt}$$

但是，项目净收益并不真正反映项目的社会价值。因此，必须考虑时空方面的分配效应对项目净收益进行修正和调整。如果只考虑时间上的分配，则项目净收益经过调整后就成为项目净现值，其公式为

$$NPV = \sum_j \sum_t \frac{V_{jt}}{(1+r)^t}$$

式中，r 为社会贴现率。如果只考虑空间上的分配，则项目净收益经过调整后就成为项目的净社会收益，其公式为

$$NSB = \sum_j \sum_t \left(\frac{\overline{Y}}{Y_j} \right) V_{jt}$$

式中，$\dfrac{\overline{Y}}{Y_j}$ 是社会给予第 j 个人的分配权数。如果同时考虑时间和空间上的分配，则所得结果就全面地反映了项目的社会价值，其公式为

$$\text{项目社会价值} = \sum_j \sum_t \left(\frac{\overline{Y}}{Y_j} \right) \frac{V_{jt}}{(1+r)^t}$$

将

$$V_{jt} = P_x \cdot \Delta X_{jt} - P_y \cdot \Delta Y_{jt}$$

代入，得

$$\text{项目社会价值} = \sum_j \sum_t \left(\frac{\overline{Y}}{Y_j} \right) \frac{P_x \cdot \Delta X_{jt} - P_y \cdot \Delta V_{jt}}{(1+r)^t}$$

这是项目评估的一般公式。根据这个一般公式来决定接受还是拒绝某个项目，如果项目的社会价值大于零，则该项目值得实施；否则不值得实施。

第三节　项目评估在发展中国家的应用

项目评估的一些原理和方法不仅适用于发达国家，而且也适用于发展中国家，甚至在某种意义上更加适用于发展中国家。发展中国家面临着特殊的经济环境、社会环境和国际环境的制约，这些制约造成了特殊的经济问题：社会经济结构缺少弹性，市场不够完善，分配不平等……这些特殊问题的存在使得发展中国家有必要运

用项目评估的一些方法。例如，由于市场不够完善，资源的市场价格（商品价格、劳动工资、资本利率、外汇汇率等）不能很好地反映其真正的社会价值，因而不能有效地配置资源。这就需要运用项目评估中的影子价格概念来正确评价资源的价值，以合理分配资源并有效进行生产。在发达国家中，由于市场相对来说比较完善，影子定价实际上只局限于一些例外情况；而在发展中国家，它却可以系统和广泛地使用于项目评估之中，因为在发展中国家，很大一部分经济活动是处于自然经济状态，要素投入和产出的市场价格都未形成，或者，即使存在市场价格，由于各种经济的、社会的原因，它们多半也是受到严重扭曲的。实际上，影子定价本身也需要做大量的工作，花费很大成本，而且所得结果还不能保证非常精确。因此，只有在存在着极其严重扭曲现象的经济中，才值得去分析和应用影子价格。

一般发展中国家面临的特殊的经济问题包括：严重的通货膨胀，大幅度的汇率高估，过低的利息率，不完全的要素市场，低水平的储蓄和投资以及不平等的收入和财富分配。在社会项目评估中，必须对这些问题一一正确加以解决。现分述如下：

一、严重的通货膨胀

项目评估中所使用的是实际价格。对它来说，重要的是相对价格而非一般价格水平的运动。那么，为什么通货膨胀会给项目评估带来问题呢？原因在于，高速的通货膨胀会通过时滞效应以及政府控制行为来扭曲相对价格体系。在不存在任何摩擦的理想模型中，价格可以从一个均衡位置迅速（速度可以无限大）运动到另一个均衡位置。但是，在实际生活中，情况却并非如此。有一些价格是在市场上逐日决定的，而另一些则由政府的周期性干预而得到修正；有些价格为政府所控制，而另一些则可以自由浮动并达到或接近自己的均衡水平。换句话说，相对价格的运动可以完全脱离市场的供求条件。在这种情况下，即使不存在其他扭曲的原因，也很难确定究竟哪一套相对价格适合于项目评估的目的。此外，通货膨胀还可以通过影响汇率等等来影响项目评估。

二、汇率高估

如果面临严重的汇率高估问题，则在项目评估中就应当用影子汇率来代替官方汇率。许多发展中国家都要依靠出口需求弹性很小的初级产品来进口自己无法生产的工业产品。在这种情况下，要消除国际收支赤字就必须大幅度地贬值国内货币。但是，这样做的结果实际上意味着实际国民收入的大幅度下降。因此，发展中国家通常是通过特定的关税、控制和补贴来管理国家的对外贸易。

在这种情况下，项目评估的通常做法是：估计来自出口或进口替代增加部分的外汇收入，估计进口增加部分的外汇成本，然后按照影子价格把它们变换成为国内货币价值，最后再加上由于对这些出口和进口商品的关税、税收和补贴带来的税收收入的变化。

另一种做法是：对所有在世界市场上进行国际贸易的商品进行估价。这是因为它代表了通过向国外销售这些商品而得到的或者通过减少这些商品进口而节约的外汇。无论是增加出口还是减少进口，两种场合所得到的数字都是对收益（或者国内消费的机会成本）的一个合适的量度。它既可以用外汇来表示，也可以按照官方汇率变换为国内货币价值。当然，这个方法只适用于如下情况，即所研究的商品存在有实际进行国际贸易的可能性。

三、过低的市场利率

发展中国家的一个问题是，尽管资本相对稀缺，但市场利息率却过低。过低的利息率意味着低估未来的收益，低估资本的社会机会成本。它的直接的影响就是使发展中国家由于收入水平低下所导致的不足的储蓄和投资进一步不足。如果利用这种过低的利息率来评估项目，其结果将不利于那些可以促进经济持续稳定增长的注重基础建设的项目。因此，必须用影子利率来代替市场利率，从而能正确评价发展中国家稀缺资本的实际价值，正确评价投资和再投资的重要性。这种影子利率实际上可以看成是一种社会贴现率。

四、劳动市场不完全

发展中国家同时并存着传统部门和现代部门。在传统部门（主要是农业）中，劳动和产品分配均是以家庭为单位进行的，单个人所得到的是劳动的平均产品，由于缺乏其他的就业机会，劳动的边际产品非常低，甚至等于零。而在现代部门，由于劳动缺乏流动性，由于存在工会和政府的干预等等，工资则相对较高。

因此，当新的项目把传统部门中的劳动力吸引到现代部门中来时，现代部门中的工资并不能真正反映劳动转移的机会成本。而在给定的农业收益递减的条件下，农业部门的平均收入本身就高估了由于劳动转移而损失的产出。

而且，在许多发展中国家，城市的失业现象是一个严重的问题。在存在失业的条件下，城市项目中使用的非熟练劳动力的影子价格似乎应当等于零。但是，这只能是在假定该项目并不吸引额外劳动力转移到城市区域中来时才是如此。然而，一般来说，每创造一个额外的城市就业机会，常常会吸引不止一个农村劳动力移居城市。在这种情况下，额外增加的城市工作机会实际上进一步恶化了城市的失业状况，从而使转移劳动力的影子价格可以超过劳动力的边际产品价值。

五、储蓄和投资不足

在发展中国家，提高生活标准在某种程度上取决于是否能够增加储蓄和投资。但是，发展中国家人口的大多数都非常贫困，自愿储蓄的水平不可能很高。另一方面，实行强迫储蓄在政治上又不得人心，在实施上也会遇到抵制。此外，在许多发展中国家中，为征收累进所得税所必需的一套行政管理机器很可能根本就不存在。

在这种情况下，资本的机会成本和社会的时间偏好率就有很大差距。因此，应当根据项目对投资和再投资机会的影响来计算其成本和收益的影子价格。例如，不同项目的收益在工资和利润中的分配比率可能不同，从而会影响社会总的储蓄和投资水平。即使是工资在不同工人之间的分配，利润在不同企业之间的分配，也会影响总储蓄和投资。就工资部分来说，传统部门和现代部门的工人的边际消费倾向可能不同，因而其工资中用于储蓄的部分会有差别。

储蓄和投资制约的存在也使我们有必要仔细分析项目资金的来源。一般来说，项目的机会成本通常是用所放弃的其他项目的收益来衡量的，即使用的是代表所有项目的资本机会成本。但是，在资金是来自国外的情况下，项目的机会成本则是未来必须偿还贷款的外汇支付数量。

六、收入分配不均

在不少发展中国家，两极分化情况很严重。少数人极端富裕，多数人极端贫困。如果政府能够通过其他方法，例如税收和补贴政策等，改变收入分配的不平等，使之趋向于社会认可的最佳状态，则在项目评估中就可以简单地利用消费者的愿意支付量来估计项目的成本和收益。但是，在大多数发展中国家，政治的和体制的障碍使得收入的这种再分配成为不可能，政府并不愿意对经济中的富裕部门和富裕阶层征税；即使政府愿意，这种企图也会由于强有力的利益集团的反对而化为泡影。

在这种情况下，最好的方法就是使用某种形式的分配权数。例如，可以给予那些转移到发达国家中去的利润等于零的权数，给予在国内消费掉的利润以较低的权数（这并不意味着整个利润权数很低，因为整个利润中有很大一部分是用于储蓄和再投资的），给予传统部门劳动者的额外消费较高的权数等等。

社会项目评估的理论基础是西方福利经济学，而西方福利经济学的基本论点又来自效用理论，这是西方福利经济学的要害所在，也是社会项目评估理论的要害所在。因此，在研究和应用社会项目评估时，必须注意这一问题。

但是，社会项目评估理论把成本和收益联系起来，利用机会成本的概念，使人们认识到，利用资源时应当把眼光从项目本身的经济效益扩大到社会经济效益，这一思路是值得借鉴的。社会项目评估理论的研究者在考虑如何联系发展中国家的实际时，提出了影子价格的概念，也具有一定的启发意义。

思　考　题

1. 为什么说社会项目评估是微观分析的宏观化？
2. 谈谈社会项目评估对我国的实际意义。

第十三章　计划与市场

自发展经济学形成一门学科以来，半个多世纪中，计划与市场对经济发展的作用，计划与市场各自的优点和缺点，计划与市场的相互关系等，一直是发展经济学家争论未休的问题。大体说来，第一阶段的发展经济学偏重计划化，第二阶段的发展经济学偏重市场机制，第三阶段的发展经济学则强调市场经济中作为内生变量的制度因素，并指出了权力进入市场所造成的直接非生产性行为对经济的破坏作用。而大多数发展中国家的实践经验则证明：完全依靠计划（特别是高度集中的计划管理），或完全依靠市场机制，或把市场经济看成是无制度的，并无视寻租行为的危害，都是不可取的。比较正确的选择，是把计划与市场结合起来，在大力发展市场经济的过程中警惕不正当权力的插手，做到"两手"——"看得见的手"和"看不见的手"——并举，严防"看不见的脚"的践踏。这一点，已逐渐成为不少发展经济学家的共识。

第一节　对市场机制缺陷的论证

在 20 世纪 50 年代和 60 年代初期，大多数发展经济学家以计划化的必要性为中心，突出国家干预的作用，具有代表性的是罗森斯坦-罗丹的最初论证，以后的一些发展经济学家则不只限于在计划化的范围强调国家干预，而且进一步分析市场机制的缺陷。

罗森斯坦-罗丹说，按照新古典主义的理论，自由的、畅通无阻的市场机制将导致国民收入的最大化和最优化。在竞争条件和单位时间微小变化的假设之下，新古典主义者认为，供求机制的运行，通过若干阶段或若干均衡，将达到国民收入的最大化和最优化。罗森斯坦-罗丹说，这是不可能的，价格机制最多只能在消费均衡上起作用，而不能在投资均衡上起重要的作用，从而不能导致国民收入的最大化和最优化。相反，市场机制下的单个决策势必导致资本配置的非最优化。因为，单个投资者最大化的是自己的净边际产品，而不是社会的净边际产品，也不能充分开发外在经济效益。而行业的互补性是巨大的，它要求投资同时并举，而不是投资的自发巧合。其次，生产装备的生命周期是较长的，从而比起买者、卖者或生产者来，投资者的预见能力可能是较不充分的。单个投资者的风险也比全面投资规划的风险更大，错误的投资决策的代价很高，以资本损失为惩罚的受害者，不仅是投资者本身，而且是整个国民经济。此外，由于投资的不可分性，增减投资引起的是较大的变化，而不是较小的变化。价格机制只在微小变化的假设条件下，发挥其微调的作用。

在罗森斯坦-罗丹上述观点的基础上，其他发展经济学家对市场机制的缺陷和不足作出了多方面的分析：

第一，今日的发展中国家，和18、19世纪的西欧和北美的情况毕竟有所不同，市场机制较难充分发挥作用，阻碍投入要素自由流动并不只是市场方面的原因。为了谋求经济发展，也不能只限于如何促进投入要素的自由流动，还应当有适当的宏观调节和计划安排。单纯依靠市场调节，企业和个人的短期利益和局部利益就会与国家的长期利益相冲突，经济中就会出现大量的浪费和重复建设现象。

第二，市场机制固然可以使生产者根据不同的产出需求配置各自的投入，却不能保证配置的总量恰恰等于投入的供给总量，出现这种情况时，市场的配置作用将受损害。因为此时的价格不能平衡供求，市场赖以决定资源配置的价格均衡机制已不能充分发挥其功能。如果投入的供给总量超过其需求总量，则一部分资源将得不到配置而闲置起来，市场-价格机制无法有效地改变这种状况。

第三，发展中国家的市场具有多方面的不完全性。不完全性的一种表现是，众多的单个生产者和消费者面临的信息的缺乏和不确定性的存在，对当地市场容量的大小、其他生产者的产量以及可以获得的产出（国内的和进口的）数量，每个生产者都无法确切知道。对产品及其替代品的质量和可以获得的数量，每个消费者也无法确切知道。在这种情况下，生产者的利润最大化行为和消费者的效用最大化行为都是以错误的信息为出发点的，因而必然导致资源的低效率配置。市场不完全性的另一种表现是缺乏有效率的竞争。缺乏有效率的竞争是发展中国家各行各业普遍存在的情况，而在工业中由于规模经济限制了小厂的进入，更容易产生垄断。垄断性企业比起完全竞争条件下的企业产出低而价格高，从而既不利于资源的有效率配置，又使财富从消费者向生产者转移。

第四，市场价格难以衡量社会成本和社会收益，因为有些成本和收益不出现在市场之中，而发生在市场之外。生产者只是按照市场情况计算其收益和成本，以谋求最大的利润，而非市场经济关系的存在使生产者的计算与社会的计算并不一致。生产者之间存在的非市场的相互依存关系表现为外在经济（external economies）或外在不经济（external diseconomies）。当一个生产者无代价地分享了另一生产者所创造的经济成果时，他就得到了外在经济效益。例如，一个企业培训出来的工人离开原来企业而为另一个企业所雇佣，后一企业无异于不付出培训费而得到了一位熟练工人，前一企业为它提供了外在经济效益。不能获得专利权的基础研究成果，也会产生外在经济效益。当新的生产者进入公共资源（如渔区、森林等）的开发时，必将使这一资源开发的平均产量有所减少，平均成本有所提高，从而使原有的生产者受到外在经济负效益之害。非市场的相互依存关系使市场决策不完善甚至失误，而这种不完善和失误只有依靠政府的计划管理和干预才能有所弥补。

第五，市场的自由发展，必然会出现投机，在商品的期货与现货之间营销买卖。投机显然具有使经济不稳定的因素，因为投机者可能对市场未来的变化作出错误的预测。尽管价格已高于未来价格，他们仍然大量购进，尽管价格已过低于未来价格，他们仍然大量卖出，以致引起市场的巨大的不正常波动，造成社会经济的损失。在外汇市场上，投机者的不稳定作用更大。

第六，在市场中，成本渐减的企业的价格和产量决定，往往背离最优化的原则。由于技术上的原因，企业的某种投入不可能断断续续地进行，而是在一开始就不得不把这种不可细分的投入一次性地投放生产。于是，这类企业具有一种特点：在达到相当大的生产规模之前，一直处于成本渐减的状态，而且由于市场容量的限制，生产规模一般被控制在成本渐减阶段之内。在微观经济学中，称这类企业为成本渐减企业。在成本渐减的情况下，平均成本随产量的增加而渐减，而边际成本下降的速度又快于平均成本下降的速度。此时，会出现一种矛盾：如果把价格定在和平均成本相等的水平，总收入固然可以抵付总成本，但价格却高于边际成本，这就意味着产量未达到最优规模；如果把价格定在和边际成本相等的水平，则生产规模优化，消费者因价格下降而受益，但企业的总收入不足以抵付总成本，企业将蒙受损失。

第七，发展中国家迫切需要建设基础设施，而市场机制的调节很难以较快的速度达到这一目标。因为，基础设施需要庞大的投资，由市场调节的一般投资者难以承担；基础设施的建设工期较长而其经济效益须经过较长时期之后才会产生，而市场调节的一般投资者难以接受；基础设施产生的巨大经济效益，在由市场调节机制下，一般投资者不可能向受益者索取报酬。如果只寄希望于市场机制，政府不从宏观考虑并作计划安排，基础设施是迟迟不能建成的。

第八，市场机制条件下，投资者往往担心风险过大而不愿或不敢对新的项目投资，企业因实力有限而不能扩大本来应该扩大的生产规模。如果投资者对风险估计过高，或者胆识不足，即使一种新的项目颇有前途，又有利于国计民生，他们也不会去投资。大幅度地扩大生产规模或建设较大生产规模的项目，需要庞大的资金，而企业要从市场引进大额资金，一般是有困难的。

第九，市场价格不能反映发展的动态效果，幼稚工业的建立就是一例。这种工业在建立初期，一般生产率较低而成本较高，此时，需要关税保护或补贴。随着生产的发展，这种工业的生产率将逐步提高，其成本将逐步降低，此时，需要减少关税保护或补贴。显然，在幼稚工业的发展初期，其实际成本与市场价格往往背离，如果听任市场机制去自然调节，这类工业就无法生存，也无法发展，于国计民生不利。

第十，国民经济中，有些产品（包括劳务）是不经过市场渠道的，不在市场中买卖的，但又与社会和人民的生活息息相关，这类产品称为非市场产品或公共产品，例如公园、环境卫生、防洪设施等。公共产品的生产和经营不能由市场机制来完成。

第十一，发展中国家的市场机制的培育、形成和发展，有赖于政府的计划指导。发展中国家的广大人民生活在穷乡僻壤之间，他们贫困，缺少文化，未进入商品货币市场，即使开始进入，对市场信息也不很灵通，既不能从商品交易中得到较多利益，又不能积极地促进市场的发展，市场很难趋于完善，市场机制不易灵活运行。

第十二，市场即使比较完善，市场机制即使运行得比较灵活，国家目标的实现还是得不到保证。例如，普遍富裕一般是发展中国家的奋斗目标，但市场机制带动下的经济增长，一般是少数企业和个人领先发展，只有在相当长的时期持续增长之后，经济增长的利益才能渐渐地被广大人群领受，收入分配的差距才能渐渐缩小。但是，绝对贫困和相对贫困的减轻，是人民企望的目标，它的实现不能旷日持久。

上述种种论点概括起来就是：第一，市场机制本身有其缺陷；第二，在发展中国家，市场难以发挥其固有作用。在 20 世纪 50 年代和 60 年代早期，多数的发展经济学家就持有这两个基本观点而主张实行计划化。联合国 1965 年举行的计划会议就明确地宣称：为了经济发展而尽可能好地利用稀缺资源，是计划化的主要任务。由于市场机制不能提供恰当的方针，如何使用合适的标准去选定项目就成为必须考虑的问题。在发展中国家，劳动、资本和外汇等生产因素的市场价格，远远背离它们的社会机会成本，因而不能正确量度各个生产因素的相对丰歉程度。[①]

1970 年，联合国工业发展组织（UNIDO）还就市场失误问题提出计划化必要性的理论说明：在工业扩展的过程中，政府不可能也不应当仅仅起着被动的作用。由于市场力量本身不能克服在发展中国家植根很深的结构刚性，计划化已经成为工业发展规划的主要而不可分离的部分。今天，实行某种程度的经济计划的必要性已普遍地得到承认，计划化在发展中国家比在发达市场经济国家更为可行并更为令人满意。其所以更为可行是因为需要考虑的变量数目较少，其所以更为令人满意是因为在发展中国家个人行为的自动协调机制运行得不如在发达国家那样好。计划化在

---

① 联合国：《外在部门计划化：技术、问题和政策》，1965 年出版，第 12 页。

发展中国家成为必要，尤其是因为市场不是一种足以使个人决策保证从社会选择和经济目标来衡量的经济成就最优化。[①]

第二节　对计划化缺陷的论证

计划化在理论上占上风的 20 世纪 50 年代和 60 年代，不少发展中国家把计划化付诸实践，但其中多数国家的经验显示，在发展计划的贯彻执行中，失败一直多于成功。除了在短期之外，大多数国家一直未能实现计划中甚至是最保守的收入和产出目标，而且随着继续进行计划，这些国家的情况似乎不但没有改善，反而每况愈下，具体地说，计划化的失败表现在下述四个方面：

第一，要素价格的扭曲。伴随着计划化的贯彻执行，发展中国家往往采用最低工资立法，工资与学历挂钩，以国际标准来定出高薪报酬等方式，使工资水平超过劳动的影子价格或稀缺价值。以租税补贴，外汇率过高定值，低有效保护率，配额，低利率信贷分配等方式，使资本报酬超过资本的影子价格或稀缺价值。在生产要素扭曲的情况下，生产者在生产上自然采用较为资本密集的方式，尽管在发展中国家资本是相对稀缺的资源，劳动是相对丰裕的资源，因而本来应当采取较为劳动密集的生产方式。可见，计划化造成的价格信号使单个生产者的评价与社会的评价相背离，工业迅速增长与就业机会扩大这两个主要计划目标之间发生了冲突。

第二，乡—城人口流动的失衡。许多发展中国家在 20 世纪 50 年代和 60 年代的发展计划有一个偏向：过于重视城市工业化而过于轻视农村和农业的进步。巨大的城乡收入差异和地区经济发展机会的悬殊，刺激了过多的农村居民外流，去寻找有限的，但预期会有高报酬的城市工作。随着城市失业人数日益增长和农业的停滞，农村人口的不断大量流入城市，一方面导致农业产量的减少，另一方面使社会为他们在城市的食宿花费了较高的社会代价，从而成为社会净损失，恶化了发展中国家人力资源不合理配置的状况。

第三，对教育的需求与就业机会出现了矛盾。许多发展中国家的教育计划有一种倾向：对较高层次的教育给予过多的补贴而不考虑就业机会的发展不相适应的问题。对较高层次的教育给予过多的补贴符合不断上涨的教育需求。教育需求之所以不断上涨，是因为有文化的人的就业机会不断减少。正如在本书第四章中曾经提到的那样，就业状况的每次恶化都进一步引起对各级正规教育的更大需求。最初失业队伍中主要是没有受过教育的人，接着只有初等教育文化程度的人的就业机会也渐减少，具有较高教育程度的人不得不屈就对受教育程度要求较低的工作，甚至受过

---

① 见《发展计划化导论》，载《UNIDO 工业化与生产率期刊》，1970 年第 16 期。

高等教育的人也成为知识失业者。教育计划看来根本上未能做到把个人和社会对教育投资的评价歧异协调起来。

第四,进口替代工业化出现不良后果和农业的停滞。在进口替代工业化的计划中,为了降低资本成本和进口的中间产品的成本而制定高关税率、限额,为了扶植新兴工业而提供补贴利率和信贷配给,为了鼓励外国投资者而给予租税减免,所有这些都对进口替代产业扩张提供了人为的刺激。结果,大部分的进口替代,特别是拉丁美洲的进口替代,都未能达到计划预期的目标——建成低成本、高效率的国内工业。另外,为了实现工业发展计划而提供的人为的刺激,也导致了农业部门的停滞。例如,外汇率定值过高的目的在于降低工业需用的中间产品的进口价格,但外汇率定值过高也提高了本国产品的出口价格,而发展中国家的出口产品中农产品占相当大一部分。于是,这种刺激工业化的外汇率政策,会使农业出口竞争力降低,使农业停滞而不能发展。

根据上述种种情况,一些发展经济学家认为,计划化在理论上的经济好处与它在大多数发展中国家的实践结果之间有很大的差距。政府的美好言辞与经济的现实之间差距更大,发展中国家声称它们的计划目标是消灭贫困,缩小不平等程度和降低失业率,而结果却是计划似乎在把这些问题永久化。这些发展经济学家说,计划之所以未能实现目标,是因为计划管理本身有其缺陷和不足之处。

第一,计划化、特别是高度集中的计划管理体制之下,经济行为的准则不是单一的,而是多头的。产品的质量是一条准则,产品的数量是一条准则,产品的比例又是一条准则,等等。如何把这些准则一体化地结合起来,同时得到兼顾,往往是一个难题。而享有完全自主权的企业或私营企业的行为准则是单一的利润准则。利润准则可以把多头的准则结合起来,有效地达到较好的经济目标,而在高度集中的计划管理体制下的企业,当注意到数量时,往往顾不了质量;当注意到质量时,往往顾不了数量;至于多品种、多规格,那就更难以做到了。高度集中计划管理体制下的企业,也不能简单地模仿私营企业那样以利润为单一准则,因为除非企业经理人员被容许有充分独立自主的权力,又有真正的竞争环境,否则利润准则也会变质,或者流于形式,或者产生新的弊病。

第二,在集中管理体制之下,总有一种倾向:不给企业经理人员以独立自主权。官僚等级制形成的观念是,下级必须服从上级制定的规则,必须接受上级的监督。在这样的束缚之下,企业缺少竞争能力,无意于创新改革和大胆试验。那种组织十分庞大的私营企业,如跨国公司当然也存在着官僚主义,但庞大体系中的每一单位都有不同程度的独立性,上层控制下层有一简单的规则和明确的判断标准,即利润测试,各单位只要通过这种测试,就可放手经营。

第三,集中计划管理体制并不能消除决策的无理性、随意性和专断性,因为企业的经营决策是由上级作出的，而上级的决策往往缺乏民主的基础。例如，为了提高威望而不顾国力和代价去发展钢厂，为了道德规范的原因而拒绝提高利息率，从教条而不是从实际出发去决定经济组织形式和产业结构，由于怕冒进而限制生产上和职业上的竞争，等等。

第四，集中计划管理体制并不能消除不确定性。计划管理的集中程度总不是百分之百的。计划管理单位总得把经济决策权或多或少地分一点给下属单位，从而"第二级的不确定性"就存在于集中计划管理体制之中。在市场体系中，企业的经营目的和决策原则是人们一般比较熟悉的，彼此的行为有较大的可预见性。而集中管理体制下，企业的经营目的和决策原则的透明度不高，反而确定性较小，它们的行为也较难预测。这种不确定性的一种反映就是，集中管理体制之下，企业常常过多地保存着中间产品和原材料的存货数量，因为它们总在担心着进货供给不易保证。

第五，计划管理最需要准确而及时的信息，但信息渠道不畅通又是计划管理体制的弱点，这就是计划管理的"信息缺口"，即集中决策的信息需求常常大于信息供给。信息来源于基层，种种信息都由中央计划机构通过各层计划机构收集、整理和分析，从而需要大量的费用和代价。这些费用和代价不只表现在经费的支出上，还表现为信息的延误和随之而来的决策的迟缓。大量的信息是不可再生的，如不迅速反馈，很快就会过时无用。由于费用的昂贵和时间的限制，基层的许多信息永远不能反映在中央计划之内。这样，在分散决策体制下可以充分使用的信息，在集中决策体制之下，或者由于得不到使用，或者因使用不当而浪费掉了。虽然技术进步可以加快收集信息工作的速度，但随着经济现象越来越复杂，信息量将越来越多，信息缺口不但不会缩小，反而会扩大。

第六，计划管理在收集信息，作出决策，传达、监督、评估、校正等等方面工作中，都有不少困难。当然，这些困难在市场机制中也或多或少地存在，但价格信号和利润准则大大简化了这些方面的工作。而如前所述，集中计划管理体制下经营准则多头，经济信号又欠灵通，计划管理工作就增加了困难，困难的程度将随着计划管理集中程度的提高而提高。

第七，计划管理机制在运行中不易灵活调节，基层单位一般是不允许根据其他单位情况的变化而互相调节和调整的，数据和资料只能逐级上报，由中央计划机构汇总，等中央计划机构作出新的决策后，调整变动的指令再逐渐下达。可见，在短期之内，计划要根据情况的变化作出灵活的必要调节是不可能的。

第八，集中计划管理体制之下，管理者由于掌握权力而易于腐化。权力掌握者可以定规划，批执照，调拨物资等等。即是说，在他们手中有种种"资产"，这些"资产"的转手，在市场经济中，或者是免费的，或者是在公开竞争中按照等价原则交换的。而集中计划管理体制下的管理人员难免把权力看成自己的"私产"，在不公开的市场中"出售"自己的"私产"得到私利。"或者是权力在腐化，或者是权力在为腐化开辟道路，事实是权力和腐化在同时出现。"①

第九，计划管理体制并不能增强经济预测的能力。如前所述，集中计划管理体制并不能消除不确定性，而且往往无视不确定性的客观存在而作出决策，加上信息缺口还在不断扩大，经济预测的能力是难以增强的。

可以看出，上述的种种论点是从计划化，特别是集中计划管理体制的缺点和不足作出分析的。值得注意的是从新古典主义的基本立场出发，颂扬市场机制而否定计划管理的拉尔的看法。他说，那些强调计划管理的发展经济学家的理论有一个出发点，认为新古典主义的基本理论和政策建议不适用于发展中国家，所举的理由有二：第一，新古典主义关于行为的、技术的和制度的假设，对发展中国家来说，是不现实的；第二，新古典主义主要关心的是既定资源的有效配置，它既不能解决所谓的增长动态变化问题，也不能解决减轻贫困或收入分配不均之类的伦理问题，因而对发展中国家来说，是不切合实际的。

拉尔认为，上述两点对新古典主义的批评都远非正确。

第一，拉尔说，大量经验证明，发展中国家人民的行为方式，并不与发达国家人民的行为方式存在着本质上的差异。例如，发展中国家未受过教育的农民还是一样地作为生产者和消费者而经济地采取行动，并按照新古典主义的预言对相对价格的变化作出灵敏的反应；在国民产品的生产中，不同要素的投入结构中互相替代的灵活程度，在发展中国家和在发达国家并无很大差异；不能假定发展中国家的劳动者具有一种特殊的偏好：当他们收入提高时，他们竟毫不考虑增加他们的"闲暇"；发展中国家的所谓制度上的特点，诸如它们特殊的社会结构，高利贷的、非正规的信用市场等，并不必然成为经济增长的障碍，相反，这些结构和体制可以促进效率，因为它们是具有理性的，对所处经济环境中存在的风险和不确定性具有经济的适应力。

第二，拉尔说，计划化论者认为新古典主义不能对动态变化的发展过程作出剖析的说法，是站不住脚的。持这种说法的理由是，新古典主义的基本方法是对经济中可供选择的均衡状态进行比较，而均衡是观念中的状态，从而无助于了解实际经济的运行。拉尔反驳了上述说法，他认为，正是由于它只对不同的均衡状态进行比较而不注意两种均衡之间的调节过程，正是由于它强调产品和生产要素价格的非刚性，新古典主义可能在发展中国家更为适合。因为，发展中国家的经济主体很少有"储备"可以依赖，从而会根据经济情况的变化，通过价格的改变，迅速地作出反

① 瑟尔金：《看得见的手：计划化的基本原理》，1968年英文版，第66页。

应。对比起来，在发达国家中，经济主体由于拥有相当大量的"储备"（或者采取过去储蓄的形式，或者采取福利国家给予的权利的形式），反而对经济情况的变化反应缓慢，迟迟不去调整应当调整的价格。因此，那些认为因市场价格出现刚性而要求修正新古典主义理论的说法，在发展中国家是不可能被接受的。

第三，在拉尔看来，不少发展中国家的经验表明，价格机制对促进经济增长和经济发展发挥了巨大的作用，"把价格理顺"（get the prices right）是一切发展中国家的当务之急。从另一方面看，正确而合理地进行集中管理，是极其艰巨而十分复杂的工作，发展中国家的低效能使政府很难做好它。

作为对第一阶段发展经济学的尖锐批评者的拉尔的上述论证，可以概括为两点：（1）发展中国家的经济运行要依赖于市场-价格机制，而不要依赖于计划管理。（2）新古典主义经济学的基本原理不仅适用于发达国家，而且也适用于发展中国家。

第三节　对计划与市场关系的再认识

由于 20 世纪 50、60 年代中在发展中国家风行的计划化出现了这样或那样的弊端，由于新古典主义在经济发展理论中在很大程度上扩大了影响，从 70 年代开始，一批发展中国家从强调计划管理转而强调市场调节。

但是，在过去 20 年中，推行"市场自由化"（free marketization）的发展中国家和地区，除少数外，情况并不理想。以拉丁美洲的智利为例，市场自由化的初始阶段，经济增长率曾有所提高，通货膨胀率曾有所降低，但经济的好转并未给低收入阶层带来利益，相反，失业率急剧上升，外债负担加重，收入分配日益恶化。与此同时，投资水平未能提高，大批私营企业摇摇欲坠，工业、金融部门出现拥有强大政治经济势力的垄断集团。以亚洲的印度为例，1985 年大力削弱政府控制和关税壁垒，并大幅度降低公司税率之后，私营工业一度极为繁荣，出口猛增，国内生产总值增加也很迅速，但好景不长，到 1988 年国内生产总值增长率从头一年的 4.4％降低到 1.8％，占人口 10％的最富裕阶层和其余的 90％的人民的收入差距进一步扩大，失业状况普遍恶化。

新的现实又引起了一些发展经济学家的反思。他们说，虽然还不能就市场自由化对长期的经济增长和经济发展的影响作出最后结论，但是，发展中国家在多大程度上可以依赖市场机制，在多大程度上可以依赖计划管理则是一个值得进一步研究的问题。各个发展中国家的具体情况有很大差异，但总起来说，发展中世界有许多因素决定了不能对市场机制过分依赖，不能对市场机制像工业化国家在发展初期那种程度地依赖。

发展经济学家托达罗重申了对市场机制缺陷的分析。其中，他特别强调了四个问题：第一，在发展中国家普遍存在着不完全性，具体表现为信息的不完全性、有效竞争的不完全性和大量经济外在性（externalities）的存在。这些不完全性阻碍了市场机制的运行，市场机制又难以克服这些不完全性。第二，发展中国家缺少的是资本，而市场机制不易在较短期间完成资本形成的任务。第三，市场机制有造成分配不均的趋势。第四，经济发展过程是一个结构变化的过程，而市场机制的运行难以做到结构改革。托达罗认为，由于市场机制具有这样一些重大缺陷，发展中国家在发展初期不得不更多地依靠缜密的中央计划管理并有效地发挥公营部门的作用，到了发展已具有相当基础的时期，可以更多地依靠市场机制，并创造条件促使私营部门发挥其积极作用。但是，即使在这个时期也必须防止过分依靠市场机制和私营部门的倾向，必须认识到，市场机制和私营部门并不能有效地配置资源和公平地分配收入，更不能完美地实现经济发展的长期的社会经济目标。①

著名的智利经济学家福克斯利（A·Foxley）在总结拉丁美洲国家 20 世纪 80 年代的发展经验之后，也得出类似托达罗的结论。他说："拉丁美洲现在正在对自由市场经验作出批判性的评价。人们普遍认为，天真地、极端地主张政府不干预的做法导致了严重扭曲的资源配置、低水平的投资、大量的资本外流等等。这些情况的出现往往是由于特定市场的效果很差，例如，在一些国家的国内资本市场中好几年的实际利率达到20％～50％，由于商品市场和劳动市场持续的动荡失衡，由于经济代理人漫无节制的投机行为，由于重要出口商品世界市场的不完全性等等，因此，看起来政府的积极调节作用是必要的，政府通过社会规划的有力推行，对保护落后部门的积极干预是必要的。

上述的政府积极活动和旧模式的中央集权下的经济统治是不同的。差别在于，现在强调的是地方分权和经济能量较小的政府，从而为有组织的劳动力和私营部门参与决策过程开辟一些渠道。今天，关于拉丁美洲情况的讨论，较多地注视地方分权发展，社会契约和协调一致的行动，较少地注视无所不在的国家作用或不受节制的自由市场功能。

20 世纪 80 年代，作为经济发展问题研究中心之一的世界银行经济学家们已明确认为，发展中国家必须大力发展市场经济，充分利用市场机制，但市场失灵又是不可避免的，因而有必要发挥政府的作用，对经济进行适度的干预。② 20 世纪 90 年代以来，他们对政府在市场经济中的作用进一步作出思考。他们指出，在过去相当长的一段时期中，从世界范围看，政府的规模和职能都在扩大。就发达国家而

---

① 托达罗：《第三世界的经济发展》，1989 年英文版，第 530～535 页。
② 世界银行《1997 年世界发展报告》的标题是《变革世界中的政府》。

言，扩大福利的要求和指导思想促进了政府作用的扩张，而许多发展中国家更纷纷采纳了政府主导型的发展战略，从而扩大了政府的作用。一个重要指标是，发达国家的政府支出几乎占其总收入的1/2，发展中国家大约占1/4。由这一指标可以从数量上看出政府作用在迅速扩大，而正由于这一点，关心经济发展的人们不能不由关注政府作用数量性的增加转而重视政府作用质量性的提高，即是说，从政府的规模及其干预措施的范围转向满足人民需求的有效性。对于发展中国家来说，其政府的首要职责是做好基础性工作，即建立法律基础，保持正常的而非扭曲的政策环境，特别是宏观经济的稳定，对基本的社会服务和基础设施进行投资，保护承受力差的阶层以及保护环境。

在东南亚金融危机爆发前两年，美国发展经济学家帕金斯（Perkins，D. H.）等人认为，东南亚国家的政府对市场干预失误之处在于权力进入市场，出现了对经济极其有害的寻租行为。他们说："目标化的干预要求官员遵纪守法，以出口业绩和其他透明的标准给予特权和别的优惠条件而不是利用权力牟取个人私利。如果政府在执行增长政策的过程中缺乏决心和纪律，那么，值得推荐的是以市场为基础，广泛依靠激进和减少政府日常干预的战略。"① 以韩国为例，可以证实这一论点。韩国政府在相当长的时期中，对出口企业和行业实行相当倾斜的照顾政策，如进口免税、出口退税和信贷优惠等，从而在这些企业或行业中形成具有垄断性质的租金。其结果，虽然激励这些企业或行业竭力谋求产出和出口量的增长，却往往忽视经济效益的提高，更严重的是促使它们采取贿赂、欺骗等手段来获取更多的租金。于是，出口企业或行业出现低效益的膨胀，不顾高额负债，进而降低银行信贷资产的质量，造成银行坏账堆积，为金融危机种下祸根。另一方面，诱致政府官员腐败，力图分沾租金，不能公正地、规范地执行政策，更难以适应经济形势的变化以及时地调整政策。可以说，韩国的大企业集团是在政府倾斜的产业政策和银行贷款无限制的支持下发展起来的，尽管它们在国家市场中的比重日益扩大，自身的负债率却日益上升。1996 年，在韩国前 30 位大企业集团中，自有资本的比重在总资产中大约只有 18%，平均资本负债率为 180%，有的甚至高达 300%，仅利息支出就占营业额的 5%。前 40 位企业的营业额为 4 400亿美元，而总利润额只有 6 500万美元，利润率仅为 0.015%。1997 年初，韩国名列第 14 位的韩宝集团破产，其中政治丑闻涉及总统金泳三的次子和他的高级助手。至 1997 年 11 月初，韩国前 30 位大企业集团中有 7 家请求破产保护或倒闭。在其影响之下，韩国银行的经营状况迅速恶化，从 1996 年至 1997 年 7 月底，坏账比率由 4.1% 上升到 6.8%，这就导致基础薄弱的韩国银行和众多信贷机构陷入困境。这些问题在东南亚金融危机爆发之前

---

① 吉利斯、帕金斯等：《发展经济学》，中国人民大学出版社 1998 年版，第 507 页。

即已存在，其根源在于韩国政府对市场的过度干预，甚至达到政企不分，又由于韩国主要银行几乎完全为政府所控制，更形成银企不分，以致企业的预算约束软化，导致企业盲目扩张，步入虚假增长的误区，加上权钱交易，官员贪污腐败，使韩国经济的真实基础非常脆弱，金融危机爆发后，韩国经济受到很大损害，直至新旧世纪之交才逐步恢复。

总之，20世纪80、90年代后，发展经济学家已形成一种共识：市场经济是促成资源优化配置的最佳机制，由计划体制向市场体制转型的发展中国家决不能走回头路。然而，现实的市场绝非完全的市场，初生的市场更是如此，从而需要政府的必要干预。但是，发展中国家对市场进行干预必须适度，并防止权力进入市场造成"寻租"行为的产生。

思　考　题

1. 从发展经济学中关于计划管理和市场调节的争论，你感到有何可以借鉴之处？

2. 根据自己的体会，分析我国在大力发展社会主义市场经济的过程中要注意国家宏观调控的必要性。

第十四章　可持续发展

　　20 世纪以来，随着科技进步和社会生产力的极大提高，人类创造了前所未有的物质财富，加速推进了经济发展的进程。与此同时，自然资源的急剧耗损和环境质量的不断下降等问题也日益突出，使得人们对经济增长和发展能否持续下去产生了疑问。人们为寻求一种建立在环境和自然资源可承受基础上的长期发展的模式，进行了不懈的探索。自 20 世纪 80 年代世界环境与发展委员会（WECD）正式提出可持续发展的模式后，可持续发展理论与战略得到了发达国家和发展中国家的普遍认同。可持续发展问题，是 21 世纪世界面对的最大中心问题之一。它直接关系到人类文明和经济发展的延续，并成为直接参与国家最高决策的不可或缺的基本要素。如今，可持续发展的概念和模式，已经被迅速地引入到各国的计划制定、区域治理与全球合作等行动当中。世界上人口最多的中国，更是把可持续发展作为国家基本战略。

第一节　可持续发展的基本思想

一、可持续发展思想的形成

　　可持续发展概念的产生和理论的形成，并不是偶然的。经济理论与经济发展实践从来都是相辅相成，互相促进的，理论用来解决和总结经济发展的实践，并给现实的经济活动提供指导；同样，随着经济形势的不断变化与发展，经济理论也在逐渐更新与成长。在西方经济学建立之初，古典经济学家就在当时的社会生产条件下提出过资源的稀缺及人口过多对经济增长和发展有限制作用。工业革命的进行，使环境污染问题、资源过度利用问题逐渐显现，新古典主义者对此提出了外部性、资源的最优利用等理论。这些经典理论，为经济可持续发展理论的形成提供了基础。20 世纪 60～70 年代以来的人口爆炸、环境污染等现实背景及其对经济发展前景的探讨直接促进了可持续发展理论与战略的形成。

　　自然资源和环境资源的稀缺性，以及由此而产生的资源分配及利用问题是可持续发展理论研究的出发点和理论基石。古典经济学家通常把自然作为基本的生产要素，只有农业和自然资源的开发才被作为潜在的生产活动。他们对自然资源对经济增长构成约束的论述可归结为两种基本观点：一是资源绝对稀缺性论，或称马尔萨斯稀缺论；二是资源相对稀缺论，或称李嘉图稀缺论。

随着工业化的不断进行，社会生产力得到了极大的进步，物质产品也日益丰富，在此背景下形成的新古典经济学逐步抛弃了古典经济学的传统，开始将生产、消费、福利、分配与自然资源、生态环境割裂开来，忽视任何自然资源稀缺性对经济增长约束的可能性，只强调市场作用和资源优化配置问题。许多新古典经济学家认为，在生产和消费过程中被利用的特殊的自然资源，如原材料和能源，所显示的相对稀缺性与其他作为生产要素的经济资源的相对稀缺性无异。① 而且，在一个动态经济的最优市场条件下，自然资源的相对稀缺性并不能对经济增长起长期约束作用，因为新古典主义的市场机制观认为，当一特殊资源逐渐相对稀缺时，它的市场价格将上升，这将给技术创新提供刺激以更有效率的开发其边际存量、寻找其替代品或者通过减少需求来保护现有供给量的利用。因而新古典经济学对经济增长和发展的前景是乐观的。尽管新古典经济学的主要贡献在于对市场机制的研究，但仍有一些经济学家如杰文斯（Jevons，W. S.）、马歇尔（Marshall，A.）等清醒地注意到了资源和环境经济的一些问题，并对之进行了探索。

二战后至20世纪60年代，世界许多国家都忙于战后的重建、恢复和发展，经济增长和发展成了普遍关注的问题，并由此形成哈罗德—多马增长模式、索洛—斯旺的新古典经济增长理论，卡尔多—罗宾逊的新剑桥经济增长理论，罗斯托（Rostow，W. W.）的经济成长阶段论等。起初的发展经济学并没有把发展和增长两个概念区别开来，多数学者实际上认为经济发展就是经济增长（如雷诺兹（Reynolds，L. G.）、罗斯托等人）。当时广为流行一个关于发展的公式：发展＝经济增长＋社会变革，其中社会变革也只是实现经济增长的手段。在上述思想指导下，不少发达国家和发展中国家虽然提高了经济增长率，加快了工业化进程，但也出现了许多不良后果，如贫富差距越来越大、环境污染日益严重、生态环境遭到破坏、不可再生资源迅速消耗、人口急剧增加等。针对这些问题，博尔丁（Boulding，K. E）、戴利（Daly，H. E.）等学者从各自不同的角度对增长、发展、环境、资源与人口等因素问题进行了理论的反思。但是，对可持续发展观形成产生强烈影响和引起人们广泛讨论的莫过于对增长极限论的探讨。

1972年，以梅多斯（Meadows，D. L.）为首的一个17人专家小组向罗马俱乐部提交了关于人类困境的第一份题为《增长的极限》的报告。该报告提出了著名

---

① Barbier，E. D. Economics，Natural-Resource Scarcity and Development，London：Earthscan Press，1989，p. XⅡ．

的增长极限论，认为影响经济增长的五个主要因素即人口增长、粮食供应、资本投资、环境污染和资源消耗之间是相互作用的，如人口没有粮食就不能增长，粮食生产是通过资本投入而增加的，更多的资本需要更多的资源，被抛弃的资源成为污染，污染又扰乱人口和粮食的增长等，而且它们都是以指数形式增长的。由于地球的能源、资源和容积都是有限的，"如果在世界人口、工业化、污染、粮食生产和资源消耗方面以现在的趋势继续下去，这个行星增长的极限有朝一日将在今后 100 年中发生。最可能的结果将是人口和工业生产力双方有相当突然和不可控制的衰退。"①因此，必须改变目前这种增长趋势并建立稳定的生态和经济条件，实现零增长状态下的全球均衡，以使地球上每个人的基本物质需要得到满足，而且使每个人有实现他个人潜力的平等机会。报告还指出，由于技术的副作用以及存在着技术所不能解决的问题，依赖技术进步缓解人类困境是不可能的，即使"尝试对技术产生的利益予以最乐观的估计，但也不能防止人口和工业的最终下降，而且事实上无论如何不会把崩溃推迟到 2100 年以后"。②

《增长的极限》尽管在一些论点上偏于极端，在电脑计算中有些纰漏，但它的问世毕竟标志着人们对传统增长方式理论上的深刻反思。自 20 世纪 60 年代以来，发达国家和发展中国家的经济社会发展现实则深刻而明确地印证了这些反思的重要意义：第一，南北差距继续扩大。20 世纪 70 年代发展中国家平均 GNP 增长率为 5.3％，但其经济结构仍没有得到多少改变，对发达国家的依附关系仍在保持或加深。20 世纪 80 年代发达国家发展相对稳定，而大部分发展中国家则每况愈下，一些地区或国家基本处于停滞状态。发达国家与发展中国家人均 GNP 的比率从 1980 年的 10 倍扩大到 1988 年的 20 倍，人均国民收入的比率从 1∶40 扩大 1∶50。第二，人口剧增。从 1950 年到 1990 年，发展中国家人口占世界人口的比重由 67％上升至 73％。目前，发展中国家仍有几千万人处于饥饿与死亡的危险之中。人口剧增使得发展中国家的现代化进程步履维艰。第三，生态环境恶化。在 20 世纪 60 年代，世界性公害事件不断发生，温室效应、臭氧层破坏、酸雨、土地退化、热带雨林过度砍伐、环境污染等问题非常严重，影响了生产活动的正常进行，甚至危及到人们基本生活质量的改善。发展中国家的生态环境问题尤为突出，并日益形成了贫困-人口增长-环境退化-贫困的恶性循环。面对人类发展所面临的上述挑战，必须重新考虑以前的增长方式，研究这些挑战的表现形式和相互关系，寻求正确的超越困境的发展途径。经过理论与实践的不断验证，人们终于找到了一个内涵深刻并被绝大多数人接受的概念及战略——可持续发展。

---

① 梅多斯等：《增长的极限》，吉林人民出版社 1997 年版，第 17 页。
② 梅多斯等：《增长的极限》，吉林人民出版社 1997 年版，第 109 页。

　　1972 年，联合国在瑞典首都斯德哥尔摩举行的人类环境与发展会议所形成的文件，显现了可持续发展的基本思想。尽管与会的代表在消除贫困与环境保护孰先孰后的问题上存在鲜明的分歧，但都认为环境与发展之间有着基本的联系，保护与改善环境已成为关系到人类幸福和经济发展的重要问题。"可持续发展"及"持续性"的概念，则首次于 1980 年出现在世界自然保护联盟（IUCN）的文件《世界自然保护战略》中，该文件从生物资源保护的角度提出"可持续发展强调人类利用生物圈的管理，使生物圈既能满足当代人的最大持续利益，又能保护其后代人需求与欲望的潜力"[①]。此后，关于可持续发展的讨论日渐增多，人们开始在文献中大量使用诸如可持续发展、可持续增长、可持续社会、可持续利用等术语，但其含义一直不很明确，人们往往根据自己的理解来使用这些名词。

　　1987 年，以布伦特兰夫人（Brundland, G. H.）为首的世界环境与发展委员会发表了《我们共同的未来》，正式提出了可持续发展的模式。该报告对当前人类在经济发展和保护环境方面存在的问题进行了全面而系统的分析，指出发展与环境之间的影响是相互的，为了促进人类之间及人与自然之间的和谐，必须实行可持续发展战略。此后，可持续发展才有了广为接受和引用的定义，该报告也成为国际组织和各国政府制定社会经济发展计划的指南。世界环境与发展委员会（WECD）把可持续发展定义为"既满足当代人的需要，又不对后代人满足其需要的能力构成危害的发展"[②]，并且给出了可持续发展的原则、要求、目标和策略。其可持续发展思想包含了当代与后代的需求、国际公平、人口控制、自然资源、生态承载力、环境与发展相结合、国际合作等重要内容。可持续发展明确提出要变革人类沿袭已久的生产和生活方式，使人们在增加生产的同时充分注意生态环境的保护和改善，并且要调整现行的国际经济关系。这种变革与调整必须按照可持续性的需求进行设计和运行，它几乎涉及到经济发展和社会生活的所有方面。从总体上看，该报告构建了可持续发展理论及战略的基本框架。

　　在《我们共同的未来》的影响和推动下，对可持续发展理论的探讨越来越深入和具体。世界银行在《1992 年世界发展报告》中，在赞同 WECD 的可持续发展定义的同时，又把它限制在内涵更明确的范围内，认为可持续发展是指"把发展与环境政策建立在成本与效益相比较的基础之上，建立在审慎的宏观经济分析之上，将能加强环境保护工作，并能导致福利水平的提高和持续性"，[③] 并进而在 1995 年发展了新的国家财富及持续发展能力的评价系统。至今，可持续发展的研究仍在深化

①　IUCN，UNEP，WWF，World Conservation Strategy，Gland，Switzerlan，1980，p1.
②　世界环境与发展委员会：《我们共同的未来》，吉林人民出版社 1997 年版，第 52 页。
③　世界银行：《1992 年世界发展报告》，中国财政经济出版社 1992 年版，第 8 页。

发展之中。

二、可持续发展的基本思想

可持续发展的基本思想主要包括以下几个方面：

第一，可持续发展并不否定经济增长，尤其是发展中国家的经济增长，毕竟经济增长是促进经济发展，促使社会物质财富日趋丰富和人类文化及技能提高，从而扩大个人和社会选择范围的原动力，但是，需要重新审视实现经济增长的方式和目的。可持续发展反对以追求最大利润或利益为取向，以贫富悬殊和资源掠夺性开发为代价的经济增长。它所鼓励的经济增长应是适度的，注重经济增长质量的提高。它以无损于生态环境为前提，以可持续性为特征，以改善人民的生活水平为目的。因此，必须充分认识到单纯追求产值的传统经济增长模式的弊端，通过资源替代、技术进步，结构变革和制度创新等手段，从总体成本-收益分析的角度出发，使有限的资源得到公平、合理、有效、综合和循环地利用，从而使传统的经济增长模式逐步向可持续经济增长模式转化。

第二，可持续发展要以自然资源节约为前提，同环境承载能力相协调。可持续发展的实现，要运用资源保育原理，增强资源的再生能力，引导技术变革使可再生资源替代不可再生资源成为可能，并运用经济手段和制定行之有效的政策，限制不可再生资源的利用，使其利用趋于合理化。具体来说，一是可再生资源的利用强度应限制在其最大可持续收获量之内，保证自然循环与恢复的功能不受破坏，并确保可再生资源的持续利用。二是不可再生资源的消耗应降至最低限度，并通过循环利用提高使用效率，使不可再生资源的耗竭速度不超过寻求替代资源的速度。三是通过清洁生产，资源重复利用，环境政策等控制环境污染，逐步减少经济活动对环境的破坏和对生态系统的干扰。四是寻求自然资源、人力资源、物质资本与社会资本间的合理与有效转化，形成互相支撑和弥补的体系，共同促进经济和社会的持续繁荣。五是最为关键的，即要通过教育、培训等促进知识的增进和人力资本的提高，促使知识经济的扩展。发展的同时必须保护环境，包括改变不适当的以牺牲环境为代价的生产和消费方式等来控制环境污染，改善环境质量，同时要保护生命支持系统，保持地球生态的完整性，使人类的发展保持在地球承载力之内，否则，环境退化的成本将非常巨大，会构成人类发展的严重障碍。

第三，可持续发展要求公平与效率的高度统一。公平主要是指人类在分配资源和获取收入或积累财富上机会的均等。可持续发展要求给世界同代人以公平发展的机会，要求在国家范围内给予人民全面参与政治、经济和社会生活的权利，积极地创造制度条件使人们在市场竞争中处于同一起跑线上和运用经济政策消除悬殊的贫富差距。同时，应该认识到全人类赖以生存的自然资源是有限的，一代人不能为了自己的发展和需求而损坏后代人利用自然资源和生态环境的权利，而应自觉地考虑到有限资源的代际公平分配，明智地担负起代际合理分配资源和占有财富的伦理责任。效率是指资源的有效使用与有效配置，它是可持续发展的内在要求。在经济发展过程中，有限的资源必须得到优化配置和合理利用。在效率和公平的关系问题上，可持续发展认为两者相辅相成，互相促进：一方面，增加效率、提高生产力给公平地分配资源和实行收入再分配提供基础；另一方面，发展机会的均等也必然导致人们生产积极性的提高，从而促进效率的增加。两者的高度统一是可持续发展的重要特征。

第四，可持续发展是一个涉及经济、社会、文化、技术及自然环境等的综合性概念。分析可持续发展，不能把经济、社会、文化和生态因素割裂开来，因为与物质资料的增长相关的定量因素同确保长期经济活动和结构活动以及结构变化的生态、社会与文化等定性因素是相互作用、不可分割的，必须通过协调使各要素互相适应，克服或明显减少片面强调某一要素而出现的负面效果，并提高相关要素作用中的工作效能，以达到预期的发展目标。同时，可持续发展又是动态的，它并不是要求某一种经济活动永远运行下去，而是要求不断地进行内部和外部的变革，在一定的经济波动幅度内，寻求最优的发展速度以达到持续稳定发展经济的目标。

第五，可持续发展以提高生活质量为目标，同社会进步相适应，其最终目的是实现人的全面发展。经济发展意味着贫困、失业、收入不均等社会经济结构的改善。可持续发展的目标不仅如此，还意味着人们对社会、政治与经济生活的全面参与、个人自由与选择的大幅度扩展以及人与自然的和谐。

第六，可持续发展的创新原则。创新原则就是利用技术和制度创新，为实现可持续发展提供必要的技术和经济社会条件。创新不仅是经济增长的动力，而且是扩大人与自然系统的环境容量变革的关键。技术创新使人们不断发现新的能源、资源及替代品，发现已有资源的新用途和新的使用方法，开发提高资源和环境承载力的技术，从而提高资源的利用率，拓宽可持续发展的投入要素的范围及内容。制度创新是通过建立以实现可持续发展为目标的各种社会及经济制度，保障了经济发展与环境保护的统一，更为有效地组织社会经济活动，将极大地促进可持续发展的顺利进行。

第七，可持续发展的协调原则。首先经济发展的真正目的是提高人们的生活质量，这不仅要依靠经济增长，而且还意味着提高人均预期寿命、发展教育、享受良好环境等等。在一定的发展阶段，由于有限的能力，资源和认识水平，一些发展目标又可能是相互冲突的，单纯追求某一目标可能损害了其他目标，由此产生矛盾并形成对发展的阻碍。因此，实现可持续发展需要各发展目标之间的相互协调。如环境问题是由于盲目追求经济增长而产生的，但不能因此而停止增长，解决的途径应是协调增长与保护的关系或发展与环境的关系，使经济增长建立在保护资源和改善环境的关系，使经济增长建立在保护资源和改善环境基础之上。其次，可持续发展还是一个多要素共同作用的过程，必须通过协调使各要素互相适应，克服或明显减少片面强调某一要素而出现的负面效果，并提高相关要素作用中的工作效能，以达到预期的发展目标。同时，应当注意经济发展是一个动态过程，它所要求的协调不是发展目标的开头并进或发展要素的平等对待，而是一种整体协调，即把各发展目标及要素置于宏观分析的框架之内，寻求整体的综合平衡。因此，在不同的发展阶段需要有所侧重，整体统筹。对发展中国家来说，消除贫困、保持一定的经济增长速度是实现经济发展、解决环境问题的起点。

第八，可持续发展的学习原则。即通过知识的增进促使人们建立新的生产与消费方式，提高经济效率。目前，知识经济作为一种崭新的经济形态已在逐渐发展，知识已成为发展经济的资本，是比原材料、物质资本、劳动力、汇率更重要的经济因素。知识经济的出现，标志着以物质资源的高消耗为基础的传统工业经济的衰落。从本质上来看，知识经济是一种可持续发展的经济。因为知识作为经济资源不仅是无穷无尽的而且很少存在外部不经济性，并由于其效益递增的特征，将使经济发展长期、稳定、持续地进行。而知识的增进和知识经济的运行发展，必须通过教育、培训等学习手段才能进行，因此学习原则将是实现可持续发展的基本保证。

三、可持续发展的测度

如何准确、完整地衡量可持续发展也是可持续发展理论的重要内容。只有建立了科学的可持续发展指标体系，才有可能对一个项目、一个地区或一国在某个时期的经济活动是否符合可持续发展的原则做出大致定量的判断，从而引致经济发展战略及发展目标的确定。

目前，国外学者在可持续发展指标方面的研究大致可分为三类：

（1）运用现代经济增长模型构造指标。可持续发展理论认为，在传统的 GNP 核算中，并未将由于经济增长而带来的对环境资源的消耗和破坏所造成的影响及其对生态功能、环境状况的损害考虑在内。环境影响通常没有相应的市场表现形式，但这并不意味着它们没有经济价值。20 世纪 80 年代以来，经济学家在许多国家对环境污染和生态破坏导致的人体健康损失，农业产量减少和质量降低，自然资源的破坏等经济损失进行了估算发现，不少发展中国家环境损失占 GNP 的 10％以上，由此得出了考虑自然资源和环境因素在内的国民生产净值（NNP）概念。具体公式为：国民生产净值＝消费＋在物质资本上的净投资＋人力资本变化的净价值＋自然资本存量变化的净价值－当前环境退化的损失。与此相类似的还有可持续收入的概念。这个概念的基础是：只有当全部的资本存量随时间保持不变或增长时，这种发展途径才是可持续的。可持续收入定义为不会减少总资本水平所必须保证的收入水平，它等于 GNP 减去物质资本、自然资本、人力资本和社会资本等各种资本的折旧。皮尔斯（Pearce，D.）、特纳（Turnet，R.）等人则强调自然、环境资源的价值，认为可用自然资本（自然资源、环境质量、生物多样性等）存量作为测量可持续发展的指标，指出可持续发展的关键在于维护"自然资本存量"不变，因为用物质资本替代自然资本并不总是可能的，而且人类活动导致的自然环境变化的不可逆性可能达到物质资本不能比拟的程度；同时，可持续发展的代际公平原则也要求维持资源存量不变，使得不同代际之间能平等地拥有资源。自然资本存量可以用自然资源实物量或自然资源总价值量或自然资源服务的单位价值（用资源价格衡量）或自然资源提供的资源流量价值来测量。

（2）从财富的角度衡量。世界银行 1995 年提出了以"国家财富"或"国家人均资本"为依据度量可持续发展的主张，认为一国的财富除了自然资本、物质资本、人力资本以外，还应包括社会资本，即社会赖以正常运转的制度、组织、文化凝聚力和拥有信息等。只要我们留给后代人的以上四种资本的总和不少于我们这一代人所拥有的资本的总和，或人均资本拥有量不变或增加，那么经济发展就是可持续的。世界银行给出了计算前三种资本的方法：自然资本可根据水、国土、森林和深地层（石油、煤等矿藏）等四种资本进行估算；人力资本以现在的人口能继续生产出目前的国民收入的潜力来估算，但没有对社会资本进行具体的计算。在上述概念框架的基础上，世界银行的经济学家还进一步将可持续性划分为对人均资本保有程度要求不同的三个层次，即弱可持续性、适中可持续性和强可持续性。弱可持续性只要求资本总量不减少而不考虑资本的结构，这实际上意味着假定各种资本之间存在完全可替代性，如对自然资源利用的收益进行投资，使之转换为物质资本。适中可持续性除了要求资本总量不减少外，还要求资本的构成合理，即各种资本都不能低于拟定限度，它肯定了各种资本之间的部分可替代关系。强可持续性不允许各种资本之间的替代，要求各种资本都不能减少，如对于自然资本而言，消耗石油所得到的收益必须全部用于可持续的能源生产。

（3）综合的可持续发展指标体系。由于可持续发展涵盖的范围很广，从经济增长、经济效率的实现、自然资源的有效配置和永续利用以及环境质量的改善到社会公平与适宜的社会组织形式的实现等，因此必须建立综合的反映可持续发展诸内容的指标体系。联合国可持续发展委员会（UNCSD）、开发署（UNSTAT）等机构在 1996 年提出了一个初步的可持续发展核心指标框架，这个框架是在驱使力、状态、响应概念模型基础上形成的，其中驱使力指标用以表征那些造成发展不可持续的人类的活动和消费模式或经济系统的一些因素，如失业率，人均 GDP、在人均 GDP 中净投资所占的份额、国内人均耗水量、土地利用的变化、森林采伐强度、温室气体的排放等；状态指标用以表征可持续发展过程中的各系统的状态，如贫困差距指数、基尼系数、经环境调整的 GDP、地下水储量、土地及森林状况的变化、大气污染的程度等；响应指标则用以表征人类为促进可持续发展所采取的对策。联合国环境问题科学委员会（UNSCOPE）认为 UNCSD 的指标数目过多影响可操作性和信息的可获性，提出了一套包含 25 个指标的高度精练的指标体系，其中包括GNP、储蓄率、收支平衡、国家债务、失业指数、贫困指数、居住指数、人力资本投资、资源净消耗、混合污染、生态系统风险、对人类福利的影响等。

纵观以上可持续发展测度的方法，由于存在着资源定价难题、信息不足及诸多技术上的问题，目前的研究和实践虽然已经对可持续发展的进程进行评价，但是还相对粗糙。随着生产力水平的提高、科学技术的进步和人们对可持续发展理论及实践认识的深化，可持续发展的测度将进一步全面和准确。

第二节　可持续发展因素分析

可持续发展是一个涉及人口、资源、环境、技术、制度等因素，而且各因素之间相互影响的动态进程。人力资源、自然资源与技术进步都是传统经济发展理论考察和研究的对象，但基本上都是静态地、孤立地分析这些因素，环境与制度因素则是传统经济发展理论较少涉及或作为外部因素的。本节将较为全面地探讨这五个因素与可持续发展的内在关系，并进行多角度多层面的分析。

一、人口因素

人口是经济和社会系统的核心，是发展的原动力和终极受益者，因此，人口问题是人类社会生存发展的基本问题。1994 年在开罗召开的联合国国际人口与发展会议通过的《行动纲领》指出："可持续发展问题的中心是人"，这揭示了在社会、经济、人口、环境、资源诸因素中，人口因素处于核心地位。可以说，可持续发展是以人为本的发展。

20 世纪上半叶，世界人口是以一种蜗牛般的速度增长。到了 20 世纪下半叶，全球范围较长时间的相对稳定发展以及医疗卫生事业的进步，使得人口出生率和成活率迅速提高，死亡率大幅度下降，从而引起世界人口的爆炸式增长，而且人口爆炸主要是由发展中国家的人口过快增长造成的。人口过多给可持续发展带来了许多不良影响：从资源方面来看，人口过多必然造成对资源的过度需求，导致资源过度消耗，从而加重资源危机。虽然地球资源在一定程度上是动态的，科学技术的发展会不断地发现并创造新资源，但应该看到，目前人类技术进步还远远赶不上人口增长和消费需求的增长，那些不可再生资源的储量不仅有限，而且必须与一定的生态系统共存，因此可以认为，在一定的历史时期和一定的科学技术水平上，资源是有限度的，人口过多必然会加剧资源利用的危机，尤其对发展中国家来说，其人均资源量的进一步降低，将使农业资源负担加重，工业资源供给不足，必然会削弱其人均产出的提高和可持续发展的能力。从环境方面来看，人口过多可从两个方面对之产生影响：首先，人口增加引起了城市化的膨胀，居住条件的恶化，噪声污染，"三废"物质增加等问题，造成严重的环境污染，危害人们的身体健康。其次，人口通过利用资源对生态系统造成了破坏。为满足人口群体生产和消费的需要，温室效应、水土流失、生物多样性被破坏等问题随之而来。从人力资源的利用来看，人口的过快增长造成了发展中国家严重的人力资本投资过少及失业问题。人口现有的增长速度已经危及许多国家的政府为人民提供教育、保健和食物保障的能力。在家庭层次上，贫穷的家庭由于子女多负担重而无力供子女接受更多的正规学校教育，甚至于无力保证给儿童以充足的营养，从而削弱了他们未来的劳动能力；在国家层次上，由于财力有限，教育投资少，会导致教育数量的不足和教育质量的下降。这样就降低了发展中国家的人力资源质量，使人力资本积累过低。人口膨胀也是造成发展中国家持久的严重失业和就业不足的重要原因，它引起了人力资源的大量闲置，同样不利于可持续发展。

应该指出，促进人力资本的积累是实现可持续发展的根本途径：第一，人力资本是体现于人自身的各种知识、技能及体力的存量，人力资本积累通过人力资本投资形成。这种投资包括正规学校教育、在职培训、医疗保健、迁移以及收集价格与收入的信息等多种形式，其中教育是人力资本投资中最重要的部分。理论和大量的实证分析都表明，人力资本是现代经济增长的主要动力和决定性因素，不同国家经济增长水平的差异并不是由资源禀赋、物质资本等的差异引起的，而是因为各自所拥有的人力资本积累的不同。一个国家或地区如果人均人力资本积累太少或人力资本积累的速度太慢，则它不仅难于实现经济的持续增长，甚至连摆脱经济停滞的厄运都是很困难的。第二，人力资本对于收入分配的平等有重要影响。"总的来看，我们的初等、中等以及高等教育所取得的成就，已经成为减少个人收入的分配之不平等的手段。"① 这是因为人力资本投资的目的在于提高劳动者的人力资本存量，从而获得更大的经济效益，而且人力资本积累最终将导致社会范围内的收入分配出现平等趋势。第三，人力资本积累能提高自然资源的利用效率。人力资本的提高将通过劳动者技能的提高、技术操作工艺水平的改善而增进物质资本和自然资源的使用效率，从而节约自然资源和物质资本。人力资本积累在不可再生资源匮乏时还促使人们寻找替代物并提供知识技能上的保证，而且人力资本的积累甚至于能改变自

① 舒尔茨：《论人力资本投资》，北京经济学院出版社1992年版，第104~105页。

然资源利用的结构和内容。第四，人力资本与其他生产要素的结合能使经济产生递增收益，这是人力资本所包含的生产能力，它对于持续经济增长和资源的永续利用十分重要。第五，人力资本积累与人口数量之间还存在着一定的负相关关系。贝克尔（Becker，G. S.）认为，时间价值随收入的提高而增加，使生育儿童的成本增加，导致对儿童"质"的需求增加和"量"的需求下降。每一代人的时间价值可以由他这一生所享受的总效用与他愿意留给后代的总效用所决定。在不发达国家，由于人力资本总量低，收入低，时间价值就低，导致了对儿童"质"的需求下降，即不愿意进行人力资本投资而愿意增加孩子的数量，如此循环就陷入了"低水平均衡"，而发达国家的情况正相反。因此，解决人口过快增长的问题还必须积极地发展教育等人力资本投资形式，促进发展中国家的人力资本积累，形成人口数量与人口质量相互协调发展的良性循环。第六，人力资本积累还能够改变人们对环境的态度和处理方法，阿格（Agee，M. D.），柯若克（Crocker，T. D.）等人建立了一个人力资本与环境直接联系的简单模型。模型中父母要为他们的孩子生活的环境作出选择，而这些选择会影响孩子的人力资本积累。模型表明，减少对人力资本的投资，可能会削弱市场的影响，增加外部性，从而加深环境危害和自然资产的退化。

总之，发展中国家、特别是人口众多的发展中国家，必须长期重视人口增长过快的问题，优先投资于人的全面发展，促进人口大国向人力资本强国转变。

二、自然资源

自然资源是指一切能为人类提供生存、发展、享受的自然物质与自然条件，如土地资源、水资源、矿产资源等，它是生产的原料来源和布局场所。自然资源是经济发展的基本因素。人类的经济活动就是生产和消费资源的过程，但资源又是有限的，这就构成了资源与经济发展间的矛盾冲突。可持续发展提出要反思人类过去的生产和消费方式，提高人类利用资源的效率，关注资源的代际分配和利用，指明了人与自然和谐发展的新道路。首先，自然资源的永续利用是可持续发展的物质基础和基本条件。没有自然资源系统的可持续发展，人类的可持续发展将是一句空话。其次，资源的利用与经济的发展是相辅相成的关系，不能盲目地坚持限制或停止资源的利用。经济发展一方面保证了人类的生存条件和生活质量的改善；另一方面也不断积累了资金和技术实力，提高了人类抵御自然灾害和保护、改造大自然的能力。不发展经济就不能消除穷困和落后，就会因缺乏必要的物质基础、资金财力和技术条件而无法更好地保护资源。最后，如何实现资源的持续利用是可持续发展的关键所在。资源的可持续利用是指在不断努力获得更多资源的同时，在人类社会有意义的时间和空间尺度上，就自然资源的数量和质量的总体水平而言，人类社会利用自然资源的选择空间不被缩小。这就要求我们在经济发展过程中要遵循以下几个原则：（1）科学开发、合理利用和节约的原则。为此，要改变目前的生产方式和消费方式，高效利用资源。（2）不超过生态供给阈值利用原则。生态供给阈值是维持生态功能持续性的最低存量水平，它可以通过技术进步和投资增加而扩大，因此，要增进技术的开发和使自然资本的出售收入用于教育或改善环境。（3）开发产品原则，也就是使不可再生资源的耗竭速率不超过寻求作为替代用品资源的速度。（4）福利原则，也就是使自然资源的总存量基本保持不变，以保证下一代的自然资源的经济水平不至于降低。如果一种资源减少，必须进行经济补偿，这是帕累托准则在资源经济学中的应用。

对自然资源的经济分析主要涉及两个方面：一是从动态过程考虑如何保证资源的最佳利用；二是制度特别是产权结构对资源沿时间配置的影响，如"公用地的悲剧"的产生及解决等。这里主要讨论前者，后者将在以后的讨论中涉及。

古典经济学家都把一国的自然资源禀赋作为决定国际贸易模式和收入分配的关键因素，而没有涉及它具体的经济分析。美国经济学家霍特林（Hotelling，R）于1931年发表了《可枯竭资源经济学》一文才开始了对不可再生资源的经济理论分析。20世纪70年代后，伴随着石油价格的变动和人们对长期经济增长和发展的关心度增加，资源经济学得到飞速发展，索罗（Solow，R. M.）、息尔（Heal，G. M.），斯蒂格利茨（Stiglitz，J. E.）等都对此作出了贡献。

需要进一步强调的是，经济学对自然资源的最基本的划分，是把自然资源分为可再生资源和可耗竭资源或不可再生资源。可再生资源是可以用自然力保持或增加蕴藏量的自然资源，如太阳能、大气、森林、鱼类等。可耗竭资源的利用开发，可以设想一个初始量给定的，只能流出不能流进的水池，问题是怎样放水才能使总的利润最大化。由于资源的总量固定，当前的开采量要影响未来的可能开采量，资源的开采成本不仅取决于当前的开采所使用的要素投入量（劳动、能源等）及其价格，还取决于过去开采所使用的要素投入量，当前开采对未来资源开采收益的影响等因素。如果把资源的市场价格和开采成本之差称为租，那么资源占有者——地主的目标就是给定时间偏好和对矿藏的需求函数，使各时期租的总和最大。这可以表达为一个简单的模型，约束条件为：（1）资源存量随开采过程而减少。（2）资源初始存量给定。（3）开采成本随资源存量的减少而上升。（4）资源价格不能超过由替代品价格决定的一个价格上限。当存在替代性资源时，还需要考察两种以上互相替代的消耗过程，其中一个重要论点是所谓的"优先开采成本较低资源"准则。许多经济学家指出，在可耗竭资源与可再生资源的理论之间没有实质的差别，可再生资源也是可能耗尽的，大致上说，如果一种资源的最优消耗使得该资源的市场价格在达到稳态时仍然小于替代品的价格，则该资源在该种最优开采计划及由市场结构决定的定价机制之下是"可再生资源"。这里，资源的可再生性不仅依赖于资源的技术特性，还取决于产权制度与所考虑的定价机制等因素。如果在达到稳态之前，资源价格已上升到替代品的价格，则该资源在该开采计划中是"可替代资源"。可替代资源的一个特例为可耗竭资源达到稳定时的资源开采量为零。

三、制度因素

制度其实是一个很古老的经济社会现象，因为人类自产生以来就在习俗、命令等非正式约束中处理人与人之间的关系了。但是，在相当长的时期中，西方经济理论却忽视对制度因素的分析。它们在分析过程中，或者把制度抽象掉，或者把制度当做既定前提。随着新制度经济学派的兴起和繁荣，越来越多的经济学家认为应将文化、传统及制度等非经济因素纳入经济发展理论的分析框架之中。一些经济学家还认为，制度安排的不同是造成一国经济发展水平差异，甚至国家兴衰的根本原因。可持续发展强调制度因素对促进一国长期经济发展的重要作用。环境污染的防治，资源的保护以及人与自然和谐发展的意识形成等，也都不能脱离制度因素。

下面就处理和解决"公用地的悲剧"及产权在印度对环境退化及人口迁移的作用进行案例分析：

（一）"公用地的悲剧"及其解决

自从哈丁（Hardin，G.）富有感染力的文章 1968 年在《科学》上发表以后，"公用地的悲剧"就成为刻画环境退化的两个术语。戈德温（Godwin，K.）和谢泼德（Shepard，B.）把哈丁的文章称作是"社会科学家描述环境问题和资源问题的主要框架"。哈丁在文中描述了这样一种情形：有一个对所有人开放的公共牧场，每个理性的放牧者都想在公共牧场放养尽可能多的牲畜，因为每个放牧者从其牲畜那里获得直接利益，而只承担由于过度放牧所产生的成本的一部分。当每个人都这么做时，牧场由于过度的放牧造成退化的灾难就会发生。哈丁发人深省地总结道："这就是悲剧所在。每个人都被锁在一个迫使他在有限范围内无节制地增加牲畜的制度中。毁灭的是所有人都奔向的目的地，在信奉公用地自由化的社会中，每个人都追求各自的最大利益。"[①] 哈丁并不是注意到公用地悲剧的第一人。亚里士多德很久以前就说过："最多的人共用的东西得到的照料最少，每个人只想到自己的利益，几乎不考虑公共利益。"哈丁把这种理论扩展到对人口增长、环境污染等问题的解释。在环境问题日益严重的今天。由于"公用地"的普遍意义，"公用地的悲剧"已被用于描述各种类似问题的分析上，诸如污染问题、资源管理、国际合作、饥荒问题等。"公用地"的概念可以包括大气、海洋、自然循环、食物链等，而放牧者可以是一个企业、跨国公司或一个国家的象征。在相互联系愈来愈紧密的世界

里，局部利己行为的集合或追求短期利益的经济繁荣，可能导致人类长期的可持续发展能力的损害。

从分析方法上看，哈丁的理论已经形成了任意个人的公用地两难困境的博弈。在开放的公用地中，放牧者所面临的决策与囚犯两难困境博弈中每个囚犯面临的决策有相同的结构。对在这个两难困境中的每个局中人来说，"不合作"策略牢牢地压倒"合作"策略，但是每个人选择其"最佳"的个人策略所达到的均衡，不是共同的最佳结果。每个博弈者都试图得到最佳的结果而避免最坏的结果，而最终得到的是次坏结果。许多学者对处理和解决"公用地的悲剧"进行了探讨。哈丁在以后的一篇文章中认为唯一的选择是人们必须响应个人精神之外的强制力量，即国家应作出努力来解决"公用地的悲剧"。奥尔森（Olson，M.）得出的结论是：如果没有外部强制和对个体的特殊激励，将不会有成功地提供公共物品的集体行动。[①] 海尔布伦纳（Heilbroner，R. L.）等人提出应由中央政府对绝大多数自然资源系统进行控制的建议。然而，其他的分析家则以同样有力的词语要求在任何资源共有的时候，强制实行私人产权。史密斯（Smith，R. J.）认为：避免有关自然资源和野生动物的公用地悲剧的唯一办法，是通过建立私人产权制度来结束公共财产制度。我们认为，由中央政府管理或私人产权制度并非解决问题的唯一途径，应该根据具体的情况利用多种方法突破社会的两难困境。具体来说，需要综合运用三种方法处理"公用地的悲剧"：第一，明确公用地或公共资源的产权，或利用领地划分的方法使个体或组织对公共资源的权利清晰可见。第二，通过建立权威或提供一定的制度安排来进行资源的合理分配和使用。第三，利用信息或制定规则等手段来改变对策结构，提高信息的传输效率，增加群体中个体的合作。

日本的平野、长池、山之家等村庄的发展就是一个避免"公用地的悲剧"的成功案例。许多世纪以来，日本一直存在大量的公用地并主要由当地村民进行管理。平野、长池、山之家等三个日本村庄地处能区分许多小气候的山脉上。农民耕种自己的私人土地，公用地出产各种对当地农民有价值的农产品。在早期，每个村庄都由村民大会管理，而村民大会通常由在村庄中有政治地位的家庭的户主组成，每个村庄大会都制定了一套比较复杂的规则，管理村庄拥有的公用地的使用和改良。边界规则明确规定哪些土地属于公共所有，哪些土地属于私人所有，规则明确规定哪些人有权使用公有土地。每个村庄都有一个详细登记的规定数目的家庭，未经允许，家庭不可分割，进入公用地的权利则按比例授予每个家庭。人口增长率极低（1721～1864 年间为 0.25％,），村庄内的所有权形式也处于稳定状态。除了规定一切土地的所有权情形之外，村民大会也制定了详细的分享规则，以各种方式规定了

---

① 　参见瑟尔·奥尔森：《集体行动的逻辑》，上海三联书店 1995 年版。

家庭可从公用地获取多少有价值的各种产品。在进入公用地时，人们要遵守一定的规章，以确保自行繁衍的成熟的动植物群体能保存下来。这个案例的启示是：在一定的自然条件下，面临公用地两难困境的人们，可以确定他们自己的体制安排，通过明确产权和建立权威等规则来改变他们所处情况的结构。

（二）环境退化和人口迁移与产权的作用：印度的案例分析

在过去的二十多年中，人们已经看到工业化进程中生产和消费的大量废弃物和由于森林退化和土地侵蚀等而造成的自然资源加速减少是当前威胁环境的两大主要问题。印度和大多数发展中国家一样，主要是第二种情形破坏了环境的支撑能力，因为贫穷引起了高人口增长率对环境的巨大压力，而自然资源产权的变化能增加环境支撑庞大人口的能力。人口迁移、产权变化和环境退化之间的联系可以借助于一个即时均衡系统来说明，其中农村迁出人口、环境退化及土地产权是此系统的内生变量。人口的增加会导致对农村土地和水资源的压力；环境退化会增加农村人口的外迁；土地及其他公有资源的产权变化能限制农村人口的外迁，因为农村人口向城市流动是基于农村与城乡收入差异及城市就业率状况等原因造成的，一旦农村产权制度的变化减少了城乡差别，农村人口外迁就会减少，同时城市的环境也会因此得到好转。由此，乔普纳（Chopra，K）和古拉特（Gulati，S.C.）等人研究了印度89个贫瘠地区上述关系的状况后发现，通过产权制度的明确或对资源所有权或使用权的更改，投入环境保护的劳动开始增加，人们的收入增加，并有可能保持较高的消费水平，这使人口迁移的决策发生改变，同时增强了农村环境承受庞大人口的能力并影响了城市环境的改善。这些产权的变化包括：明确耕地的产权以及拥有公有资源的人群范围；以契约的形式规定团体成员的义务和责任，制定"游戏规则"，包括实行轮作制和圈养牲畜；逐渐形成保证上述规则实施的机制等。在1980年至1991年，加汉豪斯巴、阿加姆、阿姆德格、尤得坡等区域出现了人口外迁减少，环境改善，公众参与指数提高等情形。

此外，还要构建可持续发展的伦理观。传统的经济增长观视增长为发展，只注重眼前的利益和当代人的直接利益，由此激发的各种短期行为使那些对发展具有长远战略价值但不能带来近期利润的产业受到抑制；它把自然界看作征服的对象，把人看作实现经济增长的工具和手段，从而导致了自然资源的浪费和过度消耗、生态环境的恶化以及人的异化，造成了效率和公平之间的矛盾和人与自然的不和谐；它还使人们日益注重于物质享受而忽视精神文化的需要，导致了对伦理观念的损害，使人的机会主义行为大大增加。总之，传统增长观的经济绩效效率低并且造成了社会经济生活的混乱。究其原因，指导人类经济活动观念的误导，如功利主义、实用主义的观念，是导致经济活动负效应的重要根源。因此，必须构建可持续发展的伦理观念，使人与自然、人与社会、经济活动与生态环境达到和谐统一。

可持续发展的伦理观主要体现在：我们既要注意协调人与自然的关系，又要注意协调人与人、人与社会的关系，把考虑直接现实利益同人类的长远利益统一起来；既要考虑人的物质利益，又要重视人的精神文化需求；既要追求物质方面的进步，又要促进人的全面发展，使人与自然、人与社会达到和谐统一。用它来规范人们的经济行为和社会行为，必然能克服各种失衡发展行为，实现效率和公平的统一，给人们带来社会福利的极大改善。具体来说，在物质生产方面：第一，社会物质生产不仅要以经济增长为目标，而且必然以改善环境质量、实现环境保护和资源保护为目标，经济发展必须是良性循环演进的；第二，生产技术向着无废料或少废料的工艺发展，实现自然资源的最充分是合理的利用，要尽量减少技术的负效应；第三，作为物质生产主体的人仍然处于生产的中心位置，但是人类的活动要限制在生态许可的承载能力范围内。在精神文明建设方面：第一，"可把发展视为引起知识和价值创造的张力焦点，促进和推动这种创造活动正是教科组织的职责"[①]，因此，发展教育应作为构建可持续发展的伦理观的重要内容；第二，追求人的全面和自由的发展，促进人具有崇高的理想、高尚的道德情操、良好的文化素养、广博的知识、健全的人格和顽强的意志等。

从传统的增长观到可持续发展的伦理观的过渡，是一种非强制性的制度变迁。它具有难以更改的特点，时滞更为明显，因此，应尽快普及全球环境教育、加强环境意识，使个人努力较快地接受新的可持续发展的价值观和习惯，减少阻力，增加速度。

四、环境因素

环境是指与人类密切相关的，影响人类生活和生产的，自然的或人类作用下形成的物质和能量及相互作用的总和，主要包括生态系统以及人们对之作用产生的各种依存关系。环境一方面是人类生存和发展的物质基础和空间条件，另一方面又承受着人类活动产生的废弃物质和各种作用的结果。在工业革命以前，人类用手工劳动进行生产，人口和社会生产力都处于一种非常缓慢的增长状态，经济和社会的发展对环境的需求和作用相对狭小，因此环境与发展基本上是和谐的。随着工业化进程的加快，特别是在第二次世界大战以后，现代生产力的巨大发展使经济活动的需求以及对环境作用的程度和强度日益扩大。人们在处理发展与自然、环境的关系时，又往往片面强调发展而忽视生态环境问题，使发展与环境的互馈关系趋于恶化，环境问题已成为目前威胁人类社会经济发展的严重问题。这些环境问题主要有"三废"物质污染、噪音污染、水资源枯竭、土地沙漠化、温室效应、核污染、大

---

① 　弗朗索瓦·佩鲁：《新发展观》，华夏出版社 1991 年版，第 11 页。

气臭氧层破坏、非洲撒哈拉以南地区的生态灾难、生物多样性的丧失等等。1972年联合国的人类环境会议标志着人类环境意识的觉醒，并开始以实际行动致力于环境保护。可持续发展思想及理论的形成显示，环境问题与经济社会的发展息息相关，良好的环境是人类的生存空间及其适宜的条件，人类的可持续发展必须保护和改善环境。

环境污染的经济分析，源于庇古 20 世纪初关于福利经济学的分析。当时的英国在工业化进程中没有注重环境成本，使空气污染日趋严重，庇古注意到了这一问题，并设想污染的外部成本通过征税形式使之在企业中内部化，构成了环境污染控制经济分析的基本框架。然而，此后环境污染问题一直被忽略，直到 20 世纪 60 年代末对之的经济分析才系统展开。

经济学对治理污染的贡献应是研究污染控制的最优水平及其如何实现最优控制。有关最优污染水平的分析框架，如图 14-1 所示。图中，$MNPB$ 代表边际私人纯收益，即企业生产活动中得到的边际收益减去它所支付的边际成本之差。$MNPB$ 曲线向右下方倾斜，意味着随着企业经济活动水平的扩大，边际私人纯收益是逐步下降的。MEC 代表边际外部成本，即生产活动产生的未由生产者承担的成本。MEC 曲线向右下方倾斜，意味着随着经济活动水平或污染物排放量的扩大，边际外部成本是逐步上升的。y 点是 $MNPB$ 曲线和 MEC 线的交点即均衡点，该点对应的经济活动水平或污染物排放量是 Q^*，A、B、C、D 分别代表其所在的三角形区域。厂商之所以会生产导致环境污染的商品，其目的是为了追求最大限度的私人利润即私人纯收益，而只要边际私人纯收益大于 0，厂商扩大生产规模就有利可图。所以，厂商希望将生产规模扩大到 $MNPB$ 线与横轴的交点 Q_1，这时厂商从生产该商品中得到的私人总收益，就是 $MNPB$ 线与横轴、纵轴相交而构成的三角形区域 OBQ_1，即 $A+B+C$。同时，厂商生产造成的环境污染，将迫使社会为此支付外部成本。当生产规模和污染物排放量达到 Q_1 点所表示的水平时，社会所支付的总外部成本，就是由 MEC 线、横轴和通过 YQ_1 点的横轴垂线 YQ_1 所构成的三角形区域 OYQ_1，即 $B+C+D$。图 14-1 表明，由于外部性的存在，在私人成本和社会成本（社会成本是全社会——包括厂商在内——所支付的成本）、私人纯收益和社会纯收益（社会纯收益是全社会从厂商从事的生产中所得到的总收益减去它所支付的总成本之后的差额）之间，就出现了不一致。社会成本相当于私人成本加上外部成本，社会纯收益则相当于私人纯收益减去外部成本。在图 14-1 上，社会纯收益相当于 $(A+B+C)-(B+C+D)=A-D$。

图 14-1 还表明，在生产规模和污染物排放量达到 Q^* 点所代表的水平时，社会纯收益 $A-D$ 达到最大值，因而 Q^* 被称为最优污染水平。所谓最优污染水平，是指能够使社会纯收益最大化的污染水平。

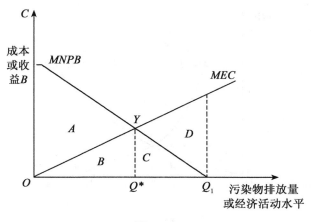

图 14-1

　　一旦确定了污染控制的最优水平，下一步所要确定的就是污染控制的最优分配。所谓污染控制的最优分配，就是把控制污染的任务按某种适当的方式分配给各个不同的污染者，由它们去具体完成，并使得能够以最小的总成本为代价来实现既定的污染控制的最优水平。简言之，污染控制的分配目标是要回答：究竟应当使每个污染者减少多少单位的污染才能够既实现污染控制的水平目标，又使得总的污染控制成本为最小。

　　假设某地区有 A、B 两个污染者，它们在一定时期的污染总排放量为 300 个单位。如果该地区的最优污染水平为 150 个单位，这也就是要求两个污染者减少排放量 150 个单位。那么，这 150 个单位如何在两个污染者之间分配呢？显然答案是多种多样的，例如每个污染者都可以减半，但是要达到最优，就必须增加那些污染较大从而边际成本较小的污染者的污染控制任务和减少那些污染较小从而边际成本较大的污染者的污染控制任务，直到所有污染者控制污染的边际成本都恰好相等时为止。这样，控制污染的总成本才会最小。图 14-2 中，横轴表示污染控制量或减少量，A 的污染控制成本从左向右越来越大，B 的边际控制成本从右向左越来越大，两污染者总共 150 个单位的污染减少量，在横轴上的每一点都可以达到，每一点都代表两个污染者减少量的组合，如在最右边一点代表由 A 提供全部削减量，但是最优的分配点应是 E 点，由 A 削减 E 个部位，B 削减 150－E 个单位，此时的总控制成本＝面积 A＋面积 B，其他不同的污染控制组合所支付的总成本都比 A＋B 要大。

　　在世界各国控制污染、解决环境问题的实践操作上主要存在两种思路：（1）

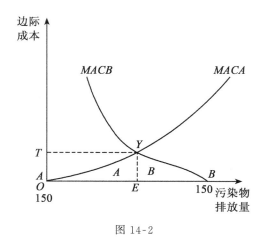

图 14-2

环境管制；（2）环境经济手段或经济激励手段。

（一）环境管制

环境管制是政府设定环境质量指标，通过立法、规定等非市场途径对环境资源利用的直接干预。它的形式多种多样，如明令禁止某些污染经营活动或资源利用与排污，要求某些污染生产工艺必须淘汰，规定只有非市场转让性的许可证持有者才可以生产或排污。实行环境管制的理论基础是基于市场的失灵。环境管制最大的特点是能迅速地控制污染。企业必须依从政府的环境标准，改变生产技术，调整生产投入组合或直接投资于污染控制。一些经济学家声称环境管制会降低一个国家的生产率，如丹尼逊（Denison，D.）对美国私人部门 1972～1975 年间的情况进行研究发现，环境管制导致生产率的增长下降 16%。但是，雷彼托（Repetto，R.）、罗什曼（Rothman，D.）等人近期构建了一个模型来量度环境管制通过降低环境污染造成的成本对生产率的影响。由于环境污染将会增加实际经济成本，如电力工业中产生硫的工厂烟囱所排放的硫，比可出售的作为工业原材料的原硫每吨对经济产生更高的成本。他们发现，环境管制实际上能提高生产率。

（二）环境经济手段

环境经济手段可定义为，从影响成本效益入手，引导经济当事人进行选择，以便最终有利于环境的一种手段。这种手段明显的表现是，要么在污染者和公众之间出现财政支付转移，如各种税收和收费、财政补贴、服务使用收费和产品税等；要么产生一个新的实际市场，如许可证交易。环境经济手段能使经济主体以他们认为最有利的方式对某种刺激作出自由反应，它是向污染者自发的和非强制的行为提供经济刺激的手段。环境经济手段的目标和作用在于纠正导致市场失灵的外部性问题，使得外部成本内在化，并且它能在一定程度上避免管理失灵所造成的损失，它所依据的基本原则是 20 世纪 70 年代初期 OECD 提出的污染者付费原则。污染者付费是一条使得这些环境外部性内在化的途径，并被认为是"经济有效"的或理想化的途径。

环境经济手段可以大体上分为两个大类：一类侧重于政府干预来解决环境问题，可称之为庇古手段；另一类则侧重于通过市场机制本身来解决环境问题，可称之为产权管理。

庇古手段，源于庇古在《福利经济学》中所表达的政策措施。庇古建议，应当根据污染的负外部性所造成的危害对排污者征税，用税收来弥补私人成本和社会成本之间的差距。同样地，对产生正外部性的单位应进行补贴。庇古手段主要是利用税收手段、财政手段、收费制度和责任制度进行的，包括排污收费、使用者收费、产品收费、财政补贴、利率优惠、押金退款制度等。以下主要分析被称为庇古税的排污收费。

庇古税要求确定最优税率。庇古税的课收税率是在这样的一点上，即削减追加的一个单位的污染将不可能获得任何净效益。这种税收是建立在对污染造成的损失的货币值的基础之上的，要确定适宜的税收水平要求估算减少一个单位污染排放所带来的追加效益以及削减该单位排放的成本的大小，但通常情况下很难获得这些信息。由于按照庇古税的做法来确定社会最优的排放水平过于昂贵因此难以实现，所以通常根据一个可接受的环境改善水平，把税率设定在一定的排放或产品上。随着公众和政府可以不断获得新的信息，该排放水平可能也会随时间发生变化。尽管所得到的污染削减水平具有不确定性，但总是能在一定程度上改善环境。理论上，人们已经广泛认为庇古税是一种具有经济效率且对环境有效的手段。但是，获得正确的庇古税，需要一定的信息以及纳税人的一致行动，由于可能存在数量众多的纳税人，征税成本可能很高，所以庇古税往往不能达到最优效果。

产权管理主要包括产权途径和排污权交易。产权途径的主要特征是将产权同外部性联系起来，强调市场机制的作用，认为可能在不需要政府干预的情况下，通过产权明晰和协调各方的利益或讨价还价过程而使外部成本内部化。科斯 1960 年提出，当存在外部性时，只要交易成本为零，而且产权是明确的，那么，不论谁拥有产权，通过市场都可以使资源得到同样有效的配置。我们可用一个例子来说明，首先假定污染者有权排污，那么他就会加大排污量，使受害者的经济损失越来越严重。这样，受害者为减少损失就会与污染者谈判，要求污染者减少排污量并愿意补偿因排污量减少而遭受的损失，补偿金的款额至少相当于污染者因减少排污量而减少的边际纯收益（否则污染者将因得不偿失而拒绝减少排放），至少相当于受害者因相应的排污量而支付的边际损失（否则受害者也将因得不偿失而愿意忍受排污带来的损失），这样就达到了一个均衡点，即污染给受害者造成的边际损失等于污染者的边际收益。反之，假定污染者能否排污决定于受害者，那么通过谈判，仍会达到同一均衡点。这样，外部成本就通过产权协商而内部化了，双方都达到了帕累托最优状态。

但是，由于产权难以界定，交易成本过高，环境信息不对称等原因，产权途径在实践上同样存在许多问题，使得其优化机理难以运行。相比之下，排污权交易更易于实行，实际上也已被许多国家所采用。排污权交易，是指政府制定总排污量上限，按此上限发放许可证，排污许可可以在市场上买卖。20 世纪 60 年代末，戴尔斯（Dales，J. H.）首先提出了将满足环境标准的允许污染物排放量作为许可份额，准予排污者之间的相互有偿交易，随后涌现了大量的有关理论与应用的研究。但这一体系为政府环境决策机构所采纳，则始于 20 世纪 80 年代。1986 年，美国环境保护局正式颁布了排污许可贸易政策，随后，在有些地区对污水和废气的排放实施了许可贸易制度。近年来，欧美的许多学者又在探讨建立国家排污许可贸易体系的问题，以控制温室效应对臭氧层的破坏。中国环境保护局也于 1988 年制定了排污许可登记制度，但尚未涉及许可贸易体系问题。排污权交易，首先由环境保护当局计算出该国或该地区可能允许的污染物排放总量，制定排污许可总额，并将其分解分配给各个排污单位，然后允许各个排污单位进行许可额的自由贸易。每个单位可能将所分配的许可额留着自用，也可以在市场上卖掉：如果排放污染的公司买许可额比自己控制合算，它也可能去买而不是自己减少排污。这样，排污权交易有很多优点如成本最小，节约了管理成本，避免了过多的政府干预且简单易行等。

此外，公众参与也非常重要。公众参与包括环境管理中的这样一些机制：信息公开、"自愿途径"、"加贴标签"[①]、环境认证、社区参与等。对话与合作已经广泛地存在于环境保护之中，公众与污染者可能会达成自愿协议，这种方法已成为当前非常流行的工具。

第三节　发展中国家实现可持续发展的基本思路

可持续发展是 20 世纪 80 年代以来人类认真总结自己的历史进程，重新审视自己的经济社会活动与发展行为而提出的一种新的发展思想和战略。它不仅是发达国家的正确选择，而且更是发展中国家生存与发展的自然需要与必然选择。目前，发达国家由于环境意识、技术、资金投入、法规制度等方面的有利条件已使其曾十分

---

① 托马斯·思德纳：《环境与自然资源管理的政策工具》，上海三联书店 2005 年版，第 184～196 页。

严重的生态环境问题开始得到基本控制，而发展中国家则因缺乏足够的认识，技术水平低，资金匮乏等使得人口、资源与环境等问题愈加严重，因此，可持续发展对发展中国家有更加重要的意义。

一、发展中国家实现可持续发展的原则

对发展中国家来说，坚持经济发展优先的原则是发展中国家环境与经济协调发展，从而实现可持续发展的生命线。发展中国家如果不能发展，仍停留在穷困和不发达状态，其可持续发展道路上的种种障碍就不能被消除，贫困条件下人口与生态退化之间的恶性循环就不能制止。只有经济发展了，才能够积累资金、技术和管理经验，才能够提高环境治理和环境保护的能力。"环境不可能在贫困的条件下得到改善，发展本身应当是对此的部分答案。"[1] 再者，如果发展中国家不强调发展，不尽快摆脱贫困，世界经济将永远是贫富悬殊的二元经济格局，由此可能阻碍人类面临的一系列重大问题的有效解决。

在坚持发展优先原则的基础上，发展中国家实现可持续发展还必须遵循效益原则，即经济发展是效益型的而不是速度型的。要做到这一点，首先，必须提高发展的经济效益。经济效益愈低，一方面资源利用的效率低，浪费了资源。反之，经济效益愈高，则资源利用的效率高，节约了资源。其次，必须提高发展的社会效益。发展所获得的利益必须得到较为平等的收入分配，使公众的生活质量得到相应的提高，使教育、科技、文化和其他方面得到相应的改善，以消除技术资源薄弱、法制滞后、公众观念和生活方式上的传统性等各种阻碍持续发展的障碍。最后，必须提高发展的环境效益。经济发展与环境保护具有相互推动及相互制约的关系。根据现实的条件，发展中国家目前环境保护追求的目标主要应是尽可能合理利用好本国的自然资源基础，尽可能减少发展过程中的环境损失，避免难以逆转的环境恶化。美国西奥尔多·罗斯福任总统时期的口号"明智的利用就是保护"对今日之发展中国家颇为适用。以适度的环境损失换取高效的经济增长，意味着以较小的环境损失换取较高的环境治理能力。实际上，经济、社会及环境效益是统一的、相互促进的。只有三者的完美结合，才有可能打破穷困与环境恶化间的恶性循环，并随着发展进程的不断加快，逐步增强发展中国家的可持续发展能力，形成经济、社会与生态环境之间的良性循环。

分析工业社会发展的历史，特别是发达国家的发展进程可以发现：经济发展水平与环境破坏之间存在着倒 U 形关系，或者称之为环境库兹涅茨曲线，即环境破坏随经济发展水平的不断提高呈先上升后下降的趋势。发达国家如美国、西欧和日

---

① 拉尔大：《我们的家园——地球》，中国环境科学出版社 1993 年版，第 184 页。

本的经历以及新兴工业化国家和地区如韩国、新加坡、我国台湾省等的发展都符合这样一种倒 U 形关系。一些学者还建立了数学模型来验证这种关系。然而，在概念上接受这一关系并不意味着发展中国家的环境恶化只是与其经济发展水平相联系的一个暂时的现象，可以听之任之。这是因为：首先，如果发展初期环境退化超过一定的生态阈值就可能成为不可逆的。许多重要资源如森林、渔场、土壤等都存在生态阈值，一旦它们在经济发展的起飞阶段就严重枯竭或退化，那么就可能不会形成一个完整的倒 U 形态或者将需要很长的时间和很高的成本才能使之恢复。其次，某些形式的环境恶化，如含毒成分污染物的大量排放使水、空气质量下降，会损害人们的健康，影响人们的生产能力；而水土流失、土地沙漠化、土地生产力下降等则不可避免地影响生产，从而制约经济的进一步发展。第三，发达国家可以向发展中国家转移污染型企业以转嫁污染，这样可能使发展中国家需要很长时间才能越过曲线中的环境恶化上升阶段。第四，及早防治和治理某种形式的环境退化可能比将来再治理更节省费用。因此，发展中国家必须采取适当的政策措施，把经济发展同环境保护有机地结合起来，在经济发展中保护环境，在环境保护中促进经济的发展，也就是说，要将环境治理纳入经济发展的进程之中，尽量减轻经济发展对环境的破坏水平，有效地防止经济发展中对环境的不可逆破坏，并通过促进生态农业和环保产业以及资源定价等推动经济发展，使环境库兹涅茨曲线的峰值降低，环境恶化上升阶段平缓且缩短。

应当指出，发展中国家可持续发展的实现还有赖于国际经济新秩序的建立和发达国家的帮助。首先要制止和扭转贸易保护主义，促进世界贸易进一步自由化，逐步改变以少数国家垄断力量为基础的国际生产、国际贸易和国际金融体系，使发展中国家从中受益。第二，大力实施新的国际债务战略，减轻发展中国家的债务负担。"环境抵债"是一项值得考虑的计划，按照这一计划，发达国家取消发展中国家的债务，同时与债务国签订强制性协议来保护债务国中环境易受破坏的地区。第三，既然发达国家要对其造成的环境问题负责，那么它们就应承担环境的治理费用。此外，由于南北经济的互补性和全球国家的伙伴关系，发达国家还需在发展中国家的人口控制、环境意识的培养、教育、培训、信息获得与处理等方面提供援助。第四，开发和分享有利于环境的适当技术。有利于环境的适当新技术的推广可能是成功地拯救环境的关键。发展中国家利用发达国家现有的环境保护知识、研究成果和技术，借鉴国外的环境管理经验，是实现产业进步，发挥"后发优势"从而提高可持续发展能力的关键。因此发达国家应尽可能多地和尽可能优惠地向发展中国家转让有利于环境保护的技术和知识，特别是关于农业、林业、能源、废物削减和循环利用的适用技术。

二、发展中国家实现可持续发展的途径

近 20 年来，发展中国家普遍接受了可持续发展的观念并在政策制定上做出了持久的努力，越来越致力于人口增长的控制、环境污染水平的降低和可持续发展能力的提高。在巴西东北部，无论是较高收入家庭还是较低收入家庭的生育率都有明显的下降。中东欧国家在 20 世纪 90 年代初遭受了严重的工业污染和贫困，其中一些快速工业化国家如波兰和捷克虽然在技术上有能力解决一些环境问题但是缺乏恰当的制度和激励，之后，尽管受到了严格的经济制约，中东欧国家还是建立了强大的环境投资基金，辅之以对土地和矿产等自然资源的使用进行特殊收费、征收环境税等手段，使环境污染得到了有效的控制。长期以来，印度尼西亚的经济增长虽然速度超过 10%，但这种增长是建立在大量利用燃料油和木材等自然资源基础之上的，是不可持续的。1995 年以来，印尼实施了污染控制评估和定级计划，不仅对企业的资源开发、污染排放做了具体的规定，而且还给企业提供了具体的帮助和建议，进行了对每个企业可持续性的定级，并且利用信息公开、消费者、投资者的反应等进行环境管理，取得了很好的效果。我国近年来在实现可持续发展方面取得了广泛的共识，可持续发展是一种新的发展思想和发展战略，符合科学发展观的要求，体现了科学发展观的时代内涵。而且我国在实施可持续发展战略方面作出了巨大的努力。我国是人口大国，巨大的人口基数给经济、社会、资源和环境带来压力，这将严重制约着我国经济社会发展以及人民生活水平的提高，人口因素对我国可持续发展至关重要。因此我国继续加强了计划生育工作，控制人口过快增长，并且通过教育、培训等措施提高人口素质。中华人民共和国成立以来我国基本实行的是高消耗资源的粗放型的经济增长模式，用高投入换取经济高增长。而我国又是资源相对贫乏的国家，资源紧张状况仍将长期存在。因此我国提出了要转变经济增长方式，选择有利于节约资源的生产结构和消费方式，使资源得到合理开发和永续利用。为了改善环境，我国完善了环境保护法，运用行政、经济和法律的手段进行污染治理和生态建设，建立了绿色 GNP 账户。

发展中国家的经济发展水平不同，国情各异，因此它们实现可持续发展的具体模式不是唯一的，但是，总的看来，发展中国家实现可持续发展的途径有如下几个方面：

（1）大力开发人力资源，促进人力资本积累。人力资源是以劳动力的数量和质量表示的资源，是积累和创造物质资本，开发利用自然资源最活跃最积极的主动性的生产力要素，是推动和促进社会变革的主要力量。其中，人力资源的质量即人力资本是实现经济发展，增强环境意识，促进技术进步，提高资源利用效率的关键所在。因此，大力开发人力资源，促进人力资本积累就成为发展中国家实现可持续发

展的首要选择。为此，要做到：第一，控制人口的增长，实现适度人口目标。发展中国家应采取多种措施控制人口的增长，尽快实现适度人口目标。这些措施包括实施计划生育并建立一整套计划生育奖惩制度，提高结婚年龄，并使避孕方法更方便，扩大妇女受教育和就业机会，改善公共医疗卫生条件和儿童营养状况，建立和完善老年保险制度，破除片面鼓励生育的传统观念等等。第二，努力增加就业机会，减轻人力资源的闲置和浪费状况。发展中国家应建立完善的劳动力市场，促进劳动力的合理流动；积极发展劳动密集型产业，广拓就业途径；全面发展农村经济，支持农村剩余劳动力的就地转移。第三，最重要的是增加人力资本投资，提高人力资本投资的效益。发展中国家首先完全有必要大幅度提高教育经费占 GNP 的比重，增加人力资本投资强度。其次要调整教育结构，提高教育投资的效率。发展中国家应该重点发展基础教育，同时要大力发展职业教育以提高劳动者的生产技能。另外，由于农民是发展中国家的人口主体，对农民教育及科技意识的投资更不能忽视。

（2）建立资源节约型的发展模式。资源节约型的发展模式是针对过去的资源浪费模式而言的，是依靠科技进步，以较少的资源消耗和能源耗费取得较多的产出效果和经济效果的发展方式。其主旨是通过提高资源的利用效率和单位资源的人口承载力，实现资源的永续利用和经济可持续发展。它并不否定开发新的资源，创造不可再生资源的替代资源等。提倡建立资源节约型的发展模式，是发展中国家长期的战略性措施。为此，发展中国家首先要依靠科技进步，通过引进国外的适用技术和增强自身的研究与开发的能力来杜绝资源的浪费，减少废弃物排放，促进废弃物资的循环利用。其次是尽量使经济发展和生活消费建立在可再生资源和能源基础上，如利用太阳能、水能等取代矿物能源，反对超越经济发展阶段的高消费等。还有，要建立生态农业。它对农村人口众多，农业在国民经济中占重要地位的发展中国家的经济发展非常重要。生态农业就是依靠农业生态系统来维持土壤肥力，促使农业稳定持续发展，它能导致生态的良性循环，使资源得到充分合理的利用，是农业可持续发展的理想道路。

（3）促进经济与环境的协调发展。首先应将环境保护纳入经济发展的体系之中，将政府干预和市场作用相结合，使环境与发展相统一。其次要大力推广清洁生产，实施污染控制的全过程管理，并优先发展环保产业。推行清洁生产及扶持环保产业同资源节约型发展模式也是相通的，都是通过技术进步来提高经济效率，节约资源消耗，减少废料以及污染物的生产与排放。在这方面，政府的经济激励政策以及有关环保法规的建设应发挥较大作用，如征收"庇古税"，实施排污许可证制度等。再次，促进国际合作，通过多种形式利用国外资金和技术来推动发展中国家的环境保护事业。最后，加强全民环境教育，提高环境意识和环境需求。没有广大人民群众的参与，实现环境保护是不可想象的。

（4）充分发挥政府调控的作用。发展中国家是不可能自然而然地走上可持续发展道路的，而必须在战略与政策上进行革新和诱导，以充分发挥后发优势，改变传统的工业化产业结构与方式，尽快促使自己的国家向可持续发展模式过渡。其中，政府起着关键的作用，它在立法、规划、土地利用、污染控制、环境保护、普及教育等诸多方面有举足轻重的政策性影响。此外，政府还在对可持续发展战略实施的宏观调控，各方面利益的协调上发挥主要作用。因此，为促进可持续发展的实现，发展中国家的政府应在以下几方面充分发挥作用：第一，促进市场经济体制的发育和完善。市场经济体制是一种利用价格参数有效配置资源的机制，它使各种稀缺资源得到优化配置，生产者得到最大的经济收益。发展中国家应培育和完善劳动力市场、商品市场，特别是要建立资源价格体系，对自然资源与环境资源进行计价，使资源费用在产品成本和价格中得到合理反映，使公共资源使用的外部性内部化，以利于有效地保护资源，节约资源。第二，进行资源核算，完善国民经济核算体系。资源存量增减，环境污染与治理等，都要与国民生产总值紧密地联系起来，为生态资源环境与经济的协调发展提供准确有效的信息。第三，加快人口与环境立法进程，适时制定和修订各项有关可持续发展的法律和规章，并加强执法队伍建设。第四，实行有利于环境保护的投资、信贷政策，在财政预算、投资渠道和信贷方面对教育、生态农业和环保产业给予扶持。第五，在环境保护与污染控制方面，要制定与国情相适应的环境保护标准，并积极从事或资助有利于生态环境保护的技术开发、引进和推广。更重要的是强化征收环保费制度、环境税收制度、排污权交易制度以及环境损害责任保险制度，以实现对污染的最优控制。

思　考　题

1. 从可持续发展问题的分析中得到什么启发？
2. 联系我国实际思考可持续发展问题。

第十五章 发展中国家经济发展的实践

第二次世界大战后兴起的发展中国家，在经济发展中走过了一段不平凡的路程，其间既取得了令世人瞩目的成就，也遇到了不少困难和问题。到目前为止，发展中国家在经济建设中已积累了相当丰富的经验教训。这些经验教训，既可对既往的经济发展理论进行检验，也为发展经济学的发展和创新提供了源泉。20 世纪 80 年代以后，出现了新一轮的经济全球化浪潮。经济全球化为发展中国家的经济发展提供了机遇，也提出了挑战。发展中国家应积极参入经济全球化，在国际经济环境中寻求发展。

第一节 发展中国家经济发展的基本过程

发展中国家的经济发展，大致上可分为以下三个阶段：第二次世界大战结束至 20 世纪 70 年代中后期；20 世纪 70 年代末及 80 年代；20 世纪 90 年代以后至今。

一、第二次世界大战结束至 20 世纪 70 年代中后期，经济发展取得初步成效的时期

第二次世界大战后，在政治上获得独立的发展中国家在经济建设上表现出巨大热情，付出了极大的努力，并取得了一系列成就。这主要表现在以下几个方面。

第一，取得了较快的经济增长，在世界经济中的地位有所提高。第二次世界大战后的一段时期，发展中国家曾保持了较高的经济增长率。20 世纪前 50 年，大部分落后国家国民生产总值平均增长率徘徊在 1%～2% 之间。独立后，发展中国家经济增长速度显著加快。据统计，发展中国家在 1960～1970 年间，按不变价格计算的国民生产总值每年平均增长 5.6%，高于西方工业化国家 5% 的增长率。1970～1980 年间，世界经济增长减慢，发展中国家国民生产总值年均增长率为 5.3%，仍快于西方工业化国家的 3.1%。发展中国家由于人口增长迅速，1960～1970 年间人均国民生产总值增长率仅为 3.1%，低于工业发达国家的 3.9%。但在 1970～1980 年间，发展中国家的人均增长率超过了发达国家，两者分别为 3.1% 和 2.4%。随着经济的发展，发展中国家在世界经济中的地位有所提高。1950 年，发

展中国家仅占世界国民生产总值的 9.1％，1960 年提高为 9.5％，1978 年进一步上升为 15.1％。发展中国家占资本主义世界工业总产值的比例，从 1960 年的 11.1％提高到 1978 年的 15.2％。在世界出口总额和进口总额中，发展中国家所占比重，1970 年分别为 19.7％和 18.2％，到 1979 年上半年已分别上升为 26.7％和 22.5％。

第二，工业发展较为迅速，改变了过去落后的经济结构。这段时期，尽管农业在国民经济中仍占很大比重，但现代工业的增长大大快于农业。据世界银行统计，20 世纪 60 年代低收入国家农业年平均增长率为 2.2％，工业为 7％；同期，中等收入国家二者分别为 3.5％和 7.4％。70 年代低收入国家农业和工业的年均增长率为 2.2％和 3.6％；中等收入国家二者分别为 2.9％和 6.6％。这样，在 20 世纪 60、70 年代，发展中国家国内生产总值的部门结构发生了很大变化，如表 15-1 所示。发展中国家经济结构的变化还表现在工业中制造业发展较快，其增长速度也快于西方发达国家。1963 年至 1973 年，发展中国家制造业年均增长率为 8.1％，西方发达国家为 5.8％；1973 年至 1980 年，二者分别为 3.6％和 1.6％。这样，发展中国家在世界制造业增值价值所占的比重，由 1963 年的 8.1％增至 1973 年的 9.3％，1980 年又上升到 11％。

表 15-1　　　　　　发展中国家各产业部门在国内生产总值中所占比重

年　　份	农业		工业		服务业	
	1960	1980	1960	1980	1960	1980
低收入国家	50	36	18	35	32	29
中等收入国家	24	15	30	40	46	45

资料来源：世界银行：《1982 年世界发展报告》，第 114～115 页。

第三，出口能力和市场容量扩大。第二次世界大战后，在发达国家经济繁荣的时期，发展中国家的对外贸易虽有所增加，但其增长速度低于西方发达国家，从而它在世界贸易总额中的比重一度下降。进入 20 世纪 70 年代以后，随着发展中国家制成品出口的增加和石油大幅度涨价，世界贸易格局发生了一定变化。发展中国家的出口贸易总额从 1970 年的 565 亿美元，增加到 1980 年的 5671 亿美元，年均增长率达 26.1％，高于同期世界出口贸易 20.4％的年均增长率。这样，发展中国家在世界出口贸易中的比重，由 1950 年的 30.8％一度下降为 1970 年的 17.9％，1980 年又回升到 28.1％。同时，发展中国家出口的制成品占世界制成品出口总额的比重，也由 1960 年的 3.9％上升到 1980 年的 9.2％。一些工业化进程较快的国家，逐渐由过去的初级产品出口，发展成为附加价值较高的初级产品加工品出口。

一些国家和地区的轻工、纺织、成衣、电子、精密仪器、钢铁、造船等产品，在国际市场上已具有较强的竞争力。

这一时期，发展中国家的各个地区都得到不同程度的发展。就拉丁美洲来说，1951～1960 年，其国内生产总值年均增长率为 5.1%，1961～1970 年又提高到5.8%。实际上，在 1950～1973 年间，除联邦德国、日本、韩国、中国台湾和泰国外，世界上没有一个国家和地区的增长率超过了拉美。就非洲来说，非洲国家这一时期国民经济也是蓬勃发展。据统计，1960～1970 年，整个非洲地区国内生产总值年均增长率为 3.8%。进入 20 世纪 70 年代，整个非洲国内生产总值年均增长率达 5.2%。

这一时期发展中国家的经济发展虽取得了显著成就，但应当看到，这种成就仍是初步的。实际上，发展中国家在此期间还存在着许多问题。例如，发展中国家经济发展的不平衡性较强。从经济增长速度看，经济水平较高的中等收入国家要快于低收入国家；一些出口加工和石油输出国快于其他发展中国家特别是低收入国家；东南亚和拉美地区的发展中国家快于南亚特别是撒哈拉以南非洲国家。从制造业的情况看，这一时期制造业增加值大多集中在巴西、墨西哥、阿根廷、印度、韩国、土耳其、伊朗、委内瑞拉、菲律宾和泰国等十余个国家和地区。大多数非洲国家的制造业还处在早期阶段，主要是生产食品、饮料和纺织产品。发展中国家出口贸易的较大发展和在世界出口贸易中的地位上升，主要也是由石油出口国和主要制成品出口国对外贸易的迅速增加引起的。再如，发展中国家的经济仍十分脆弱。发展中国家在经济结构、资金积累和市场容量等方面尽管较殖民地时期发生了程度不同的变化，但大多数国家仍无法抵御外部力量的冲击，它们的增长常常为世界市场的形势变化所左右。

二、20 世纪 70 年代末及整个 80 年代，经济建设遇到挫折和困难的时期

从 20 世纪 70 年代末起，受世界经济衰退的影响，特别是随着自身经济发展战略和政策中的失误及体制上的问题逐渐暴露出来，发展中国家在经济发展中经受了许多困难，遇到了很大挫折。这主要表现在以下几个方面：

第一，经济增长速度大大减缓。从二战后到 20 世纪 70 年代，发展中国家的经济增长速度一直快于发达国家，但从 1980 年起，发展中国家经济开始恶化。该年的国内生产总值增长率，从上年的 5% 降至 3.2%。到 1981 年，情况急转直下，该年国内生产总值仅增长 1.6%，到 1982 年又进一步下降为 0.5%。从 1983 年起，发达国家特别是美国的经济开始复苏，但发展中国家的情况反而进一步下降。另外，从各地区发展情况看，1950～1980 年的 30 年间，拉美地区国内生产总值年均增长率为 5.6%，而 1980～1989 年仅为 1.1%。整个 20 世纪 80 年代成为拉美"失去的十年"。就非洲来说，进入 20 世纪 80 年代后，非洲经济急剧恶化，陷入严重的经济困境之中。据世界银行和国际货币基金组织的有关统计，1980～1987 年，撒哈拉以南非洲国民生产总值年均增长率为 0.2%，人均国民生产总值为－2.9%，而发达国家同一时期分别增长 2.5% 和 1.9%。1986～1990 年间，非洲人均国内生产总值下降了 0.7%（1987 年增长 0.3% 除外）。20 世纪 80 年代成为非洲"失去发展机会的十年"。

第二，工农业生产停滞不前甚至恶化。这一时期，发展中国家的工业特别是矿业和制造业受到很大影响。自 1979 年以后，发展中国家的工业生产出现了战后第一次连续几年的下降。据联合国统计，发展中国家的工业生产指数（以 1975 年＝100），1979 年为 124.7，1980 年为 124，1981 年为 121.8，1982 年的情况更糟。受影响最大的为两类国家：一类是制成品出口国。由于世界市场需求不振和发达国家的贸易限制，它们的纺织、服务、鞋类、木材、电子产品、造船、化工等行业普遍存在产品积压、开工不足和生产萎缩的情况。另一类是主要石油出口国。石油输出国组织成员国为保持油价稳定，采取大幅度减产措施，原油产量从 1979 年的 3100 万桶降至 1980 年的 2700 万桶，1981 年的 2250 万桶，1982 年的 1860 万桶。农业的情况更为严峻，就撒哈拉以南非洲来说，20 世纪 80 年代撒哈拉以南非洲农业出现了严重的危机。农业增长率从 20 世纪 60～70 年代的 2.2% 降至 1981～1985 年的 0.6%。就整个非洲来看，除乍得、赞比亚、几内亚比绍、多哥、贝宁、坦桑尼亚等少数国家农业保持较快的发展外，大多数国家的农业不是停滞不前就是下降。农业的危机导致粮食短缺。据《撒哈拉以南非洲可持续的农业制度》统计，撒哈拉以南非洲 1982～1990 年粮食生产的平均增长率为 1.9%，大大低于同期 3% 的人口增长率，这使得粮食供应日益紧张，粮食自给率也越来越低。粮食自给率的下降导致了粮食进口量的激增，国际性的粮食援助成为缓解非洲粮食危机的一个重要途径。

第三，贸易状况恶化。贸易条件恶化是发展中国家经济发展中存在的一个长期问题。这一问题在 20 世纪 80 年代又表现得十分突出。拉美国家就出现了明显的贸易条件恶化的情况，如表 15-2 所示。非洲的外贸问题也十分严重。80 年代是非洲贸易形势恶化时期，突出表现在出口贸易的衰退和停滞上。出口额自 1980 年达到顶峰之后，从 1981 年起逐年下降，1986 年为 481.6 亿美元，仅为 1980 年出口额的 51%。自 1986 年后出口贸易停滞不前，1991 年为 692.6 亿美元。出口额的下降和停滞削弱了非洲的进口能力，进口额从 1981 年的 854.7 亿美元降至 1986 年的 601.3 亿美元，1991 年为 722.1 亿美元。1991 年贸易赤字达 29.5 亿美元。

表 15-2 拉美地区贸易条件（以 1980 年为 100）

1981	1982	1983	1984	1985	1986	1987	1988
94.4	85.7	86.3	92.5	84.4	78.3	77.9	77.8

资料来源：墨西哥《对外贸易》杂志，1990 年 7 月，第 614 页。转引自贾根良主编：《拉丁美洲市场经济体制》，兰州大学出版社 1994 年版，第 150 页。

第四，通货膨胀严重，外债负担沉重。一些发展中国家脱离实际制定庞大的经济发展计划，资金大部分依赖外债和增发通货，结果背上了沉重的债务包袱，陷入了恶性通货膨胀。拉美地区通货膨胀 1980～1990 年高达 192.1%，1989 年和 1990 年更高达四位数。发展中国家外债数额庞大，进入 20 世纪 80 年代以后，更是逐年快速增长：1984 年底约为 9 080 亿美元，1985 年增为 9 500 亿美元，1986 年更高达 11 200 亿美元。20 世纪 80 年代初，拉美还发生了空前严重的债务危机。1982 年 8 月，墨西哥宣布无力偿付 1982～1983 年间到期的外债本息 195 亿美元，一场严重的债务危机开始爆发。继墨西哥之后，巴西、委内瑞拉、阿根廷、秘鲁、智利等国也相继发生偿债困难，债务危机蔓延到拉美的主要债务国。另就非洲来说，1970 年全非债务总额达 2 030 亿美元，到 1989 年又增至 2 530 亿美元。非洲国家 1989 年为此向西方国家和国际金融机构还本付息 300 亿美元，这相当于非洲国家国内生产总值的 80%。

三、20 世纪 90 年代至今，经济政策和制度改革及经济调整和转型的时期

在经济发展遇到重大问题和困难，经济形势极为严峻的情况下，发展中国家迈出了经济调整和改革的步伐。拉美国家的经济改革自 20 世纪 80 年代前半期即已开始，但这种改革主要是为了应付外部冲击，因而属于应急性调整。拉美地区实质意义上的改革，是从 20 世纪 80 年代中后期才真正开始的。拉美的经济改革旨在通过经济政策、结构和体制三个方面的综合调整，使经济摆脱危机，促进经济发展，因此又被称作是发展型调整。其主要内容是：(1)通过实行私有化,降低国有经济比重；(2)放开价格和减少政府补贴；(3)逐步放宽国家对外汇、进口和利用外资的限制措施,大力鼓励出口；(4)精简政府机构,提高工作效率；(5)通过严格控制或冻结工资,限制消费增长；(6)通过与债权国协商,重新安排债务,减轻外债负担；(7)加强区域合作，促进拉美经济一体化。这是一种把宏观经济平衡、结构改造和体制改革结合起来的综合性调整。非洲地区 20 世纪 80 年代以后即在世界银行和国际货币基金组织的指导下进行了调整和改革。进入 20 世纪 90 年代以后，非洲大多数国家继续进行结构调整和改革，其主要内容包括：（1）放松或取消国家对物价的控制；（2）进一

步在国营企业和金融部门推行私有化；（3）取消外汇管制，整顿金融和财政秩序，放宽外国资本进入本地资本市场的限制；（4）实施贸易及汇率自由化政策，鼓励国内外私人投资；（5）加紧筹建贸易区或出口加工区等；（6）改革公务员制度，削减冗员，减少政府支出，提高办事效率，努力树立清正廉洁的政府形象，等等。一些非洲国家还根据实际，制定了符合本国国情的经济发展战略和政策。

发展中国家所进行的调整和改革虽付出了较大的代价，但大多数国家开始从困境中摆脱出来，一些国家还取得了快速的经济发展。就拉美来说，1991年拉美地区经济增长率从上一年的0.3％上升到3％，1992年为2.4％，通货膨胀率由1990年的960％降至1991年的200％左右。1990～2003年，拉丁美洲及加勒比地区年均增长率为2.7％。2004年，拉美经济增长率达5.9％，创该地区25年来的最高记录。此外，拉美国家外债压力趋于缓解，表现为外债增长速度放慢和负债率下降。非洲国家的经济调整和改革也取得了一定成效。20世纪90年代头4年，非洲经济仍处于不景气状态。据联合国非洲经济委员会统计，从1990年至1993年，非洲经济平均增长率徘徊在1.1％左右，其中1990年增长率为0.5％，1991年为2.9％，1992年为－0.3％，1993年为0.9％。自1994年起，非洲政局趋于稳定，发展经济的环境有所改善，加以国际市场农、矿等初级产品价格上扬，非洲经济从长期衰退和滞胀中恢复过来，经济调整和改革开始显露成效。1990～2003年，撒哈拉以南非洲年均增长率为2.7％。2004年，非洲经济增长率达5.1％。

第二节　发展中国家经济建设的成就和遇到的问题

一、经济建设取得的成就

第二次世界大战后，发展中国家在经济建设中取得了不少成就，获得了长足的发展。这主要表现在以下几个方面：

第一，工业化取得了较大进展，经济结构发生了较大变化。第二次世界大战前，作为殖民主义和帝国主义掠夺对象的殖民地、半殖民地和附属国，发展中国家经济畸形发展，往往是片面地发展一种或几种出口作物，新式工业发展微弱。第二次世界大战后，发展中国家大力开展工业化建设，工业部门在国民经济中的比重不断增加。在拉美国家，就制造业来说，从1950年到1981年，拉美制造业产量增加了6倍多，6.1％的年增长率也高于5.7％的世界平均水平，其中，巴西和墨西哥分别达7.6％和7.4％。1950年到2003年，拉美各国制造业的增长率及制造业产值在GDP中所占比重的情况，如表15-3和表15-4所示。就整个拉丁美洲而言，制造业产值由1950年占国内生产总值的18.4％上升到1980年的25.4％，提高了7

个百分点。随着工业化程度的提高，农业产值由 1950 年占国内生产总值 18％左右降至 1981 年的 11％，2005 年进一步降至 8％左右。

表 15-3　　**1950～2003 年拉丁美洲制造业产量的增长（年平均复合增长率）**

国别	1950～1960	1960～1973	1973～1981	1950～1981	1981～1990	1999～2003
阿根廷	4.1	5.4	−1.8	3.1	−1.1	1.6
巴西	9.1	8.5	4.5	7.6	1.1	1.1
智利	4.7	4.6	0.9	3.7	2.5	4.9
哥伦比亚	6.5	6.7	3.7	5.9	3.5	−0.2
墨西哥	6.2	8.8	6.6	7.4	1.3	2.7
秘鲁	8.0	5.5	2.4	5.5	−2.3	3.0
委内瑞拉	10.0	5.8	1.0	5.9	2.1	1.4
中美州[a]	5.7	9.2	3.3	6.1	0.8	3.2
其他小国[b]	3.6	4.4	5.1	4.4	−0.2	—
拉丁美洲	6.6	7.3	3.7	6.1	0.3	1.9

资料来源：1999～2003 年数据由世界银行 WDI 数据库资料整理而得，其他数据来自莱斯利·贝瑟尔主编：《剑桥拉丁美洲史》第 6 卷（上），当代世界出版社 2000 年版，第 199 页。

注：a：包括中美洲共同市场 5 个成员国；b：包括 7 个国家。

表 15-4　　**1950～2003 年拉丁美洲制造业产值占 GDP 的比重**

国别	1950	1960	1970	1980	1990	2000	2003
阿根廷	21.4	24.2	27.5	25.0	21.6	16.5	17.0
巴西	23.2	28.6	32.2	33.1	27.9	13.3	13.6
智利	20.6	22.1	24.5	21.4	21.7	17.6	18.4
哥伦比亚	17.2	20.5	22.1	23.3	22.1	14.6	14.7
墨西哥	17.3	17.5	21.2	22.1	22.8	18.4	17.0
秘鲁	15.7	19.9	21.4	20.2	18.4	14.6	14.3
委内瑞拉	10.2	12.7	17.5	18.8	20.3	18.5	17.0
中美州[a]	11.5	12.9	15.5	16.5	16.2	17.7	17.1
拉丁美洲	18.4	21.3	24.0	25.4	23.4	16.0	15.6

资源来源：2000 年和 2003 年数据由世界银行 WDI 数据库资料整理而得，其他数据来自莱斯利·贝瑟尔主编：《剑桥拉丁美洲史》第 6 卷（上），当代世界出版社 2000 年版，第 200 页。

注：a：包括中美洲共同市场 5 个成员国。

拉美以外的其他地区，工业化建设也取得了显著进展。地处亚洲的印度，独立后建立起比较完整的工业体系，工业生产取得长足发展，工业实力大为增强。印度工业生产增长率的情况，如表 15-5 所示。1950～1951 年，印度三次产业在国内生产总值中所占比重依次为 56.47％、15.28％和 28.24％，2000 年则分别为 22％、24.8％和 44％，2005 年分别为 18.5％，27.6％和 5％。在非洲，制造业年均增长率按 1975 年不变价格计算，1960～1965 年为 8.5％，1965～1970 年为 7.3％，1970～1975 年为 5.5％，1975～1980 年为 6.3％。进入 80 年代之后，非洲制造业增长速度大为减缓，1981～1985 年年均增长率为 2.7％，1986～1990 年为 2.0％，1991～1995 年为 0.4％，1996～2000 年为 2.6％，2001～2005 年为 2.7％。非洲国家制造业在国内生产总值中的比重已由 1960 年的 7.1％提高到 1980 年的 9.7％，2000 年为 16％（不包括吉布提），2005 年为 15.8％（不包括吉布提和利比亚）。不少非洲国家尤其是埃及、阿尔及利亚、摩洛哥、尼日利亚、突尼斯、肯尼亚、赞比亚、扎伊尔、苏丹、象牙海岸（现名科特迪瓦）等国工业发展较快，开始生产中间货物和耐用消费品。随着工业化的开展，非洲国家农业在国内生产总值中的比重已由 1963 年的 41％下降到 1973 年的 27.1％，1980 年的 21.8％，2000 年的 12％（不包括吉布提和利比亚），2005 年的 11.1％。

表 15-5　　　　　　　　　**1962～1991 年印度工业生产增长率**

内容＼年份	1962～1966	1966～1971	1971～1976	1976～1981	1981～1985	1985～1990	1990～1991
全部工业	8.25	4.02	4.16	4.362	7.0	8.5	8.5
基础工业	9.8	6.16	6.18	4.90	8.8	7.4	3.8
资本货工业	16.65	−0.54	5.14	5.82	6.3	14.8	17.4
中间货工业	6.40	2.72	3.50	3.80	6.1	6.5	6.1
消费品工业（非耐用消费品）	4.57	4.04	1.40	5.40	5.3	7.3	10.4

资料来源：A・N・阿格瓦等编：《印度经济信息年鉴》（1992～1993），新德里，1993 年第 7 版，第 147 页。转引自赵鸣歧：《印度之路——印度工业化道路探析》，学林出版社 2005 年版，第 225 页。

从总体上说，随着工业化的推进，发展中国家的产业结构发生了较大变化。从表 15-6 可以看出，从 1965 年到 2004 年，发展中国家农业在总产出中所占比重都在下降，而工业和服务业都有增加。这种情况在中等收入国家表现得更为明显。

表 15-6   发展中国家产业结构变动情况（各部门产出百分比）

国家	农业			工业			服务业		
	1965	1999	2004	1965	1999	2004	1965	1999	2004
低收入	41	26	22	29	30	28	30	44	50
中等低收入	22	14	13	32	39	41	44	46	46
中等高收入	16	6	7	36	33	32	47	60	62

资料来源：2004 年数据来自世界银行 WDI 数据库，其他数据来自莱思（Lunn，S. R.）：《经济发展：一个分裂社会的理论与实践》，2003 年英文版，第 194 页。

第二，对外贸易得到发展，外贸结构发生了较大变化。第二次世界大战后，发展中国家的对外贸易得到较快发展。发展中国家作为一个整体，1965～1988 年年均出口增长率为 4.9%，1990～1995 年年均出口增长率为 7.2%，1996～2005 年年均出口增长率为 6.3%。另外，发展中国家的外贸结构也发生了重大变化。这种变化表现在外贸商品的构成及其流向两个方面。

从外贸商品的构成看，发展中国家农矿原料等初级产品在出口中所占比重由 1965 年的 83% 下降到 1996 年的 37%，2004 年进一步下降至 30%，而制成品出口所占份额则持续上升。过去，发展中国家销往发达国家的制成品中大多属劳动密集型产品，如服装和纺织品两项的出口约占出口总额的 1/3。到现在，劳动密集型产品出口份额显著下降，机械产品、电子产品等资本密集型、技术密集型产品的出口量则不断增长。发展中国家各类商品在出口中所占份额变化的情况，如图 15-1 所示。

此外，初级产品的出口构成也发生了较大变化。1965 年，在发展中国家的初级产品出口中，食品、原料等可再生产品约占 2/3，燃料、矿产和金属等不可再生产品占 1/3。到 1988 年，前者仅占 49%，后者占 51%。2004 年，前者进一步下降至 41%，后者则上升至 59%。实际上，若不计不可再生产品，发展中国家初级产品的出口仅占商品总出口的 27%。

从外贸商品的流向看，发展中国家减少了对发达国家的依赖，相应地增加了发展中国家之间的贸易往来。1965 年，发展中国家出口的商品中，67% 要输往西方发达国家。到 1985 年，这一比例降到 63%。发展中国家之间的贸易份额则从 1965 年的 25% 上升到 1985 年的 30%。这一时期，发展中国家之间的制成品出口份额没有变动，均为 32%，对发达国家的制成品出口则从 47% 上升到 56%。这说明，发展中国家相互出口份额的增加主要是初级产品，特别是对燃料和原料的需求扩大造成的，而对发达国家，制成品出口则呈上升势头。

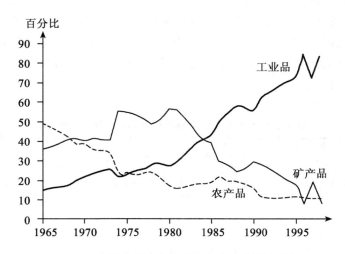

图 15-1　发展中国家各类商品在出口中所占份额

资料来源：马丁（Martin，W.）：《贸易政策与发展中国家》，世界银行 2001 年版。转引自世界银行：《全球化、增长与贫困》，中国财政经济出版社 2003 年版，第 24 页。

就发展中国家国别和地区的情况来看，对外贸易及外贸构成的发展和变化也是十分明显的。据研究，1960～1980 年间，拉美国家特别是实施出口促进政策的国家，制成品出口在总出口所占比重都有较大幅度的增长。据世界银行的统计，1962年，拉美地区制成品出口仅占总出口的 5.1％，到 1980 年，这个数字已上升到22.2％，1990 年为 36％，2004 年进一步上升为 56％。有关统计数据显示，1998年与 1980 年相比，拉美地区出口商品结构发生了如下变动：初级产品由 54.5％降为 22.7％；半制成品由 30.1％降为 19.8％；制成品由 15.1％上升到 55.9％；其他产品由 0.3％上升到 1.6％。不过，在制成品（55.9％）中，属于资本密集型的新兴工业产品只占 16.7％。这表明拉美国家出口的制成品依旧以技术含量低的资源加工型产品为主，2004 年，拉丁美洲出口商品中，农业原料占 2％，食品占16.2％，燃料占 18.7％，矿产和金属占 7％，制成品占 56％。

在东亚，对外贸易的发展更是成就斐然。在经济发展中，东亚地区的出口结构发生了重大变化。1960 年，除新加坡和香港以从事转口贸易为主外，其他国家和地区基本上都以出口农产品和矿业原料为主。如果说个别国家和地区还能出口一些面粉、白糖和棉纱之类的初级加工产品的话，那么，工业制成品的出口几乎与它们无缘。其中，韩国和中国台湾地区主要出口面粉、玉米和棉花；马来西亚和印度尼西亚主要出口原油、锡、天然橡胶和木材；泰国主要出口大米、天然橡胶和锡；菲律宾则主要出口椰子、木材和铜矿石。然而，到 20 世纪 90 年代，东亚不仅能出口多种档次的纺织品、服装、食品、玩具和家具等劳动密集型产品，而且能大量出口机械和运输设备等资本密集型产品，以及电子、电工器材等技术和知识密集型产品。这种情况如表 15-7a 所示。20 世纪 90 年代之后，东亚各国有关情况（中国台湾地区缺少资料，未计），见表 15-7b。

表 15-7a　　　　东亚国家和地区的出口商品结构（%）（1960～1993 年）

国家或地区	燃产、矿产品和金属		其他初级产品		纺织品和服装		机械和运输设备		其他制成品	
	1960 年	1993 年	1960 年	1993 年	1960 年	1993 年	1960 年	1993 年	1960 年	1993 年
印度尼西亚	33	32	67	15	0	17	0	5	0	31
泰国	7	2	91	26	0	15	0	28	2	30
菲律宾	10	7	86	17	1	9	0	19	3	49
韩国	30	3	56	4	8	19	0	43	6	32
马来西亚	20	14	74	21	0	6	0	41	6	18
新加坡	1	14	73	6	5	4	7	55	14	21
中国台湾省	2	2	22	5	29	15	17	40	30	38
香港地区	5	2	15	5	45	—	4	26	31	67

资料来源：世界银行：《1982 年世界发展报告》，第 126-127 页；《1995 年世界发展报告》，第 190-191 页。

表 15-7b　　　　东亚国家和地区出口商品结构（%）（1995～2004 年）

国家或地区	农业原料		食品		燃料		矿石和金属		制成品	
	1995 年	2004 年	1995 年	2004 年	1995 年	2004 年	1995 年	2004 年	1995 年	2004 年
印度尼西亚	6.6	5.5	11.4	13.6	25.4	17.6	6.0	7.1	50.6	56.1
泰国	5.4	4.7	19.3	14.2	0.7	2.5	0.6	1.0	73.1	75.4
菲律宾	1.3	0.6	13.0	5.8	1.5	1.0	4.3	2.2	41.3	55.0
韩国	1.3	0.8	2.3	1.2	2.0	4.1	1.0	1.7	93.3	92.2
马来西亚	6.2	2.4	9.5	8.0	7.0	11.6	1.3	1.1	74.7	75.7
新加坡	1.1	0.3	4.0	1.8	6.8	9.5	2.0	1.2	83.9	83.9
香港地区	1.3	0.8	3.0	1.0	1.0	0.3	1.7	1.4	92.5	96.5

资料来源：世界银行 WDI 数据库。

　　第三，生活水平有所提高，生活质量得到一定改善。第二次世界大战后，随着生产发展和人均收入水平的提高，发展中国家的生活水平和生活质量有所提高和改善。从1950年到1996年，发展中国家整体的平均预期寿命由43岁增加到65岁，婴儿死亡率由158‰减为80‰，成人识字率由33%增加到70%，2004年，发展中国家整体平均预期寿命为65岁，婴儿死亡率为59%，成人识字率为80%。与发达国家以往的发展经历相比，发展中国家在基本生活质量方面的改善幅度要大得多。经过一百多年的发展，发达国家的平均预期寿命只是在20世纪30年代左右才达到60岁，而发展中国家用了不到40年就突破了60岁大关。1975年，发达国家的小学净入学率只有88%，而发展中国家在1988年就已达到89%。尽管发展中国家与发达国家在基本生活质量方面存在着很大的差距，但在过去几十年间，这一差距已明显缩小。

　　能源使用情况的变动反映着发展中国家工业化的进程，也显示出人们生活的便利程度。根据世界粮农组织的报告，传统的生物燃料如木柴、干粪、作物残余等仍是发展中国家的主要能源，特别是木柴，一共有25亿人口依靠这样的燃料以满足家庭能源需求。但是，与过去相比，发展中国家商业能源如煤、石油、天然气、水电、核能等一次性能源的生产和消费得到迅速发展。1965年到1989年，发展中国家商业能源生产和消费的年均增长率分别为1.9%和2.3%。发展中国家商业能源的生产和消费的增长速度是发达国家的2.5倍左右，人均能源消费量方面的差距已明显缩小，差距由14缩小到9。但是20世纪90年代之后，发展中国家商业能源消费增长速度减缓。1980～1998年，低收入和中等收入国家、高收入国家商业能源使用年均增长率为4.6%、1.7%，两者人均商业能源使用量年均增长率分别为2.3%、1.0%；1990～2003年，低收入和中等收入国家、高收入国家商业能源使用年均增长率为1.5%、1.6%，人均商业能源使用量年均增长率分别为0.0%、0.9%。

　　特别值得一提的是，20世纪60、70年代以后，东亚一些发展中国家和地区出现了持续高速的经济增长，创造了经济发展的"奇迹"。创造经济奇迹的主要是亚洲"四小龙"（韩国、中国台湾省、新加坡、香港地区）和东南亚的3个新兴工业化国家（印度尼西亚、马来西亚和泰国）。这里我们以亚洲"四小龙"为例来说明这个问题。20世纪60年代以后，与其他发展中国家相比，亚洲"四小龙"在国内生产总值和人均国内生产总值上，都显示出强劲的增长势头。首先看亚洲"四小龙"与其他发展中国家国内生产总值增长速度的比较。表15-8反映了两者的对比情况。

亚洲"四小龙"及其他发展中国家或地区国内生产总值的增长速度

表 15-8		（1960～2004 年）		单位：%
国家或地区	1960～1970 年	1970～1980 年	1980～1990 年	1990～2004 年
低收入发展中国家	4.4	4.6	5.8	4.8
中等收入发展中国家	5.9	5.6	2.2	4.0
韩国	8.6	9.5	9.4	5.7
中国台湾省[a]	9.6	9.7	9.1	5.3
香港地区	10.0	9.3	6.9	4.2
新加坡	8.8	8.5	6.4	6.3

注：a：台湾省的国民生产总值。

资源来源：台湾省数据根据 penn world table 数据库资料（网址为 http: pwt. econ. upenn. deu/），1990～2004 年数据（台湾省的数据除外）由世界银行 WDI 数据库资料整理而得；其他数据来自杜方利：《东亚经济的崛起》，上海远东出版社 1998 年版，第 3 页。

从表 15-8 可以看出，在被考察的三个时期内，亚洲"四小龙"不仅实现了国内生产总值的高速增长，而且持续的时间也较长。相形之下，就中等收入发展中国家来说，如果说在前两个考察期内，这类国家尚有 5.9% 和 5.6% 的年均增长率的话，那么，自 20 世纪 80 年代以后，即进入经济低速增长期。

其次，看亚洲"四小龙"与其他一些发展中国家人均国内生产总值的比较。从 1960～1985 年，按人口平均的国内生产总值的增长率，亚洲"四小龙"中的韩国、我国台湾省、香港地区、新加坡分别为 6.30%、5.79%、6.29%、6.38%，南亚的印度、巴基斯坦、分别为 1.21% 和 2.70%，拉丁美洲的阿根廷、巴西、哥伦比亚、墨西哥分别为 0.66%、3.27%、2.23% 和 2.55%，非洲的阿尔及利亚、喀麦隆、埃及、坦桑尼亚、赞比亚分别为 2.20%、2.88%、3.53%、1.48% 和 －0.82%。可以看出，以人均国内生产总值的增长速度进行比较，其他发展中国家与亚洲"四小龙"差距更大。

需要指出的是，在人们对东亚奇迹尚津津乐道之时，东亚又爆发了震撼世界的金融危机。危机从泰国开始，然后扩散到韩国、马来西亚和印度尼西亚、菲律宾、香港地区、新加坡也受到了影响，但程度较轻。应当指出的是，东亚金融危机只是短暂地中止了东亚经济高速增长的进程。从表 15-9 中的第四列可以看出，在这一时期内，亚洲"四小龙"的国内生产总值年均增长速度大幅下降，与其他发展中国家相差不大。实际上，东亚一些经济体在 1998 年经历了负增长后，到 1999 年已复苏，而且多数东亚经济体的增长在 2000 年以后表现强劲。但金融危机的爆发，也暴露出东亚经济中需要研究和解决的一些重要问题。

二、经济发展中遇到的问题

发展中国家在经济建设上尽管取得了令世人瞩目的成就，但在经济发展中也遇到了不少困难和问题，其中一些发展中国家的问题还相当严重。这主要表现在以下几个方面：

第一，产业结构低度化的状况未得到根本改观，农业基础依然薄弱。产业结构低度化，是指产业结构在从低水平状态向高水平状态转化和升级的动态过程中处于较低的水平。其主要表现是第一产业在国民经济中所占比重大，而第二、第三产业在国民经济中所占比重小。在发展中国家，农业在总产出中所占比重大；制造业不发达，特别是工业产品高加工度化、高附加值化程度低；此外，服务业的发展水平也比较低。第二次世界大战后，经过长期的建设，尽管发展中国家的产业结构发生了较大变化，产业结构低度化的状况有所好转，但与发达国家相比，仍有较大差距。1999 年，农业、工业和服务业三次产业在总产出中所占比重，中等高收入国家分别为 6%、33% 和 60%，中等低收入国家为 14%、39% 和 46%，低收入国家为 26%、30% 和 44%，而高收入国家为 2%、30% 和 65%。2004 年，三次产业产出在总产出中所占比重，中等高收入国家分别为 6%、32% 和 62%，中等低收入国家为 12%、41% 和 46%，低收入国家为 23%、28% 和 49%，高收入国家为 2%、27% 和 71%。另外，农业基础薄弱和农业发展滞后，是长期困扰发展中国家的一个问题。据联合国粮农组织对 105 个发展中国家的调查，1974 年至 1984 年间，粮食生产赶不上人口增长的国家和地区达 50 多个。整个非洲地区人口以每年 30‰ 的速度增长，而粮食生产增长率不到 2%。在世界上所有的发展中国家中，有 85.4% 的国家属于缺粮国。发展中国家由于粮食生产增幅低于粮食需求的增幅，粮食自给率有所下降，因而不得不拿出更多的外汇去进口粮食。进口粮食必然大量花费本已十分紧缺的外汇，从而限制其他资源或物资的进口，影响到经济增长。这反过来又使粮食进一步短缺，形成恶性循环。对于发展中国家来说，农业基础薄弱，已成为制约经济发展的一个重要因素。

第二，收入水平低和两极分化严重，贫困问题突出。由于物质资本和人力资本投资不足，管理能力和技术水平较差，工作效率普遍较低，发展中国家收入水平较为低下，与发达国家存在很大差距（如图 15-2 所示）。根据世界银行《2006 年世界发展报告》提供的数据，2004 年低收入国家人均国民总收入为 510 美元，中等收入国家为 2190 美元，而高收入国家则为 32040 美元。可以看出，高收入国家的人均国民总收入是低收入国家的 62.8 倍，是中等收入国家的 14.6 倍。可见收入差距之悬殊。

当然，按汇率换算的人均收入，一般来说会低估发展中国家的实际收入水平。在按购买力平价方法估算时，发展中国家的人均收入一般都会大大地提高。例如，若按购买力平价来衡量，2004 年低收入国家人均国民总收入为 2260 美元，中等收入国家为 6480 美元，高收入国家则略有下降，为 30970 美元。但即便如此，高收入国家仍为低收入国家的 13.7 倍，为中等收入国家的 4.8 倍。

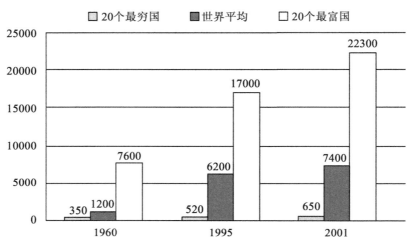

图 15-2　穷国与富国及世界平均收入水平之比较
（人均 GDP，1985 年 PPP 美元）

资料来源：世界银行：《2001 年世界发展报告：与贫困作斗争》，中国财政经济出版社 2001 年版，第 51 页。

发展中国家不仅人均收入水平低，而且收入分配极不平等，两极分化严重。表 15-9 反映了若干国家贫富差别的情况。

表 15-9　　　　　　　若干国家最穷 40% 和最富 20% 人口的收入比例

国家	人均收入 （2005 年 PPP）	最穷 40% 人口（%）	最富 20% 人口（%）
坦桑尼亚 a	730	19	42
乌干达 b	1500	16	50
印度 c	3460	21	43
孟加拉 c	2090	22	41

国家	人均收入 （2005 年 PPP）	最穷 40% 人口（%）	最富 20% 人口（%）
巴基斯坦 d	2350	22	40
秘鲁 d	5830	10	59
巴西 e	8230	9	62
哥斯达黎加 a	9680	12	55
泰国 d	8440	16	49
墨西哥 d	10030	13	55
马来西亚 f	10320	13	54
韩国 g	21850	21	37

资料来源：世界银行 WDI 数据库。

a：收入比例为 2001 年调查数据；b：收入比例为 1999 年调查数据；c：收入比例为 2000 年调查数据；d：收入比例为 2002 年调查数据；e：收入比例为 2003 年调查数据；f：收入比例为 1997 年调查数据；g：收入比例为 1998 年调查数据。

　　收入水平低下加上两极分化严重，使发展中国家生活在贫困线以下的人口数量巨大，比率很高。1985 年，发展中国家的贫困人口高达 11 亿多，占全部人口的 33%，即三分之一的人口生活在 370 美元以下。其中，极端贫困人口达 6.33 亿，占全部贫困人口的一半以上，占总人口的 18%。也就是说，大约五分之一的人口一年消费还不到 275 美元。到 1990 年，发展中国家贫困人口有所增加，从 1985 年的 11.16 亿增加到 11.33 亿，增加了 1700 万。极端贫困人口数从 1985 年的 6.33 亿增加到 1990 年的 6.42 亿，绝对数增加了 900 万。但从比重上看下降了一些，贫困人口从 33% 下降到 29.7%，极端贫困人口从 18% 降到 16.9%。这表明在 20 世纪 80 年代后期，发展中国家在减轻贫困人口方面取得了一定成绩。但是，如果从绝对人数来看，贫困问题并没有得到什么改善。总的来说，经过长期的治理，发展中国家仍存在着大范围的贫困，到 21 世纪初，发展中国家每天仍有 12 亿人在 1 美元的贫困线以下艰难地生活。

　　第三，人口增长率高，失业问题突出。世界总人口的 2/3 以上生活在发展中国家，不到 1/3 生活在发达国家。两类国家的人口出生率相差很大。2004 年，发展中国家为 22‰，而发达国家则在 12‰ 以下。由于死亡率相接近，发展中国家平均人口增长率比发达国家高得多。1990 年至 2004 年，发展中国家平均人口增长率为 14‰，不包括中国，则高达 16‰。相比之下，发达国家同期人口增长率仅为 7‰。

高出生率的结果是 15 岁以下的儿童数目占总人口比重高，差不多达到发展中国家总人口的 40%。而在发达国家，这个比重还不到 21%。15 岁以下和 65 岁以上的人属于被赡养的对象，这部分非劳动人口占经济活动人口的比重叫做赡养负担。虽然发达国家老人负担比重比发展中国家大一些，但把儿童和老人加起来，发展中国家的赡养负担就比发达国家重得多，前者约为 45%，后者只有 30%。

不过，各个发展中国家的人口形势也不尽相同。目前，亚洲的人口增长率已下降到年均 20‰ 以下，其中南亚和东亚（不包括中国）为 17‰，西亚为 29‰。拉丁美洲国家人口增长率正在下降，而非洲多数国家人口增长率依然呈上升之势，20 世纪 90 年代每年仍高于 30‰。在经历了死亡率普遍下降之下，人口变动的关键因素在于出生率。1965 年，撒哈拉以南非洲平均每一名育龄妇女要生 6.6 个孩子。而到 1989 年，总的生育率仍为 6.6，最高的卢旺达每名妇女要生 8.3 个孩子。人口的高增长率使非洲人口迅速膨胀，从 1960 年的 2.75 亿增至 1980 年的 4.68 亿，1993 年的 6.80 亿。到 2004 年，仅撒哈拉以南非洲人口即达 7.19 亿。

人口问题使发展中国家的失业问题进一步恶化。据估计，发展中国家城市中的公开失业率一般为 10%～15%。公开失业还只是发展中国家全部失业的一部分，甚至只是一小部分。发展中国家更为严重的是就业不足，或叫隐蔽性失业。这种失业在农村最为严重，通常被叫做剩余劳动力。但是这种失业在城市也存在，在某些国家甚至还比较严重。如果把就业不足和公开失业合计起来，发展中国家城乡劳动力中差不多有 35% 处于没有充分利用的状态。其中，青年不得其用的状况尤为严重。据估计，在 21 世纪初，发展中国家青年的失业率要高出平均失业水平的一倍以上。

第四，金融监管不力，金融体系脆弱。金融体系的健康有序运转是经济发展的重要保障。第二次世界大战后较长一段时期，发展中国家的金融体系不但没有得到健康发展，反而普遍处于"金融抑制"状态。20 世纪 80 年代以后，在市场取向改革的过程中，一些发展中国家实施金融深化战略，"金融抑制"的状态得到了不同程度的缓解。但是，许多发展中国家金融体系仍不健全。特别是随着经济全球化进程的加快，发展中国家金融体系的脆弱性逐渐暴露出来。1994 年墨西哥金融危机和 1997 年亚洲金融危机的内在根源，便在于金融体系十分脆弱。

发展中国家金融体系的脆弱性，一方面表现为债券市场和长期资本市场狭小，不能满足国内融资和投资的需要，因而国内的资金配置主要通过银行体系来完成，国内的高储蓄又对国内银行体系构成压力，但对于由于资产价格波动导致的风险，银行体系却不具备管理能力。另一方面表现为银行体系内部和公司内部的组织结构和运作方式存在问题，政府监管和外部的监督也跟不上经济快速发展的需要。在许多发展中国家，对信贷的评估，财务报告的公开，通货风险的管理，审计的力度，信息披露的完整性和可信度，各部门的相互制约，来自金融机构和公众的监督，资本充实率等等都是远远不够的，金融机构和公司的运作缺乏透明度，金融机构和公司同国家的关系过于密切。例如，在韩国，一个财团可以同时拥有金融机构和公司。在印度尼西亚，银行数目增长很快，而监管机构没有多少时间来监督。在泰国，金融公司的活动急剧增加，而监管却没有相应的改善。在这些国家，对国外投资者的资本流动是放开的，而国内的投资者却不是常常有机会到外国投资，因而不能将风险分散。对金融体系监管不力纵容了信贷和短期债务的扩张，导致了资本利用的低效率，从而进一步加剧了金融体系的脆弱性。

第五，在国际经济关系中仍处于弱势地位。发展中国家与发达国家在国际关系中的地位是不平等的。由于发达国家控制着国际分工、国际贸易、国际金融、国际生产要素流动体系的支配权，多数发展中国家只能是处于国际分工体系的底层，生产和出口初级产品及附加值低的制成品。发达国家还掌握着世界市场上许多商品价格的决定权，使发展中国家在国际贸易中居于不利地位。世界货币金融体系和机构也都被发达国家支配，发展中国家的汇率常受到发达国家金融危机和币值波动的威胁。国际金融市场上流动的发达国家的巨额资本，随时会给发展中国家的金融和经济造成毁灭性的打击。此外，发达国家拥有决定以什么条件向发展中国家转移技术、提供外援和私人资本投资的专断权力。发达国家向发展中国家提供援助和贷款往往附带有苛刻的政治和经济条件，如改善人权状况、实行多党制、采取严厉紧缩政策，等等。因此，发展中国家在经济上受发达国家的支配，依附于发达国家。

第三节　发展中国家经济发展中的经验和教训

在半个多世纪的经济发展中，发展中国家积累了丰富的经验教训。对这些经验教训进行概括和总结，有助于发展中国家少走弯路，健康地发展，也有利于经济发展理论的发展和完善。

一、充分发挥市场和政府的作用，把市场机制和政府干预有效地结合起来

第二次世界大战后的早期发展理论，特别强强政府干预的作用。结构主义经济发展理论就认为，发展中国家社会经济结构僵硬，市场分散零碎，人们在经济中不能作出有理性的选择，这有，相对价格的变动对资源重新配置和收入合理分配的调节作用很小。在结构主义者看来，发展中国家的经济发展是一个充满矛盾和冲突的过程，不能指望市场机制能对其进行自动调节，只有通过政府干预，才能推动经济的迅速发展。然而，在不少发展中国家，政府对经济的过度干预甚至计划管理并没有取得理想的效果，并且引出了许多问题。这主要表现在以下几个方面：一是政府

干预经济的活动未能达到预期的目的。例如，一些发展中国家在制定经济计划时，把迅速实现工业化、大幅度提高公众生活水平、大量创造就业机会和减少收入分配不平等作为其基本目标，但经过若干年的建设，这些目标却未能得到实现。二是政府过度干预经济的活动促使经济效率低下，代价高昂。例如，在经济发展中，发展中国家政府兴办了许多国营企业。这些国营企业虽推动了基础设施的建设，改善了工业布局，提供了就业机会，但它们普遍存在着机构臃肿、效率低下的问题。三是政府干预带来了一系列始料不及的严重后果，如价格严重扭曲，经济结构失衡，通货膨胀严重，外债负债沉重，等等。

事实表明，市场机制不仅能有效地配置资源，而且能有力地推动经济发展。发展中国家经济发展的实践，已在一定程度上说明了这个问题。第二次世界大战后，亚洲"四小龙"之所以能实现快速的经济发展，一个重要的原因，就是在重视政府作用的同时，充分发挥了市场机制的作用。20世纪80年代以后，发展中国家出现了市场取向改革的浪潮。在市场化改革的过程中，不合理的政府干预被放弃，市场的范围不断扩大，商品价格开始放开，市场机制的调节作用大大增强。实践表明，在发展中国家，市场的作用发挥得比较充分的地区，经济活力就比较强，发展形势也比较好。

值得注意的是，在发展中国家市场取向改革的过程中，也出现了一种忽视乃至否定政府作用的思潮。实际上，市场机制也有其缺陷和不足，即使在发达的市场经济中，也存在着市场失效的问题。更重要的是，对于发展中国家来说，在市场经济不发达、市场配置机能不足的情况下，政府应发挥其积极推动经济发展的作用。一些发展中国家和地区在此方面曾经有过成功的经验。在20世纪60～70年代，东亚一些国家和地区就曾通过推行产业政策促进了经济的快速增长。在韩国，产业政策是政府指导经济发展的一项重要手段。在经济增长的不同阶段，政府都根据国家发展战略确定优先发展的目标产业。对于目标产业，政府从资金、技术、资源、信息等各个方面予以全力支持。对处于起步阶段的幼稚产业，政府先是运用保护政策予以扶植，待其具备一定的国际竞争能力后，再将其推向国际市场。台湾地区也是如此。在台湾地区，信贷配给曾明确地被用来支持当局者想要启动的先导产业。台湾地区还常常通过支持官办的研究室，比如产业技术研究院进行产业研发来贯彻执行产业政策。为了支持某些产业，采用关税、配额和进口许可证形式的保护措施。当然，现在看来，产业政策在推动经济快速增长的同时，也产生了许多副作用。但在市场经济发展水平较低的情况下，产业政策的有效推行，毕竟是推动经济发展的一条重要途径。值得注意的是，在东亚一些国家和地区，政府不仅通过产业政策来推动经济增长，而且积极地培育市场，从而为市场发育创造了良好的环境条件。

从以上所述可以看出，政府和市场在经济发展中都有着重要的作用，但它们又各有自己的缺陷和不足，这就有必要将它们有机地结合起来。在经济发展中如何实现市场与政府的结合呢？这可从以下两个方面来论述。首先，要明确市场和政府各自作用的领域。一般来说，市场主要应提供私人物品，而政府主要应提供公共物品。对于发展中国家来说，凡是能够由市场来解决的私人物品，一般都应由市场来生产和提供，政府不应随意干涉私人物品的生产，而应着力解决好公共物品的供给问题。其次，在经济发展中，有些私人物品仅靠市场机制还不能有效地提供出来，这就需要政府代替市场行使一部分配置资源的职能，以推动某些特定产业的发展。值得注意的是，发展中国家在实现了经济起飞以后，存在着一个进一步提高经济发展水平，朝发达的市场经济推进，全面迈向现代社会的经济转型阶段。在经济转型阶段，政府应逐步放弃代替市场的职能，减少对经济的直接干预。这一方面是由于随着市场发育程度的提高，市场机制的调节作用开始增强，民间企业的力量也日渐壮大；另一方面是由于政府对市场的替代活动在推动现代产业部门发展、促进产业结构升级的同时，也会带来一些消极的后果，如资源配置低效、价格机制扭曲等。在这种情况下，继续发挥政府对市场的替代作用，必然会产生许多严重的问题。

二、积极推进工业化，同时要高度重视农业发展问题

对于发展中国家来说，开展工业化具有十分重要的意义。它能提供多样化的产品，提高民众的生活水平；能为农业发展创造良好的条件，推动农业的发展；能通过较强的联系效应，带动其他产业发展；能提高总量生产率，推动经济快速增长。事实表明，工业化是世界经济发展的普遍趋势和潮流。一个国家，一个民族，要想在世界上生存和发展，就必须解决工业化的问题。实际上，对于发展中国家来说，工业化不是要不要开展的问题，而是如何加速进程的问题。曾经有一种观点认为，那些自然资源丰富的国家，可以通过出口初级产品来促进经济增长，通过进口工业品来满足国内需求，因而，这些国家不必走工业化的道路。这种观点已被实践证明是行不通的。依靠出口农产品和矿产品等初级产品来发展经济的国家是不可能成为发达国家的。且不说仅靠出口农产品的国家不能发展起来，即使盛产石油的国家，它们的收入水平尽管很高，也不能算是发达国家。这些石油产出国如果不建立自己的工业体系，它们将永远不会成为发达国家。因为它们的经济增长是难以持续的，只要石油产量或出口量减少，它们的收入水平就会迅速下降。

工业化固然十分重要，然而，许多发展中国家在推行工业化的过程中，却忽视了农业的发展。第二次世界大战后，发展中国家的农业生产有了一定程度的增长，但增长速度较慢，成绩差强人意。如拉丁美洲 1950～1975 年农业平均增长率为3.5％，1980～1980 年降为 2％，1990～2005 年虽有所上升，但也不超过 2.2％，而同期的人均农业增长率仅为 0.59％。而在撒哈拉以南非洲，1965～1980 年农业

年均增长率仅为 1.2%，1981～2005 年虽上升较快达 2.7% 的年均增长率，但人均农业产出几乎没有增长（增长率仅为 0.07%）。造成这种情况的原因是多方面的，但各国政府一味追求工业发展，忽视农业在国民经济中的作用，无疑是一个十分重要的原因。在非洲，一些国家为保证工业化战略的实施，将绝大部分人力、物力、财力投入到工业部门，对农业投资很少。它们不仅不注意发展为农业服务的工业，而且用牺牲农业和农民利益的办法来推动工业的发展。其主要办法是实行价格管制，由政府统一和调整产品价格。例如，加纳在 20 世纪 70 年代初对 700 多类产品的近 6000 种价格实行管制，结果导致价格扭曲。据测算，70 年代加纳价格偏差指数为 2.86，尼日利亚为 2.71，坦桑尼亚为 2.57，大大高于其他发展中国家的程度。受价格管制影响最大的是农产品。非洲国家长期压低农产品收购价格，由国营企业高价出口到国际市场，使产地价格远远低于边境价格。例如，多哥的咖啡产地价格仅为边境价格的 1/3。在压低农产品价格的同时，非洲国家还提高工业制成品价格，形成工农业产品价格巨大的剪刀差。如 1975～1977 年，马里的粟米、玉米价格每公斤维持在 32 马里法郎，而同期，一张犁的价格从 2.36 万马里法郎提高到 4.56 万马里法郎。这说明农民的投入费用在增加，尽管收入不变，但他们的利益却下降了。另外，由于长期忽视农业的发展和进步，发展中国家农业基础薄弱和农业落后的局面一直难以有根本的改观。事实表明，农业部门对于发展中国家来说不仅具有工具价值，而且具有内在价值。在推行工业化的过程中，发展中国家必须高度重视农业的发展，实施农业的技术变革和制度变革。只有这样，才能为经济发展打下扎实的基础。

三、走外向型的发展道路，同时要注意化解由此而引起的风险

走外向型的发展道路，有利于打破发展中国家国内资源的瓶颈约束，不断完善国内市场，实现国内市场与国际市场的对接，在国际竞争环境中寻求发展。走外向型的发展道路，主要表现在积极开展对外贸易和利用国外资本两个方面。在这两个方面，发展中国家都有过经验和教训。

对于发展中国家来说，开展对外贸易具有十分重要的意义。长期以来，国际分工的发展和深化，造就了一个相互联系、相互依存的世界经济体系。在目前条件下，任何封闭式的发展都将被时代潮流所抛弃。开展对外贸易除能使发展中国家获得各种静态利益和动态利益外，还由于对发展中国家而言，无论是开展国际经济合作，还是引进外资，抑或从事国际金融活动，都离不开对外贸易的支持和配合。目前，积极开展对外贸易，可以说已成为绝大多数发展中国家的共识，成为其经济发展战略的重要组成部分。

第二次世界大战后的一段时期，一些发展中国家曾实行过内向式的发展战略，

未充分发挥对外贸易的作用，结果严重限制和阻碍了经济发展的步伐。与之相反，另一些国家和地区实行外向式的发展战略，积极发挥对外贸易的作用，结果推动了经济的高速增长。世界银行的一项研究曾考察过 41 个发展中国家和地区的情况，并根据为内销生产和为外销生产所给予的实际鼓励程度，将其分为"坚定外向型"贸易政策、"一般外向型"贸易政策、"一般内向型"贸易政策和"坚定内向型"贸易政策四个组别。对不同组别统计资料进行分析的结果表明，实施外向型政策的国家和地区，在国内生产总值年均增长率、实际人均国民生产总值年均增长率和制成品出口的年均增长率等方面，都优于实行内向型贸易政策的国家和地区。从国内生产总值的年平均增长率看，坚定外向型组别和坚定内向型组别在 1963～1973 年期间分别为 9.5% 和 4.1%，在 1973～1985 年期间分别为 7.7% 和 2.5%；从人均国民生产总值的年均增长率看，上述两个组别在 1963～1973 年期间分别为 6.9% 和 1.6%，在 1975～1985 年期间分别为 5.9% 和 -0.1%。

除开展对外贸易外，积极利用国外资本，也是外向型经济的一个重要内容和特征。发展中国家的国内储蓄一般都不能满足经济发展对资本的需要，在这种情况下，利用国外资本，有利于填补储蓄缺口和外汇缺口，推动工业化的进行。东亚在经济上迅速崛起，与其积极利用外资就存在着密切的关系。为积极利用外国直接投资，东亚国家和地区颁布并不断修订"外国投资法"，通过放宽投资领域、提高外资股权比例、给予外资国民待遇等措施来吸引外国直接投资。20 世纪 70 年代至 80 年代的 20 年间，流向亚洲（主要是东亚）发展中国家和地区和外国直接投资平均每年增加 12%。自 20 世纪 80 年代末开始，在流向发展中国家和地区的外国直接投资中，东亚地区约占一半以上。1990～1994 年，流向东亚国家和地区的外国私人直接投资累计金额由 130.91 亿美元增至 2817.6 亿美元，年均增长率为 21%。这使东亚在流入发展中国家的外国直接投资中所占比重由 70 年代的 20% 增至 80 年代的 31.4%，在 90 年代上半期又进一步增至 44%。在东亚，一般来说，外资在固定资本形成所占比重较高的，也是经济增长速度较快的国家和地区。

外向型发展道路对经济发展的益处，已逐渐为发展中国家所认识和了解。事实上，20 世纪 90 年代以后，发展中国家越来越多地与外部世界发生了联系。据研究，发展中国家的出口额在全球 GDP 中所占比例从 1970 年的 12% 增加到 2001 年的 29%，流向发展中国家的 FDI 占全球 GDP 的比例从 1970 年的 0.1% 增加到 2001 年的 3%。发展中国家出口和 FDI 占 GDP 百分比的情况，如图 15-3 所示。

有必要指出的是，走外向型的发展道路也是有风险的。对于发展中国家来说，过分依赖国际市场和外国资本，有可能受到来自外部的较大冲击。由于自身经济的脆弱性，特别是在旧的国际经济秩序没有实质性变化，发展中国家在国际关系中处于不利地位的情况下，过分依赖外资和国际市场往往会使国内经济受制于国际经济

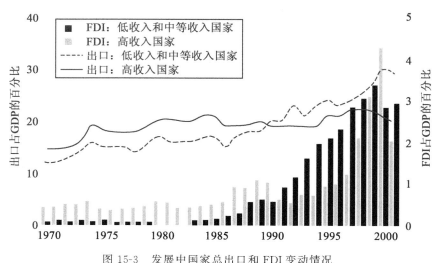

图 15-3　发展中国家总出口和 FDI 变动情况

资源来源：世界银行：《2005 年世界发展报告：改善投资环境，促使人人受益》，北京：清华大学出版社 2005 年版，第 65 页。

形势的变化，使外部冲击成为阻碍发展的因素。在发展对外贸易时，产品出口往往得到国际市场的限制，若发达国家推行贸易保护主义，发展中国家要扩大国际市场就十分困难。20 世纪 80 年代，新加坡的纺织品出口曾遇到发达国家的贸易保护，从而使新加坡经济一度陷入困境。而且，贸易条件对发展中国家往往不利。如玻利维亚以出口锡为主要的外汇来源。据统计，国际市场锡价每跌 1 美分，该国就要损失 60 万美元。在国际贸易中，西方发达国家常把原材料、零配件的供应作为控制发展中国家的手段。另外，利用外资对于发展中国家的经济增长虽有积极意义，但并不是引进外资越多越好。实际上，外资的影响并不都是正面的。国外借款到期必须还本付息，它增加了引资国的债务负担；国外援助一般都很少，而且附有苛刻的条件；外商直接投资虽然不需要偿还，但引资国采取的优惠政策可能使其得不偿失。这就要求引资国在如何引进外资、引进多少外资和怎样使用外资方面有一个通盘的考虑。一些发展中国家在发展经济过程中曾大举借债，当债务超过本国的实际承受能力爆发债务危机之后，资本倒流使这些国家雪上加霜，经济发展陷入严重的困境之中。1994 年墨西哥和 1997 年亚洲金融危机的爆发，就表明发展中国家过分依赖商业性资金是存在着危险的。

四、从发展中国家自身实际出发进行经济建设和改革

发展中国家为数众多，各国在资源禀赋、地理位置、社会结构、政治制度、发

展水平上千差万别。实践证明，凡是经济进步较快的发展中国家或地区，一般都能选择比较适合本国国情的发展战略，并能根据国际和国内环境的变化，抓住时机，积极调整。亚洲"四小龙"就是根据自身资源匮乏，市场狭小等特点，积极走市场化和国际化的发展道路，同时高度重视教育和人力资本积累，积极有效地发挥政府的作用，结果促成了经济的快速发展。非洲的原象牙海岸（现科特迪瓦）也是从国情出发寻求经济发展的一个典型。原象牙海岸独立前是非洲最贫穷、最落后的国家之一。但独立后象牙海岸经济每年以 7.5% 的速度增长，到 1979 年人均国民生产总值达 1169 美元。其主要原因在于原象牙海岸能根据本国实际情况制定经济发展战略，优先发展了农业和农产品加工业，尤其是集中力量发展供出口的经济作物，结果咖啡、可可和木材成为经济奇迹的起点。与此相反，一些发展中国家片面追求高增长，在经济建设上急于求成。伊朗的"白色革命"就是如此。伊朗前国王巴列维雄心勃勃，要在 20 世纪 90 年代初把伊朗建成世界第五大工业国，并在 20 世纪末赶上欧洲。结果投资达数十亿美元的钢铁联合企业、石化联合企业等几个耗资巨大的工程项目一齐上马。由于计划庞大，投资分散，收益缓慢，经济增长率不但没有上升，反而在 20 世纪 70 年代后期逐年下降，在巴列维国王下台前夕已出现了负增长。还有一些国家依赖外债和增发通货以实施庞大的经济发展计划，结果背上了沉重了债务包袱，陷入恶性通货膨胀。如巴西 1981～1985 年的发展计划共需投资 3700 亿美元，其中 57.5% 靠外债筹集，这使巴西外债居发展中国家之首，通货膨胀率 1984 年达 220%。

　　发展中国家的经济调整和改革，也应从自身实际出发，否则就会有招致挫折甚至失败的可能。世界银行和国际货币基金组织"结构调整政策"实施中所遇到的情况，就说明了这个问题。

　　"结构调整政策"是世界银行和国际货币基金组织针对发展中国家而提出的一种政策和制度改革方案。20 世纪 70 年代末 80 年代初，许多发展中国家陷入持续的国际收支困难和债务危机之中。为了摆脱困境，它们不得不向世界银行和国际货币基金组织寻求援助。世界银行和国际货币基金组织为此创设以"结构调整"命名的融资制度，把实施结构调整作为向寻求援助的国家提供贷款的先决条件。结构调整政策在各国实施时虽不尽相同，但其最基本的模式都是一样的。其主要内容是：（1）旨在改善对外及国内财政收支平衡的宏观经济政策。（2）以改善资源配置效率为主要目的的微观经济政策。主要是要求解除行政性管制，消除各种价格扭曲，强化竞争以发挥市场机制的作用。（3）旨在改善政策支出及提高国营企业等非市场性活动方面的效率的政策。包括精简政府机构，提高工作效率，整顿国营企业，扩大民间企业的活动领域等。结构调整政策的核心在于消除政府干预，强化市场机制和民间企业的活动。这对于发展中国家，无疑具有重大的意义。然而，这种政策从指导思想到具体实施，却很大程度上脱离了发展中国家的实际。

首先，这一政策对发展中国家的市场发育状况及其影响缺乏必要的认识。在结构调整政策看来，发展中国家只要排除了行政干预，按照市场进行的资源合理配置就会实现，持续的经济增长也将出现。这种看法实际上暗含着一个前提，即存在一个发达的市场。但这种发达的市场在大多数发展中国家并不存在。发展中国家大多存在着市场不发达的情况。在市场不发达的条件下，即使消除了政府干预所产生的人为扭曲，由市场不发达所导致的先天性扭曲仍将存在，市场机制也难以充分有效地发挥配置资源的作用。有许多实施结构调整的国家尤其是撒哈拉以南非洲国家，结构调整未能取得成功甚至反而带来许多问题，一个重要的原因即在于此。

其次，这一政策对寻求援助的发展中国家的社会政治状况考虑不够。其一，结构调整政策未充分估计到政策和制度改革的社会代价问题。结构调整政策一般是按照一揽子改革方案仓促实施的。由于改革措施力度过大，时间安排过于紧凑，这一政策往往超出了人们的承受能力，从而导致他们对改革不满，甚至引起社会骚乱，威胁政局稳定。其二，结构调整未注意到调整和改革的政治可行性问题。实施结构调整的发展中国家，在政治上存在着许多不利于调整和改革的因素，如政府官员因循守旧，行政体系效率不高，执政者不愿为改革承担政治风险，等等。结构调整政策在一些国家之所以受挫，很大程度上正是由于这一政策所要求的急剧式变革缺乏政治上的可行性。

五、寻求经济、社会、政治、文化的协调发展

经济发展是一项巨大的社会系统工程。制约经济发展的不仅有经济因素，而且有各种非经济因素如社会结构、政治过程、文化传统等。对于发展中国家来说，要寻求经济发展，不仅要解决好经济方面的问题，而且要处理好社会、政治、文化等方面的问题，实现经济、社会、政治、文化的协调发展。

第二次世界大战后，发展中国家在谋求经济发展的过程中，遇到了来自社会政治与文化方面的重大制约。就社会结构而言，发展中国家，则普遍面临着社会基础薄弱，社会环境不良的问题。就拉美国家来说，第二次世界大战之前，拉美国家就普遍存在着种族和民族关系高度不和谐、公民权利和社会权利极度贫乏等问题。第二次世界大战后的经济发展虽在一定程度上推动了社会进步，然而并没有完全解决原有的社会问题。在一些部门和领域，社会问题甚至还趋于严重，如失业半失业问题趋于严重，贫困人口总体规模趋于扩大，城乡之间、地区之间、部门之间、部门内部的差距加大。20 世纪 80、90 年代，在经历了严重的经济危机和初步经济改革后，不仅原有的社会问题没有得到根治，而且又出现了一些新的社会问题，如工资收入在剧烈下降后迟迟不得恢复，中间阶层的社会、经济地位在一些国家受到冲

击；非正式部门进一步膨胀；劳资关系出现倒退；传统就业的稳定性减弱；暴力和犯罪活动升级，等等。这些新的问题与旧的问题交织在一起，呈现出一幅十分复杂的图景。在非洲，还存在着严重的部族问题。非洲大陆有300多个部族，部族间的隔阂和冲突一直是危及社会稳定和经济发展的顽症。

对于许多发展中国家来说，国家的政治制度和政府能力也往往难以适应经济发展的需要。在许多发展中国家，政府力量软弱，缺乏必要的权威，这使其难以承担起推动经济发展的职责。在被缪尔达尔称为"软国家"的南亚各国，政府不愿对公众规定义务，已经确定的政策也经常得不到执行；在拉丁美洲，以折中主义和调和主义为特色的民众主义文人政府不能抑制特殊利益集团的发展，其政策往往是由各利益集团之间的均势来决定；而20世纪80年代以后一些非洲国家推行"民主"制度，结果导致党派林立，政局长期不稳，经济发展的目标也只能是流于空谈。第二次世界大战后，发展中国家政府对经济实行过较多的干预，然而，政府在干预经济的过程中，往往无暇顾及官僚队伍建设，对行政机构和政府官员强调得较多的是道德约束而不是法规约束，结果官僚队伍素质效率低下，甚至贪污腐化盛行。在许多发展中国家，由于政治体系无法确保社会稳定和政府政策的贯彻执行，经济发展也就受到很大的制约。

在经济发展理论的研究中，人们往往重视经济因素而忽视了非经济因素的作用。实际上，经济因素不能脱离非经济因素而发挥作用。对于处于发展过程中的发展中国家来说，情况尤其如此。东亚一些国家和地区尤其是亚洲"四小龙"在20世纪60~80年代之所以能实现快速的经济增长，很大程度上正是由于具备了政治组织方面的条件。具体来说，这种政治组织条件主要表现在以下几个方面：一是以经济发展为第一要义。东亚国家（地区）的领导人认为，在需要国家解决的各种问题中，经济发展是最为迫切的问题。它对于消除贫穷落后、实现政治稳定、改善对外关系等方面都是至关重要的。1961年韩国政权更迭后，军政府上台不久，就确立了"经济发展第一"的指导思想。朴正熙任总统后也一再声明，在其整个任期内，最终任务是实现经济和工业的现代化。新加坡独立后，政府也把谋求经济发展作为最优先的目标。二是奉行实用主义哲学。实用主义是东亚国家或地区制定政策的重要哲学基础，它主张正视现实、坚持信念和长期目标，但又主张灵活对待现实中的问题。这种实用主义哲学，体现了政治的理性化。就新加坡而言，在这种政治哲学指导下，新加坡政府没有被任何一种特殊的意识形态或教条所束缚，而是在能够为新加坡带来更好生活的各种政治经济学说中，选择最好的东西为其所用。三是建立了强有力的政治体制。在东亚，行政权力十分强大，立法部门相对弱小，参与决策的主体只限于国家认可的少数人或团体，总统（总理）成为国家权力的中心。在这种体制下，政府具有强大的社会动员力，能够向人民规定义务并在必要时予以强制执行。这种政治体制的弱点是十分明显的，但在市场经济不发达的条件下，它有助于避免利益集团之间的冲突，实现基本的政治稳定，推动经济发展。四是具有高效的组织机构和官员队伍。在经济发展中，东亚国家（地区）政府建立了许多机构，计划、监督、调查等部门得到迅速发展。东亚国家（地区）还建立了一支高效精干的官僚队伍，这支队伍能有效地贯彻执行发展政策并使其不因短期的政治变动而中断。

政治组织条件对于推动经济发展具有十分重要的意义，但它不可能脱离社会而发挥作用。实际上，社会为政治活动提供了经济资源和政治资源。政治角色不能随心所欲地采取行动，其行为目标和行为方式，都要受到社会的重大制约。在发展中国家，我们不难看到这样的例子，一些国家的经济建设未能取得理想的成效，甚至以失败而告终，不是由于政府缺乏明确的改革方案，也不是由于政府缺乏决心和魄力，而是由于为社会所不容。对于许多国家来说，封闭的社会环境、僵化的社会结构、严格的等级关系不破除，经济发展就难以取得成效。发展中国家要有效地推动发展，还必须有相应的文化变革作为基础。经济发展会引起深刻的社会变革，它的持续推进离不开相应的思想文化和价值观念的支持，而且内在地包含着这种文化价值观念的变革。在经济发展中，传统的价值观念日渐衰微但仍有市场，而新的文化价值观念尚未确立，结果容易造成社会价值失范和人们行为模式的混乱和失衡。发展中国家的经济发展和改革要取得成效，必须使其观念模式在大众层面被逐渐认可，只有使观念模式有了深厚的群众基础，才能化为群众自觉的实践活动。总的来说，经济发展是一项巨大的社会系统工程，发展中国家只有建立起一种经济行为、政治过程、社会结构和思想文化之间良性互动的关系，才能有效地推动经济发展的步伐。

第四节　经济全球化中的发展中国家

20世纪80年代以后，出现了新一轮经济全球化浪潮，经济全球化的进程大大加快。经济全球化使各国间的依存关系进一步紧密，为发展中国家利用国外资源提供了难得的机遇，但同时也带来了各种负面影响。如何应对经济全球化带来的问题，是发展中国家面临的一项严峻挑战。

一、经济全球化提供的机遇和挑战

20世纪80年代以后，全球化逐渐成为一个甚为流行的用语。关于全球化这一概念，至今尚未形成统一定义，不同的学者往往有不同的看法。按照世界经济合作与发展组织（OECD）的看法，全球化是指在商品及服务贸易、资本流动和技术转移与扩散的基础上，世界各国市场和生产间的相互依赖性不断加深的动态过程。这实际上是就经济层面来理解和界定全球化的。应当说，全球化作为一个客观的过程，包括着多方面的内容，而到目前为止，经济全球化无疑是其中的主体和核心。

全球化虽然是一个晚近才出现的词汇，但作为经济发展中的一种趋向，它早已出现。在 20 世纪 80 年代以前，已出现过两次全球化浪潮。全球化的第一次浪潮发生在 1870～1914 年。这一时期，随着运输业的发展和通过谈判削减壁垒，商品、资本和劳动的流动性大大增加。出口占世界收入的比例几乎增长一倍，达到 8％左右。第二次全球化浪潮发生在 1950～1980 年。这一次浪潮集中于发达国家之间的一体化。借助于关贸总协定（GATT），通过一系列多边贸易自由化措施，欧洲、北美、日本集中精力恢复了彼此的贸易联系。在第二次浪潮期间，大多数发展中国家依旧固守着初级产品出口，它们在很大程度上被隔离在资本流动之外。

最近的一次全球化浪潮大约始于 1980 年，一直持续到现在。这次全球化浪潮的主要的标志是世界贸易额迅速增长，经济增长对贸易的依存度增大，以世界贸易组织为代表的全球世界贸易体系脱颖而出并且不断扩大影响；国际资本的数额扩大并以直接投资和追求短期回报的多种国际游资形式加快了在国际间的流动，对世界各国的经济增长和经济稳定发挥着日益显著的影响；企业特别是跨国公司的货物和劳务生产日益国际化，生产领域的纵向和横向国际分工日益广泛。这次全球化浪潮的形成有其深刻的背景，它是世界经济发展和国际格局巨变综合作用的结果。一方面，在世界技术革命的推动下，科学技术特别是交通和通信技术、信息技术的发展降低了国际交通运输的成本，提供了国际交通运输的快捷手段，从而为世界各国之间的经济交往提供了便利；另一方面，冷战的结束在一定程度上拆除了意识形态的藩篱，为世界各国之间更加广泛的经济交往开辟了道路。这两个巨大的变化使世界经济的进一步一体化成为可能。

经济全球化对发展中国家来说既是机遇又是挑战。经济全球化对发展中国家的积极的影响，主要表现在以下几个方面：

一是有利于发展中国家充分利用外部资源。经济全球化加速了国际资本流动，而外资向发展中国家的流动可以弥补其资金之不足。经济全球化加快了技术转让和产业调整的过程，使世界产业结构不断升级和调整，这有利于发展中国家引进先进技术设备，实现技术进步、产业升级和外贸结构的优化，从而缩小与发达国家的差距。它也有利于发展中国家学习先进管理经验，培养高素质的管理人才。发展中国家还可以利用全球化过程中技术扩散、产业转移的机会，消除贫困，加快发展步伐。

二是有利于发展中国家发展对外贸易。在经济全球化的过程中，贸易自由化程度的提高，范围的扩大，有利于发展中国家开拓国际市场，发展对外贸易。发展中国家资金匮乏，技术落后，却拥有较为丰富的劳动力资源、基础原材料资源和市场优势，可以发挥比较优势，扬长避短，从经济全球化中获得好处。同时，发展中国家为适应经济全球化的需要，也有必要根据国内外的市场需要不断调整产业结构，生产适销对路的产品。

三是有利于发展中国家走出国门，建立自己的跨国公司。发展中国家的跨国公司兴起于 20 世纪 80 年代以后，但其发展还很不平衡，有的刚刚起步，有的则发展较快，开始参与国际竞争。但一般说来目前发展水平还较低，主要表现为投资较少，生产规模不大，产品技术含量低。经济全球化的发展，有利于发展中国家的跨国公司抓住机遇，在更广泛的领域内参与国际市场竞争，加快发展步伐。

经济全球化对发展中国家经济发展的影响既有积极的一面，也有消极的一面。经济全球化对发展中国家带来的挑战，主要表现在以下几个方面：

第一，经济全球化加剧了世界经济发展的不平衡。这种不平衡主要表现为发达国家与发展中国家之间的差距在继续扩大。经济全球化通过对资源在全球范围的合理配置，使成本降低，效率提高，生产大幅度增加，从而创造出了更多的财富。然而，在目前的国际经济分工格局下，少数发达国家主导着经济全球化的进程，财富越来越向少数国家集中，导致世界范围内的贫富差距不断扩大。从收入水平上看，发展中国家在世界财富分配中所占的比重在不断缩小。根据联合国提供的数据，在1960 年至 1994 年间，工业化国家与发展中国家和前苏联、东欧国家之间的差距越来越大。

第二，经济全球化使发展中国家的经济安全受到威胁。在经济全球化的情况下，市场的作用和影响空前强大。在这种情况下，不仅发展中国家的企业在国际市场上受到冲击，就连政府也会缺乏市场应对经验，从而使国家的经济安全受到威胁。此外，随着资本全球化的发展，金融自由化、国际化的趋势不断加强，这要求各国逐步放宽对金融业的限制，取消外汇管制，扩大金融市场开放的范围。而发展中国家由于经济实力较弱，法制不健全，且金融领域还没有形成一套有效的管理制度，这就为国际上的投机活动提供了方便之门。

第三，经济全球化加大了发展中国家经济调整的成本。经济全球化要求发展中国家进行结构调整及经济转轨以适应新的环境和形势，要求发展中国家从内向型转向外向型，从计划经济转向市场经济。这样的调整和转型势必会剧烈冲击原有的经济结构以至整个经济体制。尽管这种调整和转型是必要的，但势必会造成大规模的利益重新分配。例如，各种价格补贴的取消，价格波动幅度的扩大，企业裁员引发的失业，一些既得利益集团特权的取消等，都可能会对社会稳定产生重大影响，制约经济调整和改革的进程，使经济转型和调整付出巨大的社会代价。如何在这一过程中把调整和改革的成本控制在社会可承受的范围之内，避免大规模的社会动荡，是发展中国家面临的一个重大考验。

二、发展中国家的应对之策

对于发展中国家来说，面对经济全球化浪潮，现在不是要不要参与的问题，而是如何顺应历史潮流，根据自身经济发展水平和比较优势，选择最佳路径和方式，逐步与世界经济接轨的问题。一般来说，发展中国家在应对全球化时可采取以下对策：

第一，在认识到全球化必然趋势的基础上，积极参与全球化，充分利用全球化带来的发展机会。在此方面，发展中国家应积极实行以市场经济为导向的改革，同时适度发挥国家对经济的调控作用；要改善投资环境，积极利用外资，增强国际竞争力；根据比较优势改善产业结构，扩大出口贸易；通过人力资源开发和技术进步，弥补自然资源禀赋的欠缺，形成新的比较优势。值得注意的是，发展中国家在向外部世界开放的过程中，应循序渐进地进行改革，根据本国的具体情况和社会承受能力设计改革措施出台时机、步骤和方式，而不能屈服于发达国家的压力。实际上，在诸如劳务贸易、外国资本持有本国公司股权、环境问题、劳工标准和知识产权等许多问题上，发展中国家与发达国家都是有分歧的。这些分歧的存在很大程度上与发展水平的差异有关。对于发展中国家来说，解决这些问题决非朝夕之功。发展中国家在解决这些问题时，应从自身实际出发，逐步进行调整和改革。

第二，继续保护民族工业。目前，西方出现了一股"全球化无国界论"的思潮。在这种思潮看来，全球贸易、金融和生产系统的存在，以复杂的方式将全球家庭、社区和民族的命运联系在了一起。由此引申出来的一种观点认为，在经济全球化的形势下，保护民族工业是一种过时的思想。然而，到目前及可预见的将来，民族国家仍然是国际关系中的行为主体，民族利益仍然是决定民族国家行为的首要根据，而包括民族工业在内的民族经济实体，则是民族利益的具体体现和保障。设在一国境内的跨国公司的子公司，从根本上说并不能代表该国的经济民族利益。跨国公司的投资尽管能够为受资国带来资本、就业、技术等方面的好处，但由于资本、技术的所有权属于跨国公司，子公司的收益属于母公司，子公司的行为必须符合母公司的利益，它绝不可能为维护受资国的利益而牺牲自己或母公司的利益。可见，跨国公司子公司的属性只能是"外国"的，而不会是"本国"的。在当今社会，民族工业仍是一国经济实体的主要力量。在仍然存在民族利益的情况下，没有包括民族工业在内的本国的经济实体，其后果将是灾难性的。对于发展中国家来说，在强大的竞争压力下，对民族工业若不进行适当的保护，民族工业就难以生存和发展。发展中国家在谋求经济发展的过程中曾出现过过度保护民族工业、闭关自守的情况，在纠正这种偏向的时候，如果从一个极端转移到另一个极端，那也会对经济发展产生不利的影响。

第三，积极推动科技进步，实现动态比较优势。新的国际分工对传统的发展模式提出了挑战。它使那些以自然资源为基础生产产品的国家处于经济落后和收入下降的困境。相反，一些成功地缩小了与发达国家在知识、技术方面差距的国家，则从技术进步中获益，实现了较快的经济增长。这也表明，发展中国家，特别是那些发展水平较低的国家，应跟上世界科技发展的步伐，积极推动科技进步，实现动态比较优势。第二次世界大战后，日本和亚洲"四小龙"正是通过推行有效的科学与教育政策、研究与开发政策和对外经济政策，引进和创造了知识、技术等它们原本并不具备的禀赋要素，实现了国际竞争力的持续攀升。日本和亚洲"四小龙"采用动态比较优势战略的成功经验，对于发展中国家制定国际竞争力战略具有积极的借鉴意义。这一战略的核心是采取迎头赶上的竞争策略，在动态中创造出自己的比较优势，特别是在知识、技术等非自然禀赋要素上创造出比较优势，从而抢占产业国际竞争的制高点。

第四，加强金融监管，逐步开放金融市场。发展中国家在使本国经济融入世界时，金融业的对外开放是不可避免的。随着金融市场开放程度的提高，国内金融市场与国际金融市场的联系日益密切，国际经济环境的变化容易对国内金融市场产生影响。在尚未建立起较强的经济基础和有效的监管体系之前，发展中国家不宜过早开放本国资本市场。对于发展中国家来说，只有建立起健全的金融体系，实施良好的金融政策，强化金融监管，才能防范和化解金融风险。值得注意的是，并不是一国金融市场的开放程度越高，就越容易遭受金融危机的打击。实际上，如果一国的金融体系是健康稳健的，就能在很大程度上抵御金融危机的冲击。在亚洲，香港和新加坡的金融市场开放程度最高，其银行总资产中外资的拥有率分别接近和超过80％。但它们在亚洲金融危机中所受到的冲击并不大。可见，开放程度与金融危机的冲击之间并没有必然联系。对于发展中国家来说，关键是要加强金融监管，完善金融体系，培育健康稳健的金融市场。

需要指出的是，经济全球化并不意味着世界一极化，并不意味着要由西方少数国家控制和主宰全球的经济发展。然而，就实际情况来说，目前国际经济中的行为则虽有符合全球共同利益的一面，但从总体上看，它们是在西方发达国家的主导下制定的，国际经济和金融组织也都控制在以美国为首的西方发达国家手中。由于西方国家在国际经济规则体系中居于主导地位，现存国际经济秩序基本上反映的是西方国家的利益，具有明显的有利于发达国家的性质。这首先表现为存在着以不合理分工为特征的国际生产体系。长期以来，发达国家垄断着高科技产品的生产，发展中国家则是其原料、低级工业品供应地和产品销售市场。这种大的国际分工格局并没有随着经济全球化的发展而发生重大变化。其次表现为存在着不合理的国际贸易体系。第二次世界大战后，支撑世界贸易体系的制度框架是关贸总协定（GATT）和后来的世界贸易组织（WTO）。关贸协定的宗旨是推动自由贸易，取消差别待遇，解决国际贸易中出现的经济纠纷。在 GATT 推进贸易自由化的进程中，发展中国家虽也获得过一些好处，但从总体上看，则是更有利于发达国家在全球市场上的扩张。WTO 继承了 GATT 的国际贸易制度框架，并且将其制度和规则进一步扩大到农产品、服务贸易、投资和技术领域，而在这些领域，发达国家无疑占据了绝对优势的地位。第三表现为存在着不合理的国际金融体系。不能不承认，国际货币基金组织（IMF）和世界银行基本上是美国和其他西方国家的代言人。它们往往趁发展中国家资金短缺和对发展中国家提供援助之机，逼迫借贷国和受援国接受不合理的附加条件，要求发展中国家进行政策改革和制度改革。这实际上是把发达国家的制度强加给发展中国家，为发达国家的利益服务。

　　曾对发展中国家的改革和发展产生了很大影响的"华盛顿共识"，便集中代表和反映着西方国家的利益与要求。20 世界 90 年代出台、反映新自由主义思潮的"华盛顿共识"，最初由美国国际经济研究所所长约翰·威廉姆逊（Williamson，J.）提出。威廉姆逊在《拉美调整的成效》一书中，将其主张总结为以下十个方面：（1）加强财政纪律；（2）重新确定政府的公共收支重点；（3）开展税制改革；（4）实施金融自由化；（5）统一汇率；（6）实现贸易自由化；（7）放松对外资的限制；（8）对国有企业实施私有化；（9）放松政府管制；（10）保护私人财产权。所谓"华盛顿共识"，实际上反映的是总部设在华盛顿的世界银行和国际货币基金组织以及美国政府关于发展中国家调整和改革的一系列政策主张。这个共识的核心和实质应当说是十分清楚的，这就是经济活动的自由化和私有化。"华盛顿共识"对拉美一些国家及俄罗斯等的改革产生过重大影响。然而，在这些国家，"华盛顿共识"的实施非但没有产生积极的作用，反而造成了许多问题甚至酿成了严重的后果。美国经济学家斯蒂格利茨曾经在 2002 年 12 月 2 日的《华尔街日报》上指出，"华盛顿共识"是个祸根，它使世界上许多地区过快地开放，让实际上需要对经济实施刺激的穷国实行紧缩政策。他认为，这样的举动酿成了金融市场的动荡，进而促成了 1997 年严重的经济危机。此外，它还导致俄罗斯在条件并不成熟的情况下进行了私有化改革。1999 年 3 月 5 日，俄罗斯著名经济学家 C·格拉季耶夫也在《独立报》上发表文章，严厉抨击俄罗斯金融寡头与国际货币基金组织相勾结，使盗窃国家财产公开化。他说，"华盛顿共识"强加给俄罗斯的"休克疗法"，其实质是国家自动放弃对经济的调控，限制国家维持法制的职能，以致国家财产的分配采取了犯罪和寡占的方式。

　　从以上所述可以看出，世界经济发展的主导权和控制权还掌握在少数西方国家手中，它们还力图凭借这种主导权和控制权将发展中国家的经济发展纳入到为其利益服务的轨道。这样，在经济全球化的情况下，发展中国家仍应根据国内外情况走自己的发展道路，探寻适合自己的发展模式。面对全球化浪潮，发展中国家既要有积极的态度，又要保持清醒的头脑，应正确权衡利弊得失，趋利避害，采取恰当的政策。同时，发展中国家要进一步为建立国际经济新秩序，为共同促进多边主义和国际关系民主化而努力奋斗。应当看到，当今世界的全球化进程虽然是由发达国家主导的，但发展中国家并非无所作为，而是要有所建树。在当今世界，发展中国家应注重从制度上维护自身权益，力争成为全球化规则的参与者和制定者。实际上，一些发展中国家在此方面已经取得了引人瞩目的成就。它们利用全球化带来的好处迅速实现了经济发展，大幅度提高了国家的整体实力，从而增强了在国际经济事务中的发言权和作用。

思　考　题

1. 发展中国家 60 年来的经济发展在哪些方面取得了较大的进步和成就？
2. 发展中国家面临的困难和问题表现在哪些方面？
3. 发展中国家从取得的成就和遭遇的困难中可以总结出什么经验教训？
4. 你认为发展中国家应该采取什么样的战略面对经济全球化带来的挑战？

第十六章　发展经济学的展望

西方国家的发展经济学在走过了四十多年的历程之后，出现了停滞不前的状况。西方发展经济学停滞了，发展中国家的经济还在发展，还在要求经济学家们从复杂多变的现象中找出本质的、规律性的东西。如何建立崭新的、科学的发展经济学，是一切有兴趣于发展研究的人们正在思考的问题。

第一节　发展经济学在西方国家的衰落

20 世纪 60 年代初期以前，西方发展经济学家对他们的理论满怀信心，对发展经济学这门学科的蓬勃兴起和从事这门学科的队伍迅速扩大津津乐道。他们当时的心情由一位有影响的美国经济学家作出了生动的描述："以 1945 年至 1960 年这一段时期为高峰的非殖民化运动重新激发了对发展经济学的兴趣。许许多多的新独立国家和拉丁美洲比较古老的国家发现它们自己处于以追求国民经济增长为目的的形势之下。富国出于人道主义的关心，输出鼓励的利益以及大国势力的角逐，对这些国家的经济发生了兴趣……国内和国际代理人期待经济学家们作出政策分析。由于不发达国家缺少经济学家，感受到这种冲击的是欧洲和北美。对于经济学家来说，这不仅使之高兴也使之为难，因为他们差不多已好几代没有认真考虑过经济发展问题，这样，数以百计的迄今为止还只是国内问题专家的经济学者改头换面以发展经济学家的名义而出现，成千的比他们前辈对政策问题较为敏感的年轻人为了把自己训练成为发展问题专家而拥入大学和研究院的课堂。"[1]

20 世纪 60 年代中期，特别是 70 年代以后，一些西方发展经济学家改变了态度，对发展经济学的现状作出悲观的估计，并为它的前景感到担心。态度转变的原因有二：

第一，发展的现实与理论和政策建议的预期远不一致。初生的发展经济学描绘的发展前景是美妙的，但发展的客观情况却是令人沮丧的，在本书第十四章第二节已就此作了考察。

---

[1]　雷诺兹（L. G. Reynolds）：《经济发展的理想与现实》，1977 年英文版，第 34 页。

　　第二,一些发展经济学家改变了研究方法,从全部发展中国家的一般研究,转变为对不同类型的发展中国家作国别研究。他们认为,客观的情况已经表明,很难找到为全部发展中国家所共有的制度的、非经济的因素,并把它们纳入统一的理论和模式之内,而且许多发展中国家关心的是采取什么特定的行动和办法来使它们增长中的人口丰衣足食并提高教育文化水平,而不愿再墨守发展经济学家们提出的条条框框。同时,发展中国家的统计资料日益丰富起来了,使人们对某一国家的具体情况作具体分析成为可能。总之,发展经济学这门学科似乎将要渐渐消亡而归属为比较经济研究的范畴之中了。

　　面对上述情况,有的发展经济学家不免怀念 20 世纪 50 年代中期经济理论蓬勃向上,汇为一体的盛况,而对发展经济学以后的演变则有江河日下之叹。例如,曾提出有名的不平衡发展理论、被誉为发展经济学的先驱人物之一的赫尔希曼,就以《发展经济学的兴衰》为题撰文说:“发展经济学是一个比较年轻的研究领域。在 20 世纪 40 年代特别是 50 年代,这一领域里的各种基本思想和模式像雨后春笋般涌现出来并引起争论,使这一学科充满了活力。在那沸腾的年代里,发展经济学的发展远远超过它的研究对象——亚洲、非洲和拉丁美洲最穷地区的经济发展。最近,这种独特的差距消失了。不幸,这不是因为经济发展迅速加快,而是因为我们这一学科的发展停滞了。”[1]

　　拉尼斯和费景汉在一次“发展经济学年会”上提出了《发展经济学:下一步迈向何处?》的学术报告。他们说:发展经济学在兴盛一阵子之后,已开始衰落,已濒于灭亡的困境。又说:发展经济学到了 20 世纪 70～80 年代,已经不像 50～60年代那样繁荣昌盛,而是由高潮转入低潮,处于所谓收益递减阶段。

　　对发展经济学的过去彻底加以否定,对发展经济学的未来,认为必因贫困而走向灭亡的代表人物是拉尔,他说:“在这意识形态影响很深的时代,要在自由放任主义和直接控制教条之间走中间道路,也许是空想。然而,就我而言,根据前述的对发展经济学的反复抨击,我不能和赫尔希曼一起去悲叹它的衰落。本书的主要结论是:发展经济学的死亡,可能有助于发展中国家的经济的共同兴旺。”[2]

　　可以看出,上述三家对发展经济学的现状和前景的估计并不完全相同。赫尔希曼、拉尼斯和费景汉曾经对西方发展经济学的形成和发展各自作出了一定的贡献,他们对发展经济学这门学科的存在价值是肯定的,但也承认,在西方国家,发展经济学已失去 20 世纪 50～60 年代迅猛发展的势头,而拉尔则是站在新古典主义的立

---

　　[1]　赫尔希曼:《发展经济学的兴衰》,载《经济学》季刊第 4 期,转引自《国外社会科学》,1982年第 7 期,第 30 页。

　　[2]　拉尔:《发展经济学的贫困》,1985 年英文版,第 109 页。

场否认发展经济学的存在价值，并判决它的死亡。

尽管评论在分量上有所差异，西方经济学家对经济发展问题的研究兴趣确实已今不如昔，新的、一般的经济发展理论确实已很少提出，人们从事的是发展中国家的国别研究和个案研究，和 20 世纪 50～60 年代的情况相比，发展经济学已在西方国家衰落。

第二节　发展经济学的光明前景

我们认为，发展经济学是一门具有生命力的年轻科学，因为它的研究对象是发展中国家的经济发展。发展中国家是客观存在，发展中国家的经济还在发展，这是不能闭目不视的事实，这种事实不断要求着经济学家作出继续深入的分析。而发展中国家的历史条件、社会经济基础和文化传统各不相同，所走的道路也不一致，因此，又会不断积累多样的经验教训，这些都是发展经济学发展取之不尽的泉源。发展经济学尽管有其内在的缺陷，但其中含有不少的合理的成分，并对促进经济发展作出了一定的贡献，在今天，还在自我完善，成为西方经济学体系中一门论证日益丰富的分支学科。

但是，世界形势在不断变化，经济发展在继续推进，经济思想在日益深化，为了使发展经济学日臻成熟，我们应当从下述几个方面作出努力：

第一，对今日发展中国家的发展现实和往昔处于发展初期的发达国家的发展经验进行比较研究，剖析其相似或相近之处，发现其不同甚至根本不同之处。必须认清 17、18 世纪的英国、法国以及 19 世纪的美国和 20 世纪中叶相继出现的发展中国家是两类性质不同的国家。从国内情况看，前者是新兴的、独立的资本主义国家，而后者的前身是长期受帝国主义侵略剥削的殖民地和附属国，经济十分落后，独立之后仍然难以摆脱贫困状况。从国际情况看，前者之中有的（如英国）已是世界最强的并开始向外扩张的国家，有的（如美国）经济迅速发展并成为世界强国，而后者面对的是强大的发达国家，自身仍然处于依附地位。依据这种比较研究，人们可以认清：尽管发达国家发展初期的经济发展思想与发展中国家出现后的发展经济学有嬗递延续的关系，但更有基本性质的歧异；尽管发达国家发展初期的一些历史经验和理论政策的有益成分可以为发展中国家所借鉴，但它们所走的发展道路决不是发展中国家必须选择的唯一道路。如果把英国在发展初期的自由资本主义发展模式说成是永恒的、世界统一的发展模式，在理论上是完全错误的。

第二，重视对发展中大国的经济发展的研究。不能不指出，发展经济学中的一些理论或模式往往是从小小的发展中国家或地区的情况取证的。如刘易斯的二元结构模式的形成来自他对牙买加的观察，首先提出"两个牙买加"的概念，在此基础上构建了他的二元结构和无限剩余劳动供给模式。如果他曾有机会来到中国，他将得到更多的事实和根据，提出更有说服力的理论分析。舒尔茨转引了他在印度一个小地区的调查①，就得出发展中国家并不存在边际生产率接近于零的结论，如果他曾有机会到印度作更广泛的实地考察，他也许不会那样轻率地反驳二元结构模式。

第三，从经济全球化的新格局思考发展中国家在谋求经济发展过程中面临的机遇和挑战。加入世界贸易组织，对发展中国家来说是不可避免的趋势。世界贸易组织为各国贸易往来和经济交流制定了规章程序，增加了透明度，发展中国家可以避免过去一直存在的干扰。但是，发达国家和发展中国家经济力量的悬殊依然存在，发达国家和发展中国家的利害冲突并未消失。中国与美国及欧盟入世谈判十分艰难，协议的达成一再拖延，在中国尚未入世的时候，美国国会已提出中国入世以后美方要对中美贸易状况进行一年一度的"评估"。发展中国家决不可以只看见入世后会得到的机遇，而忽视入世后会面临的挑战，只寄希望于长期的利益，而淡化短期的损害。发展中国家入世后，要充分利用世界贸易组织所订立的条款，保证权利与义务的平衡，或如一个西方企业家所说："只要用新的保护主义屏障取代传统的保护主义就行。"②

第四，重视信息经济对旧经济的冲击。据统计，全球范围的互联网商务到2003年将高达1万亿美元。发展中国家不可能脱离互联网的竞争，因而必须考虑如何使自己适应并赶上这股大浪潮。为此，发展中国家不能不加大对旧经济改造的力度。与此同时，发展中国家可以充分利用信息经济的特点，扩大"学习效应"以促进经济的快速发展。

通过上述四个方面的努力，发展经济学必将不断更新，有极其光明的前景。

发展经济学在今天并未陷于贫困和停滞，在未来也不会衰落和死亡。建立新的发展经济学的任务不可能是一蹴而就的，但这一工作是具有重大意义和广阔前景的。

思　考　题

1. 评论"发展经济学衰亡论"。
2. 谈谈你对新的发展经济学的设想。

---

① 舒尔茨：《论农业中经济学与政治学的冲突》，见《发展经济学的先驱理论》，云南人民出版社1995年版，第22～49页。

② 迈克尔·邓恩：《中国将走慢车道》，载《亚洲华尔街日报》，2000年6月15日。